가족·생애·정치경제

압축적 근대성의 미시적 기초

가족·생애·정치경제

압축적 근대성의 미시적 기초

장 경 섭 지음

21세기에 다시 쓴 간행사

　서남동양학술총서 30호 돌파를 계기로 우리는 2005년, 기왕의 편집위원회를 서남포럼으로 개편했다. 학술사업 10년의 성과를 바탕으로 이제 새로운 토론, 새로운 실천이 요구되는 시점이라고 판단했기 때문이다.

　알다시피 우리의 동아시아론은 동아시아의 발칸, 한반도에 평화체제를 구축하고자 하는 비원(悲願)에 기초한다. 4강의 이해가 한반도의 분단선을 따라 날카롭게 교착하는 이 아슬한 상황을 근본적으로 해결하는 방책은 그 분쟁의 근원, 분단을 평화적으로 해소하는 데 있다. 민족 내부의 문제이면서 동시에 국제적 문제이기도 한 한반도 분단체제의 극복이라는 이 난제를 제대로 해결하기 위해서는 우선 서구주의와 민족주의, 이 두 경사 속에서 침묵하는 동아시아를 호출하는 일, 즉 동아시아를 하나의 사유단위로 설정하는 사고의 변혁이 중요롭다. 동양학술총서는 바로 이 염원에 기초하여 기획되었다.

　10년의 축적 속에 동아시아론은 이제 담론의 차원을 넘어 하나의 학(學)으로 이동할 거점을 확보했다. 우리의 충정적 발신에 호응한 나라 안팎의 지식인들에게 깊은 감사를 표하는 한편, 이 돈독한 토의의 발전이 또한 동아시아 각 나라 또는 민족들 사이의 상호연관성의 심화가 생활세계의 차원으로까지 진전된 덕에 크게 힘입고 있음에 괄목한다. 그리고 이러한 변화가 6·15남북합의(2000)로 상징되듯이 남북관계의 결정적 이정표 건설을 추동했음을 겸허히 수용한다. 바야흐로 우리는 분쟁과 갈등으로 얼룩진 20세기의 동아시아로부터 탈각하여 21세기, 평화와 공치(共治)의 동아시아를 꿈꿀 그 입구에 도착한 것이다. 아직도 길은 멀다. 하강하는 제국들의 초조와 부활하는 제국들의 미망이 교착하는 동아시아, 그곳에는 발칸적 요소들이 곳곳에 숨어 있다. 남과 북이 통일시대의 진전과정에서 함께 새로워질 수 있다면, 그리고 그 바탕에서 주변 4강을 성심으로 달랠 수 있다면 무서운 희망이 비관을 무찌를 것이다.

동양학술총서사업은 새로운 토론공동체 서남포럼의 든든한 학적 기반이다. 총서사업의 새 돛을 올리면서 대륙과 바다 사이에 지중해의 사상과 꿈이 문명의 새벽처럼 동트기를 희망한다. 우리의 오랜 꿈이 실현될 길을 찾는 이 공동의 작업에 뜻있는 분들의 동참과 편달을 바라 마지않는 바이다.

서남포럼 운영위원회
www.seonamforum.net

한국인의 삶, 사회학의 용도

우여곡절 끝에 21세기에 들어선 한국인들은 개발시대의 흥분과 기대를 뒤로하고 하루하루 살얼음 걷듯이 생존 자체에 노심초사하고 있다. 20세기 후반부는 한국인들이 경제적·사회적·문화적·정치적 측면을 아우르며 전대미문의 급격하고 복잡한 변화를 거친 시기였다. 필자가 '압축적 근대성'(compressed modernity)이라고 명명해온 이런 변화는 한국인들에게 엄청난 성취감과 함께 적응의 부담을 안겼다. 이러한 역사의 무게는 대다수 사람들에게 가족을 매개로 하여 부과되었고, 한국인들의 가족을 둘러싼 희로애락은 그만큼 증폭되었다.

특히 지난 세기말의 급작스런 경제위기는 이미 엄청난 삶의 무게로 비틀거리던 무수한 한국인들에게 결정적 타격을 가하게 되었다. 그리고 위기대응책으로서 추진된 산업구조 및 노동시장의 급진적 재편은 대다수 사람들의 삶에서 경제적 안정성을 근본적으로 훼손시키고 말았다. 이처럼 급류에 휩쓸린 듯한 상황에서 지치고 다급해진 한국인들이 광범위하게 보여온 반응이 '가족이라는 짐'을 더는 것이었다. 이혼, 별거, 가출, 가족유기, 부양포기가 급증하고, 너도나도 출산과 결혼을 포기하거나 무기한 연기하는 등 가족의 현실적 범위나 효력을 줄이기 위한 갖가지 안쓰러운 노력들이 국제통계적 사건이 되는 수준으로 전개되고 있다. (이로써도 불충분하면 아예 스스로의 목숨을 해하는 경우마저 급증해 세계적 자살사회가 되었다.) 이러한 일련의 가족이탈 혹은 탈가족화 추세는 한국인들이 가족과 완전히 분리된 새로운 삶의 양식, 예컨대 개인주의적 삶을 적극적으로 추구하기에 나타난다기보다는, 역설적으로 한국인들이 여전히 가족에 강하게 집착하고 있음을 반증한다. 예컨대, 자녀에 대한 교육열은 어느 때보다도 가열되어 있고, 심지어 집단적 미국 원정출산이 사회적 파장을 일으키는 형국이다.

한국인들의 가족(중심)주의는 그들이 숨쉬는 공기와 같은 것이라 늘 당연히 존재해야 하지만, 그 공기가 희박해지거나 오염되어서 고통스러운 나날을 보내야 하는 사람들이 급증한 것도 현실이다. 어쩌면 이미 모두들 심하게 오염된 공기를 자연스럽게 마시며 살아오느라 내성이 엄청나게 커졌는지도 모른다. 이러한 현상들은 차라리 너무나 익숙해 학문적 문제 설정이 쉽지 않은 측면이 있다. 필자 역시 이러한 어려움을 절감하는 연구자 가운데 하나이다. 사회학자로서 학문적 탐색을 시도하기 이전에 한국인으로서 스스로의 생활상 겪어온 복잡다기한 가족문제들이 필자에게 중대한 경험적 자원이자 심각한 인식론적 함정이기도 하다.

그러나 그동안의 연구경험 등을 바탕으로 내린 '모든 사회학자는 비교사회학자여야 한다'는 지론을 최대한 살려 가족과 관련한 한국사회의 핵심적 특질들을 밝혀내려고 이 책을 준비했다. 비교사회학자는 사회들 사이에서 중립적이어야 하고, 따라서 특정 사회의 시민적 혹은 생활인적 관점을 버리면서도 문화특수주의(cultural particularism)적 입장에 기대지 않고 하나의 혹은 복수의 사회를 체계적으로 분석할 수 있어야 한다. 압축적 근대성은 한국사회의 가족중심적 질서와 한국인들의 가족주의적 태도에 대해 그러한 비교사회학적 분석을 가능케 하는 유용한 지적 도구라고 생각한다.

압축적 근대성은 원래 중국사회 연구로 학문적 출발을 했던 필자가 1990

8

년대 초반부터 한국사회에 대해 연구관심을 형성하면서 하나의 문제인식 틀 (frame for problematizing)로서 스스로에게 제시했던 것이다. 그동안 필자가 한국사회에 관해 썼던 거의 모든 글들이 압축적 근대성을 바탕에 깔고 있다고 해도 과언이 아니다. 심지어 한동안 한 일간신문(『한국일보』)의 논설위원으로서 매주 한 편 정도의 사설을 집필하면서 이 문제의식을 거의 매번 반영시켰다. 그동안의 오랜 희망은 압축적 근대성에 대한 세 편의 연작을 집필하는 것이었는데, 그 첫번째로서 가족─생애─사회의 관계를 다양한 측면에서 다룬 이 책을 준비하는 데 너무나 오랜 기간이 소요되었다. (압축적 근대성의 거시 사회제도적 특수성 및 아시아 사회들 사이의 비교를 다루는 후속 저서들을 계획하고 있고 또 부분적으로 관련 연구결과들을 발표하기도 했지만, 당장은 완성시점을 예측하기 어렵다.) 그러나 그동안 국내외에서 압축적 근대성 개념을 통해 수많은 학자들 및 기타 식자층과 의미 깊고 흥미로운 지적 대화를 나눌 수 있었던 것은 정말 보람된 경험이었다. 특히 최근 일본 쿄오또대학에서 오찌아이 에미꼬(落合惠美子) 교수의 주도로, 독일 뮌헨대학에서 울리히 벡(Ulrich Beck) 교수의 주도로 각각 수행중인 비교사회학적 연구들에서 아시아 사회들을 이해하기 위한 이론으로 필자의 압축적 근대성을 거론하는 것은 크나큰 자극이 아닐 수 없다.

이런저런 이유로 인해, 필자가 이 책을 준비하고 완성하는 데 힘이 되어주신 분들을 밝히려면 결국 국내외 모든 지인들을 열거해야 하므로 별도로 성함들을 지칭하지 않고 그저 한없이 고마운 마음을 전하는 바이다. 다만 은사로서, 또 이 책이 다룬 연구문제들에 대한 선학으로서 필자에게 크나큰 은혜와 지도를 베푸신 최홍기, 권태환 두 교수께 특별히 깊은 감사의 말씀을 올린다. 그리고 수업과 연구 과정에서 필자에게 부단한 지적 자극을 제공한 여러 학생들에게 역시 큰 고마움을 전하고 싶다. 그 가운데 최선영은 이 책을 완성하는 최종단계에서 자료확인, 내용검토 등 여러 측면에서 헌신적인 도움을 주었으며, 이 책 제6장을 위한 공동연구를 훌륭히 수행했다. 또한 이

책의 초고에 대해 두 논평자가 너무나 정성껏 제시해준 다양한 지적사항들이 아니었다면 이 연구는 마무리조차 불가능했을 것이다. 아울러 편집·교정 책임을 맡아 매우 세밀하게 이 책을 다듬어준 이명애 선생에게도 고마움을 전한다.

끝으로 이 책의 집필을 위한 연구를 재정적으로 지원하고, 또 한없이 늦어지는 연구결과물을 무던히 기다려주신 서남재단에 깊은 감사와 죄송의 뜻을 함께 올린다. 그동안 서남재단으로부터 동일한 프로그램의 지원을 받아 발표된 여러 연구결과물의 내용과 수준을 감안할 때, 한편으로 이 책이 같은 자격으로 출판되는 것에 큰 영광을 느끼지 않을 수 없으며 다른 한편으로 서남재단의 학술지원 사업이 거둔 뜻깊은 성공에 기쁜 마음을 함께한다.

2009년 3월
삼각산 만우재(滿宇齋)에서
장경섭

제1부

역사적·이론적 배경

제1장
압축적 근대성과 한국가족

1. 목적

서구화를 기조로 했던 근대성 논의는 최근 탈식민주의론의 확산과 맞물려 다양한 '근대성들'(modernities)에 관한 논의로 방향이 바뀌었다. 서구화로서의 근대화는 학문적 논의로서보다는 서구의 비서구 지배에 대한 정당화 및 종속적 비서구 엘리뜨들의 서구지향적 발전전략에 대한 정당화 담론으로서의 의미가 훨씬 컸다. 세계사에도 유례가 없는 급격한 경제적, 정치적, 사회적, 문화적 변화를 겪어온 한국사회는 그 압축적 변화의 이면에 가족주의 질서가 꾸준히 강화되는 독특한 모습을 보였다. 한국인들은 가족주의에 기초한 '압축적 근대성'(compressed modernity)을 일구어왔다고 할 수 있다. 아래에 좀더 체계적으로 설명하겠지만, 압축적 근대성이란 시간과 공간 차원에서 문명적 변화가 극히 응축적인 면들을 가지면서도 시·공간적으로 이질적인 요소들이 공존하며 매우 복합적인 성격의 문명이 구성·재구성되는 상태를 말한다. 이러한 압축적 근대성이 현실적으로는 가족중심적 삶을 통해 개인들에게 체현되어왔다는 것이다. 특히 일제 식민지배, 미군정, 한국전쟁 등을 거치며 사회공동체적 조직과 관계는 계속 해체되고 외부에서 이식된 제도에 의거해 권위주의적으로 유지된 국가는 사회를 제대로 통합하지 못하는 상황에서 가족은 계층과 세대를 막론하고 생존과 발전을 위해 가장 중요한 조직체로서 기능해왔다.

고전적 근대화 이론에서는 사회제도 및 이념으로서의 가족은 그 중요성이 근본적으로 약화되고, 다양한 사회적 혹은 탈가족적 요소들에 의해 생산, 교육 등의 주요한 사회기능이 충족되는 것이 근대화의 핵심 과정으로 상정되었다. 이러한 주장의 영향 아래 한국처럼 가족이 경제, 사회 심지어 정치질서를 주도하는 사회들은 이 현실을 전근대적이고 비합리적인 것으로 인식하고 시급히 탈피하거나 은닉하려는 입장을 가졌었다. 또한 지난 세기말의 동아시아 경제위기는 이른바 '정실자본주의'의 문화적 배경으로서 가족주의에 대한 비판을 강화시키는 계기가 되었다.

이처럼 한국 등에서 가족주의 질서가 갖는 사회적 합리성이나 효율성에 대한 규범적 판단은 국내외에서 끊임없이 제기되었으나, 막상 역사적 현실로서 가족주의적 경제·사회·정치질서의 구체적 내용과 특성을 종합적으로 정리하고, 그 문화적·제도적·역사적 기원을 체계적으로 밝히고, 사람들의 실제 생활에서 가족주의 질서가 어떻게 인식되고 경험되고 재생산되는지를 유형화·이론화하는 학문적 노력은 매우 부족했다. 한국사회가 가족중심적이라는 점을 부정할 학자는 없겠지만 막상 서구인들이 한국사회를 그렇다고 평가할 때는 '동양주의적 편견'(orientalist bias)을 의심해야 하는 복잡한 상황에서 가족주의 질서는 체계적인 학문적 접근보다는 세태에 대한 일상적 논란의 대상으로 취급되어왔다. 물론 사회의 다양한 측면에서 한국인들의 가족중심적 행태를 경험적으로 보여준 다수의 연구들이 있었지만, 이러한 연구결과들이 이론적으로 종합되어 한국사회에 대한 새롭고 체계적인 이론이 생성된 적은 없다(이동원·함인희 1996 참조).

16

본 연구는 이러한 학문적 공백을 매우기 위해 한국의 경제·사회·정치 질서의 가족주의적 성격을 밝히고, 이것이 한국인들이 일구어온 '압축적 근대성'에 어떻게 결부되는지를 분석하고, 이러한 가족주의적 근대성의 경험적·이론적 특성을 체계적으로 점검하고자 한다. 구체적으로, 한국인들이 유례없이 급속하게 이룩해온 자본주의 산업화, 사회적 다원화, 정치민주화 등의 구체적 특성들을 묶어 압축적 근대성으로 개념화하고 이의 미시적 기초(혹은 장애)로서 가족주의적 구조, 질서, 행태를 자세히 살펴보고 이를 바탕으로 종합적이고 체계적인 이론적 정리를 시도할 것이다. 한국인들의 경험을 바탕으로 한 압축적 근대성과 가족주의 질서 그리고 압축적 근대성의 가족주의적 기초는 한국 외의 여러 비서구 후발개도국들에서도 어느정도의 시차를 두거나 다양한 정도와 양태를 띠고 나타날 수 있는 현상들이다. 비록 이 책에서 이에 관한 비교사회학적 고찰을 본격적으로 시도하지는 못하지만 앞으로 필자나 국내외 여타 학자들의 중요한 연구거리가 될 수 있을 것이다. 본 연구의 시대적 범위는 주로 20세기 중·후반의 상황이 중심이 되며, 따라서 1990년대 중반 이후로 본격화된 신자유주의적 세계화와 이에 수반한 급작스런 경제위기가 초래한 가족 및 근대성에 관한 중요한 변화들은 본격적으로 다루지 못한다. 다만 책의 말미에서 가족의존적 압축적 근대성이 신자유주의에 수반된 경제위기 및 경제개혁과 맞물려 한국인들의 가족중심적 삶에 근본적 위기를 초래하고 있다는 점을 지적할 것이다.

2. 가족과 근대성

서구 사회학에서 가족은 그 기능과 역할의 축소를 통해 근대화 과정에 기여하는 것으로 인식되어왔다. 가족은 전근대적인 내향적 공동체 원리를 담지하는 존재로서 보편적이고 객관화된 사회관계와 기능을 기반으로 하는 산업사회의 발전에 장애가 된다는 것이다. 이후 산업사회에서 가족의 계속된 보편적 존속은 탈콧 파슨스 등에 의해 개인들의 정서적 욕구충족이라는 차원에서 합리화되었다(Parsons and Bales 1955). 이러한 해석을 바탕으로 가족에 대한 서구 학문의 접근은 미시적 차원에서 나타나는 개인(가족성원)들 사이의 상호관계에 촛점이 맞추어지게 되었다. 이에 따라 특히 미국을 중심으로 가족연구는 사회의 거시적 구조와 변동에 관심을 두는 여타 사회학 분야와는 유리된 채로 급속히 가족학(famology) 혹은 가족관계학(family relations study)으로 전환하게 되었다.[1] 동시에 사회 일반에서도 가족은 사회로부터 고립된 사생활 단위로서 존재해야 한다는 규범적 인식이 확산되었다.

그러나 지난 세기 후반부터 서구 부르주아계급 형성의 조직적 기초로서 가족(가구)경제의 중요성을 지적하는 연구, 서구 산업혁명기 민중의 경험을 가족사적으로 혹은 가족을 분석단위로 해서 재구성하는 연구, 제3세계 지역의 경제(저)발전에 대한 농민과 도시서민의 가족중심적 대응을 밝히는 연구, 산업자본주의의 구조적 변화를 가족문제를 둘러싼 노동과 자본의 계급갈등의 측면에서 분석하는 연구, 국가와 가족 사이의 관계를 가족정책의 사회적 성격 차원에서 분석하는 연구들이 서구 및 제3세계 학자들에 의해 활발히 이루어지기 시작했다(장경섭 1993b). 이러한 연구들은 반드시 가족사회학이라는 형식적 범주에서 나온 것이 아니고 오히려 사회사, 정치경제학, 정치사회학, 경제인류학, 사회정책학 등의 다양한 영역에서 가족에 대한 이론적·경험적 관심이 제고되면서 산출된 것이다.

국내 학계의 가족연구 동향은 대체로 서구 사회학의 규정에 따라 사회로부터 고립된 사생활 단위로서의 가족 속에서 나타나는 다양한 가족관계의 정서적·도구적 특징에 관심이 집중되어졌다. 그러나 국내에서도 최근 사회사, 농촌사회학, 도시사회학, 여성학, 사회복지학 등의 분야를 중심으로 가족의 거시사회적 중요성에 대한 관심이 급격히 커지고 있다. 이러한 연구들은 비록 가족문제 그 자체에 촛점을 두고 있지는 않지만 가족과 사회의 관계를 둘러싼 한국적 상황의 복잡성과 특수성을 흥미롭게 밝혀주고 있다.

가족의 거시사회적 중요성에 대한 국내 및 국외의 점증하는 관심을 적극적으로 확장하여 근대성(modernity) 논의에 접목시켜볼 가치가 있다. 서구에서 부르주아계급 형성이 가구경제를 바탕으로 이루어졌고, 노동자계급의 결속이 상당 부분 친족연대를 바탕으로 했고, 복지국가의 기초로서 가족부양체계가 전제되었다는 주장들과, 서구자본의 제3세계 수탈과 이에 대한 식민지 민중들의 적응과 저항이 모두 가구경제와 친족연대를 기초로 했다는 설명들과, 동아시아에서 비서구적 자본주의체제의 발전이 가족의존적 소유·경영·복지를 토대로 했다는 해석들을 종합하면 가족이 바로 현대 산업자본주의체제의 골간에 자리하고 있음을 알 수 있다. 따라서 경제조직, 정치질서, 사회관계의 탈가족화를 근대화의 핵심 과정으로 보는 기존의 시각은 원천적으로 수정되어야 한다.

한국인들은 한편으로 비교대상이 드물 정도로 급속한 자본주의 산업화, 정치적 민주화, 사회구조 변화를 이룩했고, 다른 한편으로 유별난 가족중심주의, 즉 개인생활과 사회질서에 대한 가족의 막대한 영향력을 과시해왔다. (아울러 이 책에서 다루지는 못하지만 지연, 학연 등 유사가족주의적 원리를 갖는 사회관계의 중요성도 지대했다.) 이러한 점들을 종합해볼 때, 한국사회의 '압축적 근대성'은 상당 부분 가족을 통해 구성되었을 개연성이 크며 그 근대성에 노정되어 있는 여러 한계와 문제 역시 가족에 결부되어 있을 것이다. 그러나 경제발전과 정치·사회적 변동에 대한 국내외의 기존 연구는 사회학, 경제학, 정치학을 가리지 않고 경제, 사회, 정치의 일상적 기초에 대해서는 둔감했으며, 끊임없이 대두되는 가족주의적 경제·사회·정치 질서에 대해서는 애써 무시하거나 발전 혹은 근대화의 불충분성에 대한 증거로 평가했다. 이러한 입장에 서면, 최근까지도 약화되지 않고 있는 가족중심적 기업운영과 권력관리 현상을 제대로 설명할 수 없으며 강고히 유지되는 제반 사회정책의 가족중심성 혹은 가족의존성을 정당화할 수 없다. 설사 경제, 사회, 정치의 가족중심성은 무조건 근절되어야 한다는 규범적 입장을 취하더라도 그 근절을 위해 가족주의 질서를 적극적으로 인식하고 극복해나가야 할 것이다.

3. 압축적 근대성

본 연구의 핵심적 개념인 압축적 근대성은 연구자가 현대 한국사회의 구조적 특질로서 상정하고, 이를 통해 여러 사회현상을 설명해왔다. 그러나 이 개념의 이론적 정의를 연역적 방식으로 내리기보다는 관련 사회현상들을 경험적으로 연구해가면서 개념에 포괄되는 역사적 현실의 범위를 획정해가겠다는 연구전략에 따라 압축적 근대성이 아직 개념적으로 '공식화'(formalization)되지는 않았다. 압축적 근대성은 아래에 설명할 '분석적 귀납'을 통해 한국사회를 연구하기 위한 개념적 도구라고 볼 수 있다. 연구자는 이런 전략에 의거해 연구를 진행해왔고 진행중이기 때문에 압축적 근대성의 이론적 내용은 계속 구성되고 재구성되고 있다.

그림 1-1은 압축적 근대성이 시간·공간 영역과 단축·압착 과정의 두 축이 교차해 구성하는 다섯 가지 구체적 차원으로 이루어졌음을 보여준다. 시간영역은 물리적 시간(시점, 시량)과 역사적 시간대(시대)를 포괄하며, 공간 영역은 물리적 공간(위치, 면적)과 문명적 장소(지역)를 포괄한다. 물리적으로 표준화된 추상적 시공간에 대비해 일정 지역의 일정 시대는 구체적 문명을 구성하거나 담지하는 현실적 틀이 된다. 단축은 두 시점(시대)이나 위치(지역) 사이의 이동 혹은 변화에 필요한 물리적 과정이 축약되는 현상을 말하며, 압착은 서로 이질적인 시대나 장소에 존재했던 복수의 문명요소들이 일정한 제한적 시공간에 공존하며 상호 압박과 변화를 일으키는 현상을 말한다. 시간·공간과 단축·압착이 교차해 구성하는 네 가지 차원의 현상들은

그림 1-1 압축적 근대성의 다섯 차원

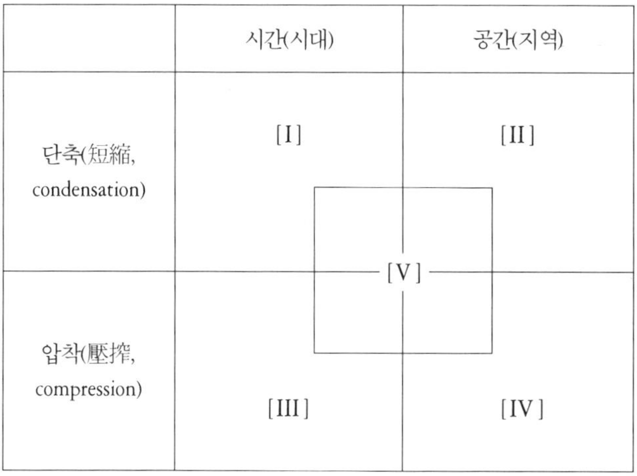

	시간(시대)	공간(지역)
단축(短縮, condensation)	[I]	[II]
	[V]	
압착(壓搾, compression)	[III]	[IV]

다시 복잡한 상호작용을 거쳐 또다른 종류의 사회현상들을 야기할 수 있다.

　시간·공간의 압축 문제는 하베이의 서구 모더니즘 및 포스트모더니즘 설명에서도 핵심적 사안으로 제시된다(Harvey 1980). 하베이에 따르면, 근원적으로 자본주의 축적위기 및 그 극복노력이 지배공간의 확장과 기계적 시간의 보편화로 이어졌고 궁극적으로 자본의 통제하에 시간·공간의 압축(time-space compression)이 귀결되었다. 이러한 차원에서 모더니즘과 포스트모더니즘이 각각 설명하고 극복하고자 하는 대상에는 근본적인 유사성이 있다는 것이 그의 주장이다. 그가 강조하는 "시간을 통한 공간의 파괴"(the annihilation of space through time)나 "시간의 공간화"(the spatialization of time)는 시간과 공간 사이의 복잡한 함수관계까지 감안한 문제의식이지만 (Harvey 1980, 270면), 단순화시켜 볼 때 필자가 제시하는 시간·공간의 단축 현상에 촛점이 맞추어져 있다고 볼 수 있다. 그리고 시간·공간의 압축이 여러 단계 자본주의의 축적위기 및 공격적 극복노력에 수반된 것이라는 하베이의 주장에 비교해, 압축적 근대성에 있어서 시간·공간의 단축과 압착은 그 배경, 원인, 주체가 매우 다양하고 때로는 우발적이다.

또한 시간·공간의 압착 문제는 탈식민주의(post-colonialism) 논자들이 거론하는 문화적 '잡종성'(hybridity), '혼합성'(syncreticity) 등의 현상(Ashcroft, Griffiths, and Tiffin 2002)을 한 부분으로 포함시킬 수 있다. 주로 문예비평으로서 시작된 이 이론을 사회현상 일반에 대한 것으로 확장해 해석하면, 탈식민주의 논자들은 정치적으로 해방된 제3세계 민중과 지식인들에 대해 역사·사회적 주체(subject)로서의 지위를 일정 범위에서 인정하지만 이들의 정신적·물질적·제도적 삶은 식민지적(서구적) 문물과 가치를 근원적으로 극복하기보다는 다양한 양태로 토착적 요소들에 결합시킨 상태에서 영위된다고 본다. 물론 탈식민주의 문화가 (신)식민질서에 대해 '대항적'(oppositional) 혹은 '공모적'(complicit) 성격을 갖는 상황이 모두 가능하기 때문에(Mishra and Hodge 1994, 284면), 전자의 상황에서는 식민지적(서구적) 문물과 가치가 존속하더라도 비판과 극복의 대상으로 인식될 개연성이 크다. 그런데 이러한 탈식민주의 논자들의 지적에 앞서, 여러 사회학자들은 제3세계 근대화 과정에 관한 연구에서 광범위한 잡종화(hybridization) 현상을 지적한 바 있다. 본 연구에서 제기하는 압착현상의 구체적 측면들에 있어서도, 시간·공간 두 축의 상이한 지점들에 위치하는 다양한 문물과 제도가 맞닥뜨리거나 뒤섞이는 과정이 역사·사회적 주체로서 구체적 한국인들의 이념과 의지에 의해 상당 부분 규정될 가능성이 열려 있다. 다만 여기에서 압착대상이 되는 문물과 제도들의 범위는 탈식민주의 논의에서 제기되는 것보다 훨씬 넓어 탈현대적·범세계적 요소들까지 포괄하며, 압착현상의 구성이 잡종화와 혼합화에 국한되지 않고 경쟁, 충돌, 접합, 화합 등 매우 다양한 과정을 포괄한다.

압축적 근대성의 여러 측면을 한국사회의 경험을 바탕으로 설명하면 다음과 같다. [I]은 한국사회가 경제발전을 성공적으로 추진하여 저소득 농업경제에서 선진 산업경제로 이르는 시간을 다른 사회들에 비해 엄청나게 단축한 것이 실례가 된다. '압축적 경제성장' '압축적 사회변동' '압축적 근대화'

등 세간에 회자되는 한국사회의 초고속 변화·발전이 이 차원에 속한다.[2] 이러한 압축적 변화는 문화적 영역에서도 확연하여 심지어 이른바 탈현대적 혹은 탈산업사회적 변화의 징후들도 사회 곳곳에 확연하다. 그동안 한국사회가 서구에서 2~3세기에 걸쳐 겪은 근대적 경제·사회 변화를 불과 반세기 정도에 단축해 소화해냈다는 시민들의 자부심은 국가 차원으로 격상되어 지난 세기말에 '해방 이후' '대한민국 수립 이후' 등의 기간을 대상으로 다양한 격변상에 대한 화려한 통계자료집들이 연이어 쏟아져나오기도 했다.[3] 자동차를 이용해 서울─부산을 도로체증으로 10시간 이상 걸려 갈 때, 평균 소요시간인 5시간 정도에 갈 때, 과속으로 3시간 만에 갈 때의 여행기분은 서로 다를 것이며 여행과정에서의 사고확률, 도착 후의 피로감 등에서도 차이가 클 수밖에 없다. 한국인들의 과속여행 경험은 과속 사실 자체에 촛점을 맞추어 분석되어져야 한다.

[II]의 실례로 한국사회가 지난 세기 내내 다양한 양태의 외세 지배를 받으면서 정치제도에서부터 생활문화에 이르기까지 지리적 거리나 차이와 무관하게 다른 지역(사회)의 직접적 영향을 받으며 변화해온 사실을 들 수 있다. 식민주의적 혹은 제국주의적 외세가 한국사회를 물리적으로 복속시킨 후 이질적인 지역환경에서 배태된 이념, 제도, 기술 등을 '씰크로드'와 같은 문물교역 경로를 생략하고 한국인들에게 직접적으로 강요하는 가운데 공간(지역)의 단축이나 해체가 이루어졌다.[4] 특히 식민지시대 및 산업화시대의 한국 도시화는 제도적 대외모방성과 경제적 대외의존성의 심화과정이었으며 결과적인 공간 단축으로 생성된 현대도시들은 토착문명과 전혀 무관한 이종(異種)공간이다.[5] 한국인들의 자체 의지에 의한 공간 단축은 1990년대부터 본격화된 정보화 및 세계화에 의해 한층 가속화되었다. 특히 정보통신산업의 획기적 발전에 힘입어 한국이 정보화 선도국 반열에 오름으로써 전자통신 수단에 의한 공간의 단축 혹은 극복은 21세기 발전전략의 화두가 되었다. 이러한 변화들이 더해져, 불과 얼마 전까지도 해외여행 경험이 일부 엘리뜨

층에 국한되었던 한국사회가 이제 그 내부에서 서구적 제도와 문물이 급속히 확장되어가면서 한국인들은 움직이지 않고도 (유사) 서구적 공간을 생활 속에서 체험하게 되었다.

[III]은 각 사회영역에서 [I]이나 [II]의 결과로 나타난 현대적 혹은 초(탈)현대적 문물과 제도들이 미처 변화하지 못했거나 인위적으로 유지·강화된 과거 문물들과 혼재하며, 제한된 존재입지 속에서 이들 사이의 치열한 경쟁, 충돌, 접합, 화합 현상이 발생하는 것이다. 이는 이른바 '비동시성의 동시성'(the contemporaneity of the uncontemporary, Bloch 1991)으로 지칭되는 현상으로서 변화조건이 복잡한 문화나 이념 같은 비물질적 영역에서 흔히 관찰된다. 특히 한반도에서는 내생적 사회혁명을 통한 봉건적 사회체제의 철저한 극복이 이루어지지 못함으로써 이후의 식민지화, 자본주의 산업화 등의 과정에도 불구하고 전통적 가치와 문화는 근본적인 차원에서 부정되어진 적이 없다. 또한 사회발전에 따른 노인 기대수명의 연장으로 전통적 가치와 문화는 이를 견지하려는 장수 노인들과 함께 사회적 수명을 연장하고 있다. 따라서 전통적·현대적·탈현대적 가치와 문화가 공존하며 이질적 시간대들의 문명적 압착이 이루어져왔다. 시간적 압착은 문화·이념영역뿐 아니라 경제영역에서도 관찰되었는데, 이른바 '불균형 성장'(unbalanced growth) 전략에 따라 현대적 도시제조업들의 급속한 성장 이면에 전통적 소생산체제가 강제된 농업은 영세성을 벗어나기 어려웠다. 이에 따라 상이한 역사적 시간대를 대표하는 이질적 생산체제들 사이의 이른바 접합(articulation)이 현대적 경제질서의 핵심적 측면이 되었다. 이처럼 역사적 시대들이 압착되어 공존하는 사회를 살아가는 한국인들의 일상생활이나 인생은 끊임없는 '시간여행'(time travel)으로 채워져왔다.

[IV]는 [I]이나 [II]의 결과로 나타난 외래적, 다국적 혹은 범세계적(global) 문물과 제도들이 토착적 문물·제도들과 혼재하며, 역시 제한된 존재입지 속에서 이들 사이의 치열한 경쟁, 충돌, 접합, 화합 현상이 발생하는 것이다.

24

지역적 발생조건이 다른 문물과 제도들이 동일한 시공간에서 함께 존재하고 기능하는 과정에서 싸이드(Said 1979)가 비판한 '동양주의'(orientalism) 같은 종속적 혹은 식민적 위계구조가 만들어지기도 한다. 비슷한 위계구조가 제3세계 발전과정에서는 이른바 개발의 '도시편향성'(urban bias)으로 나타나 토착적 농촌·농업·농민의 희생이 강요된다고 립턴(Lipton 1977)이 자세히 지적한 바 있다. 토착사회의 자기비하를 강요한 초기 근대화(modernization) 이론도 결국 본적지를 떠나 침투한 서구문물의 상대적 우월성을 세뇌하기 위한 정치적 시도였지만 한국인들에 의해 열렬히 환영받았다. 이러한 역사적 분위기 속에서 문화계나 의약계 등에서 나타나는 것처럼 토착 제도·문물과 외래 제도·문물 사이에 극도로 적대적인 갈등관계가 싹트기도 했다. 그러나 외세에 의해 산업자본주의 식민지로 병합되고 다시 외세의 개입으로 서구 표준의 정치·경제질서를 받아들여야 했던 바로 그 역사적 맥락 때문에, 잔존하는 토착적 문물과 제도는 그 현실적 효용에 무관하게 (정치적 관점에서) 중대한 존재의 정당성을 갖기도 한다. 현실적으로 대외지향적인 발전노선을 걸으면서 명분상 민족주의자로 남아 있는 한국인들의 이중성은 그들이 추구한 근대성에 공간적 문명압착이 만성적으로 이루어졌을 것임을 짐작케 한다. 부단히 서구의 제도와 문물을 확대하고 서구 기준의 발전을 추구해오면서 막상 그 결과를 갖고 서구에 대한 열등감 극복 이상의 의미를 찾기가 어려운 것이 한국인들일지도 모른다.

이러한 네 측면에서 발생하는 현상, 문물, 제도들은 다시 그 사이에서 활발한 경쟁, 충돌, 조합, 결합, 화합이 발생해 또다른 현상이나 문물들을 파생시킨다. 이를 압축적 근대성의 [V]영역이라고 볼 수 있는데, 사실상 대부분의 사회현상이 이 영역에 걸쳐 발생한다. '동서고금의 공존'이 압축적 근대성 아래에서 발생하는 사회현상의 보편적 성격이라고 보면 모든 문물과 제도는 다양한 혼합화(hybridization)의 과정을 거쳐서 현존한다고 보아야 할 것이다. 또한 이런 사회를 살아가는 인간들은 극히 복합적인 의식세계를 유지할 수 있는 능력을 배양하지 않으면 사회적 낙오의 가능성에 상시적으로 떨어야 한다. 시·공간을 단축해 대두되는 사회현상들을 그 자체로서 이해하고 대응하는 것도 엄청난 과업이지만 전통·토착적 사회현상들과의 복잡한 상호작용을 마저 파악하고 조정해야 하는 과업은 더욱 힘겨운 것이다. (물론 이에 대한 학문적 분석도 비상한 재능과 노력을 요구할 것이다.) 이러한 어려움은 특히 사회적 가치와 이념체계의 복잡성에 두드러지게 나타난다. 가족, 기업, 대학, 시민사회 등 각 영역은 그야말로 가치와 이념의 파노라마로 존재한다. 동서고금의 다양한 가치와 이념이 그냥 병존하는 것이 아니고 지속적인 상호작용을 통해 변종을 만들어내는 현실에서 굴러가는 가족, 기업, 대학, 시민사회는 한국을 바라보는 외신기자들 사이의 평가처럼 "너무 동적"(too dynamic)일 뿐 아니라 너무 복합적(too complex)이다.[6]

위의 다섯 측면을 종합적으로 고려할 때, 압축적 근대성이 역사적 변화들의 결과 이상으로 과정을 포함한다는 점이 중요함을 알 수 있다. 사실 압축적 근대성의 핵심적 특질들은 변화 결과보다는 과정에서 드러난다. 그리고 그 변화과정은 기존의 전통문명·현대문명·탈현대문명 혹은 토착문명·식민(외래)문명·세계화문명의 도식적 구분에 의거해 판단할 때는 매우 비체계적인 사회현상들로 가득 차 있다. 따라서 기존의 문명 구분에 기초한 역사학과 사회과학의 관점에서는 압축적 근대성 연구가 일종의 '비체계성의 체계과학'으로 간주될 수도 있다.[7] 비체계성들의 체계적 정리와 분석을 시도함에 있어, 비체계적 관계나 질서에 포함되어 있는 전통·현대·탈현대 문명 혹은 토착·식민(외래)·세계화 문명의 요소들 각각에 대해서는 기존의 사회과학이나 역사학의 논의로부터 연역적인 설명을 끌어낼 수 있을지 몰라도 비체계적 관계나 질서 자체는 역사적 현실들에 대한 '분석적 귀납'(analytic induction)에 의존하여 설명할 수밖에 없다.

원래 즈나니에츠키(Florian Znaniecki)가 제시했던 분석적 귀납을 통해 민주화와 경제발전의 관계를 분석한 루쉬마이어 등에 따르면,

[분석적 귀납은 우리의 일상생활이나 대다수 역사학적 설명에서 보는 것과 같은 전략을 자명하고 절도있게 사용한다. 그러나 그것은 좀더 명확하게 분석적 지향을 갖고 있다. 그것은 철저히 사유된 분석적 관심사들로부터 출발하며, 하나나 몇몇 사례들에 대한 이해로부터 나아가 다른 구체적인 사례분석들을 통한 검증과 재검증을 거쳐 잠재적으로 일반화가 가능한 이론적 통찰력들에 도달한다. … 각각의 요인이 역사적 맥락에 위치하고 따라서 좀더 적절히 해석될 수 있는 여러 사례들의 복합적 성격은 자의적인 추측성 이론화를 방지하는 경험적 '노석'(road blocks)으로 기능한다. (Rueschemeyer, Stephens and Stephens 1992, 36~37면)

이러한 분석적 귀납에 의존해 압축적 근대성의 이론적 구성요소들을 확립하기 위해서는 "구체적인 사례분석들을 통한 검증과 재검증"을 거쳐야 하기 때문에 엄청난 연구시간과 자원이 소요될 수밖에 없다. 이러한 난점을 보완하는 한가지 방법으로서, 압축적 근대성에 관련된 특정 연구소재들을 여타의 이론적·경험적 관심들로부터 출발하여 다룬 연구들이 내놓은 경험적 결과들에 대해 적절한 재분석을 함으로써 '학문적 경제성'을 얻을 수 있다. 특히 국내 사회과학계의 경험적 연구들 가운데 상당수가 주로 서구 이론을 차용하여 한국에 관한 연구가설이나 연구목적을 설정한 후 실제 경험적 연구결과의 제시는 원래의 서구 이론이나 연구가설, 연구목적과 상관없이 기계적인 자료열거에 그치는 현실을 감안할 때, 이러한 재분석 작업은 현실적 가치가 높다. (이는 연구자가 여기에서 채택한 연구전략의 중요한 부분이다.)

4. 압축적 근대성과 한국가족

본 연구는 압축적 근대성이 한국사회의 이른바 가족주의 질서에 어떻게 결부되는지를 밝히려는 것이다. 이를 위해 압축적 근대성의 다양한 특성들, 즉 위에서 지적한 기존 사회과학이나 역사학의 논의에서 연역적으로 설명되지 않는 '비체계적 관계나 질서'들 가운데 가족문제 혹은 가족현상과 '체계적' 관련성이 있는 것들을 자세히 예시할 것이다. 일반적인 차원에서 압축적 근대성의 이론적 성격과 현실적 내용을 먼저 자세히 밝히는 것이 논리적인 연구순서이겠지만 사실 이 작업이 연구자 혼자의 힘으로 가능할지 의문이다. (이를 위한 별도의 연구 및 집필이 진행중이기는 하다.) 또한 연구자가 다년간 수행해온 한국의 가족주의 질서에 관한 연구결과를 압축적 근대성의 미시적 기초에 대한 분석으로서 활용한다는 의미에서 본 연구의 의의를 제시할 수 있다. 본 연구에 포함된 구체적 사회현상들에 기초하여 압축적 근대성의 다음과 같은 특성들을 가족과 관련지어 제시해볼 수 있다. (제시순서는 이 책의 순서와 같다.)

1) 이념적-물질적 변화의 부정합성: 능동적 자기변혁이 결여된 근대화 과정에서 사회질서의 물질적 측면과 이념적 측면 사이에 만성적으로 부정합성이 생겨났다. 물질적 사회질서의 변화는 식민지배, 미군정, 한국전쟁, 산업화 등을 거치며 주로 국내외 정치질서의 격변에 수반해 일종의 '사건들'로서 시민들에 의한 선택의 여지없이 그리고 이념적 정당화를 생략하고 전개되었다. 이념적 사회질서 역시 정치질서에 종속되어 변화되어왔는데, 특히 한국전쟁 경험과 냉전대립 심화는 모든 이념적 사회요소들에 대한 국가의 획일적 통제를 유발했다. 제도정치와 시민사회에서 현실적 문제들의 인식과 해결은 이념적 토론을 거른 채 주로 기술적 방식으로 이루어졌다. 이러한 상황에서의 역설로서, 대외모방적이며 역사단축적인 근대화 과정에서 한국인들이 필연적으로 노출되는 다양한 정치·사회적 이념들이 물질적 현실과의 정합성에 구애받지 않고 일종의 '문화적 소비'의 대상으로 수용되어왔다. 이념적-물질적 변화의 부정합성은 개인들의 생활단위인 가족 차원에서도 마찬가지

28

로 나타났다. 복잡다기한 가족이념은 가족의 인적 구성이나 물적 기반에 상관없이 주로 '문화적 현상'으로서 나타났으며, 가정생활과 가족관계의 물적 기반은 거시적 경제·사회환경의 급변과 계급·계층적 분화에 맞물려 복잡하고 불안정한 상태가 지속되었으며, 인적 구성도 출산율의 급증·급감과 폭발적 이혼향도에 맞물려 지속적이고 급격한 변화를 겪어왔다. 흔히 근대적 가족변화의 정형으로 이해되는 핵가족화는 한국사회에서 이념적·물적·인적 측면의 심한 부정합성으로 인해 매우 불균형적인 현상으로 전개되었다. 이러한 불균형 핵가족화는 미시적 가족 차원의 혼돈과 고통뿐 아니라 거시적 차원에서 인구부양체계의 심각한 교란을 초래한다. (이 책 제2장에서 구체적으로 논의될 이러한 현상은 그림 1-1에 제시된 압축적 근대성의 여러 측면 가운데 [I], [II], [III], [IV]를 포괄한다.)

2) 가치·제도의 우발적 다원성: 근대사회로의 진입이 전통질서의 발전적 극복에 의한 것이 아니라 식민지배와 정치·군사적 대외종속에 의해 강제된 이후, 한국인들 스스로도 대외모방적·대외의존적 근대화와 경제발전을 급속하게 추진해오면서 필연적으로 나타난 현상이다. 전통(토착)적 가치와 제도가 상당 부분 잔존하는 가운데 현대(서구)적 가치와 제도가 자의·타의로 밀려들게 되면서 이들 상호간의 체계적 공존원리 없이 가치·제도가 우발적 다원성을 띠게 되었다. 이러한 가치·제도의 다원성은 전통 생활문화의 현실적 담지자로 기능하면서도 서구 소비문화의 수용 통로로 작용해온 가족이념 차원에서 두드러진다. (반면 냉전과 반공독재가 수십여 년간 지속된 까닭에 정치·사회적 공공영역에서는 이념적 다원성이 표면화되지 못했다.) 예컨대, 한국인들의 가족관계와 가정생활은 유교적 가족이념, 도구주의 가족이념, 서정주의 가족이념, 개인주의 가족이념 등 여러 상이한 가족이념에 동시에 우발적으로 노출되는 상황이 전개되었다. 인구의 대다수가 사회활동에서조차 가족중심적인 목표를 지향하고 가족의존적 행태를 보이기 때문에 가족

이념의 다원성은 사회 전체의 이념체계에도 직·간접으로 중요한 영향을 미쳐왔다. (제3장에서 구체적으로 논의될 이러한 현상은 그림 1-1에 제시된 압축적 근대성의 여러 측면 가운데 [I], [II], [III], [IV]를 포괄한다.)

3) 산업·기술·문화적 초고속 노령화: 사회·경제적 발전의 결과로 장수 인구가 급증하면서 한국은 세계 최고 속도의 노령화가 진행중이며, 이에 대한 국가나 사회 차원의 체계적 대처는 사실상 무의미한 수준이다. 더욱이 아직 (인구구조를 기준으로 한) 본격적 노령화시대에 도달하기 전에 산업·기술·문화적 차원의 노령인구가 급증하여 심각한 사회문제가 되고 있다. 비교대상이 없을 정도의 급속한 생산기술 고도화 및 산업구조 전환이 경제체제의 본질로 자리잡음에 따라 한국인들은 30~40대부터 이미 직업적 노령화의 위기감을 느끼고 있다. 이러한 맥락에서 1990년대 중반부터의 노동시장 유연화정책은 특별히 살인적인 압력으로 느껴질 수밖에 없었다. 여기에 일상생활의 문화환경 급변도 한국인들이 사회적 정체성이나 개인적 효용감을 유지하는 데 중대한 장애가 된다. 산업·기술·문화적 차원의 급속 노령화와 인구구조상의 급속 노령화가 동시 진행되는 한국은 머지않아 경제발전의 사회적 지속가능성(social sustainability) 차원에서 심각한 위기에 직면할 것이 분명하다. 현대 노인들은 장수가 어느 때보다도 사회적으로 유리하지 못한 시대적 환경에서 수명을 연장하고 있는 것이다. 이러한 사회적 시한폭탄에 대해 국가나 기업들 차원에서 설득력있는 체계적 대책이 모색되는 조짐은 없다. 결국 기술·산업적이든 연령상이든 노령화는 당사자들의 개인문제로 설정되고 궁극적으로는 그들의 가족문제가 된다. 실직 후 새로운 직장을 찾으려 할 때 혹은 자영업 등 개인사업을 위해 자금·일손이 필요할 때 가족이나 친지 외에 기댈 곳은 현실적으로 존재하지 않는다. 아직 연금혜택이 일부 집단의 특권이며 노인보호를 위한 공공써비스가 전시행정 수준을 넘어서지 못하는 현실에서 자녀의 유교적 효(孝)규범이 여전히 최종적 정책수단

이다. 노부모의 인생경험이 자녀의 직업활동이나 가정생활에 참고의 가치를 인정받지 못하는 세대 단절의 시대에 (노부모의 재산상속을 염두에 두지 않는 한) 자녀의 효규범은 역사의 어느 시점에서보다도 순수한 이타심에서 비롯되어야 한다. 이는 기성세대로부터 번번이 도덕적 타락을 의심받기도 하는 오늘날의 젊은 세대에게 매우 모순된 요구가 아닐 수 없다. (제4장에서 구체적으로 논의될 이러한 현상은 그림 1-1에 제시된 압축적 근대성의 여러 측면 가운데 [I], [III]을 포괄한다.)

4) 세대(시대)관계의 불연속성: 사회의 모든 영역에서 시공간을 단축하는 변화들이 진행되면서 한국의 세대관계는 계승·발전보다는 단절·극복에 의해 특징이 지어진다. 특히 식민지배, 한국전쟁, 절대빈곤 등으로 점철된 과거로부터 벗어나고자 이른바 개발시대를 치열하게 살아온 현재의 기성세대는 그 윗세대와의 차별성에 정신적으로 매우 집착한다. 이처럼 세대관계 차원에서 과거-현재의 관계가 단절성으로 규정되어온 사실과 무관치 않게 현재-미래의 관계에 대해서도 친화성이나 연속성이 강조되는 경우가 드물다. 매우 활발한 정치·사회적 토론이 벌어지는 시대가 되었지만 현재세대와 미래세대 사이의 책임·권리 관계에 대한 논의는 희소하며, 더욱이 미래세대의 이익에 촛점을 맞추어 문제가 제기되거나 해결이 모색되는 일은 거의 없다. 이러한 사회적 세대(시대)관계의 소원함은 한편으로 미래세대의 이익을 희생시키는 국가정책과 사회행위의 양산으로, 다른 한편으로 미래의 주역인 청소년의 권익에 대한 무관심과 착취로 귀결되어왔다. 새만금과 같은 각종 환경파괴적 개발사업들에서부터 (대부분 미래세대가 갚아야 할) 천문학적 공적자금을 동원한 금융위기 극복전략에 이르기까지 미래세대의 희생을 담보로 한 정책의 양산은 현세대가 이끄는 국정의 중요한 특성으로 자리잡았다. 이러한 현세대의 후세대에 대한 사회적 차원의 만행과는 대조적으로 가정에서는 부모세대와 자녀세대의 인생 분화가 잘 이루어지지 않을 정도로

밀접한 지원·의존관계가 존재한다. 세대간의 사회적 연대의 부재는 가족 내 부모-자녀 관계의 밀착성과 동전의 양면이다. 청소년의 지위에 관련된 기성세대의 이기심은 '청소년기' 혹은 '청소년성'에 대한 학교, 정치권력, 산업자본, 대중매체 등의 경쟁적 개입과 통제의 본질에서 분명히 드러난다. 이러한 사회집단들은 흔히 청소년들 자신의 의지나 권익에 상관없이 각자의 이익을 증진시키거나 통제를 강화하기 위해 특정 유형의 청소년성이나 청소년기를 인위적으로 유포한다. 이른바 청소년문제, 신세대현상 등은 근본적으로는 기성세대의 이윤·지배 욕구에서 파생한 경우가 대부분이다. 청소년들에 대해 유일하게 진정으로 지원·보호 기능을 제공하는 가족(부모)도 청소년기의 이러한 '사회적 각축장화' 현상에 저항하기보다는 편승해왔다. 자녀와 자신의 개체성을 분리해 인식하지 않으려는 부모들은 다양한 사회집단의 청소년기에 대한 관여를 역으로 자녀를 통한 사회적 경쟁의 기회로 삼으려는 태도를 보여왔다. (제5장에서 구체적으로 논의될 이러한 현상은 그림 1-1에 제시된 압축적 근대성의 여러 측면 가운데 [I], [II], [III], [IV]를 포괄한다.)

5) 사회적 전환의 복합성 및 부분성: 1960년대 이후 한국은 비교대상이 드물 정도의 급속한 경제성장에 수반된 숨가쁜 산업구조 전환을 겪어왔고 지금도 겪고 있다. 산업구조 전환은 애초의 산업화, 즉 농업에서 도시산업 일반으로의 변화를 포함해, 도시산업 내부에서 노동집약적 경공업으로부터 자본집약적 중화학공업, 나아가 기술집약적 정보통신산업으로의 전환을 포함했고, 다양한 써비스업의 팽창을 포함했다. 이러한 경천동지의 변화들이 한 개인의 생업활동기간에 불과한 30~40년에 전부 전개되었다는 사실은 대다수 한국인들이 수차례 직장이나 직업을 바꾸어왔음을 의미한다. 노동시장 유연화 바람이 불기 전부터 평생직장은 소수 한국인들만의 특권이었다. 농민에서 공원이나 사무직원으로, 그리고 다시 자영업자로 변신한 것은 평균적 한국 중년남성의 일생이다. 평균적 중년여성의 경우는 농민에서 공원, 판매원, 사

무직원 등으로의 변화 이후 결혼 전후로 직장을 떠났다가 자녀가 어느정도 자란 후 가구소득 보충이 필요하면 주로 일용써비스직에 재취업했다. 남녀를 불문하고 대다수 한국인들은 장기간의 일정한 경제활동에 기초한 사회계급적 정체성을 확립하지 못했으며 그들의 이해관계 증진을 위해 집단적 계급행동에 의존하기 어려웠기 때문에, 그 대신에 부모, 형제, 친척, 동창, 동향 등 연고관계에 사회경제적으로 의존해왔다. 특히 여성들의 경우는 산업구조의 급변뿐 아니라 성차별적 고용질서로 인해 경제활동을 통한 사회계급적 정체성 확립은커녕 개인적 자아실현을 추구하기도 어려웠다. 반면 결혼, 출산, 육아 등 일련의 가족형성 과정에 직장이나 국가의 유의미한 지원이 없었기 때문에 대부분의 가정에서 여성의 전업주부 역할이 필수화되었고 이는 전통적·현대적 가족이념을 모두 동원해 미화되었다. (제6장에서 구체적으로 논의될 이러한 현상은 그림 1-1에 제시된 압축적 근대성의 여러 측면 가운데 [I], [II], [III], [IV]를 포괄한다.)

6) 생산주의 편향성: 자본주의와 사회주의를 막론하고 근대경제체제는 생산자계급의 주도로 성립하고 또 생산우선주의적 성격을 갖고 있다. 굳이 베버(Max Weber)의 논의를 끌어들이지 않더라도, 근대성의 척도는 생산성이나 다름없다. 그런데 후발자본주의 및 사회주의 사회들에서 이른바 '따라잡기' 발전을 추구하면서 생산우선주의는 생산지상주의로 한층 강화되었다. 고전적 경제성장 이론(이념?)에 의거해 생산의 증가는 투자의 증가를 요구했고 투자의 증가는 소비의 억제를 요구했다. (물론 이는 후발자본주의국들의 산업화 초기상황에 한정된다.) 소비의 억제는 주로 가족 차원에서 이루어지는 인간의 양육, 부양, 보호, 훈육 등 사회재생산(social reproduction)을 위한 제반 여건의 열악성 혹은 정체성을 의미했다. 한국정부가 이른바 '선성장 후분배' 노선을 통해 세계 최고의 경제성장률을 구가하면서 사회재생산에 대해 취한 입장은 크게 보아 사회복지 공공지출의 최대한 억제 및 사회복지

책임의 가족 전가로 요약된다. 이에 따라 전통적 가족부양 윤리의 유지·강화가 국가의 핵심적 사회정책으로 자리잡았으며, 사회적으로는 '개인주의 핵가족'의 비판분위기가 형성되어 국가정책을 뒷받침했었다. (제7장에서 구체적으로 논의될 이러한 현상은 그림 1-1에 제시된 압축적 근대성의 여러 측면 가운데 [I], [III]을 포괄한다.)

7) 제도적 주조(鑄造)와 교육투자: 미국식 정치체제와 사회·경제제도의 이식에 기초해 출범한 대한민국은 일종의 '제도적 주조'(institutional casting) 과정을 거쳐 순식간에 선진 근대국가의 외형을 갖추었다. 이러한 제도적 선진성(혹은 과잉근대성)은 궁극적으로 제도와 현실의 괴리에 따른 제도의 무력화라는 근본적 문제를 낳지만 당장에 제도의 운영과 관리를 위한 인원충원(staffing) 문제를 불러온다. 이는 주로 공교육 보급을 통해 이루어졌으며, 한국 공교육의 형식과 내용이 미국과 대동소이하며 공교육정책을 미국유학파가 주물러온 것도 결코 우연이 아니다. 물론, 현실적 여건상 대부분 교육과정은 지식 주입에 의한 단기속성의 인재양성을 지향했다. 사회제도, 특히 국가의 공공자원 사용이나 공공권력 위임이 결부된 사회제도는 필연적으로 배타적 이해관계의 성립으로 이어지기 때문에 사회제도 운영자의 자격을 공교육 이수를 바탕으로 정한다면 공교육은 치열한 이권쟁탈장이 될 수밖에 없다. (비판적으로 말한다면, 제도기생적 엘리뜨가 될 기회를 잡기 위해 입시공부에 매달리는 것이라고도 할 수 있다.) 특히 자격 확보를 위해 이수가 요구되는 교육과정이 단기속성일수록 투자(투기?) 대비 기대수익이 크기 때문에, 교육과정 전체가 하나의 단기속성반인 한국의 공교육에 시민들이 '학력투자자'들로서 몰려들었다. 물론 이러한 투자는 주로 세대간 계층상승을 꿈꾸는 부모들이 자녀의 출세를 지원하는 모양새를 갖고 이루어졌다. 전통적 정치·경제질서의 축이었던 가족이 대의민주주의 및 산업자본주의의 등장으로 그 제도적 위상이 급격히 위축되어가던 상황에서 공교육은 가족들

34

사이의 새로운 경쟁무대로 자리잡게 되었다. 공교육에 대한 시민들의 열광적 반응은 국가의 공교육 재원마련 고민을 크게 덜어주었다. 자녀 출세를 위한 투자자 입장에서 공교육을 이해하는 시민들에게 공교육 비용분담을 요구하는 것은 별다른 정치적 설득이 필요 없었다. (제8장에서 구체적으로 논의될 이러한 현상은 그림 1-1에 제시된 압축적 근대성의 여러 측면 가운데 [I], [II]를 포괄한다.)

8) 전통요소–현대요소, 토착요소–외래요소의 적대관계: 산업자본주의, 의회민주주의, 실증과학주의 등으로 대표되는 근대질서의 확립이 전통질서의 창조적 계승이나 발전적 극복에 기초한 것이 아니었기 때문에 한편으로 전통질서의 다양한 유제들의 잔존이, 다른 한편으로 전통질서 유제들과 근대질서 구성요소들 사이의 적대적 긴장·수탈관계가 등장하게 되었다. 이에 따라 산업간, 지역간, 직업간, 세대간 치열한 갈등이 전개되지만 갈등해소를 위한 체계적 이론·이념을 마련하기가 어렵고, 대부분 정치·사회적 실력행사를 수반한 이해관계의 조정이나 타협을 통해 문제가 봉합된다. 이런 현상의 적나라한 실례로 한의와 양의·양약 사이의 결사적 갈등을 들 수 있다. 일부에서 한의·양의 협진체계를 시도하고 있기도 하지만 사회적으로 발전적 공존 가능성이 모색될 조짐은 없다. 좀더 구조적이고 장기적인 현상으로 농업(농민)과 도시산업(산업자본) 사이의 관계를 들 수 있다. 전형적인 이중구조(dualism) 모형의 경제발전이 추진되었기 때문에 한국의 현대적 산업화는 (부분적인 후방 산업연관효과에도 불구하고) 전통산업인 농업의 희생을 담보로 했다. 전통적 가족생산양식에 기초한 농업의 희생은 곧 농민가족의 경제·사회적 위기를 의미했는데, 막상 대다수 농민들은 이에 저항하기보다는 다양한 방식으로 산업화 대열에 가담함으로써 일종의 '위험분산'(risk hedging) 전략을 취했다. 특히 자녀들을 도시에 보내 교육·훈련·취업·창업에 나서도록 하고, 모든 여유자원을 동원해 이를 위한 적극적 경비지원에 나섬

으로써 농민가족들이 산업화의 미시적 조건 충족에 결정적으로 기여했다. 그러나 농민들의 이러한 기여는 농업과 농촌으로부터의 자발적 (간접)이탈을 의미했기 때문에 결국 자기부정의 역사를 만들어냈다. (제9장에서 구체적으로 논의될 이러한 현상은 그림 1-1에 제시된 압축적 근대성의 여러 측면 가운데 [I], [III]을 포괄한다.)

9) 가족위기의 압축성: 20세기 중반부터 한국사회에서 실현된 근대성이 그 미시적 기초로서 가족의 결정적 중요성을 전제로 했기 때문에, 한국인들의 가족관계와 가정생활은 거시적 정치·사회·경제 변화에 조응해 극도로 복합적이며 격동적인 양상을 보여왔다. 이러한 현상은 특히 (위에서 지적한) 가족이념의 우발적 다원성 및 이에 수반된 복잡다기한 가족기능으로 나타났다. 한국인들의 가족은 매우 다양한 가족이념들에 동시에 노출되어, 각각의 이념이 요구하는 다양한 기능과 역할을 한꺼번에 수행해야 하는 일종의 '기능적 과부하' 상태를 겪어왔다. 이처럼 다양한 기능과 역할을 원활히 수행하는 것은 풍부한 물질적·문화적 자원을 갖춘 사람들에게도 매우 어려운 일이며, 대다수 곤궁계층 사람들의 가족관계와 가정생활은 엄청난 스트레스 속에서 유지될 수밖에 없었다. 그런데 1990년대 말 전대미문의 경제위기 및 이에 대응한 급진적 구조조정에 따라 극도로 불안정해진 경제·사회적 환경 속에서 한국가족의 기능적 과부하는 결정적으로 악화될 수밖에 없었으며, 결국 가정폭력, 가출, 이혼, 만혼, 독신, 무자녀, 저출산 등 일련의 가족해체 및 탈가족화 증후군이 심각한 수준으로 치닫게 되었다. 즉 압축적 근대성이 경제위기 및 구조조정과 맞물려 압축적 가족위기로 귀결되었으며, 이에 대응해 다양한 탈가족화 추세가 역시 압축적으로 전개되고 있다. (제10장에서 구체적으로 논의될 이러한 현상은 그림 1-1에 제시된 압축적 근대성의 여러 측면 가운데 [I], [III]을 포괄한다.)

이상의 사회현상들은 압축적 근대성이 현실적으로 표출되는 다양한 사례로서 소개되지만 각 장의 문제영역은 관련 변수들 사이의 고유한 인과체계를 내포하고 있음이 지적되어야 한다. 문제영역에 따라 앞의 그림 1-1에서 제시한 압축적 근대성을 구성하는 구체적 차원들이 체계적으로 드러나는 정도에 차이가 있을 것이다. 압축적 근대성은 본 연구에서 거론되는 여러 사회현상들을 총체적으로 지배하는 구조적 힘이나 원인이 아니라 관련된 사회적 변수들의 성격 및 상호관계의 양태, 그리고 이에 수반해 나타나는 사회질서 및 문화의 특성 등을 통해 표현되는 '문명적 상태'이다.

5. 가족의 이론적 성격

이상에서처럼 압축적 근대성의 여러 특성들을 가족과 관련지어 해석하는 작업을 좀더 체계적으로 수행하기 위해서는 가족의 다양한 이론적 성격을 종합적으로 이해할 필요가 있다. 가족사회학이나 여타 직·간접으로 가족문제를 다루는 연구들을 종합적으로 고려할 때 가족에 다음과 같은 이론적 성격들을 부여할 수 있다. 특유한 인식·행위 논리를 갖고 독자적으로 사회적 상호작용에 임하는 조합적 행위체(corporate actor), 독특한 양식의 생산·소비·출산·부양·사회화 기능을 하는 사회제도(social institution), 여러 사회집단, 개인, 국가가 지배·저항·타협의 사회적 과정에 활용하는 전략적 통제기제(control mechanism), 혈연 등으로 묶인 일정 범위의 세대와 남녀 사이에 경쟁·협력·지배와 같은 상호작용이 발생하는 사회정치적 장(sociopolitical arena), 사회관계의 일정한 기초, 범위, 내용, 성격 등에 대한 관습적·사상적·제도적 규정들을 담은 사회이념(social ideology), 일정한 인적 구성의 원리에 기초하여 형성된 후 확대, 분리, 축소, 사멸 등의 과정을 거치는 사회조직(social organization) 등으로 가족을 이해할 수 있다. 이러한 가족의 이론적 성격들은 사회현상들을 관찰할 때 서로 분리되어 개별적으로 나타나지는 않지만, 특정한 역사·사회적 상황에서 일정 성격이 두드러지게 포착될 수 있다. (아래에서 본 연구의 내용을 가족의 이론적 성격에 결부시킬 때, 각 연구주제와 관련해 특히 두드러진 것들을 소개한다.)

1) 조합적 행위체: 가족은 개인들이 그들의 사회적 이해관계를 인식하고 다른 사람들에 대한 상호작용을 수행함에 있어 핵심적인 조직단위가 된다. 가족은 내부적으로 부부 사이, 부모-자녀 사이, 조부모-손자녀 사이, 형제자매 사이 등에서 다양한 대립·갈등관계를 가질 수 있어도, 일단 가족이 사회적 조직단위로서 유지되는 한 다른 개인이나 집단과의 관계에 있어서 내부적으로 통합된 이해관계와 행위규칙을 갖는다. 전체 사회질서는 이처럼 조합적 행위체들인 가족들 사이의 관계가 어떻게 형성되고 변화되는가에 따라 지대한 영향을 받는다.[8] 특히 시민사회의 도덕적 통합성은 가족들 사이의 관계가 대립·경쟁적인지, 조화·협력적인지에 따라 근본적으로 달라진다. 또한 조합적 행위체로서의 가족이 지배질서에 미치는 중대한 영향력이 정치·경제의 가족주의 지배구조에서 적나라하게 드러난다. 국내 대기업, 언론, 심지어 대형교회의 이른바 족벌지배체제, 선·후진국들을 아우르는 족벌정치 등은 지배계급의 가족이 전략적 행위단위가 되어 현대적 경제·정치질서를 지배할 수 있음을 여실히 보여준다. 반대로 기층계급의 가족도 사회·경제질서에 중대한 영향을 미치는 역사적 행위체로 작용할 수 있음이 다양한 연구에서 드러났다.[9]

본 연구에서 조합적 행위체로서 가족의 중요성이 두드러지게 드러나는 현상은, 급속한 도시편향적 산업화 과정에서 일종의 가족 내 산업다변화 및 간접이탈 전략을 취함으로써 산업화의 주체로서 거듭난 농민가족들의 예를 들 수 있다(제9장). 또다른 예로, 주조(鑄造)된 정치·경제·사회체제의 제도관리자 엘리뜨를 공교육을 통해 단기속성으로 양성하는 역사적 현실에 대응하여 자녀의 교육에 총력 투자함으로써 한국적 근대성의 주체로 거듭나려 한 대다수 부모들을 들 수 있다(제8장).

2) 사회제도: 가족은 독특한 양식의 생산·소비·출산·부양·사회화 기능을 하는 사회제도이다. 파슨스(Parsons and Bales 1955)는 개인의 인성체계(personality system)가 가족의 사회화(socialization) 기능을 통해 사회체계(social system)에 조화롭게 통합된다고 설명했다. 사회화를 통해 사회는 기존의 가치와 질서를 개인들에게 내면화시키고, 개인은 사회에서의 역할 수행을 위한 준비를 하게 된다는 것이다. 현대사회에서 특히 강조되는 사회화 기능을 책임지는 데 머무르지 않고 가족은 전통적 생산 및 재생산 제도로서 그 기능적 중요성을 유지하고 있다. 농업부문에서 가족은 여전히 범세계적으로 가장 지배적인 생산조직이고, 새로운 사회성원(노동자)의 출산·양육, 성인노동자의 육체적·심리적 재충전, 노약자의 부양·보호 등 사회재생산을 실현시키는 제도이다.[10]

본 연구에서 사회제도로서의 가족이 갖는 현실적 중요성은, 산업노동력 형성을 위한 농민가족의 역할(제9장), 다양한 사회적 요보호집단에 대한 가족의 보호책임(제7장), 청소년 교육에 대한 가족의 전략적 투자(제5장, 제8장) 등에서 다양하게 나타난다. 이처럼 다양한 사안에 대한 가족의 사회제도적 중요성은 보는 관점에 따라 비판적으로 재평가될 수 있다. 예를 들어, 산업노동력 형성을 위한 농민가족의 역할은 농가의 조직적 재생산을 포기하면서 이루어진 사회행위체로서의 전략적 행위였다. 다양한 사회적 요보호집단에 대한 가족의 보호책임은 국가와 기업의 반(反)복지적 개발연대가 가족을 사회적 통제기제로 삼으면서 대두된 것이다. 청소년 교육에 대한 가족의 투자는 교육내용 자체에 대한 사회적 동의에 의거한 것이라기보다는 자녀를 통해 제도엘리뜨의 이권에 접근하고자 하는 사회행위체로서의 전략적 동기에서 비롯되었다. 일상적 사회·정치질서를 결정적으로 규정하는 가족의 정치적 사회화 기능은 가족이 가부장제 질서의 확대재생산을 위한 통제기구로서 악용되고 있다는 비판에서 자유롭지 못하다.

3) 통제기제: 가족은 다양한 사회집단, 개인, 국가가 상호간 지배·저항·타협하는 사회적 과정에서 전략적 목표들을 달성하기 위한 통제기제로서 이용(악용?)되어왔다. 만일 현존 사회질서가 비민주적이거나 착취적일 때 이를 극복하려는 입장에서는 앞서 거론한 가족의 사회화 기능이 지배집단의 통제기제로 인식될 수 있다. 가족의 사회화 기능에 대한 재평가 외에 좀더 직접적인 측면들에서 가족의 사회적 통제기제로서의 성격을 지적할 수 있다. 즉 가족은 개인에 대한 일상생활상의 감시기제로서 가장, 부인, 청소년, 아동의 '반사회적' 일탈과 범죄행위를 예방하며, 가족관계는 사회적 포섭과 통제를 위한 통로가 되며, 가족의 내부지향적 연대는 '분할지배'(divide and rule)의 토양이 될 수 있다고 지적된다.[11] 동즐로(Donzelot)는 현대 핵가족 내에서 이루어지는 가족성원에 대한 심리적 보호, 능력개발 등의 과정이 산업자본가의 경제적 이윤과 사회적 지배를 극대화하기 위한 체계적인 노력을 반영하며, 이에 관련된 국가 및 자본의 정책을 "가족에 대한 사찰"(policing of the family)이라고 규정했다.[12] 또한 가족이 자본주의적 착취·지배관계를 재생산하는 기제가 될 수 있다는 다양한 주장들도 제기되었다. 예를 들면, 도덕적 상호부양을 기초 원리로 하는 생산조직으로서의 가족이 자본제 기업과 경제적 관계를 맺을 때, 가족원에 대한 자기착취를 통해서 자본의 확대재생산에 기여한다는 이른바 '생산양식접합론', 일과 가정이 분리 인식되는 노동자계급의 가족이 현실적으로는 노동자 가장과 아동의 노동력 유지·배양을 위한 주부의 재생산노동을 통해 자본제 기업을 실질적으로 보조(subsidy)한다는 '이중착취론' 등이 있다.

본 연구에서 사회적 통제기제로서의 가족의 중요성은, 이른바 '핵가족책임론'을 통해 수많은 아동, 노인, 장애인의 불우한 삶에 대한 책임을 이들의 가족에 돌리고 국가의 사회정책적 책임을 은닉하려 했던 사실에서 찾아볼 수 있다(제7장). 사회재생산 체계를 사적(私的)으로 유지하기 위해 여성의 노동시장 참여를 결혼에 결부시켜 제한해온 국가와 기업의 행태도 같은 맥락에서 평가될 수 있다(제6장). 청소년기에 대해 학교, 정치권력, 상업자본, 대중매체 등이 각자의 이해관계를 좇아 전략적으로 개입하면서 가족(부모)을 동원하려고 노력한 것도 또다른 흥미로운 사례이다(제5장).

4) 사회정치적 장: 가족은 혈연 등으로 묶인 일정 범위의 세대·남녀 사이에 경쟁·협력·지배와 같은 상호작용이 발생하는 사회정치적 장이다. 가족은 바로 '일상생활의 정치'(politics of everyday life)가 벌어지는 공간으로서 가족성원들 사이의 활발한 상호작용의 성격이 그 사회의 민주성을 평가하는 데 중요한 구성요소가 된다. 가족은 대다수 개인들이 일시적 청년기를 제외한 일생 동안 매일매일의 생활을 영위하는 사회영역이며, 특히 가정 내 집단(domestic group)으로서의 지위가 구조적으로 부여(강요)된 현대사회의 아동과 여성에게는 다른 가족성원과의 상호작용이 생활의 절대적인 부분이 된다. 따라서 가족성원들간 관계의 정치·사회적 성격은 일반 시민들의 삶의 민주성을 결정적으로 좌우할 것이다. 헤겔 같은 근대 사상가나, 버제스·오그번·파슨스 등 현대 사회이론가, 쇼터 등 사회사학자들은 근대가족의 요체로 가족성원들 사이의 상호작용의 독특한 성격을 들었다. 이들은 가족 속의 정서적 유대에 기초한 도덕적 집단주의가 자본주의 사회에 보편적인 계약적 사회관계와 질적으로 다른 것이라고 지적했다(Shorter 1975). 그러나 동시에 근대가족이 그 이면에서 드러내는 여성 및 아동·청소년에 대한 억압성이 수많은 논자들에 의해 비판되어왔다.[13]

본 연구에서 사회정치적 장으로서의 가족에 관해서는, 시민들이 미시적 생활세계의 정치에 몰입하면서 가족 내에서 성별, 세대, 혈연지위 등을 축으로 한 지배·저항·복종·협력의 상호작용을 활발히 벌어온 예를 주목한다.

이러한 가족 내부의 미시적 생활정치에는 이른바 재생산노동을 둘러싼 남녀 관계(제6장, 제7장), 학업과 생활의 문제를 둘러싼 부모-(청소년)자녀 관계(제5장, 제8장), 노후부양 책임을 둘러싼 노부모-자녀 관계(제4장) 등이 중요하게 포함된다. 우발적으로 공존하는 다양한 가족이념들 사이의 각축장으로서의 가족도 또다른 사회정치적 장의 사례이다(제3장). 물론 가족이념의 다양성 문제는 세대·남녀 사이의 갈등관계에 중첩되어 나타난다.

5) 사회이념: 가족은 사회관계의 일정한 기초, 범위, 내용, 성격 등에 대한 관습적·사상적·제도적 규정들을 담은 사회이념이다. 가족은 하나의 문화적 구성물(cultural construct)이며 따라서 시대와 사회에 따라 가족이 의미하는 바가 달라진다는 것은 학문적 명제일 뿐 아니라 일반인의 상식이다.[14] 한 사회 내에서도, 나아가 한 가족 내에서도 가족관계의 범위와 내용에 대해 여러 이견이 존재할 수 있으며, '가족됨'은 지속적인 갈등과 협상의 대상이다. 다른 한편으로, 사회의 가족중심주의 혹은 이기적 가족주의의 희생자들, 즉 고아, 기아, 가출자, 독신노인 등을 위한 사회정책적·사회운동적 대처에 있어 한편으로 차라리 기성가족의 폐지를 바람직하게 여기는 시각이, 다른 한편으로 국가나 사회공동체가 대체가족(alternative family)처럼 기능해야 한다는 시각이 공존한다. 가족폐지론의 역사는 길며, 특히 가족을 허위의식에 기초하여 계급간·남녀간 지배질서를 재생산하는 이데올로기로서 공식화한 맑스와 엥겔스의 가족폐지론은 심대한 역사적 영향력을 미쳤다. 가족을 사회이념으로서 간주하는 입장은 가족의 실재성 자체에 대한 의심을 포함하지만, 주로 가족이념의 복잡성이나 다양성에 관심을 기울인다.

본 연구에서 사회이념으로서 가족의 존재성은, 한국 가족이념의 우발적 다원성을 통해 확연하게 포착된다(제3장). 각 가족이념은 가족관계의 범위와 내용뿐 아니라 가족됨의 정의 자체를 달리한다. 사회이념으로서의 가족을 둘러싼 사회적 갈등은 노인부양 규범으로서의 효 문제에 관련해서 두드러진다(제4

장). 자부의 시부모에 대한 부양노동 의무가 갈수록 사회적 규범으로서의 힘을 잃어가는 상황에서 효를 정신적 골간으로 한 가족은 현실로서나 이념으로서나 급속히 쇠퇴하고 있다. 사회이념으로서의 가부장제를 가족이 사회활동과 가사의 성별분업 등으로 체화해온 사실도 중요한 예이다(제2장, 제6장, 제7장). 가족과 가부장제가 거의 동일시되어온 것이 지배적 현실인 것을 감안하면 가족이 하나의 사회이념으로서 존재한다는 것을 깨닫기 어렵지 않다.

6) 사회조직: 가족은 일정한 인적 구성의 원리에 기초하여 형성된 후 확대, 분리, 축소, 사멸 등의 과정을 거치는 사회조직으로서 형태학(morphology)적 접근의 대상이기도 하다. 사회조직으로서의 가족은 한편으로 사회제도로서의 가족과 함께 이른바 구조기능주의 사회학의 주요한 관심사였으며, 다른 한편으로 인구학적 분석의 기초 대상이다. 이러한 두 가지 관심이 결합해 이른바 '핵가족화론'이 현대적 가족변화를 설명하는 지배적 명제로 대두되기도 했다. 핵가족화는 사회조직으로서의 가족이 갖는 물질적 기반, 심리적 상호작용, 인적 구성의 변화를 동시에 의미하기 때문에 그 복합성에 비례하여 매우 다양한 연구와 논쟁이 이어지고 있다. 결혼, 이혼, 동거, 출산, 출가, 사망 등 가족의 인적 구성을 변화시키는 제반 현상의 유형·원인·결과에 대해 이른바 가족사회학적 연구가 집중되었으며 이의 계량적 집계와 분석을 위해 대규모 인구학적 연구가 계속되었다.[15] 가족의 조직적 특성 변화를 동적으로 파악하려는 노력은 가족생활주기(family life cycle)의 개념화와 경험적 분석으로 이어지기도 했다.

본 연구에서 사회조직으로서의 가족에 대한 관심은, 무엇보다 한국가족의 물질적 기반, 심리적 상호작용, 인적 구성의 변화가 상호 불균형적으로 전개되어온 현실을 지적한 불균형 핵가족화 논의에 반영되어 있다(제2장). 이른바 '핵가족책임론'을 가족의 다면적 조직특성 차원에서 비판한 것도 같은 의의를 갖고 있다(제7장). 또한 한국가족의 위기상황을 농가 재생산주기의 와해

(제9장), 탈가족적 개인행태의 확산(제10장) 현상에 촛점을 맞추어 논의한 것
도 사회조직으로서의 가족에 대한 접근이다.

　이상과 같은 가족의 다양한 이론적 성격들을 감안하면, 가족에 관한 수많
은 연구들이 제시하는 일견 상호비판적 혹은 모순적 논의들은 사실상 서로
보완적인 역할을 할 수도 있음을 짐작할 수 있다. 이는 연구내용이나 결과의
상충성이 저마다 다른 가족의 이론적 성격에 대한 관심으로부터 비롯되었을
가능성이 있기 때문이다. 또한 상호간 별다른 관련성을 염두에 두지 않고 제
시된 다양한 가족연구의 결과들을 가족에 대한 총체적 방식(wholistic
approach)의 이해를 위해 체계적으로 종합화할 수도 있을 것이다. 이러한 가
능성은 가족의 여러 이론적 성격들이 각 가족에 따라 선별적으로 발견되는
것이 아니고 모든 가족에 의해 공유되는 사실에서 비롯된다. 다른 한편으로,
가족에 관한 대다수 연구들은 여러 이론적 성격들 중 반드시 어느 하나를
명시적으로 선택해 이루어진 것이 아니고 해당 주제의 분석적 혹은 경험적
내용에 따라 의식적·무의식적으로 다양한 복합적 접근을 한 것이다. (물론
가족의 다양한 이론적 성격들에 대해 아예 주의를 기울이지 않고 연구가 이
루어졌을 가능성도 있다.) 특히 본 연구처럼 가족관련 현상의 거시사회적 의
미를 파악하려 할 경우, 가족의 이론적 성격에 대해 매우 복합적인 접근이
필연적이다. 다만 이러한 복합적 접근은 가족의 이론적 성격들에 대한 기계
적·도식적 정리로서 이루어지는 것이 아니고 분석대상인 가족문제를 구체
적인 역사·사회적 맥락에 체계적으로 위치시키는 과정에서 이루어지는 것
이다.

6. 구성

20세기의 한국 사회학은 다른 사회과학 분야들과 마찬가지로 서구에 의존해 학문적 기초를 제도화하는 데 주력했으며 그 결과 나름대로 탄탄한 지식생산기반을 갖춘 것으로 보인다. 그러나 이론 및 연구방법에서 서구에 대한 지나친 의존상태를 탈피하여 한국의 사회현실을 근본적이고 체계적으로 천착할 수 있는 독자적 패러다임의 모색은 상대적으로 등한시되었으며, 이러한 방향으로의 일부 연구도 아직 만족스러운 결과를 내놓지 못하고 있다. 본 연구에서 다룰 한국의 거시적 사회·경제·정치 질서의 가족중심성도 그동안 수많은 세평과 일부 경험연구의 대상이 된 적은 있지만, 관련 연구의 대부분이 기본적으로 서구 사회학의 입장인 '탈가족적 근대성'을 전제했기 때문에 거시질서의 가족중심성을 근대화 과정의 과도기적 현상으로 치부하고 나아가 시급히 극복해야 할 사회문제로서 비판하는 데 그쳤다.

이러한 맥락에서 본 연구자는 압축적 근대성이라는 개념과 이에 대한 미시적 기초로서의 다양한 가족관련 현상들에 대한 분석을 통해 현대 한국사회의 독특한 질서와 변동의 원리를 이론적 및 경험적으로 설명하고자 한다. 이를 위해 ① 시간-공간 및 단축-압착의 두 축에 의해 구성되는 압축적 근대성을 이론적으로 설정하여 그 제반 구성측면에 대해 발생의 과정, 양상, 결과를 위에서 설명했고, ② 뒤에 이어지는 장들에서 압축적 근대성의 다양한 특성들 가운데 가족문제 혹은 가족현상과 '체계적' 관련성이 있는 것들을 구체적으로 예시할 것이다. 이러한 예시는 대체로 최근의 상황을 배경으로 하지만 해당 가족문제의 특정한 시기성이 부각되어야 할 필요가 있을 때는 그 시기를 배경으로 했다. 이러한 노력을 통해 한국사회의 압축적 근대성이 이른바 가족중심주의 질서와 불가분의 관계에 있음을 이론적·경험적으로 밝히고자 한다. 압축적 근대성의 가족중심적 성격에 관한 예시는 그동안 필자가 여러 학술논문들을 통해 발표했던 이론적·경험적 연구결과들을 많은

부분 반영하지만 모두 전면적인 보완이나 확대를 거쳤음을 밝힌다.[16)]

이어지는 제2부에서는 한국가족의 구조적 변화 및 이념적 구성에서 나타나는 압축적 근대성을 각각 '불균형 핵가족화' 및 '가족이념의 우발적 다원성'이라는 명제를 통해 살펴볼 것이다. 제3부에서는 압축적 근대성이 한국인들의 개인적 생애과정을 통해 표출되는 문제를 개인-가족-사회(국가, 경제)의 구조적 상호관계에 대한 분석을 바탕으로 노인, 청소년, 여성에 대해 각각 설명할 것이다. 제4부에서는 압축적 근대성이 한국의 개발정치에 맞물려 실현되는 과정을 역시 개인-가족-사회(국가, 경제)의 구조적 상호관계에 대한 분석을 바탕으로 복지·교육·농촌 문제와 관련하여 각각 설명할 것이다. 제5부에서는 한편으로 한국사회에서 20세기 중반 이후 가족주의적 정치경제로 체현되어온 압축적 근대성이 결국 가족의 조직적 지속가능성(organizational sustainability)을 심각하게 위협하고 있는 21세기 벽두의 현실을 '가족의 정상위기'라는 명제를 통해 짚어보고, 다른 한편으로 본 연구의 이론적·사회적 함의를 중심으로 이 책 내용을 전체적으로 요약정리할 것이다.

제2부

압축적 근대성, 가족변화, 가족이념

제2장
불균형 핵가족화

1. 서론

이 장은 현대사회의 가족과 관련된 다양한 사회문제를 이른바 '핵가족화'의 인구(학)적·경제적·심리적 측면의 불균형에서 발생하는 가족관계와 가정생활의 구조적 불안정성과 관련지어 설명하려고 한다. 핵가족화는 현대자본주의 산업화에 수반되는 가족변화의 정형(定型)으로서 사회학계 및 사회 일반에 의해 이해되어왔다. 산업사회는 가족의 형태, 구조, 기능의 변화를 필요로 하며 이 요구에 걸맞은 특성을 갖춘 것이 핵가족이라는 것이다. 핵가족화론은 구조기능주의와 근대화이론의 접합에 의해 생성되었으며, 사회제도 및 집단행동체로서의 가족에 대한 비판이론 일반의 무관심 속에 그 근간이 유지될 수 있었다. 그런데 비서구 후발자본주의 사회들의 다양한 정치·경제적 변혁 경험에 의해 근대화이론의 타당성이 근본적으로 부정되기에 이르렀는데, 가족사회학 자체는 모태가 되는 거시적 사회이론의 도태에 따른 수정을 겪기보다는 가족형태를 중심으로 한 인구학적 관심사로 급속히 전환하게 되었다.

인구학적 가설로서의 핵가족화는 대다수 사회들에서 경험한 출산율 저하 및 주거 분산의 결과 덕분에 널리 검증을 받는 듯했다. 그러나 핵가족이 이미 보편화된 수많은 사회들에서 막상 산업화는 제대로 일어나지 않았다. 더욱이 가족의 인구학적 변화가 산업화와는 별개로 서구의 전략적 지원 혹은 유도 아래에서 제3세계 집권정부들이 추진해온 인위적 인구조절정책에 상당 부분 기인했다는 사실을 감안하면 핵가족화론의 이론적 타당성이 단순히 인구학적 측면에 의해 지탱된다고 보기도 어렵다. 이처럼 핵가족화론이 역사적 및 논리적 차원에서 근본적인 문제점을 갖고 있음에도 불구하고, 대다수 사회들에서 가구형태상의 핵가족이 꾸준히 증가하고 대중매체나 상업자본에 의해 서구의 개인주의적 가족규범 및 행동양식이 확산됨으로써 핵가족화는 지극히 보편적인 추세로 받아들여지게 되었다. 즉, 산업화에 실패했거나 나름대로의 문화적 전통이 유지되는 많은 사회들에서도 서구적 핵가족화가 이루어지고 있는 것처럼 서구 및 현지의 학자들에 의해 설명되어왔다.

한국의 자본주의 산업화는 제3세계 경제발전사에 있어 대표적인 성공사례로 여겨지고 가족 구조 및 성격의 변화도 매우 빨랐던 것으로 지적되기 때문에, 핵가족화론의 타당성도 한국에서는 비교적 높을 것으로 보기가 쉽다. 실제, 전통적인 가족기능의 약화와 관련된다고 보이는 제반 사회문제들을 핵가족화론의 틀 속에서 검토해온 것이 사실이다. 그러나 필자는 가족과 관련된 제반 사회문제들을 무비판적으로 수용된 핵가족화론의 틀 속에서 보기보다는, 핵가족화 자체를 다면적 과정의 사회현상으로 재이론화하고 여러 가족문제를 핵가족화 과정의 내부모순 및 사회갈등의 결과로서 설명하려고 한다. 간략히 설명하면, 한국사회의 특수한 자본주의적 경제발전 과정에서 인구학적·물질적·심리적 측면의 핵가족화가 서로 불균형적으로 일어나 가족의 사회부양 혹은 사회재생산 기능의 위기가 나타나게 되었음을 보여주려 한다. 이러한 '불균형 핵가족화'(unbalanced nuclearization of families)는 개별 가족을 구성하는 성원 개개인들의 문제점에 주로 연유한 것이라기보다는 한국적 자본주의 사회변동의 거시적 문제점들을 훨씬 더 심각하게 반영하는 것이다. 이러한 필자의 관점에서 볼 때, 한국사회에서 학자들뿐 아니라 언론인, 정책입안가 등 대다수 관련 전문가들 사이에 보편화된 (서구적) 핵가족화론은 중대한 오류를 갖고 있다. 그런데 이러한 오류는 단순히 과학적 판단의 미숙에 그치는 것이 아니라 가족변화의 실제 양상과 원인을 오도함으로써 관련된 사회문제의 책임소재를 엉뚱하게 돌리는 이데올로기적 함의가 있다. (핵가족화론의 이데올로기적 함의 및 관련된 국가의 사회정책에 대한 비판은 제7장에서 자세히 다루고자 한다.)

이번 장에서는, 서구의 핵가족화 경험을 구조기능주의 및 비판이론을 통해 검토한 후 한국의 가족문제를 핵가족화의 인구학적·경제적·심리적 측면의 불완전성 및 불균형성을 통해 분석하려고 한다. 서구의 핵가족화에 관한 사회이론을 살펴보는 의의는 핵가족화 일반에 관한 유용한 이론을 도입하려는 데 끝나지 않고 흔히 서구화 혹은 사회근대화의 일부로서 이해되는 한국사회의 핵가족화가 실제 서구의 경험과 어떠한 근본적인 차이점들을 갖고 있는가를 보여주기 위해 필요한 비교분석적 준거를 제시하려는 것이다. 그리고 여기에서 한국가족의 실태에 대한 분석은 핵가족화론이 보수적 사회담론 및 정책논거로서 막대한 영향력을 미치던 1980년대 후반 및 1990년대 초반의 상황을 주요 대상으로 함으로써, 현실과 이념화된 (서구)이론의 간극을 부각시키고 나아가 한국사회의 특수한 맥락에 부합하는 개념과 이론의 필요성을 제시하고자 한다. 이 시기에는 민주화에 수반해 사회의 내적 개방성이 빠르게 증가하여 가족문화에도 다양한 변화가 나타나고 사회·정치적으로 진보적 개혁욕구가 뚜렷이 커지면서 복지국가 담론까지 차용되었는데, 이에 대한 보수적 반작용으로 핵가족화론도 확산되었다.

2. 가족변화와 사회이론

구조기능주의 핵가족화론의 내용과 한계

서구 사회이론에서 핵가족화는 산업화 과정에서 가족의 제반 기능 축소 및 변화를 집약하는 현상으로서 구조기능주의자들에 의해 논의가 시작되었다. 오그번(Ogburn and Nimcoff 1955)은 산업사회에서 물질적 생산, 교육, 종교 등의 기능이 가족 외부의 근대적 조직체들에 의해 수행되기 때문에 가족의 사회적 중요성이 약화되고 나아가 사회로부터 고립된 핵가족이 출현하여 일반화되는 것이 필연적이라고 주장했다. 파슨스(Parsons and Bales 1955)는 한걸음 더 나아가, 개인적 성취와 빈번한 사회적·지리적 이동에 의해 특징지어지는 현대사회에는 사회로부터 분화되고 정서적 기능이 강화된 핵가족이 적합하며 이러한 '기능적 적합성'(functional fit)이 핵가족의 일반화를 가져온다고 주장했다.

이러한 일반 사회이론 차원에서의 핵가족화를 독립된 가족변화이론으로 구체화시키고 또 범세계적 현상으로 확대해석한 학자가 구드(William J. Goode)이다. 그는 『세계혁명과 가족유형』(*World Revolution and Family Patterns*, 1963)이라는 저서를 통해, 세계의 모든 사회들이 산업화라는 동일한 구조변화 과정을 겪고 있으며 가족형태도 약간의 다양성이 있을 수 있지만 근본적으로 핵가족화한다고 주장했다. 이러한 가족변화의 이론적 근거로 구드는 산업사회와 핵가족 사이의 다양한 차원의 기능적 적합성을 다음과 같이 제시한다. ① 산업조직체에서의 역할 수행은 객관적 능력의 중시와 직장 중심의 이주를 필요로 하므로, 친족집단의 사회적 영향력과 경제적 간섭을 덜 받고 개인의 능력신장과 직업활동을 중심으로 하는 핵가족이 바람직하다. ② 개인의 정서적 욕구가 산업조직체를 통해 만족될 수 없을 뿐 아니라 노동과정이 심리적 중압감과 불안정을 야기하기 때문에 내부적 애정관계가 중시되는 핵가족의 역할이 중요하다. ③ 핵가족제도하에서는 혈연 및 성별 구분에 의한 재산상속과 교육기회 차별이 약화되므로 가족을 통한 계급분절이 최소화되고 산업조직이 필요로 하는 인적자원의 개발이 용이하다. ④ 핵가족 형성의 기반이 되는 자유로운 배우자 선택과 경제적 독립성은 청소년기의 연장을 필요로 하는데, 이에 따라 혼전의 교육 및 직업훈련 기간이 길어지는 대신 결혼 이후 비교적 충분한 경제적 능력과 직업선택 기회를 가질 수 있다. 이때 교육과 직업훈련이 전통적 친족조직이 아닌 학교, 기업, 군대 등 현대적 대중조직에 의해 이루어지기 때문에 가족배경이 배제되고 개인의 자질 및 창의력이 개발되는 결과를 가져온다.

구드가 이러한 산업사회 핵가족화론을 제시한 이후 각국의 사회변동을 살펴보면, 논의의 전제가 되는 산업화 자체가 대부분의 제3세계 사회들에서 극히 부분적·파행적으로 일어났을 뿐 아니라 가족변화의 방향도 '단선적'(單線的, uniliniar) 핵가족화보다는 여러 사회들의 다양한 문화전통과 경제환경 그리고 각 사회 내부의 세대·지역·계층별 현실을 반영하여 극도로 복잡한 양상을 보여주는 것이었다. 더욱이 구조기능주의 가족변화이론의 핵심이라고 할 수 있는 가족의 사회적 생산기능의 약화 내지 소멸이 대다수 제3세계 사회들의 실제 근대화 과정에서 제대로 입증되지 못했다. 이러한 이론과 현실 사이의 괴리를 감안해, 구드는 이후의 저서에서 산업화-핵가족화의 동반관계를 깨뜨릴 수 있는 다양한 사회적 요인이 있음을 강조했다(Goode 1982). 또 핵가족화 자체가 하나의 '이념형'(ideal type)으로서 상정된 변화이므로 사회성원들이 실제 행위의 구체적 목표로서 혹은 막연한 이상으로서 추구하는 핵가족의 실현 정도는 각 사회마다 또 계층마다 큰 차이를 보여줄 수 있다고 부연했다. 핵가족화론을 수용하는 각국 학자들도 각자가 속한 사회의 실제 가족변화의 다양성과 복합성을 점차 강조하는 수정주의적 입장을 취하게 되었다.[17]

핵가족이 하나의 이념형에 불과하면서도 현대사회의 보편적 요소로 자주 거론되어온 사실은 핵가족화론 자체가 특정 방향의 가족변화를 인위적으로 실현하기 위한 이데올로기적 성격을 갖고 있음을 암시한다. 구드가 파슨스의 입장에 동조해 제시하는 산업사회와 핵가족 사이의 기능적 적합성은 산업화가 실제 핵가족화를 유발한다는 인과적 설명(causal explanation)과는 다르다. 산업조직체들의 요구에도 불구하고 가족은 다양한 요인에 의해 핵가족화가 아닌 다른 변화(혹은 무변화)를 겪을 수 있는 것이다. 따라서 산업화를 추구하는 경제엘리트 및 국가관료들의 입장에서는 인위적인 방법을 동원해 사회성원들의 가족문제에 직·간접으로 개입해 핵가족화를 유발시킬 동기를 가질 수 있다. 예를 들면, 도·농간의 경제수준 및 기회구조의 격차를 방임하거나 나아가 가족농업을 인위적으로 축소시켜 젊은 세대들의 도시 이주를 유도한다든지, 개인 중심의 재산권 개념을 확산시켜 가족공동재산권의 법률적 효력을 약화시키는 것은 역사적으로 널리 관찰되는 현상들이다. 또한 인구억제라는 독립된 목적이 있기는 하지만, 가족계획 프로그램은 직·방계 확대가족의 인구학적 전제조건을 결정적으로 약화시키는 결과를 가지고 온다. 필요에 따라 가족성원들에 대한 물질적 및 심리적 부양기능의 부분적 사회화(탈가족화)가 핵가족화에 전제되어야 할 경우에는 필요한 사회복지정책들이 채택되기도 한다. 더불어 핵가족 형태와 이에 내재된 사회관계 및 가치체계가 대중교육 및 공공·상업매체들에 의해 현대적이고 이상적인 요소로 전파·확산된다.[18]

이러한 구조기능주의 핵가족화론에 대한 여러 측면에서의 반박을 살펴보자. 첫째, 가족형태상의 핵가족은 결코 근대 산업사회에서 처음으로 보편화된 것이 아니라는 사실이 라슬렛(Laslett 1965)의 서유럽 연구와 아시아지역의 최근 여러 연구에서 자세히 밝혀졌다.[19] 구드가 제시한 핵가족이 현대 가족의 하나의 이상형이듯이 확대(직계)가족도 과거 가족의 하나의 이상형에 불과하며, 유럽이나 아시아 사회에서 대다수의 기층민들은 대가족을 지탱할 만한 경제적 기반도 문화적 환경도 갖추지 못했다는 것이다.[20] 그동안 전통적 가족을 직·방계의 대가족으로 일반화시켜 본 것은 상층계급 중심의 역사연구에 내재된 계급적 편론(class bias)과 근대 사회과학의 오류인 무차별적인 전통-현대 양분론이 결합되어 가족이론으로 나타난 결과이다. 과거나 현대를 막론하고 모든 사회의 지배계층은 정치적 영향력과 경제적 자원을 확대·집중·보전(상속)하기 위해 친족 내의 인적 유대 및 결합을 강조하고 친족관계의 현실적 범위를 확대한다는 것은 널리 알려진 사실이다. 특히, 이를 뒷받침하기 위해 중국문화권에서 채택된 유교사상 속에 확대가족관계가 미화·강조된 것도 상층계급 지배이데올로기의 발현인 것이다.

둘째, 전통사회 확대가족에 관한 계급적 편론에도 불구하고 산업화 과정에서 핵가족적 가구형태와 경제생활을 보여주는 인구비율이 대체로 늘어난다고 할 수 있으나, 그 증가율은 갖가지 요인들에 의해 둔화되거나 한정되는 경향이 있다. 경제근대화론과 핵가족화론 모두의 핵심이라 할 수 있는 가족생산체계의 감소와 소멸은 세계 어느 나라에서도 원래의 이론적 예측에 크게 미치지 못했으며, 특히 제3세계 사회들의 사정이 더욱 그러했다. 몇몇 선진 자본주의 국가들을 제외하면, 세계 농촌인구의 절대다수가 가족농업에 종사하고 있고, 그동안 세계 각지에서 급격히 확대되어온 도시 비공식경제(urban informal economy)의 주된 생산양식도 가족생산이다.[21] 이러한 가족생산체계의 지속은 특히 인구 압력이 심한 사회들에서 가족 내부의 도덕적 경제관계에 기초해 최대한의 고용 및 생산을 기한다는 거시경제적 합리성을 반영한다(Georgescu-Roegen 1960). 현대사회의 가족을 생산과정으로부터 차단된 소비단위 정도로 인식할 때, 인류 대다수의 삶은 제대로 파악되기 어렵다.

셋째, 가족이 기본적 생산조직으로 작용할 때, 부부간 및 부모·자녀간의 자유로운 교호관계와 친족으로부터의 사회·경제적 독립을 요체로 하는 핵가족 원리가 적용되기 어렵다. 주거양식의 선택은 별개로 하더라도, 가족생산체계에서는 경제환경에의 끊임없는 적응을 위해 친족 사이에 유기적인 협력 및 의존관계를 유지해야 하기 때문이다. 물론 생산활동과 무관하게 핵가족적 생활양식 및 인간관계가 문화적 현상으로서 (대중매체 등을 통해) 젊은 세대를 중심으로 확산될 수 있다(이 책 제3장 참조). 이 경우 서정적 측면을 중심으로 한 새로운 개인주의적 가족관계와 가족 내 생산활동에서 요구되는 기계적 역할관계를 조화시키는 일이 어려운 과제로 등장하여 자칫 세대간이나 부부간에 다양한 불화를 초래하기도 한다.[22] 이와 관련하여, 핵가족적 문화에 익숙한 도시 여성들이 농가로 시집가기를 꺼리는 것은 거의 모든 사회에서 일반적인 현상이다.

산업화 과정에서 생산조직으로서의 가족의 중요성이 궁극적으로 약화되더라도 자본주의적 생산체제의 구조적 불안정성과 생산관계의 억압성은 노동자계급으로 하여금 친족관계를 중심으로 한 사회·경제적 대응에 나서도록 만들기도 한다. 이러한 현상은 노동자를 위한 사회보장제도가 결여되어 있을 때, 예를 들면 산업혁명 초기의 서구사회와 최근의 동아시아 상황에서 특히 두드러진다.[23] 나아가 노동자 가족의 과중한 사회·경제적 부담은 노·자간 계급갈등의 주요 문제로 부각되고 궁극적으로 복지국가(welfare state) 출현의 구조적 요인이 되기도 했다(Zaretsky 1983).

비판이론에 의한 핵가족화의 재해석

급진적 비판이론가들의 지적은, 핵가족 이데올로기의 창출과 하층계급의 실질적 핵가족화를 단순히 산업사회의 기능적 요구에 따른 자율적인 적응으로서가 아니라 자본주의적 산업화 과정에서 지배계급이 노동자들을 생산과정과 가정생활 모두를 통해 착취하려는 체계적인 사회공학(social engineering)의 일환으로 보아야 한다는 것이다. 앞서 설명한 대로, 구조기능주의 시각에서도 기업이나 정부가 산업조직체의 필요에 부응해 인위적인 핵가족화를 추구할 동기를 가질 수 있음이 드러난다. 그러나 비판이론에서 문제삼는 것은 핵가족 내부의 자유로운 인간관계, 심리적 보호, 개인의 능력개발 등의 특성이 산업사회의 요구에 적합한지의 여부가 아니라 그러한 특성 하나하나가 산업자본가의 물질적 이익과 사회적 지배를 극대화하기 위한 노력에 의

56

해 발생한다는 것이다.

동즐로는 이와 관련된 일체의 국가정책 및 자본의 활동을 '가족에 대한 사찰'(policing of the family)이라고 정의했다(Donzelot 1979). 이는 기본적으로 푸꼬(Michel Foucault)의 자본주의 현대사회 분석시각을 가족에 연결시키는 노력이다. 자본주의 발전은 가족의 궁극적 소멸을 필요로 하는 것이 아니고 산업경제의 요구에 맞추어 가족의 인위적 변형을 필요로 한다는 것이다. 나아가 가족 내 성원들의 상호 보호와 부양으로 표현되는 가족관계와 가정생활의 도덕성은 사회적 억압에서의 해방을 도모하기보다는 자본주의적 착취관계를 위장하며, 가족은 일반화된 사회적 제도(institution)라기보다는 계급적 지배를 위한 기제(mechanism)의 성격을 더욱 강하게 갖는다는 것이 그의 주장이다.

이러한 거시적 비판이론을 통해 볼 때, 가족생활의 여러 요소들은 '사회재생산'이라는 개념으로 집약될 수 있다.[24] 라슬렛과 브레너의 정의를 빌리면, (가족 내의) 사회재생산은 인간 생명을 하루하루 유지하거나 다음 세대로 번식시키기 위해 필요한 역사적·사회적·생물적 부양에 관련된 모든 정신적 및 육체적 활동을 말한다(Laslett and Brenner 1989, 382~83면). 사회재생산의 주요 내용으로는 즉각적인 소비를 위한 의식주의 마련, 아동의 보호 및 사회화, 노약자에 대한 부양, 가족 내 성(性)적 질서 및 조직의 유지를 들 수 있다. 사회재생산의 실현을 위한 조직적 요소로서 다양한 제도, 수단, 이데올로기가 이론적으로 존재할 수 있지만, 전통적으로는 이러한 요소들이 주로 가족생활을 통해 유지되었다. 전통적 가족은 자체적 경제생산활동을 포함한 자급자족적 성격을 가졌기 때문에 사회재생산 과정도 비교적 자연스럽게 가족생활 속에 포함될 수 있었다. 반면에 산업사회에서는 경제생산활동이 이차적 조직체들에 의해 사회화(탈가족화)되고 인간 생명의 유지 및 번식이 사회적 노동력 공급의 기본 전제가 되므로 사회재생산은 가족, 사회, 국가 모두가 직접적으로 관계하는 사회적 과정이 된다. 그러나 어느 사회에서나 사회재생산은 가족 내부의 도덕적 관계에 기반을 두고 독립적으로 이루어져야 하며 사회 및 국가는 가정생활이나 가족관계에의 간섭을 최소화해야 한다는 이데올로기가 강하게 지배한다.

역설적인 현상이지만, 순수한 애정적 결합(emotional union)으로서의 가족 그리고 사생활(private life)로서의 사회재생산은 가족관계와 가정생활이 역사의 어떤 시점에서보다도 사회(산업경제)의 지배를 강하게 받는 상황에서 형성된 개념이다(Zaretsky 1973). 다시 말해, 자본주의 산업사회에서 서정성에 바탕을 둔 핵가족의 사생활은 척박한 사회관계로부터의 도피임과 동시에 사회재생산의 '가족의무화'를 위한 이데올로기라는 것이다. 따라서 가족성원 간의 애정관계는 그 애정의 순수성 자체보다는 도덕적인 상호 부양 및 의존의 관계로 표현될 때 사회적인 중요성을 갖는다고 볼 수 있다.

핵가족 내부의 기본적인 사회관계는 부부 사이에 그리고 부모와 자식 사이에 형성되는데, 이러한 사회관계의 친족 및 사회로부터의 독립성과 상호 역할체계의 도덕적 합리화는 단순히 개인심리적인 차원에서 이루어지는 것이 아니라 사회구조 및 집단문화의 변동을 반영한다. 우선 애정적 자녀양육의 전제가 되는 아동기(childhood)의 개념은 자식을 더이상 가족생산체계 내부의 도제적 존재로 보지 않고 오히려 장기간의 온정적 보살핌과 성인세계로부터의 차단을 필요로 하는 연약한 존재로 보게 되는 역사적인 인식전환을 통해 생성되었다(Ariès 1962). 또한 부부관계의 형성을 기계적으로 정해진 여성의 가족 내 사회·경제적 역할에 바탕을 두기보다는 애정적 동반자로서의 남녀간의 교호관계에 바탕을 두는 것도 마찬가지로 중요한 역사적 인식전환이다.

이러한 가족관계의 사회적 재개념화에 동반되는 중요한 현상이 있는데, 이는 남녀 사이에 사회적으로 "분리된 영역"(separate spheres)이 이데올로기로서 그리고 실제로서 등장하는 것이다(Laslett and Brenner 1989). 비교적 안정된 핵가족적 관계가 성립되었을 때 가족 내 자녀양육과 서정적 욕구충족이 일반적으로 어머니 및 아내로서의 여성의 역할이자 의무로 인식되므로 이에 맞춰 여성의 가정 내 위치를 미화시키고 영속화하려는 제반 노력이 기울여진다. 남편의 사회지향적인 경제활동에 대비해 여성에게는 가사활동이 최선의 경력으로 묘사되어지고 여성의 사회화 및 교육은 가정 내 활동에 촛점을 맞추게 되었다. 현모양처(賢母良妻)로서 심리적 및 물리적 측면 전반에 걸쳐 가정관리의 책임을 맡아 수행하는 과중한 가사노동은 사회재생산의 실현으로 결실을 맺는다. 이 결실이 궁극적으로 남편 및 자녀의 임노동을 통해 자본이윤으로 전환된다는 사실을 주시하여 여성을 자본주의 사회의 "초(超)노동자계급"(hyperproletariat)으로 보는 시각이 있다(Werlhof 1988).

가족관계에 대한 사회적 인식의 전환이 핵가족의 사회적 독립성과 서정적 통합성을 촉진하는 이데올로기적 기반이 된 것은 사실이지만 그 결과로 나타난 가족 내 사회관계가 반드시 조화롭고 민주적인 것은 아니다. 우선 가족관계에 대한 애정성의 강조는 남편과 아내 사이에, 부모와 자녀 사이에 "감정적 과부화"(emotional overloading) 현상을 유발하며, 가족성원 상호간의 애정적 기대수준을 만족시키지 못해 긴장과 불화가 싹틀 가능성이 상존한다(Lasch 1979). 이러한 현상은 세대간의 문화적 격차나 남녀간의 사회적 불평등이 클 때 특히 심하다. 만약 경제적 어려움으로 인해 가족 내부의 기본적인 물질적 부양관계까지 만족되지 못하면 두 문제는 서로 상승작용을 일으키게 되어 가족해체에 이르기가 쉽다. 또한 가족성원들이 처한 사회적·경제적 환경이 현실적으로 확대친족관계를 필요로 하는 경우에는 심리적 핵가족화에 따른 불화관계가 기혼자녀와 노부모, 손자녀와 조부모 사이 등으로 확대되기도 한다.

비판이론적 시각에서 더욱 문제가 되는 현상은 심리적·물질적 핵가족화를 초래한 거시적 요인들이 궁극적으로는 핵가족의 문화적·물질적 기반을 파괴시키는 것이다. 표면적 이데올로기로서의 핵가족화가 가족관계 및 가정생활의 친족, 사회, 국가로부터의 독립을 강조하는 반면, 그 독립성은 궁극

적으로 자본주의적 사회체제의 유지에 관련된 사회재생산의 가정화를 도모
하기 위한 이념적 기제라고 앞서 지적했다. 역으로 보면, 가족의 독립성은
자본주의체제의 다양한 구조적 문제들을 반영해 변형되거나 파괴될 수 있
다. 첫째, 자본의 단기적 이윤극대화의 동기는 가족 내 사회재생산의 물질적
필요조건을 위협하는 수준의 저임금을 강요하거나 관련된 국가의 사회정책
을 왜곡·약화시킨다. 이러한 경향은 근자에 이른바 신자유주의의 거센 영
향력으로 전세계적으로 급속히 확산되었다(예를 들면, Chang 2002). 둘째, 경기
변화 및 인구증감에 따른 장·단기 노동력 수급상황의 변동은 여성노동의
사회화 및 가정화를 지속적으로 반복시켜 가족 내에서의 역할관계를 구조적
으로 불안정화시키는 경향이 있다(Chang 1995 참조). 셋째, 산업생산력의 급증
은 사회 상·하층 모두의 과소비를 요구해 도덕적 가족관계의 상품 소비를
통한 표현과 나아가 제반 사회재생산 과정 자체의 상업화를 조장함으로써
독립적이고 안정된 가정생활을 위한 문화적 자율성을 파괴한다(Lasch 1977).
덧붙여, 국가관료 및 산업엘리뜨 집단이 산업경제의 필요에 의거해 가족기
능 및 문제를 정의함에 따라 이들의 정책이 가족관계와 가정생활의 내면적
다양성 및 복합성을 간과하거나 왜곡하고 가족의 심리적·물질적 기반을 파
괴하는 수가 많다(Morgan 1985).

한국사회의 가족문제 분석에 대한 시사점: 경제위기 이전 시기를 중심으로
핵가족화 과정에 관한 이러한 복합적인 이론적 분석들이 시사하는 바는
핵가족이 사회근대화 과정에서 으레 생겨나는 가족형태가 아니라 하나의 이
념형이라고 할 수 있으며, 핵가족화의 실현 정도와 그에 따른 사회문제의 양
상은 각국의 자본주의 성립 및 변화를 둘러싼 특수한 역사적 여건들을 반영
한다는 점이다. 또 자본주의적 사회변동의 개인적 경험은 개개인이 속한 세
대, 지역, 사회계층에 따라 달라지므로 핵가족화의 과정 및 결과도 그러한
사회집단별 차이를 반영한다고 볼 수 있다. 나아가 핵가족화는 일반적인 관

60

심영역인 인구학적 변화를 넘어서 개인과 사회 모두의 차원에서 겪는 심리적 및 경제적 대변혁을 함께 내포하기 때문에 극히 다면적인 분석작업을 요구한다.

기존 이론의 비판적 분석을 통해 얻어지는 이처럼 다양한 시사점들은 이 책의 목적인 한국의 가족문제 분석에 필요불가결한 밑거름이 되는 것이지만, 한국의 다양한 문화적·사회적·경제적 특수성들이 가족변화에 미치는 영향은 별도의 면밀한 설명을 필요로 한다. 특히 급속한 산업화에도 불구하고 경제구조가 각종 가족생산부문을 위시해 극히 복합적이며, 인구변화도 가족계획이라는 인위적 변동요인을 포함해 산업사회에의 적응과는 별개 측면들이 많으며, 문화변동도 단순히 서구 유형의 근대화가 아니라 많은 전통적 요소들이 현대적 사회체제 속으로 도입되는 혼합화(hybridization) 현상을 보여주므로 이러한 특수한 변화들이 가족변화에 미치는 영향을 체계적으로 분석해야 한다. 한국사회가 전개시켜온 압축적 근대성의 제반 요소들로 상정할 수 있는 이러한 변화들을 체계적으로 감안하지 않고는 현대 한국가족의 성격과 변화에 관한 어떠한 설명도 비현실적인 것으로 그칠 수밖에 없다. (물론 불균형 핵가족화 자체도 압축적 근대성의 핵심적 측면으로 상정할 수 있다.) 여기에서 한걸음 더 나아가 특별히 강조하고자 하는 바는, 한국의 산업자본주의화 과정의 역사적 특수성이 핵가족화의 제반 측면 사이에 불균형을 야기함으로써 나타나는 사회문제들이 앞서 살펴본 핵가족화에 일반적으로 부수되는 문제들에 중첩됨으로써 한국의 가족문제는 유난히 복잡한 양상을 띠고 있다는 사실이다.

아래에서는 한국가족의 현실적 성격과 변화를 인구학적·심리적·물질적 측면으로 구분해 구체적으로 살펴보고자 한다. 앞서 밝혔듯이, 여기에서 한국가족의 실태에 대한 분석은 핵가족화론이 보수적 사회담론 및 정책논거로서 막대한 영향력을 미치던 1980년대 후반의 상황을 대상으로 한다. 이렇게 함으로써 한국가족의 현실과 이념화된 (서구)이론의 간극을 부각시키고 나아가 한국사회의 특수한 맥락에 부합하는 개념과 이론의 필요성을 제시하고자 한다. (1990년대 후반의 경제위기 및 이에 대응한 급격한 경제·사회적 재구조화는 여기에서 논하는 불균형 핵가족화의 사회·역사적 배경 및 과정과는 매우 단절적인 측면들이 많기 때문에, 제10장에서 별도로 논의할 것이다.)

3. 가족형태에 관련한 핵가족화의 타당성

인구(학)적 측면에서의 핵가족화는 일반적으로 출산율의 변화(하락)와 가족구성원 사이의 거주형태의 변화가 합해져서 발생하는 현상으로 본다. 특히 출산율 하락(혹은 소가족화, 즉 가족규모의 감소)을 종종 핵가족화와 혼돈해서 보는 경향이 있는데, 이는 두 가지 변화가 밀접한 상호 인과관계를 가질 뿐 아니라 동일한 거시사회적 요인, 특히 산업화 과정에서 노동자계급의 형성 및 증가에 의해 초래된다고 보기 때문이다.[25] 한국에서의 출산율 하락도 가족계획사업의 성과와 함께 급속한 산업화에 따른 시민들의 자연스러운 적응현상으로 볼 수 있다. 또 산업화에 수반된 현상으로서 도시 경제활동의 증가는 농촌인구의 대규모 도시 이주를 단기간에 초래했으며, 이 과정에서 가족구성원 사이의 거주형태의 상당한 변화, 특히 젊은 세대의 분가가 촉진되었다.

이러한 역사적 배경을 염두에 두고, 가족변화의 인구학적 측면을 가족구조를 중심으로 살펴보자. 일반적으로 가족구조는 가족성원들의 공동거주를 전제로 하여 가구형태로 주로 파악된다. 1990년까지의 인구주택총조사 자료를 종합적으로 정리한 권태환·박영진의 『한국인의 가구 및 가족유형』(1993)에 제시되어 있는 자료를 기초로 한국 가족구조의 변화를 살펴보기로 한다. 먼저 가구규모, 즉 평균 가구원수의 변화를 살펴보자. 전국 친족가구의 평균 가구원수는 1955년에서 1960년 사이에 5.48명에서 5.68명으로 늘어났지만, 그 이후로는 지속적으로 감소해 1990년에는 4.00명으로 떨어졌다. 반면 통계적으로 신뢰할 만한 자료가 있는 1920년 이래로 1960년까지 가구규모는 계속 늘어났었다. 상주인구 조사에 의하면, 일반가구의 평균 가구원수는 1920년 5.30명, 1930년 5.35명, 1940년 5.42명으로 나타났다. 1960년까지 가구규모가 꾸준히 커진 것은 일제시대에는 주로 사망률 감소가, 한국전쟁 이후에는 이에 덧붙여 '베이비붐'(baby boom) 현상이 주원인이었다. 그러나 1960년 이후에는 출산력의 저하와 산업화에 따른 대규모 이촌향도가 원인이 되어 가구규모가 지속적 감소추세로 돌아섰으며, 1980년대부터는 도시노인들의 분거 증가도 또다른 원인을 제공하게 되었다. 도시와 농촌을 비교하면, 1975년까지는 도시 가구규모가, 그 이후에는 농촌 가구규모가 더 빨리 감소하게 되었다. 이는 1975년경까지 도시의 출산율이 더 빨리 감소했으며, 그 이후에는 농촌의 출산율도 함께 감소함과 동시에 청장년 이농에 따라 농촌에 노인들의 단독(독립)가구가 급속하게 늘어났기 때문이다.

다음으로는 가구형태의 한 핵심측면으로서 세대구성을 살펴보자. 1960년 이후 2세대가구의 비율이 꾸준하게 증가한 반면, 3세대가구의 비율은 계속 감소했다. 그리고 1966년부터는 1세대가구의 비율이 지속적인 증가세를, 4세대가구의 비율이 지속적인 감소세를 보였다. 이러한 다세대가구 비율의 지속적 감소와 1·2세대가구 비율의 지속적 증가에도 불구하고 세대수별 순위는 바뀌지 않았다. 즉 어느 시점에서나 2세대가구는 가장 일반적인 가구형태였고, 4세대가구는 가장 드문 가구형태였다. 1·2세대가구의 비율이 꾸준히 늘어난 것은 청장년 이농에 따라 농촌의 3·4세대가구가 1·2세대가구로 대규모로 분할되었으며, 또한 베이비붐 세대가 결혼기에 이르러 주로 장남만 남기고 분가한 가구의 수가 크게 늘어났기 때문이다. 특히 1세대가구 비율의 증가세가 두드러졌는데, 산업화 초기에는 취업·학업을 위해 이주한 미혼인구의 가구가 늘어나거나 결혼 이후에도 자녀를 갖지 않거나 첫번째 자녀를 늦게 갖는 경우가 늘었기 때문이며, 1980년대부터는 자녀들이 모두 이농한 농촌노인들만의 가구가 급속하게 늘어났기 때문이다. 이에 따라 1985년 이후 3·4세대가구뿐 아니라 1세대가구의 비율도 농촌(면부)에서 가장 높게 나타나는 독특한 현상이 전개되었다.

다음으로 가구 내 가족유형의 변화추세를 살펴보자. 전국적으로 친족가구의 가족유형 가운데 핵가족가구 비율이 1966년 이후 아주 점진적으로 증가하고 직계가족가구의 비율이 1970년 이후 감소해온 추세가 드러난다. (핵가족가구는 부부만으로 구성된 가구와 미혼자녀가 부모 혹은 편부·편모와 같이 사는 가구를 포함하며, 직계가족가구는 기혼자녀가 양친 또는 편친과 함께 사는 가구를 말한다.) 직계가족가구의 비율은 1970년에 21.89%로 정점에 달했다가 1975년에는 14.70%로 급락하고 1990년에는 12.51%까지 떨어졌다. 1970~75년 기간의 직계가족가구 비율의 급락세와 핵가족가구 비율의 급증세는 도시(시부)뿐 아니라 농촌(읍부·면부)에서도 마찬가지로 나타난다. 이는 (부분적으로 1970년 센서스 자료의 문제도 있지만) 농촌 청장년의 대규모 이농에 따라 직계가족가구가 이농 청장년의 핵가족가구 및 노부모의 핵가족가구로 분해된 현상을 반영한다.

직계가족가구의 감소와 핵가족가구의 증가는 가구형태상 이른바 '핵가족화'를 드러내는 것이다. 그런데 이러한 핵가족화가 과거에는 직계가족가구가 보편형이었으나 지금은 핵가족가구가 보편형이 되었다는 것을 뜻하지는 않는다. 이는 다음의 몇가지 점을 고려해보면 분명해진다. 첫째, 핵가족가구는 시기와 지역에 상관없이 압도적인 가족유형이었으며, 다만 본격적 산업화에 수반해 그 비율이 아주 점진적으로 증가했을 뿐이다. 그나마 1985년과 1990년 사이에는 전국적인 핵가족가구의 비율이 거의 변화가 없고 농촌(읍부·면부)에서는 오히려 감소한 것으로 나타났다. 실제 농촌지역에서 핵가족가구가 늘어난 것은 청장년의 이동으로 노인들만 따로 사는 노인 독립가구가 크게 늘었기 때문이었는데, 이미 이농할 청장년 인구 자체가 거의 고갈이 된 상태여서 농촌노인들의 핵가족가구 비율이 뚜렷이 늘어날 수 없었다.

그리고 도시지역에서도 자녀가 하나나 둘인 가족이 대부분이어서 이들의 결혼에 의한 핵가족가구의 증가가 그다지 기대되지 않았다.

두번째 유의점이자 중요한 역사적 사실을 들면, 산업혁명 이전의 유럽에서 소규모 핵가족이 보편적으로 존재했던 것처럼 한국의 전통사회에서도 계층간의 차이는 있으나 직·방계 확대가족이 부부와 미혼자녀로 구성된 핵가족에 비해 극히 소수였다. 예를 들어 최재석의 1630년 경남 산음(山陰)지역 연구에 따르면, 부부 중심의 핵가족이 양반계층에서 75.9%, 상민계층에서 62.8%, 천민계층에서 61.4%로 나타나는 데 비해 직·방계 확대가족은 양반계층에서 8.7%, 상민계층에서 8.9%, 천민계층에서 5.0%에 불과했을 뿐이다(최재석 1983). 이 가운데 3대가족은 양반계층에서 2.01%, 상민계층에서 1.79%, 천민계층에서 0.84%로 모든 계층에서 희소했다. 김두헌이 제시한 자료에 따르면, 조선시대 호당 평균 인원수는 4명 정도를 유지했을 뿐이다(김두헌 1985). 이러한 역사적 자료와 현대의 가구구성을 종합해서 해석하면, 구드를 비롯한 구조기능주의 근대화론자들이 주장한 소규모 핵가족화론은 적어도 한국과는 관련이 약한 명제인 것이다.

세번째로 지적되어야 할 점은, 핵가족화의 주요 요인 중 하나인 출산율 하락이 산업화의 사회·경제적 변동과는 별개인 가족계획을 통한 인위적인 산아제한에 상당히 기인했다는 사실이다(한국보건사회연구원 1991). 물론 인구억제정책 자체도 거시적인 측면에서 성공적인 산업화를 위한 소비인구 및 노동인구의 장기적 조절책으로 볼 수 있고, 가족계획의 실효를 '둘만 낳아 잘 기르자' 등의 핵가족적 이념의 확산을 통해 제고하려 했기 때문에 가족계획이 산업사회 핵가족화와 전적으로 궤를 달리하는 현상은 아니다. 그러나 출산율 하락이 산업화에 따른 개인의 사회·경제적 경험과는 별개로 정책적 유인이나 압력에 의해 이루어진 정도에 따라 핵가족화의 인구학적 측면과 비인구학적 측면 사이의 불균형이나 부조화를 예상할 수 있다. 중요한 예를 들면, 여전히 전통적으로 내려오는 노동집약적 가족생산에 종사하고 있는 대부분 농가들에서도 출산율 감소가 도시가족들 못지않게 빠르게 이루어졌는데, 이는 젊은 세대의 꾸준한 도시 이주와 더불어 농업노동력의 만성적 부족현상을 초래한 원인이 되었다(이 책 제9장 참조).[26]

끝으로, 가구형태상 핵가족가구의 비율이 약간 늘었다고 해서 이 수치만으로 한국인들의 가족관이 근본적으로 변화했다고 말할 수는 없다. 핵가족가구는 이른바 '개인주의적'인 젊은 세대가 분가해 이룬 가구뿐 아니라 농촌의 노인독립가구 등 아주 다양한 형태의 가구들을 포함한다. 또한 농촌과 도시 모두에서 핵가족가구의 증가세는 1980년대 후반부터 이미 한계점에 이르렀으며, 장기적으로는 분가대상 자녀의 감소로 오히려 핵가족가구의 비율이 줄어들 수도 있다. 다만 노부모의 입장에서 보면, 상당수 농촌노인들이 모든 자녀의 이농에 따라 홀로 살게 되었듯이, 최근으로 올수록 도시노인들이 한두 자녀밖에 없거나 그나마 자녀가 부양능력이 없는 경우에 노후를 자녀와 따로 살게 될 확률이 급등하게 되었다.

인구학적 핵가족화의 사회적 증후는 부부 및 미혼자녀로 이루어지는 소위 핵가족형 가구의 증가로만 나타나는 것이 아니고 사회통념상의 '표준가족형'에 속하지 않는 인구가 늘어나고 이들과 관련된 사회문제가 아울러 늘어나는 측면이 있다. 앞서 설명한 대로 이념형으로서의 핵가족은 사회 및 친족으로부터의 심리적 및 경제적 분립을 기초로 한다. 뒤집어 말하면, 핵가족은 배우자와 미혼자녀를 넘어선 사회집단들에 대한 보호 및 부양 기능이 약하다. 따라서 핵가족의 증가는 직·방계 확대가족의 감소만을 가져오는 것이 아니고 표준형 핵가족체계 속으로 흡수되지 못하는 인구집단이 형성하는 다양한 가족(가구)형태의 증가를 가져온다.

사실 현대 한국사회의 가족변화는 핵가족가구의 증가보다는 핵가족이나 직·방계가족으로 구성된 것이 아닌 특수형태 가구들의 증가가 훨씬 더 두드러졌는데, 특히 1990년대 이후에 이 추세가 확연해졌다. 이 가운데 특히 1인(독신)가구의 수가 급격히 늘어 1995년 인구주택총조사 결과에 따르면

1990년부터 5년 동안 무려 60.8%나 증가했다. 1인가구는 노인세대와 청년세대에 집중되었다. 우선 평균수명의 연장으로 늘어나는 노인인구 중 직계가족 속에서 자녀 봉양을 받기보다는 독신이나 부부만의 노인독립가구를 구성해 따로 살아가는 수와 비율이 급속히 늘어나게 되었다(이가옥 외 1989). 이 가운데 젊은 자녀들이 전부 도시로 떠나 홀로 남게 된 농촌노인들만의 부부가구나 독신가구가 급증했으며, 도시지역에서는 중산층 노인들의 자발적 독립가구 형성이 늘어났다.[27) 부부가 함께 사는 노인들의 경우는 독신 노인들보다는 형편이 좋겠지만, 한쪽 배우자가 먼저 사망하는 경우에 자녀와의 재결합이 용이치 못해 독신가구가 될 가능성을 대비해야 한다. 이러한 추세는 서구적 핵가족화를 전제로 해서 보면 매우 당연한 것이지만 직계가족 이념이 여전히 강하게 지배하고 있는 한국의 현실에서는 일종의 '사회문제'로서 인식되는 경향이 있다.[28)

노인독립가구와 함께 꾸준히 증가하고 있는 집단이 도시지역의 청년 미혼자들의 단독 혹은 동거 가구와 이혼자나 독신자들의 단독가구이다.[29) 1인가구주들은 학업이나 취업의 편의를 위해 일시적으로 가족을 떠나 있으며 궁극적으로 스스로 안정된 핵가족가구를 꾸리거나 나아가 노부모를 모시는 직계가족의 중심이 될 수도 있다. 그러나 학업, 취업 등을 위한 일시적이고 자발적인 분거를 제외하면, 어떠한 이유로든 기존의 가족에서 일단 이탈하고 나면 다시 재결합하기 어려운 개인들의 수와 종류가 꾸준히 늘어나기 시작했다. 가족문제의 궁극적 해결(모면?)이 이혼, 별거, 가출로 이루어지는 경우들이 많아지고 급증하는 각종 사건·사고로 인해 졸지에 가족을 잃는 경우도 늘어남에 따라 이혼이나 별거중인 남녀, 가출 성인 및 청소년, 소년소녀가장 등이 형성하는 가구들이 계속 늘어난 것이다. 또한 자발적으로 평생 독신생활을 택하거나 장기간 결혼을 늦추는 사람들이 늘어남으로써 독신자 단독가구도 그 수와 비율이 계속 늘어나게 되었다.[30) (이러한 단독가구 증가세는 1990년대 후반의 충격적 경제위기로 인해 특히 가속화되었다. 이 책 제

10장 참조).

4. 핵가족(화)의 경제적 기반

이념형으로서의 핵가족이 친족 및 사회로부터 독립적이고 자율적인 가정 생활을 영위하기 위해서는 가족성원의 물질적 욕구를 만족시킬 수 있는 안정된 경제기반이 필요하다. 그런데 안정적인 경제기반이란 단순히 가구별 수입의 과다만을 말하는 것이 아니고 수입을 실현시키는 기본적 생산체제의 변형까지를 포함한다. 자본주의 산업화의 한 측면은 친족간 생산자본과 노동의 일시·영구적 공유 및 생계상의 공동소비나 상호부조를 특징으로 하는 가족농업의 비중을 감소시킨 것인데, 이 과정에서 많은 기존 농가들과 새로 형성되는 대부분의 가족들이 자체적 경제생산기반을 잃고 임노동을 통해 생계를 조달하게 되었다. 이러한 임노동자화(proletarianization)의 과정과 병행해서 직·방계 친족관계가 약화되었으며 나아가 (노동의 숙련화 및 취약자 노동의 제한에 수반해) 여성 및 아동의 탈생산자화 혹은 가정화(domestication)가 일어났다(Zaretsky 1973). 이에 따라 가장으로서 남성노동자의 임금 결정에 처자부양의 의무가 중요한 정치·사회적 사안으로 대두되었다. 임금수준이 노동자들의 집단화된 압력이나 기업주의 타협적 수용을 통해서도 가족부양(사회재생산)의 물질적 필요에 미치지 못할 경우, 국가가 개입해 직접적인 가구별 소득보조와 각종 사회써비스의 제공에 나섬으로써 복지국가가 출현하는 중대한 계기가 마련되었다. 따라서 경제적인 측면에서의 핵가족화는 경제구조 및 국가 역할의 근본적 변혁을 반영한다고 볼 수 있다.

이러한 역사적 배경을 감안할 때, 전형적인 (가부장적) 핵가족에는 공장이나 사무실에서 임노동을 하여 당장의 가족생계 해결과 앞으로의 주거, 교육, 문화 비용을 위한 적당한 저축에 필요한 소득을 벌어들이는 가장이 있어야 한다. 그래야만 핵가족의 경제적 독립성이 유지되는 것이다. 그러나 급속한 산업화와 경제성장에도 불구하고 노동자가족들은 이러한 핵가족화의 물질적 기초를 갖추는 데 엄청난 어려움을 겪어야 했다. 그 원인으로, 급속한 산업구조 변화로 인한 개인별 직업불안정, 대외의존적 수출경제의 구조적 등락 등으로 인한 소득불안정, 주택시장의 만성적 투기수요에 따른 주거불안정, 지속적 학력 인플레이션과 공적 교육투자 부족에 따른 민간의 공·사 교육비 부담 증가, 국민소득 안정화를 위한 사회보험의 미비에 따른 저소득층 빈곤의 구조화 등 갖가지 문제들이 노정되었다.

첫째, 장기적으로 안정된 가족부양이 가능한 조건의 임노동을 하는 노동자들이 전체 경제활동인구에서 차지하는 비율이 그다지 높지 못했다. 비교적 고용조건이 안정된 공공기관, 대기업 등에 정규직으로 장기고용된 사무직 및 생산직 노동자들의 수는 같은 조직들의 임시직 노동자, 고용지위가 극히 불안정한 각종 영세써비스업 노동자, 도시경제에 광범위하게 존재하는 비공식부문 종사자, 농어민 등의 수보다 훨씬 적었음을 공식 고용통계를 통해 쉽게 확인할 수 있다. 예를 들어, '생산·운전장비 운전자 및 단순노무직'의 취업자 비율이 1963년 15.0%에서 1970년 20.2%, 1980년 29.0%, 1990년 35.0%로 꾸준히 빠르게 증가하였다(통계청 1998, 100면). '판매직'은 1963년 10.1%, 1970년 12.4%, 1980년 14.5%, 1990년 14.5%로 완만한 지속세를 보이다 일정 수준을 유지했으며, '써비스직'은 1963년 5.2%, 1970년 6.4%, 1980년 7.9%, 1990년 11.2%로 완만한 상승세가 계속되었다. 도시 노동인구의 대다수를 차지하는 이들 직종의 취업자들 가운데 이른바 '평생직장'의 안정성을 가진 경우는 많지 않다. 그리고 대다수가 가업 종사자인 '농림·수산직'의 취업자 비율은 1963년 62.9%, 1970년 50.2%, 1980년 34.0%, 1990년 17.8%로 빠른 하락세가 지속되었으나 여전히 중요한 비중을 차지했다. 반면, 상대적으로 장기고용이 보장된 '전문·기술 및 행정·관리직' 및 '사무직'의 비율은 1963년 3.3%와 3.5%, 1990년 8.7%와 13.0%

로 각각 현저히 증가했으나 전체적 비중은 여전히 제한적이었다.

둘째, 대다수 한국인들의 제한적 고용안정성은 소득불안정 문제로 연결되어, 궁극적으로 소득불평등의 구조화로 나타났다. 예를 들어, 공식통계상으로 저소득 40% 가구들의 소득이 전체 가구소득에서 점하는 비율은 1965년 19.3%, 1985년 18.9%, 1988년 19.7%, 1996년 20.5%, 2000년 18.2%로 나타났다(통계청 『한국의 사회지표 1993』, 60면; 『한국의 사회지표 2003』, 169면). 1987년 여름의 이른바 '노동자 대투쟁'을 계기로 산업노동자 임금이 수년간 대폭 상승했지만 그렇다고 소득불평등도가 획기적으로 완화되지는 않았으며, 급기야 1997년 말의 경제위기 이후에는 이른바 '양극화' 시대로 접어들게 되었다. 물론 대다수 시민들의 명목소득이 꾸준히 증가한 것은 사실이지만, 이에 못지않은 물가상승과 불필요한 추가지출 항목의 증가로 실질적인 '삶의 질' 향상을 느끼지 못한 경우가 대부분이었다.[31]

셋째, 소득불평등보다 더욱 심각한 문제가 자산소유의 불평등인데, 이 가운데 주택시장의 만성적 투기수요에 따른 주거불안정 문제가 특히 심각했다. 재산세, 상속세, 금융소득세 등 자산소득에 대한 징세가 극히 느슨하고, 각종 탈법적 혹은 불법적 치부가 정치인, 관료, 기업가를 가리지 않고 행해지고, 부동산 등에 대한 투기행위가 범사회적으로 끊임없이 행해지는 한국사회에서 자산소유의 불평등은 그 정도가 갈수록 심화될 수밖에 없었다. 이 현상은 주택소유와 관련하여 특히 심각한 사회문제를 일으켰는데, 1980년대 후반에만 대부분 지역에서 주택가격이 2~3배로 오르고 전·월세가도 따라 올랐으며, 수많은 서민들은 가족의 물리적 존재공간인 주택을 얻지 못하고 심지어 살던 곳에서도 쫓겨나야 하는 고통을 겪었다. 인구주택총조사 자료에 따르면, 가구별 주택소유율은 경제성장 추세와는 반비례해서 지난 1955년 79.5%에서 1960년 79.1%, 1975년 63.6%, 1980년 58.6%, 1985년 53.6%, 1990년 50.6%로 끊임없이 감소했다. 이러한 현상은 특히 도시지역에서 심각해 가구별 주택소유율이 농촌지역의 절반 수준에 맴돌았다. 물론 임대주택시장이 잘 형성되어 있거나 정부 지원하의 공공주택 보급이 원활하게 이루어지는 경우라면 낮은 주택소유율이 반드시 심각한 사회문제라고 볼 수 없다. 그러나 작금의 한국사회에서는 전·월세가의 거듭된 폭등, 임대차계약의 불안정성 등으로 무주택자들이 만성적인 생활위기를 겪고 있는 실정이어서 주택소유율의 감소는 가정생활의 불안정과 직결된다. 이러한 불안정의 지표로서 가구별 거주이동의 주원인이 취업, 전근 등 직장관계가 아니라 주택문제라는 사실을 들 수 있다. 1989년의 전국적 조사에 따르면, 도시가구 중 과거 10년간 경제활동과 관련해 이주를 한 비율은 24%에 불과한 반면, 61%가 셋집의 변경이나 주택의 마련 혹은 교환을 위해 이주를 했다(공세권 외 1990, 50면).[32]

넷째, 지속적 학력 인플레이션과 공적 교육투자 부족에 따른 민간의 공·사 교육비 부담 증가 역시 한국가족의 심각한 스트레스 요인이다. 도시가구의 연평균 가계지출 중 교육비의 비중은 1963년 5.6%에서 1970년 7.2%, 1980년 5.8%, 1990년 8.1%로 약간의 부침을 거치며 상승세를 나타냈다(통계청 1998, 224면). 도시학교 재학 자녀에 대한 별도의 생활비 마련이라는 부담이 추가된 농가의 경우 이 비율은 1963년 3.4%에서 1970년 6.8%, 1980년 9.4%, 1990년 10.5%로 더욱 뚜렷한 상승세를 보였고, 1970년대 후반부터 아예 교육비의 절대액수에서 도시를 앞질렀다. 이러한 교육비 지출은 한국가족들을 세계에서 자녀교육에 가장 많은 투자를 하는 집단으로 만들었지만, 막상 국가의 교육투자는 후진국 수준에 머무름으로써 심지어 국제연합(UN)의 우려 대상이 되기도 했다(이 책 제8장 참조). 교육비용 충당에 대한 국가의 소극적 입장이 지속되면서도 경제발전의 과실은 학력별로 매우 판이하게 분배되고 노동시장의 불안으로 학력경쟁이 계속 심화되는 한 한국사회에서 자녀교육에 대한 가족의 지출증대는 '선택이 아니라 필수'로 남을 것이며, 자녀의 공부 스트레스뿐 아니라 부모의 교육비 마련 스트레스가 가족생활을 끝없이 위협할 것이다.

지금까지 살펴본 것처럼, 급속한 산업화와 경제성장의 이면에서 대다수 한국가족들이 고용, 소득, 주거의 불안정과 교육비 부담 등으로 만성적 고통을 겪었지만, 국가는 시민생활의 안정화를 위한 사회보험·공적부조 제도의 마련과 사회써비스의 제공에 극히 소극적이었다. 장애인, 병상 노인 등 요보호집단에 대한 이른바 '보호노동'은 거의 전적으로 가족(여성)의 몫이었으며, 빈곤층의 생계안정을 위한 소득보조는 거의 무의미한 수준이었고, 일반 시민생활의 위험분산(risk dispersion)을 위한 사회보험 마련도 지체되었다. 특히 사회보험 마련의 지체는 결국 21세기 들어 국가 장기재정의 근본적 위협요인으로 비화되었다. 이중에서도 핵심인 공적연금은 1980년대 후반까지도 공무원, 교직원, 군인의 배타적 특권이었으며, 겨우 1988년에 (주로 도시인 대상의) 국민연금과 1995년에 농어민연금이 도입되었으나 수혜율과 수혜액수에서 시민생활에 별다른 영향을 주지 못한 채 20세기를 넘겼다. 역설적 사실은 1990년대 들어 이러한 사회보험과 생활보호제도들을 매우 제한적인 공공예산을 바탕으로 도입·확대하면서 수혜집단을 제한하기 위해 가족성원 사이의 부양책임을 대대적으로 부각시켰다는 점이다. 이러한 부양책임은 단순히 부부나 부모-(미혼)자녀 사이의 핵가족적 관계를 넘어 노부모에 대한 성인자녀의 확대가족적 봉양책임을 간접적으로(즉, 성인자녀의 소득능력이 입증되면 국가가 그 부모에 대한 지원을 거부하는 방식으로) 제도화하는 입장을 고수해왔다.

5. 심리적 핵가족화와 신유교주의

핵가족적 개인주의의 역사적 의미

핵가족화에 수반되는 개인주의적 가치관은 흔히 조화롭고 안정된 가족체계, 특히 가족유대를 약화시키는 요인으로 인식된다. 그런데 서구에서 핵가족 이데올로기의 등장은 초기 부르주아계급의 자유주의 사상이 대규모 독점적 산업자본주의의 등장으로 구조적인 위협을 받게 되자 (산업)사회로부터 독립된 서정적 공간을 가족 내부에 확립함으로써 개인을 보호하려는 노력에서 비롯되었다(Zaretsky 1973; Lasch 1979). 다시 말해, 핵가족에 내재된 개인주의는 역사적으로 볼 때 가족 내부의 애정적 유대관계가 사회로부터 독립된 실체로 등장함으로써 형성되고 유지되어온 것이다. 따라서 한국사회의 가족문제를 다룸에 있어서도, 핵가족에 내재한 개인주의가 서구에서 등장하는 데 역사적 배경으로 작용한 사회 · 경제적 조건들이 한국사회에서도 발견되는지 여부를 따질 필요가 있다. 또한 한국의 전통적 가족관계와 가정생활의 기반이 된 유교사상이 서구의 핵가족 이념과 어떠한 유사점이나 상이점이 있으며, 근래의 산업화 과정에서 두 가치체계의 상호관계가 어떻게 형성되고 변화했는지도 면밀히 분석해보아야 한다.

이 가운데 첫번째 문제는 현대 한국사회 변동의 기본적 성격에 관한 사회과학 일반의 문제이므로 여기에서 자세히 논하기 어렵다. 다만 전통적 농경사회 및 왕조체제의 해체가 새로운 사회질서를 형성하려는 내생적 근대화 계급의 등장에 의한 것이 아니고 일제에 의한 식민지배, 미군정, 한국전쟁 등 주변 강대국의 세계질서 장악 노력에서 파생된 일련의 정치적 사건들을 통해 이루어졌다는 사실 및 1960년대 이래의 급속한 산업화는 국가 및 국가의 전략적 지원을 받은 대기업집단들을 중심으로 단기간에 독점적 산업자본주의체제를 형성시켰다는 사실을 감안할 때, 서구에서처럼 가족중심의 개인주의 및 자유주의를 표방하는 부르주아계급이 두텁게 형성될 역사적 환경이 마련되지 못했음은 쉽게 짐작할 수 있다. 결과적으로 한국사회의 산업화는 개인주의적 핵가족 이데올로기 확립의 사회적 기반이 되는 사회계급의 형성이 미진한(생략된?) 상태에서 이루어졌다. 반면에 산업자본주의의 성장은 임노동자계급의 급속한 증가를 가져왔고, 이들의 가족을 통한 안정된 사회재생산을 위해 서구의 핵가족 이데올로기에 상응하는 가족부양 규범의 확립이 필요했다. 이 사회재생산의 이데올로기는 서구 핵가족 문화의 영향도 받았지만 기본적으로는 전통 유교문화의 취사선택과 수정을 거쳐 형성된 것이다.

중국 및 한국의 전통사회에서 유교사상은 가족중심의 도덕체계로도 해석되고 종교적 성격을 내포한 국가의 통치이데올로기로도 해석된다. 유교사상에 부여된 이러한 두 가지 성격은 기능적으로 서로 분리되거나 모순된 것은 아니다. 왜냐하면 지배엘리뜨들은 국가통치의 근간을 가족중심의 농업생산 및 인구부양 체계를 안정화시키는 데에서 찾았고, 이를 위해 가족 및 친족 내부의 상호 유대와 부양을 최고의 도덕적 가치로 주입시키는 정책적 노력을 펼쳤기 때문이다. 오늘날 흔히 유교적 가족문화의 핵심으로 이해되는 엄격한 연령별, 세대별, 성별 위계의 가족규범은 17세기 중반 이후 조선 성리학자들에 의해 고대 유교사상이 종합적으로 재해석되면서 등장한 것으로 '신유교주의'의 일부라고 해석할 수 있다. 이러한 유교사상의 재해석은 중국에서 먼저 시작되었고 따라서 중국의 영향이 중요했지만 조선에서 더욱 적극적으로 이루어졌고 현실 정치제도 및 사회생활에 대한 파급효과도 훨씬 컸다.

유교적 가족규범의 전통적 기능은 아직 가족농업이 지배적인 한국의 농촌에서 원래의 사회적 중요성을 어느정도 보지하고 있을지 모른다. 그러나 젊은 세대의 지속적 이농으로 농민가족의 유교적 가족관계는 현실적인 중요성이 급격히 약화되었다. 다른 한편으로, 유교사상은 더이상 가족생산체계에 속하지 않는 다양한 사회집단들에 대해 안정된 가족부양체계의 기반인 존애(尊愛)의 규범을 제공한다. 예를 들어, 도시지역의 산업노동자들은 그 사회·경제적 존재조건이 과거의 농민들과는 근본적으로 다르지만 가족관계와 부양에 관한 유교적 규범의 영향을 강하게 받아왔다. 현대적 가족부양 규범으로서의 유교주의는 서구에서처럼 심리적 핵가족화에 선행한 가족중심의 개인주의의 출현이 없었던 한국사회에서 대체적(代替的) 사회재생산 이데올로기로서 작용해왔다고 볼 수 있다.

그러나 문화적 과정으로서 서구의 신식민주의적 영향을 받고 있는 한국사회에서 대중매체 등을 통해 소개되는 서구의 핵가족적 인간관계는 유교적 가족관의 변형, 보충, 왜곡을 가져왔다. 나아가 서구의 가족해체를 조장하고 있는 물질적 소비 중심의 피상적 가족문화 역시 국내 자본주의 상혼의 적극적인 수용과 유포에 힘입어 그 영향력이 증가하고 있다. 이러한 외래문화 요소들은 자체적으로 안고 있는 문제점들과는 별개로 그 수용과정에 있어서 심각한 세대차가 발생해 각 가정에서 상이한 가족관의 충돌이 발생하기도 하며, 심리적인 측면에서의 가족해체가 가속화되기도 한다. 이러한 심리적 측면의 핵가족화에 노정된 복잡성을 부부, 부부와 미혼자녀, 부부와 노부모 사이의 세 가지 주요한 가족관계에 촛점을 두고 살펴보자.

개인주의 핵가족과 현모양처

유교적 가족관이 서구문화의 영향을 받아 변화하면서 이루어지는 한국사회의 심리적 핵가족화는 여러가지 독특한 측면들을 갖고 있다. 이 가운데 가족(부부)형성 과정에 성원 개개인의 입장이 얼마나 자유롭고 평등하게 반영되는지를 살펴보면 중요한 시사점을 얻을 수 있다. 서구의 개인 본위 가족주의에 대비해 유교적 가족주의는 개인의 생활을 가족의 집단적인 필요에 맞추어 강제조율하는 것으로 흔히 이해되고 있다. 이러한 집단중심의 가족주의가 단적으로 표현되는 것이 결혼관(혹은 독신관) 및 결혼형태관이다.

먼저 결혼관을 보면, 개인주의적 입장에서는 결혼을 할 것인지 자체가 하나의 자율적 선택의 문제인 데 반해 집단주의적 입장에서는 결혼이 가족의 영속적 재생산을 위해 운명적으로 정해진 사항이다. 관련하여 김영모(1990, 40면)의 1983년 조사를 참고하면, 학력과 소득이 높을수록 그리고 도시에 살수록 결혼 여부를 개인의 자율적 선택사항으로 보는 경향이 있었다. 이러한 태도는 전국적 차원에서 지속적으로 확인되는 것으로, 통계청의 사회조사 결과(『한국의 사회지표』)는 농촌에 살수록, 저학력일수록, 고령일수록, 남성일수록 결혼을 하는 것이 바람직하다는 결과를 보여왔다. 그런데 상대적으로 결혼을 선택적 사항으로 보는 집단들조차도 적어도 1990년대 중반까지는 결혼을 바람직하게 여기는 비율이 훨씬 높았다. 평생 독신인구가 21세기 들어서까지도 매우 제한된 비율만 보이는 것은 이러한 연유에서이다.

덧붙여 지적되어야 할 점은, 개인 위주 결혼관의 표현으로 홀로 살고자 하는 인구의 비율이 늘어났더라도, 이 개인 위주 결혼관 자체가 진정한 자유주의적 개체의식의 발로인지 아니면 단순히 한국사회의 혼인생활이 주는 고통과 긴장으로부터 도피하려는 심정의 반영이었는지의 문제가 남는다. 공세권 등(1990, 84면)의 조사에 의하면 교육수준별로 중·고교 학력의 부인들(50.4%)이 대학 학력의 부인들(39.6%)보다 더욱 높은 비율로 "경제력만 주어지면 혼자 사는 것이 좋다"고 생각했다. 상식적으로는 대학교육을 받은 여성이 자아실현의 욕구가 더욱 강하고 따라서 자율적인 삶을 더 원할 것 같지만 한국사회에서의 독신 희망은 저학력 여성이 더욱 강했다. 후자의 독신관은 적극적 자아실현의 의지보다는 심리적·물질적 생활 불안정에 대한 도피의식에 의해 주로 결정된 것 같다. 다시 말해, 고학력 여성의 경우 비교적 경제력이 있고 민주적 부부관을 가진 고학력 배우자를 만나서(공세권 외 1990, 78~79면), 심리적 및 물질적으로 안정된 가정생활을 영위해나갈 가능성이 높았기 때문에 오히려 독립적인 삶에 대한 욕구가 낮았던 것 같다. '시집보내기 위해 딸을 대학에 보낸다'는 부모들의 태도는 그렇게 해서 출가한 여성들의 자아 및 결혼생활에 대한 의식구조 속에 살아남았던 것이다. 이러한 의미에서 한국사회에서의 개인 위주 결혼관(독신관)은 사회적 계층질서의 재생산과정에서 파생된 개인적 고통에 대한 '수동적 반응'의 성격도 강했다고 볼 수 있다.

결혼관의 점진적 개인주의화에도 불구하고 거의 대부분이 결혼을 해온 사실을 감안할 때, 결혼형태관의 변화가 마저 고려되어야 한다. 중매결혼은 연애결혼에 비해 그 과정에서 부모, 친척 등 주변 사람들의 의사를 더욱 강하게 반영시킨다. 바꿔 말하면, 자유로운 애정관계의 상대자로서 배우자를 얻는다는 부부(개인) 중심의 핵가족적 가족관은 중매결혼의 감소 및 연애결혼의 증가로 나타날 것이다. 공세권 등(1990, 67면)의 조사결과에 따르면, 전국적으로 중매결혼한 부인의 비율이 결혼연도별로 1910년대에서 1930년대 사이에 96.6%, 1940년대에 95.5%, 1950년대에 96.3%로 큰 변화가 없다가 1960년대에 82.0%로 약간 줄고, 1970년대에 64.3%, 1980년대에 49.1%로 급격히 줄었다. 이러한 변화추세는 결혼형태에 대한 심정적 선호도의 변화를 잘 반영하는 것으로, 1958년 서울시민을 대상으로 한 이효재의 연구를 비롯한 다수의 결혼형태관 조사결과들을 요약하면 연애결혼의 선호도가 1970년대 이후 급속히 증가한 것으로 나타난다(한남제 1989, 38~42면). 이러한 연애결혼 선호도의 증가추세는 도시지역에 비해 농촌지역에서 약간 완만했다.

이러한 결과들을 종합하면, 산업화의 진척과 더불어 부부 중심 핵가족화의 심리적 근간인 개인주의 가족관이 결혼관 및 결혼형태관의 변화를 통해 드러났었다고 할 수 있다. 그러나 이와 관련하여 몇가지 유의할 점이 있다. 첫째, 개인주의화의 추세에도 불구하고 여전히 절반에 가까운 사람들이 중매결혼을 선호했으며(공세권 외 1990), 또 그 이상의 사람들이 결혼은 절대적으로 해야 하는 것으로 생각했다(김영모 1990). 둘째, 독신 가능성과 연애결혼에 대한 심정적 선호도가 현실적 제약요건들 때문에 반드시 일치하는 결혼행태로 이어지지는 않았다. 셋째, 당사자들이 연애결혼을 선호하더라도 배우자의 선택조건으로 가문과 사회계층을 중시하는 등 가족의 집단적 의사 내지 압력을 사전에 반영하는 선택을 하는 경우가 많았다(한남제 1989, 42~44면). 넷째, 위와 대조적인 경우로, 상대적으로 개인주의적인 젊은 세대와 집단주의적인 기성세대의 혼인 가치관이 각 가족 내부에서 충돌해 가족불화를 초래했는데, 수많은 가정에서 특히 고부(姑婦)갈등이 심각했다(공세권·조애저·김진숙 외 1990).

심리적 핵가족화의 불완전성은 부부간의 세력 및 역할관계의 실질적 혹은 심정적 변화에서도 나타난다. 서구에서 경험한 부부 중심의 심리적 핵가족화는 자유롭고 평등한 애정관계에 바탕을 둔 민주적인 부부관계를 가져오는 것으로 흔히 이해되지만, 궁극적으로 그 애정관계의 표현이 아내로서 그리고 어머니로서 여성이 지는 과중한 심리적·육체적 부담을 통해 이루어지는 모순이 있었다. 역사적으로 서구 여성의 가정화(가사노동자화?)는 일부 귀족 계층을 제외하면 산업화에 수반된 현대적인 현상인 셈인데 이는 한국사회의 경우에도 적용된다. 비록 전통적 한국 여성들이 가사노동을 대부분 책임진 것이 사실이지만 농가에서는 여성들의 농사일 참여로 인해 이들의 전적인 가정화가 이루어질 수 없었다. 따라서 흔히 전통적인 요소로 이해되는 가정을 둘러싼 남녀간 활동영역의 분리는 오히려 현대적인 성격이 강하다. 물론 이러한 남녀간의 역할분리는 현대 서구에서처럼 부부 사이의 표면상 자유롭고 평등한 애정관계에 가려진 것이 아니다. 한국사회는 남녀간 구분 및 차별을 명시적으로 규범화한 유교이념을 새로운 사회적 상황에 원용하여 남녀차별을 공공연히 합리화시켜왔다(조형 1991).

한국사회의 부부관계에 관한 여러가지 조사결과를 보면, 한남제(1989, 54면)의 지적대로 '제도적 가족에서 우애적 가족으로' 변해갔던 것이 사실이다. 김영모(1990, 45면)의 1983년 조사결과를 보면, 부부관계의 근간이 처의 남편에 대한 순종이 아닌 부부간의 애정이라는 견해가 연령별로는 20대 81.6%, 30대 79.2%, 40대 73.3%, 50대 70.6%, 60대 59.8%로 젊은 세대로 갈수록 높게 나타났다. 또 주거지역별로는 대도시로 갈수록, 학력별로는 고학력일수록 애정 중심의 부부관계관이 지배적이었다. 또한 수년 후 공세권 등(1990, 100면)이 부부의 동반활동 및 가사나 직장에 관한 공동토론의 빈도를 측정한 부부간 우애 정도는 김영모의 연구에서와 마찬가지로 연령이 낮을수록, 도시지역에 거주할수록, 교육수준이 높을수록 높게 나타났으나 각 비교집단별 차이가 아주 뚜렷하지는 않았다.

이처럼 현대적인 사회·경제적 환경에 상대적으로 많이 노출된 사회집단일수록 부부관계가 우애 중심으로 바뀜으로써 심리적 핵가족화의 한 조건이 강화되었지만, 우애관계의 실질적 표현인 역할분담에 있어서는 남편의 사회적 생산 참여, 부인의 가사노동 전담이라는 영역분리 현상이 큰 변화가 없거나 오히려 강화되기도 했다. 그동안 실시된 부부간의 역할분담에 관한 의식구조 조사들을 종합적으로 살펴보면, 의식주 관리를 중심으로 한 가사노동은 여성이 맡아야 한다는 견해가 도·농 구분 없이 지배적이었으며, 집안살림과 남편 뒷바라지가 여성의 가장 중요한 의무이자 미덕이라는 태도도 남녀 구별 없이 일반적이었다. 역할분담의 실태에 관한 공세권 등(1990, 114~17면)의 조사결과를 보면, 부인들의 의식주 관리 분담률은 도시지역에서 확대가족가구 71%, 핵가족가구 85%, 농촌지역에서 확대가족가구 74%, 핵가족가구 83%로 도·농 구별 없이 가구구성상의 핵가족화가 여성의 가사노동 전담을 오히려 확대시켰다. 이에 반해 남편의 가사노동 분담률은 가구구성상 핵가족화함에 따라 도시지역에서는 별 변화가 없었으나 농촌지역에서는 오히려 줄어들었다.[33]

이러한 추세에 관련하여 한가지 지적되어야 할 점은, 여성 교육수준의 향상 및 산업구조의 변화(특히 써비스업의 확대)에 따라 여성의 고용기회가 증가하고 여성의 취업에 대한 긍정적 분위기가 강화되었지만 막상 여성의 가사노동 의무, 특히 자녀양육에 대한 인식변화가 쉽게 뒷받침되지 않고 있었다는 사실이다. 그동안의 여러 의식조사 결과들을 요약하면, 기회가 있으면 여성들도 취업을 하는 것이 좋지만 결혼 이전이나 자녀 출산·양육에 지장이 없는 기간으로 한정해야 한다는 견해가 지배적이었다. 이러한 의식구조는 부인이 실제 취업을 하는 경우에도 바뀌지 않아, 의식주에 관련된 가사활동의 부인 주도율이 취업부인(81.6%)의 경우가 비취업부인(80.0%)보다 오히려 높았다는 조사결과도 있다(공세권 외 1990, 125면).[34] 다시 말해, 여성의 사회적 경제활동 참여에도 불구하고 가정에서 여성의 가사노동 전담이라는 남녀간 영역분리 현상이 전혀 해소되지 못함으로써 취업부인의 이중적 부담이 가중되고 있었다.

개인 중심의 애정적 결합체로서의 핵가족은 그 형성과정상 개인의 자율성이 강조되어 자유연애결혼이 증가할 뿐 아니라 부부관계의 유지 및 해체에 있어서도 타율적 규범보다는 개인 의사의 자유로운 실현이 중시된다고 본다. 이와 관련해 이혼의 증가는 조화로운 부부관계를 해치는 물질적 혹은 심리적 환경 변화에서도 비롯되지만, 그 변화에 대한 적응방식이 개인 중심의 자유로운 의사결정 및 의사실현을 전제로 할 때도 나타난다. 그동안 혼인 100건에 대한 이혼수는 1960년에 3.1건, 1970년에 4.3건, 1975년에 6.1건, 1980년에 5.8건, 1984년에 10.0건, 1990년에 11.9건으로 지속적인 증가세를 보여왔다(김영모 1990, 145면; 통계청 1992, 230면). 또 공세권 등(1990, 84~85면)의 연구에 의하면, 1989년 조사된 약 2,800명의 부인들 중 경우에 따라 이혼을 할 수도 있다고 생각하는 비율이 41.9%에 달했다. 연령별로는 젊을수록, 교육수준은 높을수록, 거주지는 도시일수록 이러한 생각을 하는 비율이 높았다. 역사적 변화를 보면, 고영복(1967, 119면)의 1965년 조사에서 서울시민의 31%, 농촌주민의 22%가 필요할 때에는 이혼을 해야 한다고 생각했던 데 비해, 공세권 등의 1989년 조사에서는 도시 부인의 47.1%, 농촌 부인의 31.3%가 이혼을 할 수도 있다고 생각함으로써 도·농 구분 없이 이혼에 대한 개방성이 증가했고 개인주의적 가족관(부부관)이 서서히 정착하고 있었음을 알 수 있다.

그러나 이혼 가능 혹은 불가의 사유를 분석해보면, 그 개인주의가 능동적 자아실현의 태도라기보다는 수동적 자기보호 및 가족관계의 도덕성 회복에 대한 욕구를 표현했던 것으로 보인다. 위의 공세권 등(1990, 86면)의 연구에 따르면, 부인들이 이혼을 할 수 있다고 생각할 때 거론하는 주요 요인들은 본인들이 아내 및 어머니로서 지는 의무와 기능에 대해 과중한 부담을 느끼거나 개체 상실감을 갖는 문제가 아니고 배우자로부터 초래되는 성격차이(51.2%), 폭력(23.2%), 부정(17.0%)의 문제들이었다. 좀더 앞서 1981년 실시된 최재석(1982, 376~78면)의 연구도 비슷한 양상을 보여주고 있다. 물론 이처럼 부부관계의 악화를 적극적으로 문제삼는 태도 자체가 평등한 애정적 결합을 강조하는 심리적 핵가족화 추세를 보여준다고도 볼 수 있다. 그러나 부인들이 꼽은 이혼을 해서는 안되는 이유들을 보면 집단으로서의 가족에 자신을 종속시키는 태도가 여전히 강했음을 알 수 있다. 1981년 한국갤럽조사연구소(1983, 119면)의 조사에서 응답자들은 이혼을 억제해야 하는 이유로 89.4%가 자녀에게 미칠 나쁜 영향을 들었으며, 1989년 공세권 등(1990, 87면)의 연구에서도 부인들의 76.3%가 자녀 및 가족 문제를 이혼 불가 이유로 들었다. 이러한 가족(자녀)에 대한 종속은 이혼여성의 재혼과정에서도 나타났는데, 최재석(1982, 412면)의 연구에서 재혼시 자녀가 있는 남녀의 비율이 3대 1의 격차를 보였다. 덧붙여 지적해야 할 점은, 여성의 재혼율이 남성보다 훨씬 낮았고 여성의 재혼에 대해서는 남성들뿐 아니라 여성 자신들마저도 부정적으로 보는 경향이 강해 여성들의 가족에 대한 종속은 소속 가족의 해체 이후에까지 계속됐다는 사실이다.

가정생활 및 가족관계와 관련해 부인들이 느끼는 이러한 부담과 고난이 남편들의 안위에 직접 연결되었던 것은 아니다. 핵가족의 현모양처 이데올로기는 임노동자로서의 남편 및 미래 임노동자로서의 자녀의 노동력을 안정적으로 재생산하기 위한 일종의 계급착취 기제라는 주장에 전적으로 동조하지 않더라도, 부인의 육체적·정신적 고통이 다른 가족성원들에게 직접적으로 부정적인 파급효과를 미칠 가능성은 상식적인 것이다. 다른 가족성원들이 적극적으로 노력하여 이러한 부인의 고통을 덜어줄 수 있는 여지가 대다수 가정에 상당 정도로 존재했겠지만, 더욱 근본적으로 한국가족의 존속환경으로서 자본주의 산업(화)사회의 구조적 문제들이 함께 다루어졌어야 본질적인 문제 개선이 가능했을 것이다. 더욱이 1990년대 중반 이후로 산업구조의 급변, 총체적 경제위기 등의 여파로 빈번한 대규모 실직 및 퇴직과 구직난이 대다수 노동자들을 압박하자 이른바 '고개 숙인 아버지' 씬드롬까지 확산되어온 상황이 인식되어야 할 것이다.

자녀양육의 정치경제학

파슨스가 집성한 구조기능주의 가족이론에 의하면, 핵가족 내부의 아동에 대한 애정적 보호와 양육은 각박하고 냉엄한 이차적 관계가 지배하는 (산업) 사회에 대처해 아동을 준비시키기 위한 정서발달의 기초가 된다. 그러나 라쉬(Lasch 1977) 등이 지적하듯이, 만약 가정에서의 순수한 애정적 관계를 통해 아동을 사회화시켜 이차적 (비?)인간관계로 구성된 자본주의 산업사회의 '형태 유지'(pattern maintenance)를 꾀한다면, 이는 근본적으로 자체 모순을 가진 시도가 아닐 수 없다. 물론 '공공가족'(public family)론자들이 주장하듯이 가족 내부의 조화로운 공동생활의 원리가 사회로 확대되어 모든 사회성원들 사이에도 가족적인 유대감이 마련된다면 이러한 모순은 극복될 것이다(Dizard and Gadlin 1990). 하지만 계약적 인간관계의 합리성에 기초한 자본주의적 사회질서에 가족적 애정관계가 구조적으로 근착될 수 없으며, 오히려 역으로 가족관계와 가정생활이 사회로부터 유입된 피상적이고 물질적인 교환관계의 영향을 받아 변질됨으로써 가족이 사회에 동화되는 방향으로 그 모순이 극복된다는 주장이 설득력을 얻을 수도 있다. 아동들의 사회화가 친밀한 애정과 대화를 통해 도덕성과 정서를 함양하는 과정이 되지 못하고 오히려 가정생활이 상업적 대중소비문화의 지배를 받아 피상적 상품소비 관계로 전락함으로써, 아동들이 개체의식과 서정성이 결핍되고 물질소비에 탐닉하는 '소비자본주의적 인간형'으로 성장하게 된다는 주장까지 제기되었다(Lasch 1977). 이러한 가족문화의 상업적 변질과 사회화 과정의 왜곡은 이미 많은 한국의 (핵)가족들도 직면하고 있는 문제임이 틀림없다. 그러나 대다수 한국가족들이 겪어온 자녀양육의 문제는 이보다 훨씬 더 복잡하다.

여성의 전적인 가사노동자화가 자본주의 산업화에 수반된 현대적 현상임과 마찬가지로 미성년 자녀의 가정 내 보호를 사회규범으로 강조하여 피보호자화시키는 것도 현대의 산업사회적 현상이다(Sommerville 1990). 전통적 농업사회에서의 아동은 기본적인 육체노동력이 생기는 대로 생산조직체로서의 가족을 위한 도제(徒弟)적 존재로 취급받았다. 따라서 아동의 양육 및 훈련을 일반 성인세계와 차단시킨 가운데 정서적 보호에 촛점을 맞추어 실시한 것이 아니라 성인사회의 핵심인 가족단위 농업생산 및 관련된 문화활동에 대한 아동들의 적극적 참여와 학습을 꾀하는 방향으로 실시했다. 가족노동자로서의 자녀들의 위치와 영·유아 및 아동들의 높은 사망률은 농가의 다산(多産)을 일반화시켰으며, 특히 아들이 많으면 큰 복 중의 하나로 여겨졌다. 물론 상층계급의 자녀들은 오늘날 중산층 핵가족의 자녀들처럼 성인이될 때까지 가정에서 육체적 보호 및 도덕적·지적 훈육을 받으며 성장하는 경우가 많았으나 이는 인구구성상 일부 현상에 지나지 않았다.

그러나 한국사회가 자본주의 산업화에 본격적으로 돌입한 이후에는 출산율이 급격히 감소하고, 아동양육과 관련해서도 가족의 경제적 필요보다는 아동기 자체의 특수성을 감안하여 정신적·육체적 보호를 강조하는 추세가 확연히 나타났다. 예를 들어 김영모(1990, 49면)의 1983년 조사결과를 보면, 조사대상자의 71.9%가 "자녀의 능력이나 적성을 고려하여 민주적으로 가르쳐야 한다"는 교육관을 보였으며, 이러한 민주적 교육관은 지역에 상관없이 고루 높았고 특히 젊은 세대와 고학력층에서 상대적으로 높게 나타났다. 더불어, 부모가 자녀를 기르는 것은 (자녀의 부모봉양 의무와 상관없이) 당연하다는 태도가 도시와 농촌 모두에서 오래 전에 확립된 현상이었다(한남제 1989, 63~64면).

이러한 추세를 보면, 한국사회가 심리적 핵가족화의 중요 요소인 '서정적 보호기간으로서의 아동기'의 개념을 빠르게 일반화시켰다고 볼 수 있다. 그러나 한국의 부모들과 사회가 정의하는 아동보호의 구체적인 성격 내지 내용을 살펴보면, 아동의 조화롭고 순수한 정서발달을 꾀하는 이념형적 핵가족화와는 많은 차이가 있었음을 알게 된다. 미성년 자녀의 가정 내 피보호자화는 기본적으로 현대적 현상이지만, 이들에 대한 보호 및 양육의 실제 과정, 즉 가정교육은 부모의 계층과 세대에 따른 차이는 있었겠지만 대체로 유교적 인간관계 원리가 강하게 반영되었다. 아동들은 사물에 대한 인지 및 언어구사 능력이 생기면, 다시 말해 철이 듦과 동시에 나이, 성별, 친족서열 등에 따른 엄격한 상호작용의 질서와 유형을 내재화시켜야 하는 가족의 압력을 받았으며, 이러한 '버릇들이기'는 아동의 독립적이고 자유로운 정서발달을 위해 애정적 보호를 하는 것과는 차이가 있다. 가정교육을 통해 유교적 인간관계 원리를 체화하는 것은 개체의 자율적인 정서발달보다는 가족 내부의 사회질서를 안정적으로 재생산하기 위한 것이며, 나아가 학교, 군대, 직장 등 사회 전체의 권위주의 질서에 적응하는 데 기초 훈련이 되었다(Chang 2004). 이러한 지적이 모든 가정들에서 권위주의적인 아동양육이 성공적으로 이루어져왔음을 뜻하지는 않지만, 적어도 그러한 아동양육이 일종의 규범으로서 보편적으로 받아들여졌다는 것은 사실이다. 이 책의 범위를 넘어서는 문제이지만, 한국사회의 근대화 과정에서 내생적인 사회변혁 노력에 의한 새로운 사회질서의 창출이 무산되었기 때문에 전통사회의 정치문화 및 이에 내재된 사회질서 유형이 부분적인 수정만 거쳐 산업사회의 조직체들에까지 수용되었다(장경섭 1993a). 흔히 상호 우애를 내세운 가족주의로 위장을 하지만 가부장적 권위주의 질서는 정치, 사회, 경제의 모든 영역에 깊게 뿌리박고 있다. 따라서 한국의 가족들과 사회조직체들은 가부장적 권위주의 조직체로서의 공통점을 갖고 있으며, 한국의 부모들은 가정에서 수행되는 미성년 자녀의 사회화, 즉 가정교육에 있어서 이러한 공통된 질서를 재생산시켜야 하는 압력에 직면해왔다고 볼 수 있다. 따라서 위에서 지적한 서구사회의 핵가족 내 아동 사회화의 모순, 즉 애정적 공동체인 가족과 계약적 협의체인 산업조직체 사이에 존재하는 사회결합 원리의 갈등은 가족과 사회가 모두 가부장적 권위주의에 기초한 그동안의 한국사회에서는 적어도 이론적으로는 매우 제한된 것이었다고 볼 수 있다.

84

물론, 자녀양육의 모든 측면에서 부모들의 인식과 사회의 요구가 합치했던 것은 아니며, 부모들이 사회로부터의 압력을 늘 직접적으로 느껴온 것도 아니다. 비록 점차 완화되고 있기는 하지만 뿌리깊은 남아선호 의식은 이제 사회나 국가의 책임이라기보다는 태아 성감별을 위한 초음파 검사를 원하고 심지어 여아인 경우 낙태까지 요구하는 부부 자신들의 비윤리의 소치라고 보아야 할지 모른다. 공세권 등(1987, 118~19면)의 1985년 조사에 의하면, 1명의 자녀를 둔 부인들 가운데 추가 자녀를 원하는 비율은 현재 자녀가 아들인 경우 29.1%, 딸인 경우 55.8%로 나타났으며, 이들 대부분이 반대의 성(性)을 가진 추가 자녀를 원했다. 또 2명의 자녀를 둔 부인들 가운데 추가 자녀를 원하는 비율은 현재 자녀가 모두 아들인 경우 1.2%, 모두 딸인 경우 16.5%였다. 이렇게 아들을 원하는 경우 당장은 가족의 대를 잇기 위한 것이 당사자들의 주요 이유로 제시되었다. 그러나 남계를 통해 대를 잇는 사회관습과 또 이를 형식적으로 뒷받침한 국가의 민법체계 그리고 초음파 성별검사와 여아 낙태를 묵인한 국가의 정책적 방조 등을 고려할 때, 남아선호는 국가, 사회, 가족 모두가 공모한 결과이다. 더욱이 사회의 거의 모든 영역에서 여성에 대한 심각한 구조적 차별대우를 고려하면, 남아를 선호하는 한국인들은 불공정한 지배적 사회질서를 이기적 입장에서 수용함으로써 후세에 대한 민주적 책임을 방기해온 존재였다고 볼 수 있다.

아동양육을 둘러싼 권위주의 문화가 낳은 사회문제는 권위주의적 사회관계 및 차별대우 자체가 갖는 여러가지 부작용으로 끝나는 것이 아니고 권위주의적 사회화를 제대로 수행해내지 못한다고 여겨지는 가족들 및 아동·청소년들에 대해 갖가지 사회적 차별과 통제가 가해졌던 데에도 존재한다. '좋은 가정'에서 자란 청소년들이 사회적으로 훌륭하게 적응한다는 가설에 의해 가족과 사회가 공유하는 권위주의 질서가 일단 합리화된 이후, '좋지 못한 가정'에서 자란 청소년들에 대한 갖가지 형태의 편견과 차별대우가 이들의 실제적 일탈행동 유무에 상관없이 행해져왔던 것이다. 이러한 '좋지 못한 가정'의 대표적인 경우가 유교적 가족질서의 핵심인 가부장, 즉 친부가 없는 가족들의 가정이다. 위에서 살펴본 대로 여성들이 이혼을 주저한 압도적인 이유는 자녀양육에 관련된 문제, 즉 친권을 포기하는 고통이나 한국사회에서 아버지 없이 자식을 키우는 데에 따르는 갖가지 사회·경제적 고통이다. 한국사회의 이혼율이 적어도 세기말의 경제위기 이전까지는 비교적 낮았던 것이 수많은 부인들이 (혹은 남편들이?) 자녀양육을 걱정해 본인들의 불안정한 결혼생활이 주는 갖가지 고통을 인내함으로써 나타난 현상이라면, 이는 아동양육에 관한 권위주의 문화가 부부관계에 대한 권위주의 문화를 강화시킨 셈이다. 아동양육에 관한 사회적 관념이 권위주의적 가족관계 및 사회질서에 적합한 인간형을 창조해내는 것이 아니고 자유로운 애정적 보호 속에서 아동의 정서발달을 꾀하는 것이라면, 이혼부인 그리고 미망인, 미혼모 등에 의한 양육이 부부에 의한 양육에 비해 엄청난 구조적 결함을 가지고 있다고 단정할 수는 없다. 특히 이들 부양 여성에게 주변 친지의 적극적인 지원과 격려가 있다면, 그 자녀들의 심리적 성장환경은 더욱 안정될 수 있다. 더욱이 대다수의 '정상적'인 가정에서조차도 남성가장들은 세계 최장에 가까운 근무시간과 일과후 술자리 등에 묶여 가정에 거의 부재(不在)한 형편이었고, 결국 스스로 가부장적 질서의 피종속인인 어머니 혼자서 자녀의 보호와 훈육을 도맡아온 것이 현실이다. 이런 상황에서 과연 사회가 요구하는 대로 권위주의 질서에 충실한 유교적 인간형이 제대로 길러질 수 있었을지 극히 의심스럽다.

노인의 선택: 핵가족화와 피부양자화

지금까지 산업사회 핵가족 생활의 핵심 요소인 부부관계 및 부모·자녀 관계를 중심으로 극히 복합적이고 불완전한 심리적 측면에서의 핵가족화를 살펴보았다. 그런데 부부 및 자녀 중심의 핵가족화와 분리해서 생각할 수 없는 문제가 있다. 갈수록 중요해지고 있는 노인인구에 대한 정신적·물질적

86

부양이 그것이다. 가정생활이 부부관계와 자녀양육 중심으로 재편되면서 노부모는 상대적인 고립과 소외를 불가피하게 경험하게 되었다. 이와 동시에 지속적인 출산율 감소와 기대수명의 연장은 노인인구의 수와 비율을 급속히 증가시켰다. 노인인구 급증에 따라 부양 수요가 미증유의 속도로 증가하는 바로 그 시점에 가족 중심의 전통적 노인부양체계는 핵가족화에 따라 근본적으로 약화되고 있는 것이다. 이러한 핵가족화와 노인인구 증가의 동시성은 노인 부양을 둘러싼 모든 사회문제를 가족의 책임이나 가정의 문제로 돌리는 오류로 이어지기도 한다.

앞서 살펴보았지만 가구형태상으로 따질 때 한국사회에서 핵가족화 추세가 가장 뚜렷한 집단은 청장년층이 아니라 노인층이다. 특히 농촌지역에는 청장년 자녀들이 도시로 떠나고 홀로 남은 노인들이 부부가구나 독신가구를 이루어 살게 되었는데, 부부가구를 핵가족가구의 일부로 간주하면 농촌지역의 핵가족화는 대부분 이들 노인가구에 의한 것이다. (물론 도시지역에서도 비슷한 이유로 자녀와 떨어져 사는 노인 부부가구와 독신가구가 급격히 늘어났다.) 이러한 노인들의 생활변화는 노인들 자신의 의지보다는 젊은 세대의 도시 이주 등 자기본위적인 행동으로부터 파생된 상황을 수동적으로 받아들인 것이다. 그렇다면 자녀로부터 부양을 받지 못하는 노인들 가운데 상당수가 독립된 생활을 영위하기 위한 심리적 적응과 경제적 준비가 되어 있지 못할 개연성이 있다. 이러한 의미에서 젊은 자녀가 결혼해서 스스로 부모로부터 독립하여 핵가족을 이루는 경우를 '능동적 핵가족화'라고 한다면, 노인들이 자녀의 출가나 이주에 의해 어쩔 수 없이 홀로 되어 핵가족을 이루는 경우를 '수동적 핵가족화'라고 부를 수 있겠다.

독립가구 거주 노인의 증가는 사회적 부양체계 마련과는 별도로 노인들 자신의 심리적 적응, 즉 노인부부 중심의 심리적 핵가족화를 필요로 한다. 본격적 산업화 이전에 유년기와 청년기를 겪은 한국 노인들이 심리적 핵가족화를 이루는 데에는 이들이 경험한 직·방계 확대가족 지향의 친족 유대감과 권위주의적 부부관계가 심각한 장애물로 작용했다. 이가옥 등(1989, 158~73면)의 1988년 조사연구에 따르면, 노인들이 독립가구를 형성하는 이유로 자녀에게 신세지기 싫거나(3.9%), 따로 사는 것이 편하고 좋아서(3.2%) 등 자발적인 경우는 극히 일부에 지나지 않고, 반면에 자녀들이 결혼 후 독립했거나(30.3%), 자녀의 직장 혹은 교육문제 때문에(21.3%) 등 자녀 중심의 가구 재구성이 대부분이었다. 마찬가지 맥락에서, 독립가구 노인들의 과반수(55.4%)가 가능하면 자녀와 함께 사는 것이 좋다는 생각을 하고 있었다. 또 대다수의 독립가구 노인들은 어려운 상황이 닥친다면, 예를 들어 건강약화(79.2%), 생활비 마련의 어려움(79.5%), 배우자 사망(81.0%) 등을 맞았을 때 자녀와 다시 동거할 수 있기를 원했다. 물론 배우자가 함께 사는 노인들의 경우에는 심리적 원조(68.5%)나 건강상 보살핌(74.4%)을 대부분 배우자에게 의존했지만, 이는 자녀로부터 분리된 삶을 자발적으로 원하는 태도와는 다르다. 요약하면, 성장, 결혼, 이주 등에 따른 모든 자녀의 출가로 '수동적 핵가족화'를 경험한 노인들의 대부분은 심리적 측면에서의 충분한 적응이 이루어지지 못했다고 볼 수 있다.

물론 1980년대 후반만 해도 대부분의 노인들이 자녀와 같이 살고 있었지만 이들의 경우도 새로운 사회·경제적 환경 및 가족문화에 대한 심리적 적응이 어렵기는 마찬가지였다. 나아가 노부모와 동거하며 부양의무를 맡고 있는 자녀 및 그 배우자도 사회·경제적 환경의 변화에 따라 노부모와의 관계에 있어서 심리적 갈등과 긴장감을 느낄 소지가 심각하게 커졌으며, 이에 대한 해결책도 전통적인 노인 중심의 권위주의 방식으로 인해 찾기가 어려웠다. 이는 단순히 자녀들의 효행심 약화가 핵심 문제가 아니었다. 오늘날 '비생산조직체화'된 (도시)가족 내에서의 부부와 노부모 사이의 관계, 즉 노인들의 피부양자화는 전통적인 농촌가정에서 가산(家産)의 대표 소유자 및 농업생산의 총지휘자로서의 노부와 그의 부인이 젊은 자녀와 그 배우자로부터 봉양받던 상황과는 근본적인 차이가 있는 것이다. 임노동자의 가정에서 노부모가 부양을 받을 때는, 아동의 가정 내 보호를 산업사회적 현상으로 파악해 거론하는 '아동기의 사회적 발견'에 상응하는 '노년기의 사회적 발견'이 전제되어야 하는 것인지 모른다.

물론 노부모 봉양의 윤리는 전통 유교사상의 핵심 요소였고 따라서 노인들의 물질적·심리적 보호를 위한 이념이 새롭게 개발될 필요는 없다는 주장도 가능하다. 그러나 그 전통윤리의 경제적 및 사회구조적 기반이 근본적으로 바뀐 상황, 즉 노인들이 가정(가족) 내의 의존적 집단으로서만 존재하는 상황에서는 자녀들의 부모봉양이 전적으로 애정적 가치로서 추구되어야 하며 이를 위해서는 개인생활이나 사회환경이 그러한 애정적 가치의 재충전을 가능케 하는 것이어야 한다. 노부모가 아직 가족단위 생산활동의 중심이거나 노부모의 수입이나 재산에 자녀들이 생계를 의존하는 경우를 제외하면 노부모 봉양은 아동양육과 마찬가지로 순수한 애정관계에 기초해야 안정적으로 이루어질 수 있으므로, 사실 이에 대한 심리적 중압감은 자녀 부부뿐 아니라 노부모 자신에게도 막대한 것이다. 이러한 문제를 감안해 일부 노부모들은 자녀에 대한 재산증여를 신중히하는 등의 방법을 통해 경제력을 유지함으로써 자녀 부부에 대한 영향력도 유지하고 만일의 독립된 생활에 대비하려는 태도를 보여왔다. (더욱 장기적으로는 서구 노인들처럼 노후생활의 물질적 기반은 독립적으로 유지하면서 자녀에게는 심리적 지원을 구하는 방향으로 대응해나갈 것이고, 이때 상대적으로 도구주의적 성격이 강한 아들(며느리)과의 관계보다는 서정주의적 성격이 강한 딸과의 관계가 갈수록 중요해질 것이다.)

그러나 노인 부양에 대한 심리적 적응의 문제는 역시 가정 내에서 노인보호 역할을 직접적으로 떠맡고 있는 며느리들에게 가장 심각했다. 임종권 등이 1984년에 전국의 부인들을 조사한 바에 의하면, 노인 부양자(수발자) 가운데 며느리의 비율이 전국 93.8%, 대도시 87.6%, 중소도시 91.4%, 농촌 96.8%로 나타났다(임종권 외 1985, 221~36면). 같은 조사에서 며느리들의 부양 동기는 72.3%가 남편이 장남이기 때문에, 13.6%가 부양을 대신 해줄 사람이 없기 때문이라는 타율적인 이유가 지배적이었으며, 겨우 5.9%만이 남편과 자신이 원하기 때문이라고 밝혔다. 노인 부양의 책임소재에 대한 이들의 의견은 장남 58.5%, 자녀 순위 관계없이 29.5%, 부모가 원하는 자녀 9.6% 등으로 나타났고, 극히 소수인 2.0%만이 노인 자신이라고 생각했다. 그리고 이들의 절반 이상이 자신들의 노후에는 자녀와 따로 살겠다고 마음먹고 있었다. 이처럼 타율적인 노인 부양에도 불구하고 부양 며느리들의 94.6%가 앞으로도 계속 부양의무를 맡겠다고 밝혔다. 또한 이들 가운데 75.7%가 노인과 동거함으로써 도움이 되기도 한다는 의견이었으며, 87.1%가 노인과 가사를 자주 상의하고, 80.9%가 노인과의 다툼이 거의 없으며, 97.1%가 노인과의 사이가 나쁘지 않다고 밝혔다. 노인 부양상의 어려움으로는 41.4%가 없음, 8.4%가 경제적 부담, 10.2%가 노인의 건강문제를 들었고, 약 40% 정도가 갖가지 심리적 불편함을 들었다.

이러한 조사결과들을 종합하면, 노인 부양의 핵심 역할을 맡고 있는 1980년대 한국의 며느리들은 전통적 장자부양 규범의 강한 지배를 받고 있었으나, 일부는 이에 대한 가치수정을 요구하고 있었다. 또한 노인 부양에 대한 심리적 부담을 느끼는 며느리들이 적지 않았으나 대부분은 노인들과 실생활에 대한 상의를 하는 등 무난한 인간관계를 유지하고 있었다. 따라서 노부모에 대한 전통적 부양윤리가 현대 산업사회의 새로운 환경에서도 탄력적으로 살아남아 노인부양체계를 안정화시키는 작용을 했다고 볼 수 있다. 그러나 이러한 전통적 부양윤리에 내재된 권위주의적 가족질서가 자유로운 애정관계에 의해 대체되지 않는 한 며느리에 의한 노인부양체계가 장기적으로 지속되지는 못할 것이다. 실제 노인 부양을 하고 있는 며느리들의 절반 이상이 자신들의 노후에는 자녀와 따로 살겠다고 생각한 것은 아마도 자신들이 겪고 있는 타율적 부양의 심리적 부담을 다음 세대의 며느리들에게까지 강요하지 않겠다는 솔직한 심정의 표현이었을 것이다.

6. 전망

　사회과학은 사회변동의 과정 및 원인을 객관적으로 분석하는 작업이지만 그 분석에서 제시된 내용이 충분한 검증도 없이 사회변동의 일반형 혹은 규범형(이상형)으로서 주장되거나 수용됨으로써 실제 사회변동의 양상에 인위적 영향을 미치는 이데올로기적 작용을 하기도 한다. 이러한 상황은 특히 특정 지역의 사회변동 경험이 사회과학자들에 의해 역사적 및 지역적으로 공통된 현상이라고 성급하게 일반화될 때 심각하게 야기된다. 그 대표적인 예가 제2차 세계대전 이후에 서구의 역사적 경험에 근거하여 제3세계에 제시되었던 사회・경제적 근대화 이론이며, 구조기능주의 핵가족화론도 크게 보아 이 근대화 이론의 일부라고 할 수 있다.

　한국에서도 핵가족화는 학계뿐만 아니라 대중매체나 일반인들 사이에서도 산업화에 수반되는 가족변화의 정형 내지 일반형으로 이해되어왔다. 그리고 사회에 확산된 가족문제가 있다면 흔히 핵가족화 과정에서 필연적으로 파생되는 부작용으로 쉽게 치부했다. 역사적으로 비교하면, 서구 경험에서 나온 이념형적 핵가족에 가까운 한국가족들의 수가 그동안 꾸준히 증가해온 것은 사실이다. 그러나 가족변화에 관한 다양한 현실적 자료들을 살펴보면, 과연 인구학적・경제적・심리적 측면에서 조화롭게 완성된 핵가족이 현재나 혹은 앞으로나 한국가족의 보편형이 될 수 있을지 매우 의심스럽다. 적어도 1990년대 초반까지는 핵가족이 서구의 경제・문화적 침투와 국내 엘리뜨들의 정책적 수용을 통한 인위적 가족변화의 이데올로기로서 더욱 중요한 사회적 작용을 한 것 같다.

　물론 핵가족 이데올로기의 근간이 국내 엘리뜨들에 의해 정책적으로 수용되고 교육과정이나 상업매체를 통해 일반에 확산되더라도 한국사회에서 가족변화의 인구학적・경제적・심리적 측면은 서구 경험(혹은 사회학적 이념형)과는 많은 근본적 차이를 보이고 있었다. 인구학적으로는, 서유럽에서도 밝혀진 사실이지만 산업화 이전에도 기층민들의 가족형태는 핵가족이 일반적이었으며 산업화 이후에는 임노동자층을 중심으로 핵가족이 늘어난 것이 사실이지만 다른 사회변동의 측면들과 비교하면 그 증가세가 매우 미미했다. 사회적으로 더욱 중요한 인구학적 추세를 지적하면, 형성 및 재형성 조건이 까다롭고 사회부양력이 한정된 현대적 핵가족의 증가 이면에 노인독립가구, 이혼·별거자 가구, 소년소녀가장가구, 자발적 독신가구 등 다양한 비전통형 가족(가구)이 꾸준히 증가했다는 점이다. 경제적 측면에서는, 그동안 대표적 핵가족 계층이라 볼 수 있는 정규직 산업노동자들이 늘어난 것은 사실이지만, 다양한 임시직 상공업 노동자, 광범위한 도시 비공식부문 종사자, 농어민 등 가족생산체제를 유지하면서 이 부문의 경제적 불안정성으로 인해 안정된 가정생활을 위협받고 있는 인구의 비중이 더욱 높았다. 또한 가족생활을 사회적으로 안정시킬 수 있는 사회써비스와 사회보험의 미비로 중산층 핵가족의 사회정책적 양성과 보호는 사실상 시도조차 되지 않았다. 심리적 측면에서는, 유교사상에 내포된 권위주의적 가족(부양)관계가 산업화 이후에도 핵심적 가족규범으로서 엘리뜨집단 및 일반대중에 의해 적극적으로 재수용되었다는 사실이 중요하다. 이는 핵가족의 심리적 축인 부부관과 아동양육관이 개인적 애정의 자유로운 표현이기보다는 가부장적 가족·사회질서의 집단적 반영에 가까웠음을 뜻한다. 유교주의적 가족관계는 그 자체가 갖는 비민주성과 긴장감의 문제도 있지만, 그러한 권위주의적 가족체계를 유지할 수 없는 집단들에 대한 심한 편견과 차별을 유도하는 문제가 못지않게 심각했다.

한국사회의 핵가족화가 모든 측면에서 이처럼 복합적이고 불완전한 상태로 진행되어온 결과, 대부분의 가족들은 세대별, 지역별, 계층별 차이를 반영해 다양한 양태의 '불균형 핵가족화'를 겪어왔으며 많은 가족문제의 본질은 이러한 불균형적 가족변화에 있는 것으로 보인다. 따라서 가족문제의 해결에 있어서도 각 사회집단이 갖고 있는 가족관계와 가정생활의 다양한 불균형성 혹은 불완전성을 면밀히 검토하지 않고서는 효과적인 대책을 기대할 수 없다. 엄밀히 말해, 가족체계의 구조적 불완전성이 한국사회 근대화의 정치·경제·문화적 제반 특수성을 반영하므로 가족문제의 근본적 해결은 가족을 통해서만 이루어질 수는 없다.

제3장
가족이념의 우발적 다원성

1. 서론

한국인들은 흔히 가족중심적인 삶을 살고 있다고 평가되지만 막상 가족에 대한 관념과 태도는 매우 다양하다. 특히 급격한 경제, 사회, 문화 변동을 반영해 세대에 따라 서로 이질적인 가치관들이 표출된다. 서구에서 이삼 세기 동안의 사회변동을 불과 사오십 년에 압축적으로 겪어온 한국인들은 출생시기에 따라 매우 상이한 경제구조, 사회관계, 문화환경에 노출되어 살아왔다. 물론 이러한 변화에도 불구하고 한국인들의 가족주의는 변함없는 특성으로 자주 지적되지만(예를 들면, 옥선화 1984), 사회의 급변상은 가정생활과 가족관계에 심각한 영향을 미치지 않을 수 없다. 그 결과 세대에 따라 판이한 가족이념을 발생시키게 되고 가족관계와 가정생활을 둘러싸고 세대간의 갈등과 반목이 빈번히 발생하게 되었다. 세대차이 외에도 성별, 학력, 직업, 지역(도시·농촌) 등에 따른 가족관의 차이가 급격한 사회변동상과 맞물려 나타났다. 한국인들이 가족중심적인 삶을 추구하면 할수록 가족 내부에 존재하는 세대차 등에 따른 가족이념 차이가 가족성원들의 심리적 부담을 증폭시키는 결과가 나타났다. 이러한 가족이념의 차이는 흔히 개방적이고 민주적인 대화보다는 가족 내 권력관계에 의해 권위주의적으로 통제되거나 아예 가족성원들 사이의 대화와 교류를 차단시키기도 한다.

한국의 가정에는 유교적 가족이념, 도구주의 가족이념, 서정주의 가족이념, 개인주의 가족이념 등 여러 가족이념이 공존하는데, 문제는 이처럼 다양한 가족이념들이 급격한 사회변동의 결과 우발적으로 공존하는 것이지 한국가족들의 높은 민주성이나 개방성을 반영하는 것은 아니라는 데 있다. 여기에서 유교적 가족이념이란 조선시대의 전통적 가족 가치관과 규범 중 상당부분이 현대에 잔존하거나 재해석된 것으로 급격한 사회·문화적 변동에도 불구하고 여전히 한국인들 사이에 가족이념의 골간을 이루고 있다. 가정생활과 가족관계에 대한 유교적 영향력의 중요성이 큰 것은 기성세대가 이를 적극적으로 수용할 뿐 아니라 자신들의 권력을 기반으로 젊은 세대에게도 수용을 요구하기 때문이다. 도구주의 가족이념은 한국인들이 식민통치, 전쟁, 절대빈곤, 산업화 등 격동의 시대를 살아오면서 오로지 가족을 중심으로 자신을 보호하고 부와 권력을 쌓아나가려는 가운데 생겨난 생존철학 같은 것이다. 오늘날 한국사회의 거시적 정치·경제·사회 질서가 극도의 가족중심성을 띠는 것은 재벌과 정치엘리뜨에서부터 기층 서민에 이르기까지 가족관계의 전략적 활용을 통해 생존과 성공을 추구하는 행태가 보편화되어 있기 때문이다. 서정주의 가족이념은 서구에서 산업화의 진척과 더불어 여성과 아동이 산업노동에서 가정생활로 점차 편입되고 노동자 가장의 소득이 안정되어가면서 가족성원에 대한 정서적 보호기능을 중심으로 하는 새로운 가족상으로서 대두된 것이다. 한국사회 역시 급속한 산업화 과정을 거치며 노동자들의 중산층화 경향의 핵심 현상으로서 서정적 가족주의가 확산되어 왔다. 개인주의 가족이념은 한편으로 여성해방, 청소년의 자율성 제고 등 개인성의 강화 추세와 다른 한편으로 소비자본주의 확산에 따른 가정의 상업적 소비공간화 현상에 맞물려 있다. 결혼, 출산, 이혼 등에 대한 적극적인 선택의식을 기반으로 가족의 존재이유를 개인의 안녕과 발전에 두는 태도가 근자에 올수록 뚜렷이 강화되고 있는 추세이다. 이상과 같은 다양한 가족이념들은 서로 영향을 미쳐 새로운 혼합적 혹은 변종적 가족이념들도 만들어지고 있다.

그동안 가족이념에 대한 접근방법은 이른바 근대화론적인 단선 변화를 전제로 하여 전통과 현대의 긴장이 가정생활과 가족관계에 반영된다고 설명하는 것이 주류였다. 그러나 현대 한국사회의 핵심적 특질은 한편으로 전통적·현대적·탈현대적 요소들이, 다른 한편으로 토착적·서구적·범세계적 요소들이 공존하는 가운데 이를 각각 다르게 체화한 세대들 사이에 심각한 긴장, 갈등, 타협이 발생하는 것이다. 심지어는 이러한 다양한 문명요소들 사이에 복잡다기한 상호작용이 발생해 새로운 결합적 요소들이 생겨나기도 한다. 이러한 현상은 가족이념에도 그대로 반영되어 한국인들의 가족에 대한 관념과 태도는 세계 어떤 사회보다도 복잡하며 이를 일상적인 가족관계와 가정생활에서 소화시키며 살아가야 하는 것이다. 따라서 가족이념에 대한 전혀 새로운 분석틀이 요구된다고 할 수 있다.

이처럼 다양한 가족이념들이 동시에 공존하는 우발적 다원성의 문제는 특히 가정관리 및 가족수발 활동을 주도하고 있는 여성들에게 중대한 문제들을 초래하고 있다. 부계부거(父系夫居)의 가족제도하에서 여성들은 대부분 이방인으로서 배우자의 가족에 새로운 성원으로 편입되는데, 세대나 가정환경 차이로 시가(媤家) 성원들과 상이한 가족이념을 갖고 있는 경우 그로 인해 발생할 문제들을 해소할 수 있는 보완적 장치가 부족하다. 물론 배우자가 적극적인 거중조정자 역할을 맡고 나설 수도 있겠지만 그 가능성은 많은 가정에서 매우 제한적이다. 시가족의 상이한 가족이념은 여성에게 익숙하지 못한 역할에 대한 기대감으로 이어지고 결혼생활에 심각한 긴장요인으로 작용하게 된다. 특히 근자의 고부(姑婦)갈등은 한국사회의 전통문화에 내재되

96

어 있기 때문에 발생하기보다는 압축적 사회변동이라는 현대적 사회상황이 야기한 측면이 훨씬 크다고 할 수 있다.

여기에서는 이러한 새로운 분석틀에 의거해 한국인들이 갖고 있는 다양한 가족이념을 유형화하고 개인 특성에 따라 가족이념의 유형별 분포가 어떻게 달라지는지 분석하고자 한다. 가족이념의 유형화는 유교적 가족이념, 도구주의 가족이념, 서정주의 가족이념, 개인주의 가족이념 등으로 이루어질 것이며 각각의 가족이념이 어떠한 역사적·사회적 배경에서 생성되었으며 한국인들의 가족관계와 가정생활에 어떠한 영향을 미치는지를 파악할 것이다. 다양한 가족이념 유형의 분포는 연령, 성별, 학력, 지역(도시·농촌) 등에 따른 차이를 살펴보는데, 대체로 나이가 적을수록, 고학력일수록, 도시에 살수록, 여성일수록 개인주의 가족이념과 서정적 가족이념이 강하게 표출되고, 나이가 많을수록, 저학력일수록, 농촌에 살수록, 남성일수록 유교적 가족이념과 도구주의 가족이념이 강하게 표출되는 것으로 보인다. 여기에서 논의의 대상 시기는 1990년대 중반까지로 한정하는데, 1997년 후반 경제위기 이후 한국가족들이 겪은 충격적 변화를 본 연구의 이론적 분석틀만으로는 충분히 다룰 수가 없기 때문이다.[35] 본 연구를 위해 별도의 사회조사를 실시하지는 않았지만 기존의 풍부한 조사자료들을 체계적으로 활용하여 연구목적에 부합하는 결과를 얻을 수 있었다.

2. 압축적 사회변동과 가족이념

가족이념의 우발적 다원성

경제, 사회, 정치를 막론하고 세계적으로 유례가 드문 급격한 변화를 압축적으로 경험해온 한국인들에게 유독 가족주의는 변함없는 특성으로 거론되고 있다. 식민통치, 전쟁, 군부집권, 산업화로 이어지는 격동의 시간 속에서 한국인들은 자신의 물질적·신체적·정신적 보호를 위해 국가와 사회공동체에 의존할 수 없었다. 그 대신 가족을 중심으로 갖가지 위기에 대처하고 새로운 기회를 개척해나가고 사회적 정체성을 유지해왔다. 따라서 한국인들의 가족주의, 좀더 구체적으로 가족중심주의는 급격한 사회변동을 체화시켜나가는 일종의 기제였다고 볼 수 있다. 따라서 한국의 20세기 사회사는 민중의 가족사들을 조합해 구성해보는 것이 가장 체계적인 연구방법이 될 것이다.

그러나 한국인들의 가족중심적 삶이 모든 가족성원의 특정한 가족이념 공유를 전제로 한 것은 아니다. 한국인들이 갖고 있는 가족에 대한 이해와 태도는 오히려 세계 어느 사회보다도 다양하고 복합적이다. 세대, 성별, 지역, 학력 등에 따라 한국인들은 유교적 가족이념, 도구주의 가족이념, 서정주의 가족이념, 개인주의 가족이념 등 상이한 가족이념에 상이한 정도로 노출되어 살아왔다. 이에 따라 사회 전체는 물론 한 가족 내에서도 가족성원마다 상이한 가족가치관이 서로 조율되지 못해 많은 갈등이 생기며, 사회적·개인적 필요를 충족시키기 위해 가족성원들이 가족에 의존하면 할수록 이러한 갈등이 증폭될 수 있다. 물론, 가족 내부에 다양한 가족이념이 존재하는 것 자체를 사회문제로 볼 수는 없으며, 오히려 생동감있는 가족문화를 만들어내는 자원으로 고려할 수도 있다. 그러나 한국사회에서 여러가지 다양한 가족이념들이 생성되는 것은 거시적인 차원의 급격한 사회, 문화, 경제 변동에 따라 매우 우발적으로 진행되어왔다.

따라서 한국인들의 가족이념은 '우발적 다원성'(accidental pluralism)을 띠고 있다고 할 수 있다. 원래 다원주의는 서구에서 민주주의 정치의 운용원리로서 이질적이거나 경쟁적인 요소들에 대한 용인(tolerance)을 전제로 하여 발전적인 공존을 꾀해나가는 것이다. 한국가족에서 나타나는 다원적인 가족이념은 이러한 발전적 사회(가족)통합 원리로서의 다원주의에 근거한 것이 아니다. 한국인들이 여러가지 가족이념을 안고 사는 것은 전통문화 외에 식민지배, 전쟁, 산업화, 도시화, 서구화, 상업화, 정보화, 세계화에 이르는 일련의 급격한 사회변동에 개인들이 노출된 결과이다. 이러한 변화들은 부분적으로는 한국인들이 능동적으로 추구해온 것이지만 외생적 요소들이 다양한 사회집단들에 의해 무질서하게 이식된 것도 많다. 아울러, 급격하고 압축적인 사회변동에 맞물려서 수명의 급속한 연장이 가족이념의 다원성을 결정적으로 촉진시키고 있다. 유교적 가족이념, 도구주의 가족이념처럼 노인 등 기성세대가 중시했던 이념들이 이들 세대의 획기적인 수명연장으로 사회적 수명을 연장해왔다. 동시에 여성과 청년·청소년 세대를 중심으로 서정주의 가족이념과 개인주의 가족이념이 확산됨으로써 한국사회에는 동서고금의 갖가지 가족이념이 혼재하는 현상이 발생하게 된 것이다.

가족이념의 우발적 다원성은 개별 가족이념들의 존재 자체가 우발적임을 뜻하지는 않는다. 아래에 자세히 논하겠지만 유교적 가족이념, 도구주의 가족이념, 서정주의 가족이념, 개인주의 가족이념 등 다양한 가족이념은 각각 중요한 역사적 혹은 사회적 배경을 갖고 있다. 특히 서정주의 가족이념과 개인주의 가족이념이 대중매체를 통한 서구문화의 급작스러운 전파에 따라 빠르게 확산된 것은 사실이지만 동시에 그 기반이 되는 사회구조적 변화도 압축적으로 전개되었기 때문에 결과적으로 강한 현실성을 갖는 가족이념들로서 자리잡게 되었다. 물론 그러한 사회구조적 변화 자체가 상당 부분 서구의 영향 아래 진행된 것도 사실이다. 비록 서구적 가족이념과 사회구조가 원래의 '기능적 상호적합성'(functional fit)에 상관없이 각각 독립된 문화요소와 경제요소로 도입되었더라도 한국 내에서 공존하면서 다시 기능적 상호관계를 찾을 수도 있다. 두 요소가 시차를 두고 도입되었다면 먼저 도입된 요소가 다른 요소의 도입을 촉진시켰을 가능성도 있다. 서구적인 것이든 토착적인 것이든 지속적인 사회적 영향력을 가진 가족이념은 일정 정도의 사회구조적 기반을 갖고 있다고 보는 것이 타당하다.

그러나 20세기 한국에서는 사회구조적 변화 자체가 매우 우발적으로 진행된 경우가 많다. 식민지화와 전쟁은 물론이고 국가에 의해 전략적으로 기획된 산업화, 세계화, 정보화 등이 서구사회들에 비해서 매우 단절적·외생적·자의적 사회변동을 야기했다. 그리고 이러한 변화 하나하나는 이전의 변화가 완결된 후 이루어지는 것이 아니고 동시에 중층(重層)적으로 이루어지기 때문에 상호간 이념적 혹은 현실적 정합성을 갖지 못하는 변화들이 함께 관찰된다. 이는 한국사회가 갖는 '압축적 근대성'의 매우 중요한 특징 가운데 하나이다(Chang 1999).[36] 사회구조적 변화 자체가 우발적 다원성을 갖기 때문에 여기에 기능적 상호적합성을 갖는 가족이념들이 등장하더라도 그 사이에 반드시 사상적 혹은 현실적으로 체계적인 상호관계가 존재하지 않을 수도 있다.

그렇다고 여러 가족이념 사이에 논리적 관계가 전혀 존재하지 않는 것은 아니다. 예를 들어 유교적 가족이념과 서정주의 가족이념은 여성이 가정 내적 존재로서 심성적 태도와 기능이 중요하다고 보는 데에서 일치하며, 이는 유교적 영향이 강하게 남아 있는 한국의 중상류층 가정에서 서정주의 가족이념이 쉽게 수용된 배경이 되었다. 동시에 유교이념은 여성의 가정적 및 사회적 지위를 극도로 억압하는 경향이 있기 때문에 서구의 여성주의적 주장과 개인주의 가족이념이 한국사회에서 강한 호소력을 가질 수 있는 토양이 되었다.[37]

그럼에도 불구하고 이러한 상호 이질적이고 상충적인 가족이념들이 한국사회와 가족 내에서 동시에 공존하는 사실은 거시적 사회변동과 마찬가지로 매우 우발적인 현상일 수밖에 없다. 그리고 이러한 우발적 다원성이야말로 한국인들의 가족관계와 가정생활의 본질적 딜레마를 규정하는 것이다. 젊은 세대가 대중매체 등을 통해 서구의 개인주의적 가족관에 노출되어 이를 지향하는 삶을 살 경우 기존의 가족이념과 체계적인 연계성을 갖기 어려우며 특히 유교적 성향이 강한 부모세대와 매우 타협하기 어려운 상황에 빠질 수 있다. 역으로 도구적 가족주의에 젖어 자녀의 결혼을 경제적 혹은 정치적 지위상승의 수단으로 몰고 가려는 부모를 서구 핵가족의 서정적 가족주의를 이상시하는 젊은 자녀가 소화해내기 힘들 것이다. 이러한 이질적 가족이념들 사이의 갈등과 부조화는 각각의 가족이념이 갖고 있는 문제점과는 별개로 겪어야 하는 것으로, 한국인들이 가족관계와 가정생활에 엄청난 심리적 부담을 안고 있음을 말해준다.

유교적 가족이념

현대 한국사회 가족제도의 가장 핵심적인 이념적 기초는 여전히 전통시대로부터 계승된 유교사상이라고 할 수 있다. 전통시대의 급격한 해체가 일제 식민통치, 미군정 등 타율적인 힘에 의해 이루어지는 과정에서 새로운 사회질서 창출을 위한 내생적 문화변동이 이루어지지 못했다. 따라서 전통적 정치·경제질서의 붕괴에도 불구하고 이를 뒷받침하는 유교사상은 상당 부분 잔존하게 되었고, 일본 식민지배, 미군정, 대외지향적 산업화 과정에서 유입된 외래문화 요소들과 복잡한 방식으로 무질서하게 결합되어나갔다. 이러한 양상의 변화는 가족규범에 대표적으로 나타났다.

전통시대의 유교적 가족규범, 특히 조선중기 이후의 정치와 문화를 지배한 신유교주의는 높은 문화적 수준을 갖추어야 학습되고, 상당한 물질적 여건이 있어야 실현할 수 있는 정교하고 복잡한 것이었다. 따라서 유교적 가족규범은 기본적으로 양반계층을 대상으로 했다고 볼 수 있다(최홍기 1991). 물론 상민계급에도 나름대로의 가족규범이 존재했는데, 이는 유교이념을 그들의 생활현실에 맞추어 상당히 느슨하게 적용한 것이었으며, 엄격한 학습 대신에 가족성원끼리의 일상에서의 상호작용을 통해 유지되었다. 그러다 근세들어 전통적 신분질서가 해체되고, 상공업의 발달과 더불어 대중교육이 확대되는 과정에서 과거의 양반·상민 지위에 상관없이 보편적인 가족규범이 사회적으로 학습되기 시작했다. 이때 보편적으로 학습되기 시작한 가족규범은 대중교육제도와 함께 유입된 서구적 가치들도 포함했지만 그 골간은 과거 양반계층의 유교적 가족규범이었다.[38] 역설적이지만, 내생적 사회혁명 및 이에 수반한 신(新)문화 형성이 없는 상태에서의 전통질서의 해체가 전통적 가족규범의 계층적 보편화를 가지고 온 것이다. 특히, 식민지배와 전쟁을 거치며 피폐화된 일상생활의 안정된 조직원리를 되살리고자 하는 대다수 한국인들에게 유교적 가족규범은 중요한 문화적 자원이자 목표였다.

이러한 전통적 가족규범의 존속은 한편으로는 급격한 사회해체 와중에서 일상생활의 도덕적 통합성을 유지하는 데 도움이 되는 긍정적 측면이 있었다. 그래서 가족을 통해 배양되는 한국인들의 전통적인 인성은 보수적인 정치질서와 사회생활의 핵심적 기반으로 간주되었다. 세대간의 강한 부양윤리 역시 만성적인 혼란을 겪어온 경제생활에 핵심적 대응기제로 기능해왔다.[39] 반면에 새로운 민주적 정치·경제·사회 질서의 확립을 위해 가족제도가 수행할 수 있는 변화지향적 기능은 제한될 수밖에 없었다. 특히 성, 세대, 연령의 차이를 기초로 형성된 가족 내의 경직된 권위주의적 위계질서는 가족성원 당사자들에게도 문제를 야기했지만, 나아가 정치, 사회, 경제의 각 영역에서 심각한 차별, 불평등, 비효율이 구조적으로 재생산되는 데 심리적 토양을 제공했다. 그리고 학습과 실현을 위해 상당한 물질·문화적 기초가 필요한 유교적 가족규범이 수동적으로 보편화된 상태에서, 그러한 물질·문화적 기초를 갖추지 못한 곤궁계층의 가족관계와 가정생활은 이상과 현실의 만성적 괴리를 겪는 부작용이 나타났다. 건전한 가족관계와 안정된 가정생활을 유지하지 못하면 그 자체로서 엄청난 고통이지만, 이에 더해 사회적 기준을 충족시키지 못하는 심리적 열등감이 그 고통을 가중시키게 되었다.[40] 이러한 서민의 심리적 고통은 여유계층의 과도한 관혼상제(冠婚喪祭) 소비풍조로 인해 심화되었으며, 급기야 국가의 강력한 가정의례 통제조치를 불러왔다.[41]

도구주의 가족이념

유교적 가족규범의 보편화가 역사적 전환기의 정치·사회·경제적 현실의 변화와 밀접히 상응한 현상이 아니라는 사실은 한국인들이 실제 생활상의 적응을 위해 다른 종류의 가족규범을 동시에 습득해나갔을 것임을 암시한다. 기존의 국가체제가 붕괴되어 기층민중들에 대한 정치·경제적 보호가 불가능해지고 지역적 지배질서와 공동체 관계도 함께 와해되어나갔지만 막상 동학혁명과 같은 새로운 사회질서 창출 노력은 좌절된 상태에서, 기층 민중으로서는 가족만이 유일한 생존·적응기제로서 남았다. 이러한 현상은 식민지배, 전쟁, 전후 혼란을 거치면서 더욱 강화되었다. 이처럼 민중이 가족단위의 생존·적응전략을 필요로 했다는 것은 도덕적 통합을 강조하는 전통 가족규범의 범위를 넘어선 새로운 신축적인 가족이념의 등장이 불가결했음을 암시한다.

새로운 가족이념의 등장은 기층민중의 물질적 생존·적응을 위해 특히 중요했다. 일제, 미군정, (남한에서의) 친미 자유주의 정권의 수립으로 이어지는 일련의 과정은 결국 한국사회가 세계 자본주의체제에 구조적으로 복속되는 결과를 가지고 왔다. 주로 정치적 사건을 계기로 급작스럽게 이루어진 자본주의로의 이행과정에서 기층민중은 충분한 사회적 준비 및 적응 기회를 가질 수 없었다. 이 상황에서 구조적인 사회·경제적 불확실성에 대처하기 위해, 거의 유일하게 유지되어온 일종의 '사회자본'이라 할 수 있는 가족성원 사이의 유대·지원관계에 대한 의존이 강화되었다. 그 결과 전통 가족농업에 내재된 경제적 가족주의에 부분적으로 연유한 일종의 '도구적 가족주의'(instrumental familism)가 다양한 직종과 계층 사이에 자리잡게 되었다.[42] 도구적 가족주의는 흔히 한국인들의 사회적 특성으로 지적되는 가족주의 혹은 가족중심주의의 골간이라 할 수 있으며 아울러 거시적 사회·경제·정치 질서의 가족중심성에 직접 연계되어 있다.[43]

도구적 가족주의는 우선 가족단위의 경제활동을 통해 직접적으로 드러난다. 농업, 도시자영업 등 서민들의 가족단위 소규모 생업뿐 아니라 재벌의 가족중심적 소유·경영 행태를 통해 한국인들의 경제활동이 얼마나 가족의 존적인지를 쉽게 파악할 수 있다.[44] 도구적 가족주의는 현재의 경제활동뿐 아니라 이른바 세대간 계층이동(inter-generational class mobility)에 대한 한국인들의 집착을 통해서도 드러난다. 여러가지 구조적 여건으로 세대내 계층이동(intra-generational class mobility)의 어려움을 실감한 한국인들은 자녀들이 그 한을 풀어줄 것으로 기대하고 자녀의 교육, 취업, 사업, 혼인을 위해 아낌없는 투자를 해왔다.[45] 이 가운데 산업화에 수반된 이촌향도(移村向都)의 과정에서 학업과 취업을 위해 도시로 떠나는 자녀형제를 위해 농민들이 부담한 비용은 급격한 산업화의 결정적인 밑거름이 되었다.[46] 도구적 가족주의는 세계적으로 열악한 사회복지 환경에서 이른바 가족부양의 중요성을 통해서도 드러난다. '선성장 후분배'의 구호 아래에서 급속한 경제성장이 결코 시민생활의 범사회적 보호로 이어지지 못했으며, 반복되는 보수주의 정권의 집권하에서 여전히 가족만이 유일하게 보편적 사회부양기제로 기능해온 것이 현실이다(이 책 제7장 참조).

이러한 도구적 가족주의는 시장경제 등 현대적 사회질서와 결합되어 다양한 사회문제들을 초래하기도 했다. 첫째, 사회의 각 영역에서 가족단위의 극심한 반(反)공동체적 이기주의 행태가 팽배해졌다. 굳이 여러 재벌의 예를 들지 않더라도 정권적 차원의 경제성장 전략 아래에서 사회적 지원과 희생을 기초로 축적된 부가 극히 반사회적으로 소비되고 세습되어왔다.[47] 좀더 비근한 예를 들면, 가족 사랑의 미명하에 주택과 토지 투기가 일삼아지고, 정략혼 및 과잉혼수로 인한 잡음이 끊이지 않고 있으며, 자녀의 성적조작과 부정입학을 위한 뇌물수수가 저질러진다. 이른바 '가족이기주의'의 발로인 이러한 행태로 인해 많은 소외계층은 공동체의식은커녕 한국사회에서의 소속감 자체를 상실하기 십상이다. 둘째, 시장에서의 공정경쟁이 유사(類似)가족주의적 관행으로 인해 구조적으로 왜곡되어왔다. 취업, 거래 등 경제적 영역뿐 아니라 선거, 혼인 등 사회적 상호작용이 발생하는 거의 모든 영역에서 직접적 가족관계는 물론이고 친인척 관계, 지연, 학연을 따지는 연고주의와 온정주의 관행이 일상화되었다. 따라서 시장에서의 공정경쟁이라는 자본주의 사회질서의 전제요건이 일상적으로 부정되어진 상태에서 시장질서에 대한 이중적 소외감이 심화되어왔다. 즉, 서민들은 시장경제 자체가 주는 고통뿐 아니라 시장질서의 왜곡이 주는 고통을 함께 감내하면서 살아왔다. 셋째, 가족관계와 가정생활이 성원 개개인의 사회적 경쟁에서의 성공을 위한 도구로 전락하여 그 본질을 상실하는 문제이다. 남편의 승진을 위해 아내가 남편 직장상사 집의 김장 일에 동원되기도 했고, 자녀 입시공부를 위해 가정은 절대침묵의 공간이 되어야 하고, 세계 최장의 업무시간과 과외 사회생활의 요구는 가정생활을 위한 시간적 여유를 아예 부정했다. 가족을 위해 헌신적으로 산다고 생각하는 한국인들은 그러한 노력의 결과 가족에 소홀하고 가정이 불안정해지는 아이러니에 직면해왔다.

서정주의 가족이념

도구적 가족주의와 대조적인 가족이념으로서 중산층 노동자 가족을 중심으로 이른바 '서정적 가족주의'가 확산되었다. 가족을 현대 산업자본주의 사회의 다양한 몰인간적 영향으로부터 차단된 서정적 공간으로 인식하는 태도는 오랜 역사를 지닌다. 서구에서 초기 부르주아계급의 자유주의 사상이 대규모 독점 산업자본주의의 등장으로 심각한 위협을 받게 되자, 사회에 대해 독립된 서정적 보호공간을 가족 내에 확립함으로써 소외와 갈등으로부터 개인을 보호하고자 하는 노력이 전개되었다(Zaretsky 1973). 이른바 핵가족적 개인주의의 유래가 여기에 있는 것이다. 개인 보호를 지향하는 서정적 핵가족 내부에서의 인간관계는 세대간 및 남녀간의 민주적 교호성을 특징으로 했다. 그런데 부르주아계급의 양극화가 발생해 상당수가 중산층 집단으로 전환되고, 아울러 노동자계급의 대규모 형성 및 자본주의체제 내부로의 안정적 포섭이 이루어지면서 이러한 서정적 가족주의는 중산층화된 노동자의 가족문화로 전화되어갔다.[48] 이 과정은 한편으로는 노동자들이 생산현장에서의 착취와 소외로부터 먼저 자신의 아내와 자녀를 격리시키고 다음에는 자신의 심리적 욕구를 충족시키기 위해 서정적 공간으로서의 가정을 확립하려는 노력으로서 비롯되었다고 해석된다. 그리고 다른 한편으로는 서정적 가족관계의 사회부양에 대한 함의가 강조되었다. 자본주의체제의 유지를 위해 노동자 가족의 이른바 '사회재생산'이 안정적으로 이루어져야 하고, 가족성원 사이의 애정적 유대는 이를 위한 심리적 기초가 된다는 것이다.[49] 이러한 관점에서 보면, 가족성원 사이의 애정관계는 그 애정의 순수성 자체보다는 도덕적인 상호 의존·부양 관계로 표현될 때 사회적인 중요성을 갖는다고 볼 수 있다.

이러한 역사적 의의를 갖고 서구에서 등장한 서정적 가족주의는 한국사회에서도 산업자본주의의 확립과 더불어 빠르게 확산되어나갔다.[50] 서정적 가족주의의 확산은 한편으로는 급속한 자본주의 산업화 과정에서 도시노동자계급이 대규모로 형성되고 이들의 물질적 생활여건이 점차 개선되었다는 사회구조적 여건을 반영했다고도 볼 수 있다. 그러나 다른 한편으로는 서정적 가족주의 자체가 한국사회의 걷잡을 수 없는 서구문화에의 종속과정에서 서구문화의 한 요소로서 외생적으로 이식된 측면도 강하다.[51] 후자의 측면을 감안하면, 서정적 가족주의가 중산층 노동자뿐 아니라 물질적 생활조건이 다른 사회집단들에도 확산되었을 것이라는 추론이 가능하다. 아울러 서정적 가족주의가 상정하는 피부양자로서의 여성과 아동의 지위는 한국 전통시대 양반계급의 유교적 가부장제 규범과도 일치하는 것이어서 한국사회에서 비교적 쉽게 받아들여진 것 같다.

위에서 지적한 대로 서정적 가족주의는 가족성원 개개인에 대한 개체 존중을 가족관계에 내재화시켰으며, 특히 부부관계와 부모-자녀 관계의 질적 변화를 수반했다. 우선 애정적 자녀양육의 전제가 되는 이른바 '아동기'의 개념은 어린 자녀를 더이상 가족생산체제 속의 도제적 존재로 보지 않고 대신 장기간의 온정적 보살핌과 성인세계로부터의 차단을 필요로 하는 연약한 존재로 보는 인식의 대전환에 근거한 것이다.[52] 그리고 부부관계의 형성을 기계적으로 정해진 여성의 가족 내 기능적 역할에 바탕을 두기보다는 애정적 동반자로서 남녀간의 교호관계에 바탕을 두는 것도 마찬가지로 중요한 역사적 전환이다(Shorter 1975). 물론 한국사회에서 이러한 인식의 전환이 완전한 것인지는 논란의 대상이 되겠지만, 그럼에도 불구하고 이에 관련된 아동과 여성의 지위 변화는 아주 급속한 것이어서 사회적 파장이 적지 않았다. 젊은 세대가 자녀를 너무 유약하게 키운다든지, 부부관계를 지나치게 내세운다든지 하는 기성세대의 반응이 여기에서 나오는 것이다. 이를 뭉뚱그려 '핵가족화'라는 표현을 쓰기도 한다.[53]

가족관계에 대한 사회적 인식의 전환이 핵가족의 사회적 자율성과 서정적 통합성을 촉진하는 데 중요한 심리적 기반이 된 것은 사실이지만, 그 결과로 나타난 가족 내 인간관계가 반드시 조화롭고 안정된 것만은 아니다. 우선 가족관계에 대한 애정성의 강조는 남편과 아내 사이에, 부모와 자녀 사이에 이른바 '감정적 과부하'(emotional overloading) 현상을 유발시켰으며, 상호간의 애정적 기대수준을 만족시키지 못해 긴장과 불화가 싹틀 가능성을 구조화시켰다. 이러한 현상은 세대간의 문화적 격차나 남녀간의 사회적 불평등이 클 때 특히 심각하다. 만일 이러한 심리적 부적응 현상이 발생하면, 이에 대한 극복은 매우 복잡한 노력을 필요로 한다. 애정은 그 정의상 일방의 의도적인 노력으로써 생성되는 것이 아니라, 복잡한 심리적 상호작용에 의해 결정되기 때문이다.[54]

이러한 감정적 과부하 문제 외에 서정적 가족주의가 상당한 물질적 부양 기반을 전제로 하는 데 따른 사회문제도 중요하다. 유교적 가족규범이 그렇듯이 여성, 아동, 노인을 가족 내부에서 온정적으로 보호하는 데는 많은 비용이 소요된다. 따라서 가족부양을 위한 소득의 안정성이 확보되지 못한 계층에게는 서정적 가족관계의 실현이 구조적으로 어렵게 된다. 물질적 생존을 위해 아내와 자녀의 노력을 동원해야 할 필요가 생기거나, 가정 속에서 서정적 상호작용의 기회가 만성적으로 유보되기 때문이다. 이 경우 일종의 이데올로기로서 이미 확립된 서정적 가족주의의 실현이 어렵게 된 사실 자체가 심리적 부담으로 작용함으로써 경제적 어려움의 고통이 증폭되어 느껴질 수 있다.

개인주의 가족이념

서정적 상호작용에 바탕을 둔 가족관계의 민주적 통합성은 가족이 산업자본주의의 구조적 갈등과 소외상황으로부터 벗어나기 위한 관건이라고 위에서 설명했다. 그러나 현대 가족의 그러한 서정적 자율성은 사회의 다양한 힘에 의해 위협받고 있으며 그 결과의 하나로 개인주의 가족이념이 서정주의 가족이념을 서서히 대체해나가고 있다. 개인주의 가족이념은 한편으로 여성해방, 청소년의 자율성 강화 등 개인성의 발전을 중심으로 하는 사회적 민주화의 진척과 맞물려 있으며 다른 한편으로 소비자본주의의 확산에 따른 가정생활의 상업적 식민지화 현상과도 연결되어 있다.

서구 중산층 노동자계급의 핵가족 내에서 여성들이 차지하던 서정적 보호자 역할에 대한 페미니스트들의 대대적 비판이 전개됨과 동시에 산업구조의 변화, 소득기반의 불안정화에 따라 여성들의 노동시장 (재)참여가 활성화되었다. 여성의 취업은 여성으로 하여금 독립된 물적 생활기반을 갖게 함으로써 결혼을 통한 남성 소득에의 의존을 피할 수 있도록 만든다. 이에 따라 특히 고학력 여성을 중심으로 직업경력의 축적이나 생활의 자유를 위해 결혼을 늦추거나 회피하는 경우들이 늘어나고 있다. 갈수록 만혼과 독신의 경계가 희미해지면서 결혼 적령기(適齡期)의 규범도 급속히 약화되고 있다. 결혼을 개인적 선택의 문제로 인식하는 젊은 세대의 태도는 상당수 부모세대 부인들의 결혼생활에 대한 회의감을 배경으로 강화되고 있기도 하다. 다음

108

절에서 살펴보겠지만, 경제력만 허용하면 혼자 사는 것도 좋다고 생각하는 부인들이 다수라는 사회조사가 나올 정도이다. 어머니의 결혼 압력에 떠밀려서 결혼식장으로 향할 필요가 없는 여러 여성들에게 결혼은 개인적 욕구 실현의 다양한 통로 가운데 하나일 뿐이다.

여성의 취업 증가는 여성의 교육수준 향상 등의 변화와 맞물려 가정과 사회에서 각각 남녀가 동등한 지위와 역할을 가져야 한다는 이념적 전환을 촉발시켰다. 이에 따라 성(性)적 구분과 위계를 담고 있는 기존의 가족규범과 가정문화가 점차 약화되기 시작했다. 이 과정에서 드러난 현상이 이혼의 증가인데, 특히 여성의 요구에 의한 초기 이혼이 급증하게 되었다. 그리고 이혼자들의 재혼, 특히 여성이혼자들의 재혼도 과거보다 훨씬 자유롭게 이루어지기 시작했다. 이러한 변화들의 뒤에는 이혼을 가족관계나 가정생활상의 억울한 문제를 해결하기 위한 정당한 방법의 하나로 여성들에게 (재)인식시키려는 여성운동계의 노력이 숨어 있기도 하다.

아울러 자녀의 임신, 출산, 양육이 여성해방을 근본적으로 어렵게 한다는 주장이 대두되고 자녀 양육비용이 증가하고 교육환경이 악화되어 자녀 없는 결혼생활을 선호하는 인구도 꾸준히 늘기 시작했다. 사실 한국인들은 1960년대부터 세계에서 가장 급속한 산업화 및 도시화에 맞추어 역시 세계에서 가장 급속한 출산율 하락을 보여주었다(이 책 제2장, 제10장 참조). 도시 산업노동자 가정에서 자녀들은 생산노동자적 유용성은 없고 오히려 복잡한 보호, 양육, 교육을 필요로 하기 때문에 그 수를 현실적으로 조절할 수밖에 없었다. 그래서 한 자녀 혹은 두 자녀 가정이 보편화되기에 이르렀다. 여기에서 한걸음 나아가 매우 소수이기는 하지만 자녀 없는 결혼생활을 선택하는 사람들도 늘어나기 시작했다. 부부 사이의 사랑과 각자의 자유로운 개인적·사회적 활동을 위해 자녀 갖기를 포기하는 것이 하나의 삶의 방식으로 서서히 인정되기 시작했다.[55]

이상의 변화들은 우선 여성들을 중심으로 추구되어온 것이지만 남성들의 경우에도 소극적 수용에서부터 적극적 추구에 이르기까지 폭넓은 태도 변화를 보이고 있다. 오늘날의 젊은이들에게 결혼과 출산은 특별한 이유가 없는 한 사회규범상 누구나 따라야 하는 것이 아니고 개인의 행복추구 관점에서 자유로운 선호와 선택의 문제로 바뀌게 된 것이다. 그리고 이혼은 개인적 행복추구의 기제로서 실패한 결혼생활에 대한 자연스러운 반응으로 자리잡고 있다. (이 책의 10장에서 다룰 경제위기 이후의 다양한 '탈가족화' 경향의 심화현상 역시 만혼, 독신, 이혼, 저출산의 전례 없는 급격한 확산으로 나타나고 있는데, 이러한 변화는 적극적 의미의 개인주의화라기보다는 가정생활 및 가족부양의 사회경제적 여건 악화로 인한 가족으로부터의 소극적 도피를 나타내는 것으로 여겨진다. 이런 변화 속에서 본인이 책임지는 가족의 형성·유지를 회피하는 젊은 세대의 상당수는 개인으로서 독립적 삶을 살기보다는 부모가족에 여러 방식으로 의존하며 사는 경우가 많기 때문이다.)

여성의 개인성 강화 추세와는 별도로 가정의 상업적 소비공간화도 개인주의 가족이념을 강화시키게 되었다. 가족 내부의 서정적 상호작용이 피상적 상품소비 관계로 대체됨으로써 가족은 제도적 자율성을 상실하고 천박하고 소모적인 상품문화의 식민지로 전락하는 문제가 소비자본주의 시대의 서구 사회에서 상당 기간 진행되어왔으며, 경제구조상 내수 비중이 점차 확대된 1980년대 말 이후의 한국사회에서 같은 현상이 훨씬 더 빠르게 진행되었다. 급속한 수출주도형 자본주의 산업화 과정의 초기에 가족은 인구 부양을 통한 노동력 공급, 저축을 통한 산업자본 제공 등의 역할을 주로 했으나, 점차 국민소득 수준이 높아지고 기업 매출의 내수시장에의 의존이 높아지면서 소비공간으로서의 가족의 중요성이 부각되기 시작했다. 다른 사회들과 마찬가지로 상품 소비의 주된 부분은 가족단위의 물질적·심리적 부양활동으로서 이루어지는데, 이 과정에서 상품 소비는 가족유대의 실현으로서 미화되고 가족관계는 상품화되면서 서정적 본질을 잃고 피상화되는 현상이 발생하기 시작한 것이다. 무차별적인 기업의 상품광고와 이를 암암리에 뒷받침하는 대중매체의 무분별한 내용은 자본주의적 이윤극대화 동기에 공통적으로 입각하여 상업적 대중소비문화를 가정으로 침투시키는 작용을 한다. 그리고 여성들의 경제활동참여가 늘고 있음에도 이를 보조하는 공적 사회써비스는 부재한 상태에서, 이른바 '가사활동의 사회화'가 불가피하게 상품 소비의 방향으로 나타나는 문제가 있다.[56]

이러한 기업과 매체의 공세 속에서 가정생활이 피상적 상품소비 활동으로 전락하고 가족관계가 금전적 의존수단으로 변질되는 등의 심각한 문화적 퇴락이 지식인과 생활인을 포함한 많은 사람들에 의해 개탄되고 있다. 그런데 가족관계의 변질을 가져오는 소비활동은 주로 주부에 의해 주관되고 있어서, 여성들이 이러한 문화적 퇴락에 대한 비난의 표적이 되기가 쉽다. 예를 들어, 많은 판매부수를 자랑하는 여성잡지들의 내용을 보면 우선 지면의 대부분이 상품광고이고, 기사의 상당수도 결국 상품 소비를 부추기는 것이다. 그리고 기혼여성의 취업에 의한 가사의 상품화가 발생할 때도, 아내, 며느리, 어머니로서의 여성은 다른 가족성원들의 불편과 불만에 대해 부담을 느껴야 한다(장경섭 1998). 이러한 여성의 어려운 입장 외에, 세대간 소비행태의 이질성에 의한 가족 내부의 불화도 심각한 문제이다. 같은 가족 내에서도 가족성원 개개인의 연령 혹은 세대에 따라 성장과정에서 습득된 소비 취향과 행태가 상이할뿐더러 상업자본이 추가적 상품 소비를 유도하기 위해 의도적으로 세대간 차별성을 증폭시킨다. 이에 따라 가족성원들 사이에 소비유형의 공통분모가 갈수록 줄어들고, 결국 소비과정 자체가 개별화될 수밖에 없다.[57] 이렇게 되면 소비활동 그 자체도 가족적 상호작용의 계기가 되지 못한다. 이에 못지않게 심각한 사회적 문제는, 일부 계층의 과도한 소비가족주의적 행태가 곤궁계층의 기초적 가족부양 자체를 어렵게 하거나 심한 심리적 박탈감을 조장하는 것이다.

상품 소비에 의해 유지되는 가정생활은 또한 정치문화의 심각한 변질을 가져온다. 가정생활을 통해 산업현장의 소외와 갈등으로부터 도피하려는 노동자 가장의 욕구는 결국 가정에서의 상품 소비에 탐닉하는 행태로 연결되고, 이것이 전반적인 임금수준의 향상에 의해 경제적으로 가능해지기도 했다. 이러한 상황에서 노동자들이 거시적 계급정치에 관심을 두기보다는 소득에 관련된 단기적 이해관계를 좇게 되면 노동운동의 사회적 기초가 취약해진다고 한다.[58] 아울러 서정적 보호나 도덕적 훈육보다 물질적 소비를 통해 양육된 아동들은 소비자본주의 시대에 적합한 즉흥적 · 타산적 · 탈정치적 인성을 발전시킨다는 지적이 있다.[59] (이 책의 5장에서 논의한 대로 1990년대 중반 이후 청소년들이 독자적 소비문화를 통해 적극적인 의미의 사회적 정체성을 형성 · 발전시키는 측면도 나타나기 시작했다.) 노동자 가장과 청소년의 정치적 태도의 변질에 대한 이러한 지적은 서구사회에서 오랫동안 진행되어온 정치적 무관심의 팽배, 그리고 1980년대 말부터 뚜렷해진 한국 정치의 탈급진화를 설명하는 데 중요한 근거가 될 것이다.

가족이념의 혼합화

이상에서 살펴본 유교적 가족이념, 도구주의 가족이념, 서정주의 가족이념, 개인주의 가족이념 등은 각각 일종의 이념형(ideal type)으로서 추상화되어 설명되어졌다. 그러나 실제 현실에서는 이러한 이질적인 가족규범들이 서로 분리되어 독립적인 영향력을 발휘하기도 하지만 많은 경우 서로 혼합되어 태도 및 행위의 불일치를 초래하거나 또다른 변종의 가족규범들을 만들어내기도 하며, 이 과정에서 많은 사회문제들이 발생하고 있다.

예를 들어, 유교적 가족규범과 도구주의 가족이념이 결합되어 흔히 '치맛바람'으로 비유되는 독특한 사회현상을 만들어낸다. 이를테면 공인(公人)으로서의 남편이 체면이나 규율상 직접 나설 수는 없지만 가족단위의 이해관계를 실현하기 위해 긴요한 일에 부인이 동원되는 현상으로, 남편의 지위를 통해 얻은 지역개발 정보를 기초로 주부가 부동산 투기를 한다거나, 남편의 승진과 출세를 위해 주부가 상관의 부인을 통해 로비를 한다든지, 자녀의 학교에 주부가 촌지를 전하고 다니는 일들이 그 실례이다. 공인으로서의 남편과 사인으로서의 부인을 전제하는 유교적 성분업 문화가 한국사회의 독특한 부정·부패 구조와 맞물려 사회적 지탄을 받는 주부집단을 만들어내고 있는 것이다.

유교적 가족규범과 소비지향적 개인주의의 결합은 또다른 부작용을 낳고 있다. 한국사회의 전반적인 과소비 풍토 속에서 일부 부유계층의 부모들이 한편으로 자녀들을 극도의 권위주의적 태도로 대하고 다른 한편으로 자녀들의 무절제한 소비행태를 방조함으로써, 만성적 스트레스와 탐닉적 소비를 오가며 심리적인 불안정성을 보이는 청소년들이 늘어나고 있다(이 책 제5장 참조). 아울러 여성들의 정상적 사회참여를 지체시키는 사회구조와 가족규범이 과소비 풍조와 맞물려, 소비과정을 통해서라도 억눌린 욕구를 충족시키려는 주부들이 과소비의 주체로 부각되는 문제도 있다.

도구주의 가족이념과 서정주의 가족이념이 맞물려서도 복잡한 문제들을 야기한다. 지나치게 급속한 산업자본주의로의 이행과정에서 노약자, 아동 등 요보호집단에 대한 사회적 보호장치가 제대로 마련되지 못했고, 대신 가족의 물질·정신적 부양기능이 오히려 강화되어야 했다. 그런데 가족은 과거와 달리 친족집단이나 이웃공동체의 긴요한 지원환경을 기대하기 어려운 가운데 노인과 아동의 피부양 혹은 요보호 기간은 오히려 확장되는 어려운 상황에서 이러한 기능을 수행해야 한다.[60] 따라서 가족수발 노동의 핵심주체로서 주부의 역할이 과도해지는 결과가 나타났다.[61] 이 상황에서 일부 젊은 주부들은 남편과의 성애(性愛)에 기초한 낭만적 가족문화에 대한 기대를 접지 못해 자신들의 가족수발 역할에 대한 불만과 부적응이 심각해졌다. 이 문제는 이른바 고부갈등으로 표출되기도 했고, 부모와의 분거가 일반화되는 계기가 되기도 했다.

서정주의 가족이념과 소비개인주의 가족이념이 결합되어 나타나는 문제는 이미 위에서 어느정도 논의되었다. 서정적 상호작용에 바탕을 둔 가족관계의 민주적 통합성은 가족이 산업자본주의의 구조적 갈등과 소외상황으로부터 벗어나기 위한 관건인데, 그 서정적 상호작용이 피상적 상품소비 관계로 대체됨으로써 가족은 제도적 자율성을 상실하고 천박하고 소모적인 상품문화의 식민지로 전락하게 되는 것이다. 이러한 환경에서 가족은 특히 재정적 곤란에 처했을 때, 가족성원 사이의 진정한 심리적 유대를 지속하기가 어려워지며 이혼과 같은 가족해체 현상이 증가하게 된다. 집단적 상품 소비가 갑자기 어려워졌을 때, 더이상 가족연대를 확인하는 상호작용의 틀을 찾기가 어렵기 때문이다. 정상적 가족연대가 흔들릴 때, 가족이 처한 위기를 가족성원들이 뭉쳐서 함께 헤쳐나가기를 기대하기 어렵게 된다.

3. 가족이념의 사회집단별 분포

유교적 가족이념, 도구주의 가족이념, 서정주의 가족이념, 개인주의 가족이념 등 다양한 이념형적 가족규범들과 이것들이 결합되어 형성된 혼합적 가족이념들은 한국사회에서 가족규범의 복잡성을 극도로 강화시켰다. 그런데 이런 식으로 늘어난 다양한 가족이념은 다시 각 가족의 인적 구성 및 사회·경제적 상황의 다양성에 따라 수용되는 정도와 양상이 달라진다. 각 가족의 상이한 세대, 연령, 성별 인적 구성 및 가족성원들의 다양한 교육수준, 직업 종류 등에 따라 여러가지 가족이념이 미치는 영향은 달라지므로, 현대 한국사회에서 표준형으로서의 가족이념을 상정하는 것은 사실상 불가능하다. 가족들 사이의 현상적 가족이념의 다양성에 덧붙여, 각 가족 내부의 성원들 사이에서도 가족이념에 대한 이해와 태도가 상이한 것이 일반적이다. 특히 가족성원들의 세대, 연령, 성별의 차이에 따라 여러 가족이념에 대한 노출과 수용의 양태가 상이할 수밖에 없다.[62]

여기에서는 「한국가족기능연구조사」(1989년 한국보건사회연구원 실시), 「전국 출산력 및 가족보건실태조사」(1991년 한국보건사회연구원 실시), 「21세기의 도래에 따른 국민의식 조사연구」(1993년 서울대학교 인구및발전문제연구소 실시), 「전환기 한국사회 국민의식과 가치관에 관한 조사연구」(1996년 서울대학교 사회발전연구소 실시), 「한국인의 의식·가치관 조사」(1996년 공보처 실시), 「한·중·일 3국 국민의식조사」(1996년 한국방송공사·연세대학교 실시) 등에서 제시된 자료를 바탕으로 다양한 가족이념의 개인특성별 분포를 여러 각도에서 파악해보고자 한다. 이 자료들은 가족이념 하나하나를 직접 물어서 나온 것이 아니기 때문에 많은 유추해석을 요구한다. 그리고 그 내용은 그동안 가족을 주로 유교적·서정주의적·개인주의적 관점에서 보아온 관행을 반영하기 때문에 도구주의 가족이념을 충분히 포착해내기가 어렵다는 한계가 있다. 다만 현실적으로는 도구주의 가족이념의 기능과 부작용이 널리 관찰되고 사회문제로 부각되어왔기 때문에 이를 보완적으로 고려할 수 있다. 마지막으로, 이 자료들은 1997년 말 경제위기 이전의 상황을 다루는데, 그 이후 한국가족들이 겪은 급격한 변화를 본 연구의 이론적 분석틀로써 충분히 다룰 수가 없기 때문에 연구시기를 이렇게 한정했다.[63]

표 3-1은 부인들의 결혼 결정방식을 거주지, 결혼연도, 교육수준에 따라 구분해본 것으로 자녀 결혼을 가족적 차원의 문제로 보는 유교적 가족이념과 당사자의 선택 문제로 보는 개인주의 및 서정주의 가족이념의 영향력을 비교할 수 있게 한다. 1939년 이전에 결혼한 부인들의 경우 93.6%가 부모의 전적인 결정을 따라 결혼했다. 그러나 이 비율은 1950~59년에 결혼한 부인들 사이에서는 67.6%로 급격히 떨어졌으며, 1960~69년에 결혼한 부인들 사이에서는 38.3%로 더욱 격감했다. 1970~79년에 결혼한 부인들은 9.5%가, 1980~89년에 결혼한 부인들은 거의 0.9%가 전적인 부모 결정에 따라 결혼했다. 전체 부인들 가운데 지역적으로는 농촌(53%)에서 교육수준별로는 국졸 이하(60.7%)에서 이 비율이 두드러졌다. 반대로 전적으로 본인 결정에 의해 결혼한 경우는 1930~39년에 결혼한 부인들 가운데에서 전혀

표 3-1 부인의 특성별 결혼의 결정 (단위: %)

특 성	전적으로 부모 결정	부모 결정 후 본인 동의	본인 결정 후 부모 동의	전적으로 본인 결정
전체	32.0	19.3	38.5	10.3
거주지				
도시	21.6	20.4	47.5	10.5
농촌	53.0	16.9	20.2	9.9
결혼년도				
~1939	93.6	5.8	0.6	—
1940~49	85.1	10.7	1.7	2.4
1950~59	67.6	21.2	6.3	4.9
1960~69	38.3	28.2	27.4	6.2
1970~79	9.5	25.6	53.0	11.9
1980~89	0.9	14.4	66.6	18.2
교육수준				
초교 이하	60.7	17.8	14.7	6.8
중학교	6.1	21.2	58.9	13.8
대학 이상	—	15.4	73.8	10.7

출처 「1989 한국가족기능연구조사」(공세권 · 조애저 · 김진숙 외 1990), 70면.

없다가 1980~89년에 결혼한 부인들 가운데에서 18.2%로 높아졌다. 이 비율은 농촌과 도시에서 거의 비슷하게 나타났다.

표 3-2는 1989년 기준으로 부인들의 시부모와의 영구 및 일시 동거 여부를 밝힌 것으로, 일시적이라도 자부로서 시부모를 모시는 유교적 부양규범의 이행상태를 드러낸다. 결혼생활 전부를 시부모와 별거한 비율을 따져보면 젊은 세대가, 고학력자가, 결혼 직후 도시거주자가, 남편이 차남 이하인 경우에 뚜렷하게 높았다. 이처럼 부인들은 특성별로 시부모와의 동거경험 여부에 차이가 컸지만, 막상 본인들은 대다수가 노후에 자녀들과 동거할 생각이 없었다. 표 3-3을 보면 1991년 기준으로 노후에 자녀와 함께 살기를 희망하는 50세 이하 부인의 비율은 연령, 교육수준, 지역에 따라 큰 차이 없

표 3-2 부인 특성별 시부모와 동거 형태 (단위: %)

특 성	전체	동거*		별거
		영구	일시	
전체	100.0	31.2	22.3	46.5
남편의 형제순				
장남	100.0	46.0	23.9	30.1
외아들	100.0	62.5	12.6	25.0
차남 이하	100.0	16.0	21.8	62.3
결혼 직후 거주지				
도시	100.0	18.6	18.5	62.9
농촌	100.0	47.1	27.0	25.9
기타**	100.0	23.6	15.8	57.6
부인 연령				
29세 이하	100.0	17.3	17.3	65.4
30~39세	100.0	16.3	27.4	56.3
40~49세	100.0	33.7	24.5	41.8
50~59세	100.0	49.6	22.4	28.0
60세 이상	100.0	61.1	15.8	23.9
교육수준				
초등학교	100.0	48.1	21.7	30.2
중·고교	100.0	17.6	23.2	59.2
대학 이상	100.0	11.2	18.9	69.9

* 영구 동거: 결혼 직후부터 현재까지 또는 시부모 사망시까지 동거
  일시 동거: 결혼 직후에 동거하다가 현재 비동거중이거나 중간에 동거하다가 현재 비동거
** 북한 및 외국
출처「1989 한국가족기능연구조사」(공세권·조애저·김진숙 외 1990), 104면.

이 매우 낮게 나타났다. 다만 국졸 이하나 40세 이상 부인들 가운데 20%
이상이 동거를 희망했다. 한국 부인들의 대다수가 노후문제를 자녀에 의존
하는 유교적 방식보다는 배우자와 서로 기대거나 스스로 해결하는 서정주의
적 혹은 개인주의적 방식을 선택하고 있다.

표 3-3 기혼부인(15~49세)의 노후에 자녀와의 동거희망 여부 (단위: %)

특 성	같이 살고 싶다	따로 살고 싶다	모르겠다	(표본수)
지역*				
전국	15.5	72.3	12.2	(7,452)
시부	14.3	73.2	12.5	(5,850)
군부	19.6	69.2	11.2	(1,602)
연령*				
15~24세	12.9	71.9	15.2	(381)
25~29세	10.2	77.5	12.3	(1,466)
30~34세	11.9	76.2	11.9	(1,833)
35~39세	14.6	72.6	12.8	(1,531)
40~44세	20.6	67.1	12.3	(1,275)
45~49세	25.8	63.5	10.7	(966)
교육수준**				
초교 이하	23.2	63.4	13.4	(1,704)
중학교	16.1	71.2	12.7	(1,933)
고등학교	12.1	76.4	11.5	(3,064)
대학 이상	10.1	78.6	11.3	(742)

* 무응답 10명 제외. ** 무응답 19명 제외.
출처 「1991 전국 출산력 및 가족보건실태조사」(공세권·조애저·김승권 외 1992), 134면.

표 3-4는 부모의 노후 부양책임에 대한 태도를 조사한 결과로서 유교적 가족이념의 핵심인 효규범의 현실적 수용양태를 보여주고 있다. 자녀가 노부모의 부양책임을 진다는 태도는 시간이 갈수록 오히려 강화되었다는 점이 인상적이다. 반면 노부모의 자체 해결이나 사회복지 등에 의한 해결을 드는 비율은 뚜렷이 하락했다. 자녀의 노부모 부양책임을 받아들이는 사람들이 대부분이지만 장남 혹은 아들 모두에 의한 부양을 고집하는 비율은 대체로 낮아졌고, 그 대신 아들·딸 모두 혹은 능력있는 자녀에 의한 부양을 주장하는 비율은 빠르게 늘어났다. ('아들·딸 모두'의 부양책임을 드는 비율이 1994년에 줄어든 것은 이 해에 '능력있는 자녀' 항목이 추가되었기 때문으

118

표 3-4 부모의 노후 부양책임에 대한 태도 (단위: %)

	부양책임					스스로 해결	사회 및 기타
	전체	장남	아들 모두	아들·딸 모두	능력있는 자녀		
1983	71.7	22.1	21.7(0.8)	27.1	-	20.5	7.8
1988	79.3	25.2	17.8(0.5)	35.8	-	15.8	5.0
1994	87.3	19.6	11.4	29.1	27.2	9.9	2.9
지역(1994)							
시부	87.3	17.3	11.2	31.2	27.6	10.0	2.8
군부	87.5	27.7	11.8	21.8	26.2	9.5	3.0
교육(1994)							
초졸 이하	87.3	31.8	11.1	21.0	22.9	10.2	2.4
중졸	86.4	16.6	11.5	29.0	29.7	10.5	3.1
고졸	87.8	15.0	10.8	32.1	29.2	9.3	2.8
대졸 이상	86.5	16.3		34.1	25.3	10.0	3.5
연령(1994)							
15~19세	86.4	14.0	8.6	33.2	30.6	9.5	4.0
20~29세	88.5	14.4	10.3	35.4	28.4	8.6	3.0
30~39세	89.1	15.6	12.3	30.5	30.7	8.3	2.5
40~49세	86.3	18.5	12.7	27.1	28.0	11.1	2.6
50~59세	84.2	25.9	12.3	23.5	22.5	13.4	2.4
60세 이상	86.1	37.7	11.1	18.5	18.8	10.7	3.2

주: 1) '아들 모두' 옆의 괄호는 '딸 모두'에게 부양책임이 있다는 응답.
　　2) 1983년과 1988년에는 '능력있는 자녀' 항목이 조사되지 않았음.
출처 「1996 사회통계조사」(통계청 1997), 134면.

로 보인다.) 자녀 사이의 평등의식이 높아지고 자녀 부양에 있어서도 남녀차별이 줄어듦에 따라 효규범의 수용도 이를 그대로 반영하고 있다. 자녀에 의한 노부모 부양책임 태도는 연령, 교육수준, 지역을 가리지 않고 고르게 높았으나, 이 가운데 장자 부양의 당위성에 대해서는 50대 이상, 국졸 이하, 농촌에서 특별히 높은 지지가 나왔다.

표 3-5 아들의 필요성에 대한 의견 (단위: %)

| | 계(명) | 아들은 꼭 있어야 한다 | | | | 계 |
		전적 찬성	찬성하는 편	반대하는 편	전적 반대	
전체	1520	27.8	37.0	29.2	6.0	100.0
지역규모별						
서울	383	21.0	38.6	32.5	7.9	100.0
대도시	336	21.0	39.2	35.4	4.4	100.0
중소도시	410	22.8	38.2	31.4	7.6	100.0
읍	112	36.6	36.7	18.6	8.1	100.0
면 이하	278	49.3	30.3	18.0	2.4	100.0
성별						
남자	747	26.2	40.2	27.8	5.8	100.0
여자	772	29.5	33.8	30.4	6.3	100.0
연령별						
20대	479	13.9	33.3	43.9	8.9	100.0
30대	404	18.4	44.8	31.8	5.0	100.0
40대	257	30.1	43.1	22.7	4.0	100.0
50대 이상	379	54.0	29.1	12.0	4.8	100.0
교육수준별						
초졸 이하	266	59.8	23.8	11.7	4.7	100.0
중학교	167	32.5	35.1	25.7	6.8	100.0
고등학교	629	23.2	38.9	32.9	5.0	100.0
전문대, 대퇴	108	15.3	40.7	34.7	9.4	100.0
대졸 이상	347	13.7	42.9	35.7	7.7	100.0

출처 「한국사회, 오늘과 내일: 21세기 도래에 따른 국민의식 조사연구」(서울대학교 인구및발전문제연구소 1993), 99면.

표 3-5는 유교적 가족구조의 핵심인 아들의 필요성에 대한 1993년 남녀 의식조사 결과이다. 아들의 필요성은 남성 중심의 정치, 경제, 사회 질서를 감안할 때 도구적 가족주의에서도 매우 중요한 것이다. 아들이 반드시 있어야 한다고 생각하는 비율이 연령별로는 30대 이상만 되면 60%가 넘어섰고,

학력별로는 저학력자들에게서 높지만 대졸 이상자들도 절반이 넘었으며, 지역별로는 농촌에서 특히 높았지만 도시에서도 절반이 넘었으며, 성별로는 남성들에게서 약간 높았다. 아들의 필요성은 여러 사회조사에서 가장 빈번하게 다루어지는 것으로 대부분 비슷한 결과들이 제시되어왔다.

표 3-6 기혼부인(15~49세)의 자녀 필요성에 대한 태도 (단위: %)

특성	반드시 가져야함	반드시 가질 필요는 없음	모르겠다	(표본수)
지역*				
전국	90.3	8.5	1.2	(7,448)
시부	89.6	9.3	1.1	(5,846)
군부	93.2	5.4	1.4	(1,602)
연령*				
15~24세	84.0	13.6	2.4	(382)
25~29세	89.1	9.1	1.8	(1,465)
30~34세	89.5	9.7	0.8	(1,832)
35~39세	90.7	8.3	1.0	(1,531)
40~44세	92.9	6.1	1.0	(1,274)
45~49세	92.5	6.4	1.1	(964)
교육수준**				
초교 이하	93.4	5.3	1.3	(1,705)
중학교	91.0	7.9	1.1	(1,931)
고등학교	89.2	9.7	1.1	(3,061)
대학 이상	86.1	12.2	1.7	(742)

* 무응답 14명 제외. ** 무응답 23명 제외.
출처 「1991 전국 출산력 및 가족보건실태조사」(공세권·조애저·김승권 외 1992), 124면.

표 3-6은 (아들을 포함해) 자녀를 반드시 가져야 하는지를 부인들에게 물어본 1991년 사회조사 결과이다. 이는 유교적 및 도구주의 가족이념뿐 아니라 서정주의 가족이념에서도 중요한 요소이다. 연령, 교육수준, 지역을 가리

표 3-7 기혼부인(15~49세) 중 반드시 자녀를 두어야 한다는 부인의 그 이유 (단위: %)

특성	가문유지	보편성	노후의존	가정화목	마음든든	기타	(표본수)
지역*							
전국	14.1	63.2	6.8	13.1	1.6	1.2	(6,615)
시부	10.3	65.0	5.7	15.8	1.8	1.4	(5,175)
군부	27.6	57.1	10.7	3.4	0.7	0.5	(1,440)
연령*							
15~24세	10.4	65.9	4.2	14.9	2.5	2.1	(316)
25~29세	8.6	66.0	5.0	17.4	1.8	1.2	(1,278)
30~34세	10.4	66.8	5.9	14.7	1.2	10.	(1,623)
35~39세	14.8	61.6	6.8	13.5	2.1	1.2	(1,370)
40~44세	18.9	60.3	8.0	10.7	1.4	0.7	(1,159)
45~49세	22.6	58.2	10.5	6.1	0.9	1.7	(869)
교육수준**							
초교 이하	24.0	55.6	12.1	5.9	1.5	0.9	(1,552)
중학교	14.3	63.5	7.4	12.2	1.6	1.0	(1,721)
고등학교	9.8	66.6	4.7	16.0	1.6	1.3	(2,699)
대학 이상	6.8	67.5	1.6	20.9	1.3	1.9	(635)

* 무응답 114명 제외. ** 무응답 122명 제외.
출처 「1991 전국 출산력 및 가족보건실태조사」(공세권·조애저·김승권 외 1992), 125면.

지 않고 거의 대다수 부인들이 자녀는 반드시 가져야 하는 것으로 여겼다. 다만 젊을수록 그 비율이 약간이나마 줄어들었다. 그런데 표 3-7을 보면 자녀가 있어야 하는 이유로 연령, 교육수준, 지역을 가리지 않고 다수가 보편성을 들고 있다. 이때 보편성은 위에서 설명한 대로 자녀는 유교적·도구주의적·서정주의적 가족이념에서 모두 필요한 요소이기 때문에 당연히 낳아 길러야 함을 뜻하는 것 같다. 가문유지, 노후의존과 같은 유교적 고려사항을 중시한 비율은 나이가 많을수록, 학력이 낮을수록, 농촌에 살수록 상대적으로 높았다. 반면 가정화목이라는 서정주의적 가치는 고학력자, 도시거주자, 청년층에서 상대적으로 강했다. 표 3-8은 표 3-6에서 반드시 자녀를 둘 필요

표 3-8 기혼부인(15~49세) 중 반드시 자녀를 둘 필요가 없다는 부인의 그 이유 (단위: %)

특성	자녀양육	직업 때문	기대 없음	둘만의 생활	기타	(표본수)
지역*						
전국	31.4	8.3	40.6	11.8	7.9	(616)
시부	31.7	9.0	39.3	12.3	7.7	(532)
군부	29.3	3.7	48.7	8.9	9.4	(84)
연령*						
15~24세	10.1	10.7	50.4	21.7	7.1	(49)
25~29세	19.8	12.4	42.9	17.1	7.8	(131)
30~34세	29.9	8.6	42.9	9.1	9.5	(173)
35~39세	43.0	6.6	37.8	6.7	5.9	(126)
40~44세	38.1	5.3	40.0	13.5	3.1	(76)
45~49세	45.6	4.0	27.2	8.9	14.4	(61)
교육수준*						
초교 이하	58.9	3.4	26.5	4.2	7.0	(89)
중학교	39.7	4.7	34.3	12.4	8.9	(151)
고등학교	22.7	9.4	49.4	11.4	7.1	(287)
대학 이상	17.9	15.8	36.8	19.9	9.6	(89)

* 무응답 14명 제외.

출처 「1991 전국 출산력 및 가족보건실태조사」(공세권 · 조애저 · 김승권 외 1992), 126면.

는 없다고 생각하는 부인들에게 그 이유를 물어본 것이다. 가장 중요한 두 가지 이유 가운데 자녀양육의 부담은 나이가 많을수록, 학력이 낮을수록 높았으며, 자녀에 대한 무기대는 나이가 적을수록, 고졸 이상일수록 높게 나타났다. 자녀 없는 결혼이란 무엇보다 부부 중심의 개인주의 가족이념을 반영한다고 볼 수 있지만 자녀양육 부담의 무게 때문에 이를 지지하는 부인들도 적지 않았다.

표 3-9는 자녀양육 부담 가운데 가장 중대한 요소인 결혼 · 교육 비용에 대한 1996년 남녀 사회조사 결과이다. 자녀의 교육과 결혼은 특히 도구주의 가족이념에 입각해서 한국인들이 중시 여기는 문제들이다. 중 · 고등학교 교

표 3-9 자녀의 결혼·교육비용 부담에 관한 의견 (단위: %, N=1500)

	자녀의 결혼·교육에 있어 부모가 어디까지 그 비용을 부담해야 하는가				계
	필요한 모든 비용 부담	일부만 부담	전혀 부담할 필요 없음	모름/무응답	
결혼	23.6	69.2	6.6	0.5	100.0
대학원 교육	40.7	48.1	10.6	0.6	100.0
대학 교육	78.1	20.4	1.3	0.2	100.0
중/고등학교 교육	98.7	1.0	0.3	-	100.0

출처 「한국인의 의식·가치관 조사」(공보처 1996), 190면.

육비의 경우 거의 모두인 98.7%가 부모의 전적 부담을 주장했다. 대학 교육비는 78.1%가 부모의 전적 부담을, 20.4%가 부모의 일부 부담을 주장했다. 대학원 교육비는 40.7%가 부모의 전적 부담을, 48.1%가 부모의 일부 부담을 주장했다. 응답자의 대다수인 78.1%에서 대학 교육비를 부모가 전담해야 한다는 의견이 나오는 한국사회는 대다수 대학생이 학비를 자가 충당하거나 공적 지원에 의존하는 미국과 같은 사회와는 매우 상이한 가족이념을 갖고 있음이 분명하다. 40.7%가 대학원 교육비까지 부모가 전담해야 한다는 의견을 내놓은 것은 한국인들의 도구적 가족주의를 반영할 뿐 아니라 국가와 사회가 고등연구 과정에 대한 비용지불 책임을 갖고 있음을 인식하지 못했기 때문에 나온 현상으로 보인다.

표 3-10은 갈수록 증가하고 있는 기혼여성의 경제활동에 따라 부부간의 가사분담에 대한 태도가 어떻게 달라졌는지를 1993년에 조사한 결과이다. 이는 경제구조의 변화가 남녀차별(유별)적인 유교적 가족이념에 미치는 영향을 보여준다. 취업부인이라도 가사를 떠맡는 것이 좋다는 비율은 연령이 높을수록, 학력이 낮을수록, 농촌일수록, 남성일수록 높았다. 그런데 이 비율은 연령적으로 40대가 50대보다, 지역적으로 읍지역이 면지역보다 약간 높았는데 이는 노년이라는 생애주기 및 농업지역이라는 지역특성이 남성의 가

표 3-10 맞벌이 부부의 가사분담에 관한 의견 (단위: %)

	맞벌이 부부라도 집안일은 여자가 맡는 것이 좋다					계
	계(명)	전적 찬성	찬성하는 편	반대하는 편	전적 반대	
전체	1525	11.4	30.8	42.5	15.3	100.0
지역규모별						
서울	386	10.3	28.1	41.7	19.9	100.0
대도시	337	9.8	26.8	44.2	19.2	100.0
중소도시	412	10.3	32.3	45.6	11.9	100.0
읍	112	14.1	37.5	38.3	10.1	100.0
면 이하	278	15.1	34.7	38.7	11.5	100.0
성별						
남자	752	16.0	39.9	35.3	8.8	100.0
여자	773	6.8	22.0	49.5	21.7	100.0
연령별						
20대	481	9.5	26.9	44.0	19.6	100.0
30대	407	9.2	27.9	44.7	18.1	100.0
40대	258	12.4	40.1	36.8	10.7	100.0
50대 이상	380	15.3	32.5	42.1	10.1	100.0
교육수준별						
초졸 이하	266	19.1	32.5	38.9	9.5	100.0
중학교	168	13.6	20.3	52.3	13.7	100.0
고등학교	632	10.8	29.8	42.2	17.2	100.0
전문대, 대퇴	108	9.8	18.6	44.5	27.1	100.0
대졸 이상	349	6.0	39.6	40.7	13.7	100.0

출처 「한국사회, 오늘과 내일: 21세기 도래에 따른 국민의식 조사연구」(서울대학교 인구및발전문제연구소 1993), 101면.

정 내 역할에 미치는 영향을 반영한 것으로 보인다. 같은 비율은 남성들 사이에서 55.9%, 여성들 사이에서 28.8%로 나타나 경제환경의 변화에 맞춰 유교적 역할규범을 수정하는 데 있어 한국 남녀가 현격한 의견차이를 보여주고 있다.

표 3-11 '기혼여성도 자기 일이 있어야 한다'에 대한 의견 (단위: %)

	전체(N)	평균*	결혼 후에도 여자는 자기 일이 있어야 한다					무응답
			매우 반대	반대	그저 그렇다	찬성	매우 찬성	
			(1)	(2)	(3)	(4)	(5)	
전체	100.0(1,768)	3.95	2.7	5.8	23.4	29.9	38.0	0.2
성별								
남자	100.0(890)	3.73	3.7	8.9	26.1	33.5	27.6	0.2
여자	100.0(878)	4.17	1.7	2.6	20.7	26.3	48.4	0.2
연령별								
20~30세	100.0(661)	4.09	2.4	3.8	18.5	32.5	42.4	0.5
30~40세	100.0(525)	4.00	2.1	5.7	23.2	28.0	41.0	0.0
40~50세	100.0(340)	3.90	2.4	6.5	27.1	26.8	37.1	0.3
50세 이상	100.0(239)	3.51	5.4	10.5	32.2	31.4	20.5	0.0
교육수준별								
중졸 이하	100.0(314)	3.62	5.7	7.3	33.1	26.4	27.1	0.3
고졸	100.0(713)	4.00	2.8	5.3	22.3	28.2	41.4	0.0
대재 이상	100.0(739)	4.04	1.4	5.5	20.4	33.2	39.1	0.4

* 평균은 '모르겠다'(8)와 무응답(9 또는 99)을 제외하고 계산한 것.

출처 「전환기 한국사회 국민의식과 가치관에 관한 조사연구」(서울대학교 사회발전연구소 1996), 39면.

그러나 여성이 결혼 후에도 자기 일이 있어야 하는지에 대한 의견은 남녀 차이가 훨씬 덜했다. 표 3-11의 1996년 사회조사 결과를 보면, 결혼한 여성 이 자기 일을 갖는 데 대해 반대하는 남성은 12.6%에 그쳤으며 61.1%는 찬 성했다. 여성의 경우 대다수인 74.7%가 찬성 의견을 보였으며 특히 적극적 찬성이 많았다. 연령적으로 따지면, 50세 이상 응답자들은 약 절반 정도만이 찬성 의견을 보여 상대적으로 소극적이었다. 교육수준을 따지면, 중졸 이하 자의 찬성 비율이 53.5%로 상대적으로 낮았다. 결혼한 여성도 자기 일을 가 져야 한다는 것은 기존의 보수적 성별분업체계를 분명히 부정하는 태도이다. 여기에는 경제적 필요 때문에 여성도 가계소득을 보태야 한다는 입장도 반영되어 있겠지만 결혼생활이 여성의 사회적 역할 및 자아실현과 병립될 수 있어야 한다는 개인주의 가족이념이 주로 반영된 것으로 보인다.

표 3-12 이혼·별거 부인의 특성별 이혼·별거 사유 (단위: %)

특성	배우자의 부정	학대/폭력	성격차이	기타	(표본수)
이혼·별거 당시 연령*					
29세 이하	14.6	9.8	56.1	19.5	(41)
30~39세	25.9	10.3	44.8	19.0	(58)
40세 이상	33.6	8.5	28.5	29.4	(12)
평균(세)	33.9	31.0	31.1	32.7	32.0
교육수준*					
초교 이하	20.9	10.9	33.9	34.2	(43)
중·고교	22.2	11.3	57.2	9.3	(59)
대학 이상	24.2	-	39.0	36.8	(9)
이혼·별거 당시 자녀 유무*					
없었음	6.1	7.2	57.3	29.3	(14)
있었음	23.7	10.3	45.4	20.6	(97)
전체*	22.1	10.3	47.1	20.5	(111)

* 무응답 3명 제외.
출처 「1991 전국 출산력 및 가족보건실태조사」(공세권·조애저·김승권 외 1992), 99면.

표 3-12는 이혼했거나 별거중인 부인들에게 그 사유를 물은 1991년 조사 결과이다. 나이는 많을수록 성격차이가 중요한 원인이었고 적을수록 배우자의 부정이 중요한 원인이었다. 교육수준을 따지면, 모두에게 성격차이가 가장 중요한 원인이었지만 특히 중·고 졸업자에게 그 중요성이 컸다. 자녀 유무를 따지면, 자녀가 없었던 경우에 성격차이의 중요성이 압도적이었으나 자녀가 있었던 경우에도 성격차이는 여전히 가장 중요했다. 배우자에 의한 학대나 폭력은 연령, 교육수준, 자녀 유무에 상관없이 열에 한 사람 정도가

이유로 들었다. 배우자와의 성격차이나 배우자에 의한 부정, 학대, 폭력은 모두 유교적 가부장제 가족이념이 현대에 왜곡 수용된 결과를 반영한다고 볼 수 있다. 다른 한편으로 이러한 문제들을 막연히 참고 견디지 않고 이혼 이나 별거라는 적극적 대응에 나서는 것은 서정주의 및 개인주의 가족이념 의 확산과 무관하지 않아 보인다.

개인주의 가족이념의 확산은 결혼 자체를 개인적 선택사항으로 보거나 아예 거부하는 태도의 증가를 통해 더욱 확연하게 드러난다. 표 3-13의 부인들에 대한 1989년의 조사에서, 결혼은 반드시 해야 하거나 혼자보다 결혼이 좋다고 생각하는 비율은 합해서 전체의 절반에도 미치지 못했다. 경제력만

표 3-13 결혼을 않고 혼자 사는 여자에 대한 부인들의 객관적 의견 (단위: %)

특성	전체(N)	혼자가 결혼보다 좋다	경제력만 있으면 혼자가 좋다	각자의 개인적인 일이다	혼자보다 결혼이 좋다	결혼은 반드시 해야 한다	모르겠다
전체	100.0(2,828)	6.2	37.1	7.1	27.6	18.6	2.8
거주지							
도시	100.0(1,896)	6.4	41.7	7.5	27.8	14.0	2.4
농촌	100.0(932)	5.8	27.7	7.9	27.3	27.9	3.4
교육수준							
초교 이하	100.0(1,361)	6.8	24.0	7.4	28.9	28.8	4.1
중고교	100.0(1,316)	5.6	50.4	6.9	26.4	9.0	1.6
대학 이상	100.0(149)	6.0	39.6	16.1	27.5	10.1	0.7
연령							
29세 이하	100.0(587)	5.6	52.3	7.7	25.4	7.7	1.4
30~39세	100.0(797)	6.6	47.2	9.3	26.5	8.4	2.0
40~49세	100.0(584)	7.7	32.4	6.5	29.8	20.0	3.6
50~59세	100.0(470)	5.5	26.2	6.0	27.4	31.1	3.8
60세 이상	100.0(390)	4.9	13.8	8.2	30.5	38.7	3.8

출처 「1989 한국가족기능연구조사」(공세권·조애저·김진숙 외 1990), 84면.

표 3-14 결혼에 대한 태도 (단위: %)

		결혼에 대한 태도			
	계(명)	반드시 해야 한다	가능한 한 하는 것이 좋다	본인이 원치 않으면 하지 않아도 된다	모름/무응답
전체	1500	36.7	30.9	32.0	0.3
성별					
남자	740	43.7	32.7	23.2	0.4
여자	760	29.9	29.3	40.5	0.3
연령별					
20대	469	21.0	34.7	44.1	0.2
30대	401	29.2	36.2	34.6	0.0
40대	256	42.2	31.4	26.0	0.3
50대 이상	374	60.9	20.2	18.1	0.8
학력별					
중졸 이하	404	53.3	20.9	24.8	1.0
고졸	673	31.4	34.3	34.1	0.2
대재 이상	419	29.1	35.6	35.3	0.0

출처 「1996 한국인의 의식·가치관 조사」(공보처 1996), 180~81면.

있으면 혼자가 좋다, (무조건) 혼자가 좋다, 결혼은 개인적 일이다라고 생각하는 비율은 합해서 절반을 약간 넘어섰다. 특히 경제력만 있으면 혼자가 좋다고 생각하는 태도가 가장 널리 표출되었는데, 연령이 낮을수록, 거주지가 도시일수록, 중고교 학력일수록 강했다. 30세 이전 여성들의 경우, 절반 이상이 경제력만 있으면 혼자가 좋다고 생각해 개인주의적 결혼관의 강한 영향력을 보여주었다. 결혼은 반드시 해야 한다고 생각하는 태도가 두번째로 널리 표출되었는데, 연령이 높을수록, 거주지가 농촌일수록, 국교 이하 학력일수록 강했다. 표 3-14는 7년 후인 1996년의 남녀조사 결과를 보여주는데, 연령별 및 학력별로 표 3-13과 대체로 비슷한 결혼관의 분포를 보여준다. 다

표 3-15 '대를 잇기 위해 아들은 꼭 필요하다'에 대한 의견 (단위: %)

		계(명)	매우 당연	당연한 편	당연하지 않은 편	전혀 당연 않음
한국	전체	(1000)	9.7	23.0	44.1	23.2
	성별					
	남자	(464)	13.6	24.4	45.7	16.4
	여자	(536)	6.3	21.8	42.7	29.1
	연령별					
	20대	(314)	5.4	13.7	51.0	29.9
	30대	(282)	7.4	16.7	46.1	29.8
	40대	(192)	9.9	29.2	43.8	17.2
	50대	(139)	16.5	38.1	33.8	11.5
	60대	(58)	20.7	41.4	29.3	8.6
	70대 이상	(15)	33.3	46.7	20.0	0.0
	학력별					
	중졸 이하	404	14.8	41.4	34.4	9.4
	고졸	673	9.1	22.4	45.6	23.0
	대재 이상	419	8.8	17.6	45.5	28.2
일본	전체	(620)	11.3	24.5	30.3	31.6
	성별					
	남자	(288)	12.8	26.7	31.9	27.4
	여자	(332)	9.9	22.6	28.9	35.2
	연령별					
	20대	(108)	5.6	24.1	35.2	32.4
	30대	(108)	3.7	26.9	32.4	35.2
	40대	(134)	6.7	21.6	29.1	40.3
	50대	(124)	11.3	21.0	29.8	35.5
	60대	(84)	19.0	27.4	33.3	20.2
	70대 이상	(62)	33.9	30.6	17.7	12.9
	학력별					
	중졸 이하	(56)	19.6	30.4	30.4	17.9
	고졸	(232)	14.7	22.8	32.8	28.9
	대재 이상	(313)	8.0	24.6	29.1	36.7
	무응답	(19)	0.0	26.3	21.1	21.1
중국	전체	(1000)	3.4	14.5	62.0	20.1
	성별					
	남자	(499)	4.4	15.3	61.5	18.4
	여자	(501)	2.4	13.4	62.5	21.8
	연령별					
	20대	(259)	5.4	12.7	52.9	29.0
	30대	(291)	3.1	12.7	62.9	21.3
	40대	(253)	2.4	16.6	67.2	13.8
	50대	(136)	2.9	20.6	61.8	14.7
	60대	(59)	1.7	8.5	74.6	15.3
	70대 이상	(2)	0.0	0.0	100.0	0.0
	학력별					
	중졸 이하	(89)	4.5	21.3	61.8	12.4
	고졸	(292)	3.4	14.0	63.7	18.8
	대재 이상	(619)	3.2	13.7	61.2	21.8

출처 「1996 한·중·일 3국 국민의식조사」(한국방송공사·연세대학교 1996), 410면.

만 고학력일수록 개인주의적 결혼관을 갖고 있음이 좀더 체계적으로 드러난다. 남녀간의 결혼관 차이는 매우 현격한데, 여성의 40.5%가 본인이 싫으면 결혼을 안 해도 된다고 생각하고, 29.9%가 반드시 결혼을 해야 한다고 생각했다. 남성의 경우, 해당 비율들이 각각 23.2%와 43.7%로 거의 정반대의 분포를 보인다. 여성들에게 개인주의적 결혼관이 현저히 높게 나타나는 것은 남성들의 강한 전통주의적 결혼관과 동전의 양면 관계에 있을 것이다.

끝으로 가족이념의 몇가지 핵심요소들에 대해 한국(서울), 일본(동경), 중국(북경) 사회를 1996년에 비교조사한 결과를 살펴보자. 이를 소개하는 이유는 가족제도, 가족이념 등과 관련하여 문화적 차원의 공통성이나 미세한 차이점이 자주 거론되는 세 나라를 비교해봄으로써 한국인들의 가족문화가 갖는 특수성과 (지역적) 보편성을 간략히 짚어보고자 하는 것이다. 비교 결과를 미리 정리하면, 대체로 한국인들의 전통적 가족규범이 상대적으로 강했고 일본인들이 그 뒤를 따르고 있었으며 중국인들도 사안에 따라 사회·경제적 상황이 요구하는 대로 전통적 가족규범에 계속 의존하였음을 보여준다.

표 3-15는 유교적 가족이념의 발로로서 대를 잇기 위해 아들이 반드시 필요하다는 의견의 분포를 보여준다. 한국인과 일본인은 약 3분의 1 정도가 이러한 의견을 갖고 있지만 중국인은 18% 정도만이 같은 입장이었다. 이 입장은 한국과 일본에서는 나이가 많을수록, 학력이 낮을수록, 남성일수록 강하게 나타났지만, 중국에서는 학력과 성별에 따른 분포만 한국, 일본과 비슷했다. 중국인들은 연령에 따라서는 뚜렷한 태도의 차이를 보여주지 않았는데, 이는 고연령층이 사회주의적 이념과 생활에 오랜 기간 적응해온 결과로 보인다.

표 3-16은 역시 유교적 가족이념의 핵심인 장자의 부모부양 책임에 대해 한·중·일 세 나라를 조사한 결과이다. 표 3-15에서 아들을 통한 가계계승 필요성을 조사한 것과는 대조적으로 장자의 부모공양 책임에 대해서는 중국인들이 가장 강력한 태도를 보였다. 71.6%의 중국인들이 이러한 태도를 보

표 3-16 '장남이 부모님을 모셔야 한다'에 대한 의견 (단위: %)

		계 (명)	매우 당연	당연한 편	당연하지 않은 편	전혀 당연 않음
한국	전체	(1000)	11.5	34.6	45.7	8.2
	성별					
	남자	(464)	14.2	40.7	38.6	6.5
	여자	(536)	9.1	29.3	51.9	9.7
	연령별					
	20대	(314)	6.1	30.9	51.9	11.1
	30대	(282)	9.9	29.8	49.6	10.6
	40대	(192)	14.1	37.5	42.7	5.7
	50대	(139)	18.7	41.0	36.7	3.6
	60대	(58)	19.0	46.6	32.8	1.7
	70대 이상	(15)	26.7	60.0	13.3	0.0
	학력별					
	중졸 이하	404	14.1	42.2	41.4	2.3
	고졸	673	11.5	32.7	47.4	8.5
	대재 이상	419	10.6	34.6	44.9	9.8
일본	전체	(620)	10.0	31.9	28.9	26.8
	성별					
	남자	(288)	13.9	33.0	28.8	22.6
	여자	(332)	6.6	31.0	28.9	30.4
	연령별					
	20대	(108)	8.3	28.7	32.4	27.8
	30대	(108)	10.2	37.0	25.0	25.0
	40대	(134)	8.2	31.3	28.4	29.9
	50대	(124)	6.5	25.0	33.9	32.3
	60대	(84)	8.3	45.2	22.6	22.6
	70대 이상	(62)	25.8	25.8	29.0	16.1
	학력별					
	중졸 이하	(56)	21.4	17.9	35.7	23.2
	고졸	(232)	6.0	35.3	31.9	25.9
	대재 이상	(313)	11.5	32.3	25.6	28.8
	무응답	(19)	0.0	26.3	26.3	15.8
중국	전체	(1000)	25.2	46.4	26.4	2.0
	성별					
	남자	(499)	28.3	45.3	24.8	1.6
	여자	(501)	22.2	47.5	27.9	2.4
	연령별					
	20대	(259)	30.5	49.0	18.5	1.9
	30대	(291)	26.1	44.7	26.8	2.4
	40대	(253)	18.6	47.4	32.0	2.0
	50대	(136)	27.2	44.9	25.7	2.2
	60대	(59)	22.0	42.4	35.6	0.0
	70대 이상	(2)	0.0	50.0	50.0	0.0
	학력별					
	중졸 이하	(89)	15.7	53.9	29.2	1.1
	고졸	(292)	26.0	48.6	24.7	0.7
	대재 이상	(619)	26.2	44.3	26.8	2.7

출처 「1996 한·중·일 3국 국민의식조사」(한국방송공사·연세대학교 1996), 406면.

인 데 비해, 41.9%의 일본인들이, 46.1%의 한국인들이 마찬가지 태도를 보였다. 중국인들의 장자에 의한 부모부양관은 연령, 학력, 성별을 가리지 않고 골고루 높게 나타났는데, 이는 전통이념 외에 중국정부가 아들에 의한 부모부양을 전제로 한 사회·경제적 정책을 펼친 현실을 반영한다. 딸의 출가와 아들의 동거를 전제로 한 주거정책, 고용정책 등은 사회주의 시기에 만들어져 시장경제적 개혁이 추진된 시기에도 지속되었다.[64] 반면 한국에서는 나이가 많을수록, 학력이 낮을수록, 남성일수록 장자에 의한 부모부양관이 뚜렷했다. 일본에서는 남녀의 차이만 한국과 비슷하고 연령과 학력에 따라서는 체계적인 차이가 드러나지 않았다.

요컨대, 한국가족의 핵심적 특징은 유교적 혹은 도구주의 가족이념이 서정주의 혹은 개인주의 가족이념으로 변한 것이 아니고 이질적인 가족이념들이 세대, 학력, 지역, 성별 등에 따라 복잡한 분포를 보이며 동시에 공존해왔다는 것이다. 사회 전체가, 가족이, 나아가 개인이 매우 다양한 가족이념을 동시에 유지하며 매우 복잡하고 미묘한 삶을 살아왔다. 개인특성별 가족이념의 분포를 보면, 대체로 나이가 적을수록, 고학력일수록, 도시에 살수록, 여성일수록 개인주의 및 서정주의 가족이념이 강하게 표출되고, 나이가 많을수록, 저학력일수록, 농촌에 살수록, 남성일수록 유교적 및 도구주의 가족이념이 강하게 나타난 것으로 보인다. 이 가운데 연령 혹은 세대에 따른 가족이념의 차이가 특히 두드러졌는데 이는 급격한 사회변동의 결과로 한국인들이 연령이나 세대에 따라 매우 상이한 사회적·문화적·경제적 환경에 노출되어왔기 때문이다. 그런데 연령은 같은 시대에 태어나 특정한 역사적 경험을 공유해온 역사적 사회집단으로서의 코호트(cohort)를 나타낼 수도 있고, 개인별 생애주기나 가족생활주기의 단계를 나타낼 수도 있다. 여기에서는 주로 전자의 측면으로 해석되었는데, 후자의 측면도 사안에 따라 중요하게 작용할 수 있다.[65]

4. 요약 및 전망

급속한 자본주의적 산업화와 도시화로 인해 운명공동체로서의 가족이 사회적 안정성을 잃어가는 바로 그 시점에서 현대인들의 가족에 대한 도덕적·정서적 통합 기능의 요구가 그 어느 때보다도 강화되고 있다. 소외, 착취, 갈등, 일탈 등으로 퇴락해가는 자본주의적 사회관계에 대응해 현대인들은 가족을 통해 그들의 도덕적 존재성을 확인하고 싶은 욕구를 키워왔다. 이러한 욕구가 충족되기 위해서 선행되어야 할 점은 가족이 사회의 혼돈과 갈등으로부터 차단된 영역으로서 제도적 자율성을 유지해야 한다는 점이다. 그러나 현대사회변동의 핵심적 측면 가운데 하나가 바로 가족이 그러한 제도적 자율성을 상실하고 탈공동체적 사회관계에 복속되는 '문화적 퇴행'(cultural involution)을 겪고 있는 것이다.[66] 따라서 현대인에게 가족관계와 가정생활의 불안정화에 따른 심리적 고통이 한층 증폭되어 느껴지게 된다.

현대인들의 이러한 고통이 학문적 분석에 힘입어 얼마나 덜어지고 있는가? 그동안 다양한 학문영역의 수많은 학자들이 현대 가족변화의 심리적 혹은 규범적 측면을 집중적으로 다루어왔다. 그중 가장 대표적인 논의를 들면 개인주의적 핵가족화의 사회적 부작용에 관한 보수적 비판론일 것이다(이 책 제7장 참조). 이 논의는 특히 1980년대부터 신보수주의 정치사조의 강화에 힘입어 사회적 영향력을 확대시켰다.[67] 주된 내용은 산업화, 도시화 등 사회구조적 변화가 개인주의적 인간관계에 기초한 핵가족을 보편화시켰으며, 그 결과로 나타난 가족의 성격과 형태는 개인들에 대한 도덕적 통제력, 물질적 부양력 등이 낮아 많은 사회문제를 유발시켰다는 것이다.

일견 상식화되다시피 한 이 논의를 이해하는 데 큰 어려움이 따르지는 않지만, 문제는 이 논의가 사회적으로 적용되는 과정에서 나타나는 정치적 효과에 있었다. 가족의 문화적 퇴행에 대한 궁극적인 원인으로서의 자본주의적 산업화, 도시화 등 사회구조적 변화는 극히 추상적인 현상이므로 가족변화에 결부된 사회문제의 책임소재를 따지는 대상에서 빠져버리곤 했다. 대신에 성격과 형태가 변화된 가족제도에 적응하느라 힘겨운 개인들이 그들의 개인주의 행태와 관련하여 사회문제의 주범으로서 비판받기 시작했다. 이러 학문적(이념적?) 논의의 결과로, 현대인들은 이미 가족을 통한 도덕적 존재성의 회복에 실패하여 얻은 좌절감이 덜어지기는커녕 오히려 가족과 사회의 퇴락에 대한 주범으로서의 비난까지 감수하게 되었다. 그러나 동시에 분명한 사실은, 한국인들처럼 가족중심적인 사고와 행동을 하는 사람들을 다른 사회들에서 쉽게 찾아볼 수 없을 정도로 한국인들은 가족에 대한 심리적 애착(혹은 집착)이 강하다. 이들이 유감스러워할지도 모를 점은, 학술토론이나 언론논평 등에서 제기되는 이기적 한국인의 가족 유기·파괴 행위를 자신의 문제로 받아들이기에는 자신이 너무나 가족에 얽매여 산다고 느껴지는 현실이다. 부유층은 부유층대로, 빈곤층은 빈곤층대로 마찬가지 느낌을 가질 것이다.

현대 한국인들이 가족에 관한 지식인들의 극히 추상적인 담화에 대해 이처럼 불만스러운 느낌을 갖는다면 그럴 만한 충분한 근거가 있을 것이다. 그러나 그들이 충실하고자 하는 가족의 실체 혹은 가족관계와 가정생활의 규범은 그들이 믿는 만큼 도덕적인 것이 아닐 수가 있다. 가족의 도덕적 실체 혹은 규범이 반드시 학계, 언론 등을 지배하는 보수적 논자들의 생각처럼 전통적 기준을 그대로 따를 이유는 없다. 그러나 현대 한국인들이 갖고 있는 가족에 대한 이해와 태도가 극도의 복잡성과 심각한 내적 모순을 갖고 있기 때문에 그들 스스로가 믿는 도덕적 기준을 따름으로써 자신, 가족, 사회에 대해 오히려 비도덕적인 결과를 초래할 수도 있다. 한국인들이 가족중심주의적일 수 있는 핵심적 이유 가운데 하나는 그들이 상정하는 가족관련 가치가 무조건 도덕적일 것이라고 억지로 믿는 태도이다. 따라서 과학적 분석뿐아니라 사회적 계도를 위해서도 한국인의 가족에 대한 이해와 태도를 구성하는 다양하고 많은 경우 상호모순적인 요소들을 구체적으로 살펴볼 필요가 있다.

본 연구에서는 현대 한국인들에게서 나타나는 가족이념을 크게 네 가지로 유형화하여 그 내용과 개인특성별 분포를 살펴보았다. 한국인들의 가족관계와 가정생활은 유교적 가족이념, 도구주의 가족이념, 서정주의 가족이념, 개인주의 가족이념의 영향을 받고 있는 것으로 보인다. 한국 가족문화의 핵심적 특징은 이처럼 다양한 가족이념들이 시기별·세대별로 순차적으로 나타나는 것이 아니고 동시적으로 나타남으로써 가족성원들 사이에 매우 복잡한 심리적 상호작용이 전개되고 있다는 것이다. 이러한 가족이념의 다양성은 한국의 사회·문화적인 압축 변동이 가족관계와 가정생활에 미시적으로 반영되어 나타난 것이다. 흔히 핵가족화 논의에서 상정되는 변화는 유교적 가족이념의 약화와 서정주의 혹은 개인주의 가족이념의 확산을 가리키는데, 그러한 전체적인 변화 방향이 어느정도 나타나는 것도 사실이지만 당장의 현실에서는 오히려 유교적·도구주의적·서정주의적·개인주의적 가족이념이 동시에 작용하면서 나타나는 개인, 가족, 사회 차원의 문제들이 중요하다.

제3부

압축적 근대성과 생애과정의 정치경제

제4장

신세대로서의 노인인구

1. 서론

한국의 65세 이상 고령인구는 2000년 7월 1일 현재 337만 1천명으로 전체 인구 4,727만명의 7.0%를 차지함으로써 유엔이 분류한 '고령화사회'(aging society)로 진입했다고 통계청이 발표했다(『중앙일보』 2000. 7. 11).[68] 30년 전인 1970년에 전체 인구의 3.1%인 99만명이 고령인구였던 것과 비교하면 절대규모나 비율에서 급격한 증가를 기록했다. 한국이 고령화사회로 진입한 시점인 21세기 첫해에 통계청은 65세 이상 고령인구가 오는 2022년에는 전체의 14.3%를 기록해 '고령사회'가 되고, 2032년에는 20%를 넘어 '초고령사회'가 될 것이라고 기록적인 변화를 예측했다. 한국이 고령화사회에서 고령사회로, 다시 고령사회에서 초고령사회로 도달하는 기간은 각각 22년과 10년으로 선진국들보다 매우 빠르다. 미국에서는 이 기간이 각각 71년과 15년이라고 하며, 스웨덴이나 프랑스 같은 서유럽 국가들은 더욱 길다. 그러나 최근 이러한 엄청난 예측조차 넘어서는 초고속의 고령화가 전개되고 있다.

쎈서스 결과에 따르면, 2000~2005년 사이에 65~69세 인구는 22.1%, 70~74세 인구는 36.4%, 75~79세 인구는 27.7%, 80~84세 인구는 42.3% 그리고 85세 이상 인구는 34.7% 증가함으로써 고령인구 규모가 가히 폭발적으로 커졌다(통계청 2006). 2005년 65세 이상 고령인구비는 무려 9.3%를 차지하게 되었다.

인류의 산업화 역사에 새로운 기록이 될 정도의 급속한 산업화 및 이에 수반한 경제성장과 도시화를 경험해온 한국사회는 고령인구의 규모와 비율 증가도 마찬가지로 빠른 속도로 경험해야 하는 상황에 돌입했다. 경제구조와 사회질서의 압축적 변화와 함께 '압축적 노령화'(compressed aging)를 경험하게 된 것이며, 이는 한국사회가 일구어온 '압축적 근대성'의 중요한 측면이 될 것이다(Chang 1999). 여느 사회에서처럼 노년기의 보편적 향유는 사회발전의 핵심적 결과로서 매우 다행스럽게 받아들일 수 있지만 급증하는 노인들이 실제 건강하고 보람있는 노년기 삶을 보낼 수 있는 여건이 마찬가지로 빠른 속도로 마련되고 있는가에 대한 근본적인 의문이 제기된다. 더욱이 초기 산업화에서부터 최근의 급속한 산업구조 재편에 이르기까지 한국의 폭발적인 경제·사회적 변화는 노인들의 지위와 역할을 어떤 사회에서보다도 빠른 속도로 퇴화시키는 성격을 띠고 있다.

급격한 경제성장과 사회변동을 겪어온 다른 여느 사회들과 마찬가지로 한국사회에서도 현대 노인문제에 대한 전혀 새로운 인식이 시급히 요구된다. 노년기의 집단적 연장은 새로운 역사적 현상이기 때문에 이 시기를 직접 체험하는 노인들이나 이를 지켜보는 다른 세대들은 새로운 인생기로서의 노년기를 사회적으로 정착시켜야 한다는 관점에서 문제에 접근해야 할 것이다. 개인적 차원에서는 노년기가 중장년에 이은 인생의 연속상황으로 받아들여지겠지만, 사회적으로는 전대미문의 거대한 고령인구의 등장이 결코 역사적 연속상황일 수 없다. 따라서 현대 노인들은 일종의 '신세대'(new generation)로서의 입장에 서 있는 것이며, 이들이 다른 세대들과 맺는 관계는 일방적인 의존이나 배제, 고립이 아니라 적극적인 상호 협력, 교류, 경쟁에 의해 특징 지어진다. 의존적 노년기는 노인들 자신에게도 그다지 즐겁지 않은 일일뿐 더러 이들을 부양하는 가족과 사회에게도 더이상 감당하기 어려운 부담인 것이다.

민주적 산업사회에서 다른 세대 시민의 대(對)국가 관계와 마찬가지로 고령인구와 국가 사이의 관계도 포괄적인 행복권 보장을 의미하는 '사회권'(social rights) 혹은 '사회적 시민권'(social citizenship)에 의해 뒷받침되어야 할 것이다. 그러나 이러한 사회권의 내용은 새로운 사회구성체의 형성을 핵심으로 하는 노령(화)사회의 정의 자체로 인해 기존의 복지국가 정책 등을 참고해 미리 확정할 수 없다. 가용한 공공재원을 활용해 단순히 고령인구를 빈곤·질병으로부터 보호해주겠다는 시혜적(보은적?) 사회정책은 재정적으로도 어려울 뿐 아니라 노령사회의 주체인 고령자(노인)를 객체화시켜 이들에 내재한 경제적 및 사회문화적 발전자원(developmental resources)을 사장시키는 부작용을 초래할 것이다. (물론 당장의 노인문제는 빈곤문제로서의 성격이 워낙 강하기 때문에 심지어 구빈(救貧)적 성격의 제한된 사회정책으로도 많은 변화를 기할 수 있는 것이 사실이다.) 노령사회는 고령자들의 활발한 경제활동 및 정치사회적 참여가 전제된 상태에서 이들의 '새로운 역사적 진입'을 다른 세대와의 발전적 공존으로 이끌기 위한 경제구조와 사회질서 차원의 변화를 모색하는 과정 자체에 고령자들이 능동적으로 참여하는 본질을 가져야 한다.

2. 산업(화)사회, 노령(화)사회

근대 산업문명은 본질적으로 '노인문제'를 내재하고 있다. 근대 산업사회에서 노인문제는 고령인구의 절대규모나 상대적 비율의 증가에 상관없이 노인 지위와 역할의 부정적 변화에 수반해 자동적으로 발생한다. 첫째, 산업화가 본격화되는 특정한 역사적 시점에서 이러한 중대한 변화에 적응하거나 참여하기가 연령적으로 어려운 특정 노인집단이 발생한다. 이 노인집단은 농업과 농촌사회가 어느정도 안정적으로 유지되는 경우에는 주로 농촌에 잔류하여 '농촌노인인구'를 형성함으로써 '농촌인구의 노령화'를 가져온다. 그렇지 못한 경우에는 노인들이 도시 빈민지대 인구의 일부를 형성한다. 둘째, 산업화의 속성이 지속적인 기술 및 산업구조 변화를 전제로 하기 때문에 이 변화에 기민하게 적응하지 못하는 낙오집단들이 양산되는데, 이들이 노령인구에 집중되기 쉽다. 이러한 낙오를 체계화시키기 위해 이른바 정년제도가 도입되었는데, 최근에는 정년제도가 오히려 일정 연령까지 도태를 유예시킨다는 판단하에 조기퇴직, 정리해고, 단기 계약제노동을 보편화시키는 움직임까지 확산되고 있다. 셋째, 이러한 산업구조의 변동과 맞물려 변화와 새로움을 이상시하는 근대적 지식·문화체계가 확립되면 고령인구는 보수성과 전통을 대변하는 집단으로 인식되어 정신적인 극복대상으로 몰리기가 쉽다. 이러한 환경에서 노인들은 더이상 젊은 세대가 계승해야 할 정신적 가치나 지혜의 담지자가 아니라 궁극적 세대교체의 대상으로 전락하게 된다. 넷째, 이상의 거시적인 변화들은 가족이 수행해오던 경제적·정치적·사회적·문화적 기능들의 상당 부분을 탈가족화 혹은 사회화시키는데 이 과정에서 노인들이 가족 내에서의 가부장적 지위를 통해 충족해왔던 다양한 욕구들을 더이상 충족하기 어려운 문제가 발생한다. 과거 노인 주도의 사회·경제 활동들은 가족을 조직적 기반으로 했는데, 가족의 기능 축소는 결국 노인의 사회·경제적 지위 하락으로 연결된다.

그런데 근대 산업문명의 역설은 이처럼 산업화의 대열에서 낙오되거나 뒤처져서 따라가야 하는 노인인구의 절대규모와 상대적 비율을 급속히 증가시킨다는 것이다. 산업화와 이에 수반한 도시화 및 경제성장에 따라 사망률과 출산율이 시차를 두고 각각 급속히 하락함으로써 고령인구의 절대규모와 상대적 비율이 일정 수준까지 지속적으로 증가하는 현상은 어떤 산업화 사회도 피할 수 없는 것이다. 이에 따라 과거에는 극소수만이 누렸던 고령기의 삶을 대다수 사회성원들이 집단적으로 영위하게 됨으로써 엄청난 규모의 새로운 고령인구가 만들어지는 것이다. 그러나 막상 수와 비율이 증가한 고령인구에 대한 사회·경제적 통합력은 이전의 농경문명에 비해 산업문명이 현격히 떨어지는 문제가 있다. 물론 전통적 농경문명이 한정된 생산력으로 인해 노인들뿐 아니라 증가하는 모든 인구를 물질적으로 부양하기 어려운 한계를 산업문명은 획기적으로 극복하기도 한다. 그러나 산업문명은 늘어난 노인들에게 중심적인 경제·사회적 역할을 부여하지 않는 근본적 속성을 갖고 있다.

한국의 압축적 산업화와 도시화는 한국인들에게 지역, 계층, 성별, 연령을 가리지 않고 중대한 영향을 주었지만 특히 고령인구에게는 능동적으로 대처하기 어려운 엄청난 압력을 가했다. 새롭게 등장하는 현대적 제조업, 써비스업에의 노인 취업 가능성은 희박한 반면에 그동안 그들이 나름대로 중심적 역할을 했던 농업은 갈수록 위축되어졌다. 그리고 농촌에 거주해왔던 대다수 노인들에게 도시공간에서의 새로운 삶은 적응하기가 무척 힘든 것이어서 희망 없는 농촌생활이라도 그대로 영위해나가야 했다.

55세 이상 고령자의 경제활동참가율은 1980년 39.5%, 1985년 39.0%, 1990년 46.3%, 1995년 48.2%, 2000년 45.5%, 2005년 44.7%였다(『한국의 사회지표 2005』, 239면). 55세 이상 고령 취업자의 산업별 분포를 보면, 1980년에 농림어업 66.8%, 광공업 6.7%, 써비스업 26.5%였으며, 이후 농업의 급속한 위축을 반영해 20년 후인 2000년에 농림어업 40.6%, 광공업 9.6%, 써비스업 49.8%이 되었다(『한국의 사회지표 2005』, 239면). 각 산업별 취업자의 55세 이상 고령자 비율은, 농림어업이 1980년 21.2%, 1985년 26.1%, 1990년 39.2%, 1995년 50.2%, 2000년 58.1%, 2003년 62.6%로 급상승해왔다(『한국의 사회지표 2002』, 188면; 『한국의 사회지표 2004』, 248면). 제조업은

1980년에 3.3%에서 1985년에 3.6%, 1990년에 5.3%, 1995년에 7.2%, 2000년에 7.1%, 2003년에 8.3%로 완만히 상승해왔다. 써비스업은 1980년 6.6%, 1985년 7.7%, 1990년 9.3%, 1995년 10.3%, 2000년 10.9%, 2003년 11.9%로 더욱 완만히 상승해왔다. 이러한 추세들을 종합해보면, 노인들은 급격한 산업화 과정에서 새로운 2, 3차 핵심산업에 진출하지 못하고 일종의 사양산업인 농업에 주로 잔류하게 된 것이다. 지역적으로는 결국 농촌에 머무르면서 경제활동 기회를 유지해왔다. 비록 최근으로 올수록 도시경제활동에 참여하는 비율이 빠르게 늘었지만 이 경우에도 원시적인 개인노동을 주로 사용하는 직업을 갖는 경우가 대부분이다.[69]

노인들의 경제적 소외는 곧 생활수준의 저하로 이어졌다. 1988년 한국인구보건연구원의 조사에 따르면, 군지역에서 노인부부가구와 노인독신가구는 각각의 월 최저생계비인 155,438원과 89,636원에도 못 미치는 140,000원과 74,000원을 월평균 생활비로 쓰고 있었다(김수춘 외 1995, 표 4-3). 중소도시지역 노인부부가구와 노인독신가구의 월 최저생계비는 각각 172,146원과 99,638원이었고, 실제 월평균 생활비는 각각 189,000원과 95,000원이었다. 대도시지역 노인부부가구와 노인독신가구의 월 최저생계비는 각각 182,146원과 105,893원이었고, 실제 월평균 생활비는 각각 249,000원과 120,000원이었다. 농촌 노인들은 최저생계비 기준에도 미치지 못하는 생활을 하였고, 대도시 노인들은 이보다 약간 나은 생활을 하였지만 어려운 상황에 있기는 마찬가지였다. 10년이 지난 1998년 한국보건사회연구원의 조사에 따르면, 월평균 가구소득이 100만원 미만인 비율이 전국 비노인가구 중에는 32.4% 였지만 노인가구 중에는 62.2%나 되었다(정경희 외 1998). 해당 비율은 농촌(군부)에서 더욱 높아 비노인가구의 43.9%에 비해 노인가구는 무려 72.2%를 나타냈다.[70]

통계청의 조사에 따르면 2003년 기준으로 60세 이상 인구의 55.7%만이 소득을 갖고 있었고, 이들을 포함해 소득에 만족하는 동연령대 인구의 비율이 10.4%에 그쳤고, 불만인 비율은 무려 다섯 배인 52.9%에 달했다(『한국의 사회지표 2004』, 231면). 30대, 40대, 50대 인구는 모두 유소득률이 70%를 넘었고, 소득 불만족도가 각각 46.6%, 50.8%, 51.6%로 나타났다. 소비생활 만족도는 더욱 낮아, 같은 해 60세 이상 인구의 9.6%만이 만족했으며, 44.1%가 불만족을 표시했다(『한국의 사회지표 2004』, 236면). 소비생활 (불)만족도는 다른 연령층과의 차이가 상대적으로 적었는데, 이는 노인들의 기대소비수준이 상대적으로 낮기 때문에 나타난 현상으로 보인다. 이러한 고령인구의 빈곤은 높은 생활보호대상자 비율로도 나타나는데 정부의 매우 보수적인 선정기준에도 불구하고 65세 이상 노인 가운데 1989년에 12.8%, 1991년에 14.2%, 1995년에 9.7%, 1997년에 8.3%, 1999년에 7.5%, 2001년 9.3%, 2004년 8.4%가 생활보호대상자로 선정되었다(『한국의 사회지표 2005』, 480면).

3. 효(孝)의 이념과 현실

한국사회는 이처럼 심각한 노인문제에 대한 대처를 전통적 문화자원에 의존해 해결하려는 시도를 해왔다. 즉 핵심 가족이념으로서의 전통적 효(孝)규범을 오늘날 젊은 세대들에게도 이어받게 해 노인문제를 가정에서 해결하겠다는 기본 입장을 정부 차원에서 고수했으며 이것이 이른바 가족중심의 한국형 복지모형의 핵심적 요소가 될 수 있다는 기대를 갖고 있었다. 이러한 정책당국의 입장에 상관없이 대다수 노인들의 현실적 생활은 부모-자녀간 상호 부양규범의 한 축인 '효행'을 통해 유지될 수밖에 없는 상황이다. 그런데 이러한 가족규범으로서의 효가 당장 노인들의 일상적 삶을 보호하는 중대한 기능을 함과 동시에 산업사회 노인문제의 근본적 성격에 대한 적절한 이해와 대응책 마련을 지체시키는 부작용을 안고 있다. 효에 대한 사회적 및 정책적 담론들이 노인문제를 가족문제로 한정시켜 보게 하고 노인들을 의존적 사회집단으로서 인식시키는 경향이 있다. 이는 가족적·사회적·국가적 차원의 적극적인 노인문제 대책을 결정적으로 지체시키고 있다. 길지 않은 노년기조차도 실제로 경험하는 인구비율이 극히 낮았고 가정과 사회의 운영에 노인의 영향력이 결정적이었던 전통시대의 규범에 대한 지나친 의존이, 대다수 인구가 급속히 연장되는 노년기를 살고 있음에도 가정과 사회에서 뚜렷한 역할을 찾지 못하는 시대에서 심각한 역기능을 초래하고 있다.

현대 한국인들에게서 가장 뚜렷하게 나타나는 가치 중 하나가 가족주의이고 가장 분명하게 공유되는 규범이 효라는 데 대해서는 이견이 있을 수 없다. 가족주의와 효는 동전의 양면 같은 것이어서 가족중심적인 사회질서가 유지되기 위해 효규범은 기능적으로 필요불가결하다(이성용 1996). 사회에서의 경쟁이 가족단위로 이루어질 때 부모의 자녀사랑(훈육), 자녀의 부모공경, 형제간의 우애 등으로 표현되는 가족성원 사이의 내부 단결은 핵심적 생존원리가 된다. 특히 자녀의 부모공경, 즉 효는 세대 사이에 불가분의 조합적 이해관계를 형성하는 이념적 및 도구적 기초가 된다. 자녀의 효행을 명시적으로 기대하지 않는 부모이더라도 기본적인 효행조차 이루어지지 않거나 않을 상황에서 자신들의 모든 이해관계를 자녀를 위해 포기할 수는 없다. 자녀의 입장에서는 자신들의 성장과 성공을 위해 부모의 자원에 결정적으로 의존할 수밖에 없는 상황에서 효행의 실천은 그러한 의존을 도덕적으로 정당화시켜줄 수 있다. 물론 순수한 효는 이러한 도구적 교환관계에 상관없이 자발적으로 이루어지는 것이어야 한다는 주장도 타당하지만, 현실적으로 대다수의 가족 내에서 부모-자녀간의 긴밀한 지원·의존관계가 이루어지기 때문에 효가 이러한 현실적 관계를 규범적으로 뒷받침하게 되는 것이다.

이러한 맥락에서 효규범은 연령, 학력, 지역 구분 없이 지배적으로 수용되고 있으며 시간이 지날수록 오히려 강화되는 양상마저 나타난다. 통계청 조사에 의하면, 효규범의 대표적 지표라 할 수 있는 부모의 노후부양에 대한 자녀들의 책임의식은 1998년에 전국적으로 89.9%였다(『한국의 사회지표 2004』, 206

146

면).[71] 이 의식은 1983년에 71.7%, 1988년에 79.3%, 1991년에 78.7%, 1994년에 87.3%였던 것을 감안하면(『한국의 사회지표 1998』, 134면), 효규범이 최근으로 올수록 오히려 강화되고 있다고 볼 수 있다. 동시에 나타나고 있는 중요한 변화는 부모의 노후부양을 장남 혹은 아들 모두가 책임져야 한다고 생각하는 비율이 점차 하락해온 데 반해, 아들·딸 모두 혹은 '능력있는 자녀'가 책임져야 한다는 비율이 급격히 높아졌다.[72] 자녀의 노부모 부양책임으로 나타나는 효규범은 전체적으로 볼 때 전혀 약화되는 조짐이 없으며 다만 시간이 흐를수록 장자 혹은 아들 중심의 효에서 모든 자녀에 의한 공동분담의 효로 성격이 바뀌고 있다. 그런데 장자 혹은 아들의 노부모 봉양은 결국 이들의 아내, 즉 자부의 주도적 역할을 뜻하는 것이므로, 이러한 변화는 결국 자부에 의한 시부모 봉양의 형태로 실현되는 효에서 아들, 딸, 자부, 나아가 사위까지 함께 참여하는 형태의 효로 바뀌고 있다는 것을 뜻한다.

이처럼 통계상으로 드러나는 한국인들의 강력한 효규범은 반드시 개인적인 성찰과 결심의 결과가 아니라 사회의 지배적 가치에 동조하려는 일반적인 태도의 반영일 수 있다. 아울러 각자가 처한 사회·경제적 현실은 의지와 상관없이 적극적인 노부모 봉양을 불가능하게 만들 수 있다. 노부모의 생계에 대한 실질적인 자녀 부양비율은 규범과는 차이가 많아, 1994년에 전국적으로 62.1%였고(『한국의 사회지표 1998』, 133면), 1998년에는 58.2%로 더욱 낮아졌다(『한국의 사회지표 2000』, 142면). 자녀 이외의 노부모 생계부양 책임자는 다름 아닌 노부모 자신이었으며, 기타 사회적 수단에 의한 해결 비율은 아주 낮았다. 60세 이상 인구의 생활비(용돈) 마련 방법을 보면, 2002년에 전국적으로 55.9%가 본인이나 배우자의 소득에 의존하고, 40.1%가 자녀나 친척에, 3.8%가 정부나 사회단체에 의존했다(『한국의 사회지표 2005』, 489면). 2005년에는 같은 비율들이 59.1%, 36.2%, 4.5%로 나타나 자녀나 친척에 의존하는 비율이 줄고, 자립하거나 공공지원에 의존하는 비율이 늘었다. 대다수 한국인들이 부모의 노후에 대한 자녀의 일반적 봉양의무를 당연시하지만 경제적 측면에서 이를 실천하는 비율은 상당한 차이가 있다. 특히 나이가 젊고 학력이 높고 도시에 사는 사람들의 노부모 가운데 생계부양을 스스로 책임져야 하는 비율이 높았다. 그리고 사회적 수단, 즉 국가의 사회보장 등은 노인들의 생계보호에 거의 도움이 되지 못했다.

이러한 맥락에서, 강한 효규범의 존속에도 불구하고 현실적인 선택에서는 현재의 노인들이나 장래의 노인들이나 독립적인 생활의 불가피성을 점차 받아들이고 있다. 위에 소개된 한국보건사회연구원의 1994년 조사에 의하면, 전체 노인 가운데 40.7%는 부부 혹은 혼자 거주하기를 희망하였으며, 지역별로는 농촌 노인의 47.3%, 도시 노인의 35.7%가 그렇게 살기를 바라고 있었다(이가옥 외 1994).[73] 좀더 최근 상황에 대한 통계청의 조사에 따르면, 향후 자녀와 별거를 희망하는 60세 이상 고령인구 비율은 2002년에 전국적으로 45.8%, 도시 48.3%, 농촌 41.3%였으며, 2005년에 전국 52.5%, 도시 52.5%, 농촌 52.6%로 나타나 드디어 도시와 농촌을 막론하고 과반의 노인들이 자녀와 따로 사는 노후를 대세로 수용하고 있다(『한국의 사회지표 2005』, 491면). 비노인층의 경우 노후에 자녀와의 동거를 희망하는 비율은 전 세대에 걸쳐 매우 낮다. 1992년의 한 조사에 의하면 노후에 자녀와 별거하겠다는 비율은 20대 75.6%, 30대 70.9%, 40대 75.1%, 50대 65.8%로 나타났다(최성재 1992). 이러한 비율이 적극적 의미에서의 독자적인 노후생활에 대한 희구를 나타내는지, 아니면 자녀에 의한 노후봉양의 현실적 어려움에 대한 소극적 수용을 나타내는지 분명히 구별하기는 어렵다. 그러나 한가지 분명한 점은 미래 노인들이 노후생활을 자녀에 의존하는 비중은 매우 낮아질 수밖에 없다는 것이다.

그런데 자녀와의 노후 별거에 대한 수용은 연령층에 따라 다른 의미를 가진다. 한국보건사회연구원의 1989년 기혼부인 조사에 의하면, 실제 시부모와의 영구동거 비율은 29세 이하 17.3%, 30~39세 16.3%, 40~49세 33.7%, 50~59세 49.6%, 60세 이상 61.1%로 나타났으며, 시부모와의 평생별거 비율은 29세 이하 65.4%, 30~39세 56.3%, 40~49세 41.8%, 50~59세 28.0%, 60세 이상 23.9%로 나타났다(공세권 외 1990). 이상의 수치들에서 알 수 있는 것은, 현재 노후 문턱에 있는 사람들 가운데 상당수가 (시)부모를 동거부양했지만 막상 자신들의 노후에는 마찬가지의 효행을 자녀들로부터 기대하지 못한다는 점이다. 이들은 자신들을 전통적 가족문화와 현대적 가족문화의 중간에 낀 샌드위치 세대로 느낄 것이며, 급격히 연장되는 노년기를 대비해 독자적인 삶을 개척할 수밖에 없음을 갑자기 느끼게 된 첫 세대인 것이다.

사실, 표면적으로는 효규범에 의해 강력히 통합되어 보이는 한국가족들의 상당수는 세대간 및 남녀간 가족관의 현격한 차이에 의해 심각한 내부갈등을 겪고 있다. 현대 한국가족의 내부에는 유교적 가부장제에 기초한 전통적 가족관, 가족성원의 경제·사회적 성공을 가족의 존속 목적으로 삼는 도구주의 가족관, 부부관계 및 부모-미성년자녀 관계를 중심으로 하는 서정주의 핵가족관, 가족을 개인들 사이의 실용적인 결합이나 소비공간으로 보는 개인주의 가족관 등이 혼재해 있으며, 세대별로 이러한 이질적인 가족관들에 대한 노출 및 수용의 정도가 다르다(이 책 제3장 참조). 현대 한국인들의 가족규범에는 한국사회가 갖는 압축적 근대성의 한가지 표현인 일종의 '우발적 다원성'(accidental pluralism)이 존재하지만 막상 이를 개방적이고 민주적으로 조율할 수 있는 가족문화가 준비되어 있지 못한 것이 한국가족의 최대 문제이며, 특히 효규범을 둘러싼 가족 내 세대간 기대수준 및 실천의지의 차이가 수많은 노인들에게 심각한 고통을 안겨왔다. 이처럼 복잡한 현실에 직면한 노인들이나 예비노인들은 (아직은 중산층에 국한된 현상이지만) 차라리 독자적인 노후생활을 설계하는 방향으로 문제를 정리해나가고 있다.

4. 개발자유주의와 고령인구

1960년대 이래 지속되어온 경제성장 지상주의적 국가발전 전략은 실제 폭발적 경제성장을 가능케 했지만 동시에 많은 사회문제들을 누적시켜왔다. 자본주의 산업화는 어느 사회에서든지 착취, 소외, 빈부격차 등 심각한 사회문제들을 초래하기 때문에 이에 따른 사회적 갈등과 정치적 대응이 불가피하며, 서구에서는 이 과정에서 복지국가가 등장했다. 자본주의 산업화를 압축적으로 경험한 한국에서는 이에 수반된 사회문제들도 압축적으로 경험할 수밖에 없다. 여기에 덧붙여 그러한 압축적 산업화와 경제성장을 가능케 하기 위해 국가에 의해 인위적으로 동원된 방법에 내재하는 사회문제들이 있다. 예를 들어, 전략적인 대기업 지원, 무자비한 노동계급 통제, 사회복지의 극단적 억제, 광범위한 환경파괴 용인 등이 1980년대까지도 이루어졌으며, 최근 경제위기 이후에 이러한 움직임들이 다시 강화되는 조짐도 보인다. 급속한 산업화와 경제성장을 위해 노동, 복지, 환경 등에 대해 취해진 이러한 극도의 보수주의적 입장을 '개발자유주의'(developmental liberalism, Chang 2006)라고 부를 수 있을 것이다.[74] 이는 한국이 그 전형으로 꼽히는 이른바 '개발국가'(developmental state)의 사회적 성격으로 규정할 수 있다. 개발자유주의는 단기간에 최대한의 산업자본주의적 축적을 달성하기 위해 제반 사회요소들에 대해 공적 투자를 철저히 억제하거나 훼손을 방임하는 작용을 하였기 때문에 심각한 사회문제들을 초래할 수밖에 없었다. 그런데 1980년대 후반부터는 서구의 (반복지국가적) 신자유주의 이데올로기까지 도입되어 개발자유주의적 발전전략의 폐해를 바로잡기 위한 정책전환을 어렵게 만들었다. 신자유주의는 한술 더 떠 사회요소들에 대한 투자를 억제할 뿐 아니라 이를 무차별적으로 상업적 이윤추구 대상으로 만드는 작용까지 하고 있다. 노인문제에 대한 정부의 정책대응도 예외없이 이처럼 집요한 보수적 (반)사회정책주의를 배경으로 이루어져왔다.

중앙정부의 전체 예산에 대한 사회보장예산의 비율은 1981년 2.4%, 1983년 3.4%, 1985년 3.2%, 1987년 3.6% 등으로 극히 낮은 수준에서 등락을 보이다 급속한 민주화 분위기 속에서 1989년 5.2%, 1992년 7.2% 등으로 상승하였다. 이후 보수적인 경제정책을 반영해 다시 반전되어 1995년 5.6%까지 떨어졌으나 경제위기를 거치며 1999년 7.3%, 2000년 9.1%, 2000년 10.8%로 급상승하였다가 2005년에 10.1% 수준을 보였다(『한국의 사회지표 2002』, 412면; 『한국의 사회지표 2005』, 466면). 이 가운데 노인복지 예산만 따로 잡으면, 전체 국가예산의 1%도 안되는 수준이 지속되어왔다.[75] 이와 대조적으로 1990년대 들어서도 보건·사회보장·복지써비스 예산의 두 배가 넘는 예산이 선진국들에서는 존재조차 불분명한 소위 경제사업에 쓰였으며, 그 다음으로 교육예산, 국방예산 등도 보건·사회보장·복지써비스 예산을 초과했다. 보건, 사회보장, 복지써비스에 대한 이같은 지출 수준은 국가예산의 절반 이상을 사회복지에 투입하는 경우도 있는 서유럽 국가들뿐 아니라 한국보다 경제적으로 뒤처져 있는 여러 개도국들보다도 낮은 수준이다(Chang 2007).

사회복지 및 노인복지에 대한 국가의 이러한 소극적 태도는 시민들의 복지에 대한 소극적 태도와 맞물려 지속되어왔다. 통계청 조사에 의하면, 노후부양이 국가의 사회보장 같은 공적 수단에 의해 이루어져야 한다는 의식은 1983년에 7.8%, 1988년에 5.0%, 1991년에 5.9%, 1994년에 2.9%, 1998년에 1.9%로 최근에 올수록 오히려 감소해왔다(『한국의 사회지표 1998』, 134면; 『한국의 사회지표 2004』, 206면). 이러한 보수성은 연령, 교육수준, 지역을 가리지 않고 비슷하게 보편적이었다.[76] 한국보건사회연구원의 조사에 따르면 65세 이상 노인들 가운데 노후생활비 마련을 국가와 사회보장제도가 책임져야 한다고 생각하는 비율이 1994년 20.5%, 1998년 25.5%로 나타났다(이가옥 1999, 표 39). 실제 국가의 사회보장을 포함한 사회적 수단은 노인들의 생계 보호에 거의 도움이 되지 못했다. 사회적 수단에 의한 노부모 생계(생활비) 해결 비율은 1994년에 전국적으로 0.3%였고, 학력별로는 초졸 이하 0.5%,

중졸 0.2%, 고졸 0.2%, 대졸 이상 0.2%였으며, 지역별로는 도시(시부) 0.3%, 농촌(군부) 0.1%였다(『한국의 사회지표 2000』, 142면). 이 비율은 1998 년에도 대동소이해 전국적으로 0.2%였고, 학력별로는 초졸 이하 1.0%, 중 졸 0.3%, 고졸 0.1%, 대졸 이상 0.2%였으며, 지역별로는 도시(동부) 0.2%, 농촌(읍·면부) 0.2%였다. 이후 기초생활보장제 도입을 반영해 동 비율이 2002년에 전국적으로 3.8%, 도시 3.7%, 농촌 4.1%로 높아졌고(『한국의 사회 지표 2004』, 497면), 2005년에는 전국 4.5%, 도시 4.5%, 농촌 4.6%로 더욱 높아졌지만 여전히 공적 수단의 기여는 미미하기만 하다(『한국의 사회지표 2005』, 489면).

정부는 전체 사회복지에 대한 것과 별반 차이 없는 무관심을 노인복지에 대해서도 보이지만, 노인문제 해결과 관련해서는 1981년 노인복지법이 제정 된 이후로 유난히 많은 정책담론을 내놓고 있다. 강력한 효규범이 시민들 사 이에 보편적으로 계승되고 있는 사회에서 국가가 노인들의 빈곤과 소외를 방치하는 인상을 주는 것은 정치적으로 바람직하지 못할 것이다. 그렇다고 본격적인 노인복지정책을 시행할 의사도 없는 상황에서 1980년대부터 본격 적으로 제기된 것이 이른바 가족복지론이었다. 가족중심의 한국적 특색을 가진 복지체계를 마련한다는 명목으로 제기된 이 주장은 실제로는 국가를 대신해서 가족이 노인복지에 대한 책임을 계속해서 떠맡아야 한다는 국가면 책론을 기저에 깔고 있었다. 김영삼정권기였던 1995년 초에 덴마크 코펜하 겐에서 열린 세계사회개발정상회의에서 한국대표단이 이른바 '가족 중심의 한국형 복지모형' 정립을 선언하여 여러 참가국들의 관심을 끌었는데, 막상 그 후속 조치로서 어떠한 가족복지 프로그램도 새로 마련된 적이 없었다. 노 인복지 문제에 대해 심각한 고민을 해오고 있는 세계 각국이 가족성원간의 강력한 부양규범을 떠받들고 있는 유교이념에 대해 상당한 호기심을 갖고 있는 터라, 한국정부의 이러한 용두사미적 행태는 실망거리가 아닐 수 없다. 그런데 정치적 구두선으로서의 가족복지론조차 김영삼정부 후반기부터는 자취를 감추고 신자유주의 색채가 짙은 이른바 '생산적 복지론'이 대두되었으며 여기에서 노인문제에 대한 관심 자체가 크게 희석되는 결과가 나타났다.

제7장에서 자세히 논하겠지만, 가족복지는 '가족에 의한 복지' '가족을 통한 복지' '가족을 위한 복지' 등으로 해석될 수 있는데, 정책담론은 명목적으로는 가족을 통한 복지를 주로 지향하는 것처럼 되어 있지만 실제로는 가족에 의한 복지를 종용하고 있는 것이다(김혜란·장경섭 1995).[77] 김동일은 가족중심 노인복지정책의 기본 원칙인 '선가정보호, 후사회복지'는 "외형상으로는 전통적 가치와 현재까지의 우리 국민들의 규범의식에 합당해서 그럴듯하게 보이나, 이것은 가족의 지원을 통한 노인복지의 제고를 꾀하는 것이 아니고 노인복지를 가족의 책임으로 전가하는 행위에 지나지 않는다"고 평가한다(김동일 1991, 54면). 이처럼 언어유희의 인상까지 주는 가족복지론은 세대, 학력, 지방을 막론하고 나타나는 강력한 노부모 부양규범과 사회복지에 대한 소극적 의식과 맞물려 나름대로 강한 영향력을 갖게 되었다.[78]

일반적으로 가족복지는 서구 복지국가들에서 아동과 여성에 대한 국가 차원의 사회보장 및 사회복지써비스를 지칭하는 데 반해, 한국에서는 주로 노인에 대한 가족 차원의 보호·부양 노력 및 이에 대한 국가의 독려를 지칭하는 근본적 차이가 있다. 그런데 노인에 대한 보호와 부양이 가족 차원에서는 주로 전통 유교이념에 기반을 두고 이루어지는 것을 감안해서 국가가 경로효친의 규범을 보존하고 확산시키기 위해 다양한 노력을 기울여왔다. 이는 사회정책 차원에서 한국의 문화적 특수성을 드러내는 것임이 분명하다. 지금은 없어진 보건복지부 가정복지과의 주요 업무가 관혼상제의 허례허식 규제와 함께 유교적 가족부양 규범의 직·간접적 권장이었다는 사실은 일종의 '국가유교주의'(state confucianism)의 표현으로 볼 수 있다. 관련하여, 매년 5월의 경로주간에는 각 시, 도, 군, 구 단위로 경로행사를 실시하는데, 여기에서 효행자 및 노인복지 기여자, 전통 모범가정, 장한 어버이 등이 표창을 받아왔다. 정부는 심지어 효행자에 대한 대학 특례입학제도를 도입할 것을 고려하기도 했다(양옥남 1999). 국가에 의한 유교이념의 강조는 박정희정권하에서 군사독재 정치를 유지하기 위해 국가에 대한 충성과 부모에 대한 효도를 등치시키는 '충효사상'으로 나타난 적도 있다. 가족복지론은 비민주적 정치질서에 이어 소극적 사회정책 기조를 연장하기 위해 유교이념을 활용하려는 수구적 노력으로 지적되지 않을 수 없다. 가족복지론과 이를 이념적으로 정당화하는 국가유교주의는 경제성장 지상주의 국정을 뒷받침해 온 개발자유주의 사회정책의 중요한 수단들이라고 볼 수 있다.[79]

5. 노인은 구세대인가 신세대인가

현대 한국의 노인문제 해결에는 전통적 노년관과 근대적(서구적) 노년관 모두 장애가 되고 있다. 전통적 노년관에서 노인은 주로 그들이 사회·경제적으로 통솔해온 가족 내에서 자녀들의 자발적 도덕심으로서의 효성에 의거하여 부양과 보호를 받는 존재로 설정되어 있다(성규탁 1995a). 그리고 근대적 노년관에서 노인은 육체적 및 정신적 노동력의 가치를 상실했으며 변화된 환경에의 적응이나 새로운 사회적 가치창출이 어려운 의존적 존재로 설정되어 있다(Cogwill and Holmes 1972). 이러한 두 가지 노년관은 일면 상호 대립적으로 보이지만 고령인구를 비생산적이고 의존적인 집단으로 설정하여 이들의 종속과 소외를 조장하는 공통점이 있다. 이른바 노인에 대한 연령차별주의(ageism)는 청장년 중심인 현대 산업문명의 특징이라고 흔히 간주되지만, 나이에 비례한 위계서열을 내세우는 전통문화 역시 역설적인 노인차별 행태를 야기할 잠재성을 갖고 있다. 즉, 전통문화에서 노인들의 사회적 지위를 도덕적 위계질서에 의해 규정하여 현실생활에서의 사회·경제적 기여도와 무관하게 우대받도록 함으로써, 결과적으로 노년기 삶의 질이 젊은 세대의 도덕적 태도의 변화에 따라 중대한 부침을 겪게 되는 것이다. 특히 별다른 경제적 자원이나 정치적 권력을 갖고 있지 못한 노인들의 경우, 한편으로 동정적 봉양의 대상이 될 수도 있지만 다른 한편으로 생활의 어려움을 덜기 위한 배제와 차별의 대상이 될 수도 있는 것이다. 노인들에 대한 이러한 배제와 차별은 사회적 혼란기나 경제적 곤궁기에 분명하게 드러난다. 한국의 과거 역사에서 고려장 풍습이 반드시 일상적인 노인 공경 문화의 부재에서 비롯된 것이 아니었다는 점이 시사적이다.

노인 공경에 관한 젊은 세대의 도덕적 태도는 현대에 들어 근본적으로 바뀔 수밖에 없다. 자신들의 사회·경제적 활동을 위해 노인에게 의존할 필요가 거의 없어진 청장년에게 노부모나 다른 노인들은 도덕적 공경의 대상이기는 하지만 더욱 중요하게는 현실적 부담의 대상일 수밖에 없다. 젊은 세대의 효규범이 희석되기보다는 오히려 강화되는 것으로 조사되고 있지만, 막상 부모와 자녀 사이의 부양·지원 문제를 둘러싼 갈등은 빠르게 증가하는 것이 현실이다. 효규범이 노부모 봉양에 대한 기대수준을 높임으로써 이를 실천하는 자녀에게나 포기하는 자녀에게나 모두 현실적인 스트레스 요인으로 작용한다. 이러한 상황에서, 상당수 노인들은 결국 재산상속을 자녀의 자신에 대한 봉양행위의 담보로 활용하는 전략을 취하게 되었다(정경희 1999). 재산상속과는 별개로 갈수록 많은 노인들과 예비노인들이 자녀의 불확실한 도덕적 봉양의지에 노후를 맡기는 것이 부질없음을 깨닫고 한편으로 자녀와의 노후 별거를 택하고 다른 한편으로 독자적 소득원을 유지하려는 태도를 보이고 있다(이가옥 외 1994). 가족 바깥에서는 노인에 대한 공경문화가 대도시를 중심으로 급속히 자취를 감추고 있으며, 이를 방지하기 위한 사회공동체나 국가 차원의 대책이 전무한 실정이다. 경제구조상으로도 과거보다 훨씬 건강한 노동력을 갖고 있는 고령인구를 적극적으로 통합할 수 있는 근본적 변화의 조짐도 찾기 어렵다. 아마도 시민들이 세계에서 가장 강력한 효규범을 갖고 있는 사회에서 막상 노인들은 가족을 벗어나면 그 존재 자체를 인정받기가 어려운 것이 현실이다.

전통적 노년관이나 현대적 노년관 모두 노인들이 삶의 방식을 설정하는 데 적절한 이론적 기반을 제공하지 못하고 있지만, 급속한 수명연장으로 노년기는 엄청난 속도로 연장되고 있다. 미래 노인들뿐 아니라 현재 노인들조차도 의존적 시기로만 살기에는 너무나 긴 노년기를 보내야 하는 것이다. 물론 상당수 노인들이 경제·사회 발전의 직접적 수혜자로서 육체적 건강과 문화적·재정적 자원을 확보하여 노년기를 나름대로 생산적이고 자율적으로 살 수 있다. 이러한 유복한 노인들의 수와 비율이 갈수록 늘어날 것이라는 낙관적 전망을 세워볼 때, 노년기에 대한 노인 자신 및 사회 일반의 관념을 새롭게 할 절실한 필요성이 있다. 노년기 이념에 대한 탈전통적(post-traditional)이며 탈현대적(post-modern)인 변화가 필요한 것이다.

이러한 인식의 전환에 관해, 라슬렛의 논의가 시사적이다. 그는 현대사회에서 개인의 삶을 제1인생기(the First Age)에서 제4인생기(the Fourth Age)까지로 나누고 노년은 제3인생기(the Third Age)를 중심으로 짜여져야 한다고 주장한다(Laslett 1989). 제1인생기는 "의존, 사회화, 미성숙, 교육"의 시기이고, 제2인생기는 "독립, 성숙, 의무, 소득, 저축"의 시기이고, 제3인생기는 "개인적 성취"의 시기이고, 제4인생기는 "최종적 의존, 노쇠, 사망"의 시기이다(Laslett 1989, 4면). 제3인생기는 흔히 직업생활에서의 은퇴와 함께 시작되며 아울러 가족부양 의무로부터도 자유로워진다. 아직 활발하고 생산적이고 건강하며, 연금 등 나름대로의 소득기반이 있는 노인들이 이 시기를 인생의 황금기로 살 수 있도록 노인 자신과 전체 사회가 함께 노력해야 한다는 주장이다. 그동안 노년은 여기에서 분류한 제4인생기의 특징을 중심으로 이해되었으며, 제3인생기의 개인적 성취는 대체로 제2인생기인 중장년의 일로 여겨졌다. 그러나 구미 선진국뿐 아니라 다수의 개도국에서도 경제발전, 건강 및 교육수준 향상, 사회·문화적 진보에 따라 독립성, 활동성, 생산성을 갖춘 고령인구가 급속도로 증가하고 있으며, 이들은 기존의 노년관을 뛰어넘는 자유롭고 창조적인 인생기를 영위할 잠재력이 있다고 한다.

이처럼 인생의 정점으로서의 제3인생기를 살기 위한 핵심적 조건으로 "주관적 나이"가 젊어야 한다(Laslett 1989, 24~27면). 인간은 "연대기적 나이"(calendar or chronological age), "생물학적 나이"(biological age), "개인적 나이"(personal age), "사회적 나이"(social age), "주관적 나이"(subjective age)를 먹는데, 이 가운데 자신의 삶에 대한 주관적 태도를 반영하는 주관적 나이가 제3인생기의 확보와 영위에 가장 중요한 영향을 미친다.[80] 따라서 제3인생기는 반드시 특정한 연대기적 혹은 신체적 나이를 가진 집단에 의해 영위되는 것이 아니다. 다만 그 규모가 갈수록 커지고 있는 연대기적 의미의 노령인구 가운데 제3인생기를 살 수 있는 신체적·경제적·문화적·심리적 조건을 갖춘 사람들이 늘어나고 있으며 또 늘어나야 한다는 것이다. 경제적으로는 연대기적 나이를 기준으로 하여 노인들을 자동 배제시키는 경직된 고용체계를 수정해야 하고, 문화적으로는 교육체계 등을 보완하여 노인들이 지속적인 지적 재충전을 할 수 있도록 배려해야 한다. 이러한 변화들과 함께, 노인들 자신은 적극적인 노년기를 살기 위한 심리적 조건을 갖추기 위해 최선을 다해야 한다는 것이다.

라슬렛의 이러한 주장은 고령인구가 급속히 늘고 있지만 그들의 신체적 건강과 물질적 안정조차도 제대로 지켜주지 못하는 한국과 같은 사회에서는 매우 낭만적으로 느껴질 수 있다. 특히 최근에 이른바 신자유주의적 경제개혁으로 중장년까지 조기퇴직에 직면한 상황에서, 노인들이 활동적이고 생산적으로 지낼 수 있도록 배려하자는 주장은 그다지 큰 호소력을 갖지 못할 것이다. 그러나 바로 이 이유 때문에라도 노년기, 나아가 은퇴기를 생산적으로 사회에 재통합할 수 있는 방법이 찾아져야 할 것이다. 더욱이, 가속도가 붙은 노령인구의 증가 추세는 노인들을 의존적 집단으로 설정하여 사회·경제적 자원을 일방적으로 투입하는 전략을 허용치 않을 것이다.

물론 노년기가 자유롭고 창조적이고 생산적인 인생의 절정기가 되어야 한다고 라슬렛이 주장할 때, 노인들의 자기부양 책임을 강화시키려는 의도가 깔린 것은 아니다. "독립, 성숙, 의무, 소득, 저축"을 내용으로 하는 제2인생기와 구분된 "개인적 성취"만을 위한 제3인생기를 '압축적 노령화사회'로서의 한국에 보편적으로 실현하는 것은 비현실적일 수 있다. 따라서 제2인생기의 특징이 다분히 가미된 제3인생기를 조성하는 것이 실질적인 선택이며, 많은 노인들 스스로가 그렇게 원할 것이다. 여기에서 우리는 연령분화(age differentiation)가 아니라 연령통합(age integration)을 기본 원칙으로 하는 노년기 확립을 추진할 필요가 있다(O'Rand 1996 참조). 노년과 청장년은 각각 소비와 생산이라는 구분된 활동영역에서 존재할 수가 없고 또 존재해서도 안된다. 결국 새로운 성격의 노년기 확립은 노인들만의 문제가 아니고 청장년을 포함한 사회 전체의 집단적 과제가 되는 것이다. 노령은 사회·경제적 배제의 근거가 아니라 새로운 방식의 사회·경제적 통합의 조건이 되는 것이며, 이를 노인과 청장년이 함께 검토해나가야 한다.

이러한 의미에서 현대의 노인들은 구세대가 아니라 오히려 이전의 어떤 시대와 어떤 사회의 노인들의 경우와도 다른 독특한 삶을 살아가야 하는 '신세대' 집단인 것이다. 노인들이 청소년과 마찬가지의 신세대인 것은, 급격히 연장된 노년기를 보람있게 살기 위한 충분한 정보나 교훈을 과거 사회에서 얻는 것이 불가능하기 때문이다. 요컨대 노인들은 새로운 실험적 사회집단으로서의 삶을 개척해나가야 하는 것이다. 이는 청소년들이 급변하는 사회환경에 노출되었을 뿐 아니라 불확실한 미래를 준비해야 하는 상황에서 기성세대의 훈육만으로 충분한 대비가 될 수 없기 때문에 갖가지 실험적인 삶을 시도해보아야 하는 것과 마찬가지이다. 따라서 노인들은 청소년과 마찬가지의 감수성을 가지고 노년기의 삶을 전개시켜나가야 할 필요가 있다. 이러한 과정을 통해서 새로운 역사적 집단으로서의 노인층은 새로운 사회의 건설을 능동적으로 주도할 수 있는 것이다.

6. 신세대 노인과 사회적 시민권

현대사회가 기술관료적 합리성이 지배하는 사회라는 프랑크푸르트학파의 지적은 한국사회에도 잘 맞아떨어지는 것 같다. 특히 박정희시대부터 지속된 경제개발 전략은 이른바 개발관료에 의한 한국사회의 총체적 관리와 변화를 가져왔다. 노인복지를 포함한 각종 사회문제들도 언젠가는 정부의 적극적인 정책영역으로 설정되어 종합적이고 진취적인 대안 마련이 가능할 지도 모른다. 정부에 의한 노인문제의 기술적 해결은 대학, 연구소, 기업에 속한 복지전문가들의 자문과 참여에 의해 촉진될 수도 있다. 아울러 노인문제에 관심을 갖는 민간복지단체들과 사기업들이 정부의 노인복지 프로그램을 보완하는 다양한 전문적 복지써비스를 제공할 수도 있다. 특히 상당수 사기업들은 이른바 씰버산업(silver industry)을 미래 유망산업의 하나로 상정하고 매우 공격적인 상품개발에 이미 나서고 있다.

그러나 적어도 당분간은 노인문제의 기술(행정)적 해결 가능성이 두 가지 문제에 의해 근본적으로 지체될 것이다. 첫째, 관료, 정치인, 시민들의 사회복지 일반에 대한 공통적인 소극성이 문제가 된다. 특히 개발자유주의 경제성장 시대에서 신자유주의 구조조정 시대로 이어지는 경제 일변도의 국정운영에 푹 젖어 있는 한국의 행정관료들이 언제부터 사회정책에 대한 새로운 이해와 각오를 다지게 될 것인지 예측하기는 불가능하다(Chang 2006). 물론 기성 정치인들 가운데에서도 이러한 변화의 조짐을 쉽게 발견하기가 어려울 것이며, 사회복지에 적극적인 혁신정당의 집권 가능성은 거의 무망하다. 일반 시민들의 경우에도 사회복지에 대한 보수적인 관념을 버리고 '사회적 시민권' 차원의 적극적인 이해를 갖는 데에는 상당한 시간이 걸릴 것이다. 1990년대 중반 이후 정부, 정계, 언론 등의 합의 속에 사회복지의 기조처럼 되고 있는 이른바 '생산적 복지론'은 특히 고령인구에 불리하게 작용하고 있다. 위에서 지적한 대로 전통적 및 현대적 노년관이 모두 노인을 비생산적 존재로 설정하고 있기 때문에 노인복지에 대한 재정지출을 비생산적 투자로 인식하는 경향이 정부 안팎에 존재하기 때문이다.

둘째, 노령화사회의 새로운 특성에 대한 인식의 지체가 적극적이고 혁신적인 노인정책의 확립을 어렵게 만들고 있다. 일반 시민들이나 대중매체나 행정관료들이나 심지어 상당수 학자들까지도 노인문제를 과거의 틀, 즉 가족부양체계 속에 놓고 인식하려 들고 있다. 그러나 앞으로의 노인문제는 역사상 전혀 새롭게 형성되는 사회집단의 부양과 활동에 관한 것이기 때문에 이에 대한 철저한 이해가 선행되어야 효과적인 노인복지정책이 기대될 수 있다. 만일 인식의 근본적 전환이 이루어져 생산적이고 참여적인 노년기 확립에 대한 합의가 노인, 국가, 사회 사이에 이루어진다면 위에서 거론한 생산적 복지론도 반드시 노인들에게 부정적으로만 작용하지는 않을 것이다.

만일 정부에 의한 선도적인 노인정책을 당분간 기대할 수 없다면 사적 부양수단마저 확보하기 어려운 곤궁 노인들은 '사회적 시민권'의 보장 차원에서 적극적인 정치투쟁을 전개해나가야 할 것이다.[81] 특히 노인들은 아동, 청소년과 달리 투표권이 있기 때문에 그들의 관심사를 적절히 조직화할 수만 있다면 정부와 정당에 중대한 정치적 압력을 행사할 수 있다. 고령인구의 비율이 상당히 높은 미국 같은 나라들에서는 노인들 표를 의식해 노인복지 예산이 지속적으로 늘어나고 있으며, 반면 투표권이 없는 아동에 대한 복지지출은 상대적으로 위축되는 결과까지 나타났다. 한국에서도 일부 노인단체들을 중심으로 노인들의 정치적 압력집단화 현상이 서서히 나타나고 있다.

이러한 정치적 변화는 인구 노령화가 진행되는 어떤 사회에서도 보편적으로 나타나며 또한 한국사회에서도 나타나야 할 것이지만 미래 노인문제의 철저한 해결과 관련하여 몇가지 한계점들이 노정되어 있다. 첫째, 직업, 계층, 지역, 교육, 성별, 연령, 혼인 등과 관련한 고령인구의 내부적 복잡성으로 인해 정치적 조직화의 안정된 기반을 유지하기가 어렵다. 이 경우 노인들의 정치적 조직화가 일부 활동적 인사들을 중심으로 이루어지고 이들이 다른 복지부문에서처럼 사회·경제적 혜택을 독점하는 복지귀족화할 가능성을 경계해야 한다. 둘째, 노인복지 확충에 대한 요구가 아동복지, 장애인복지 등 다른 복지수요를 위축시키는 제로썸(zero sum)의 상황을 야기함으로써 궁극적으로 이들 사이의 정치적 갈등이 발생할 가능성이 경계되어야 한다. 이 문제는 한국처럼 국가의 전체 사회복지 예산이 매우 제한되어 있는 경우에 특히 심각하다. 셋째, 노인복지 지출의 확대로 추가 납세부담이 생길 젊은 연령층으로부터의 반발 가능성에 대비해야 한다. 한국은 급격히 늘어나는 노인복지 비용을 미리 적립하지 못해 현재의 젊은 인구에게 그 부담을 지우고 있는데 최근의 경제위기는 이러한 세대간 소득이전체계를 매우 불안정하게 만들고 있다. 넷째, 노인복지 예산이나 프로그램의 단순 확대가 노인들의 삶의 질을 반드시 향상시킨다는 보장이 없기 때문에 정책입안 및 집행 과정에 노인들이 직접 참여하여 관료들의 타성이나 이해관계를 허물어뜨리는 투쟁적 노력을 펼쳐야 한다. 노인문제의 정치적 해법에 관련된 이러한 어려움들이 극복되더라도 미래 고령사회의 과제들이 근본적으로 해결되는 것은 아니며 궁극적으로 사회적 접근이 병행되어야 한다.

노인문제에 대한 사회적 접근의 필연성은 우선 노령화사회가 이전의 사회와는 본질적으로 다른 성격을 갖고 있다는 데서 찾을 수 있다. 대다수 사람들이 70대, 80대, 심지어 90대까지 생존하게 되면, 거대한 규모의 새로운 인구집단의 존재로 인해 사회 전체가 중요한 체질 변화를 겪을 수밖에 없다. 첫째, 노인들의 입장에서 볼 때, 급격히 연장된 노년기를 보람있게 살기 위해 과거로부터 충분한 정보나 교훈을 얻는 것이 불가능하기 때문에 새로운 실험적 사회집단으로서의 삶을 개척해나가야 한다. 둘째, 거대한 고령인구의 존재는 아동, 청소년, 청년, 중장년 세대의 삶에 직·간접적인 영향을 미치기 때문에 사회집단들 사이에 새로운 관계들이 배태될 수밖에 없다. 셋째, 고령인구의 수적 팽창에 비례해서 그 내부적 다양성이 지금까지와는 비교가 안될 정도로 강화될 것이므로 서로의 사회·경제·문화적 차이점들을 인정하면서도 공동체적으로 통합하는 노력이 노인들 자신에게 필요하며 사회와 국가는 이를 적절히 지원해야 한다. 넷째, 노령화사회는 인구구조뿐 아니라 궁극적으로 경제구조와 사회구조까지 총체적인 변화를 가져오기 때문에 이를 종합적으로 이해하고 국가와 사회 차원의 대응책을 마련하기 위한 새로운 사회이론과 정책이념이 필요하다. 새롭게 전개되는 초고령자들의 집단적 노년기를 포함해 사회 전체가 겪어야 하는 변화들에 대한 지적인 대응이 노인집단뿐 아니라 범사회적 차원에서 이루어져야 하는 것이다. 여기에서 자세히 다루지는 못하지만 이러한 과제는 노령(화)사회에서 문화정책의 핵심이 되어야 할 것이다.

　모든 민주적 산업사회에서 다른 세대와 국가 사이의 관계와 마찬가지로 고령인구와 국가의 관계도 포괄적인 행복권 보장을 의미하는 '사회권' 혹은 '사회적 시민권'에 의해 뒷받침되어야 한다. 그렇지만 새로운 사회구성체의 형성을 핵심으로 하는 노령(화)사회의 정의 자체를 감안하면, 이러한 사회권의 내용을 기존의 복지국가 정책 등을 참고해 미리 확정하는 것이 불가능하다. 복지국가 경험이 일천한 한국과 같은 사회에서는 더욱 말할 필요가 없다. 확보한 혹은 확보될 공공재원을 바탕으로 고령인구를 빈곤과 질병으로부터 단순 보호해주겠다는 사회정책은 재정적으로도 지탱하기 어렵고 나아가 노령사회의 주체인 고령자(노인)를 객체화시켜 이들이 가진 경제적·사회문화적 발전자원을 사장시키는 문제를 일으킬 것이다. 노령사회는 고령자들의 활발한 경제활동과 정치사회적 참여를 전제한 상태에서 이들의 '새로운 역사적 진입'이 다른 세대와의 발전적 공존으로 이어지도록 경제구조 및 사회질서의 변화를 모색하는 과정 자체에 고령자들이 능동적으로 참여할 수 있어야 한다. 마셜(Marshall 1964)의 지적처럼 사회권은 역사적으로 공민권과 정치권의 순차적 확립을 전제로 한 개념(이념)으로서 그 내용의 구성에 있어 시민들의 활발한 사회적 토론과 정치적 참여를 당연한 기초로 한다. 노령사회만큼 사회권의 이러한 전제조건이 필수적인 경우는 드물 것이다.

제5장
청소년기의 사회각축장화

1. 서론: 개발패러다임의 전환과 청소년기

　20세기 후반에 한국인들이 추구한 산업문명은 농민 인구의 도시노동자 인구로의 대전환을 요구했고 아울러 지속적 산업발전(고도화)을 위해 대대적인 공교육 확대를 필요로 했다. 이 과정에서 청소년 표준형은 농가의 보조 노동력에서 도시노동자 가정의 피부양자 학생으로 전환되었다. 아동은 물론 청소년도 노동인구로서의 성격을 벗고 가족의 물적 지원을 받아 주로 학업에 매달리는 의존적 집단이 되었다. 소득원에서 소비자로의 청소년의 지위 변화는 곧 각 가족의 경제적 부담 급증을 의미했지만 다행히 급격한 소득상승을 경험한 대다수 가족은 여유소득의 최대 용처로 자녀 부양·교육을 선택하는 데 주저하지 않았다. 교육, 특히 입시준비 위주로 국가와 가족에 의해 설정된 청소년기는 급속한 경제성장의 과정에서 학력에 비례한 고용과 소득 기회가 창출되면서 나름대로 기능성과 정당성을 유지할 수 있었다.
　그러나 최근 들어 경제성장세의 둔화 및 상시적 구조조정의 여파로 교육수준에 상관없이 취업난이 심화되고 있고, 급증한 빈곤계층은 그나마 자녀의 교육까지 포기하는 경우가 늘어나고 있다. 이처럼 교육을 통한 청소년기 관리체제의 위기는 청소년 문화환경의 상업화 및 청소년의 인터넷 공간 주도 현상과 맞물려 학교로부터 거리 및 싸이버공간으로의 청소년 집단탈주로 이어졌다. 이른바 민주정부들은 이러한 변화에 대해 학교의 권위 회복이라는 차원에서 보수적으로 접근하기보다는 교육의 개방성 강화, 청소년 인권 보호 등 개혁적 목표들을 접목시키려 함으로써 문제는 더욱 복잡한 양상을 띠게 되었다. 이러한 일련의 변화를 감안할 때 한국의 청소년기 현상에 대한 좀더 역사적이고 구조적인 접근, 특히 한국의 '압축적 근대성'에 결부된 분석이 시급히 요구된다.

산업화시대에 청소년기 관리를 위해 국가-학교-가족이 연대해 이끌어온 지식주입체계로부터 국가, 학교, 가족은 각각 나름대로 만족할 만한 성과를 거두어왔다고 자평할지 모른다. 경제성장 지상주의 국정을 펴온 국가지도자들 입장에서는, 결과적으로 한국경제의 눈부신 발전이 이루어졌고 이를 우수한 인적자원이 뒷받침했으며 인적자원의 우수성은 교육체계가 웬만큼 작동했음을 증명하는 것이라고 치부할 수 있다. 국가와 가족으로부터 청소년기 관리의 전권을 위임받고 권위주의적으로 지식 주입을 수행해온 학교는 이러한 국가의 만족을 함께하는 한편, 그동안 교육현장에서 행사해왔던 절대적 권위 자체가 흡족했을 것이다. 가족(부모)은 자녀가 일류 상급학교에 진학하고 졸업 후 좋은 직장을 얻는 경우는 말할 것도 없고, 그렇지 않더라도 배움 자체의 가치를 공유할 수 있고, 어쨌든 대개의 경우 자신보다 자녀가 학력이 높고 경제사정도 나아진 점에 만족할 것이다. 이러한 국가, 학교, 가족의 만족감을 고려하지 않으면 주입식 교육체계와 이에 결부된 극한 입시경쟁이 수많은 개인(청소년)적·사회적 부작용에도 불구하고 수십년간 지속되어온 사실을 제대로 설명할 수 없을 것이다.

그러나 학교를 주축으로 한 국가-학교-가족의 동맹적 청소년기 관리체게는 세기말의 급격한 경제적·사회적·정치적 변화의 격랑 속에서 심각하게 약화되기 시작했다.[82] 총체적 국가경제 위기를 주로 기업들의 고용조정(정리해고)을 통해 해결하고 이후 부분적 경제회복세는 비정규직 인력을 보충해 뒷받침함으로써 청년들은 인고의 교육투자에 대한 경제적 보상 대신에 장기적 실업과 고용불안을 감내하도록 요구받게 되었고 청소년들 사이에서는 공교육을 통한 미래 개척에 대한 회의감이 확산되었다. 반면에 경제위기 극복을 위한 새로운 산업정책으로서의 정보화는 인터넷 등 새로운 정보통신 공간의 확산을 통해 청소년들에게 주도적 소비집단(윤철경 2003), 창조적 문화집단(박진규 2003), 진보적 정치집단(최장집 2002b)으로서의 입지를 마련해주는 결과를 가져왔다. 청소년기에 대한 사회적 관리체계 혹은 정체(政體, regime)의 근본적 변화가 진행되어온 것이다. 이러한 청소년의 새로운 입지 확립은 청소년기에 대한 학교의 영향력 축소로 귀결됨은 물론이다. 청소년의 정치사회적 주체화로 지지기반 확대의 혜택을 입은 진보적 집권 정치세력들은 정보통신공간의 청소년(기) 지배에 대해 표면적으로는 방임적 입장을, 실질적으로는 보조자적 입장을 취해왔다. 나아가 민주정부들은 청소년 교육에 있어 개방성과 민주성을 강조함으로써 학교를 경제개발의 핵심적 도구로부터 사회민주화의 주요 대상으로 새롭게 설정하기에 이르렀다.

이처럼 개혁적인 정치사회적 변화를 가져온 정보화 프로젝트는 애초에 국가(정치세력)와 해당 산업의 기업들뿐 아니라 보수적 언론매체들까지 가세해 국가-기업-매체의 삼각동맹체제를 형성하여 주로 경제발전의 새로운 원동력 발굴 차원에서 추진되기 시작한 것이다. 한 보수신문이 내걸었던 "산업화는 늦었지만 정보화는 앞서가자"라는 구호는 정보화에 관한 이러한 보수적 삼각동맹의 정서를 잘 드러냈다고 볼 수 있다. 이러한 보수연대의 개발사업으로서 정보화가 단순히 경제성장력의 발굴을 넘어 정치·사회 질서의 개혁적 재편이라는 의도되지 않은 중차대한 변화로 귀결된 현상을 설명하기 위해서는 청소년(기)에 대한 국가, 기업, 매체의 입장과 활동이 정보화로 인해 어떠한 질적 변화를 거치게 되었는지가 종합적으로 파악되어야 한다.

이 장은 한국의 청소년기를 근대성, 특히 한국 특유의 '압축적 근대성'을 배경으로 하여 가족과 사회에서 청소년 지위의 구조적 전환을 중심으로 분석하고자 한다.[83] 압축적 근대성이란 단순히 근대화의 급속성만을 지칭하는 것이 아니고 시간적·공간적으로 이질적인 문명원리들이 공존하며 상호작용을 통해 새로운 제도, 관계, 이념을 만들어내는 복합적 과정을 내포한다. 한국사회에서 압축적 근대성은 청소년기의 사회적 각축장(socially contested terrain)화를 야기했으며, 이로 인해 주류사회 및 정치적 담론에서 청소년 문제는 정면으로 다루어질 수 없으며 또 체계적으로 다루어지기도 어렵다. 가족, 국가, 학교, (상업자본을 포함한) 산업자본, 매체, 시민사회, 심지어 국제적 지배권력들은 각자의 이해관계와 활동여건에 맞추어 동서고금의 청소년기 이념을 취사선택하거나 새로운 청소년 이미지를 창안하여 청소년들에게 전파하거나 강요해왔다. 흔히 세대갈등으로 묘사되는 문제들 중 상당 부분은 청소년들 자신의 의지나 행동과는 무관하게 조성된 청소년 문화를 전제로 한다. 따라서 청소년 문제의 근본적 접근은 주류 사회집단들의 자기 해부와 비판을 요구한다. 그리고 주류 사회집단들 역시 청소년과 마찬가지로 급속한 환경 및 성격 변화를 겪어왔기 때문에 그들의 필요로 선택·형성·퇴조되는 청소년기 이념들 역시 급속한 변화를 겪지 않을 수 없다.

2. 청소년기와 근대성

한국인들에게 20세기는 삶의 모든 영역에서 격변의 연속이었으며 치열한 생존과 적응 노력의 결과로 압축적인 경제·사회 발전을 이룩했다. 이러한 역사적 변화에 대한 이해가 성인 중심으로 치우쳐 있는 것은 반드시 사회에서 성인집단의 지위가 지배적이기 때문만은 아니다. 사회과학과 역사학의 성인 중심성은 비단 한국적 현상이라고 할 수는 없지만 그 정도가 사회질서의 성인 중심성만큼이나 과도하다. 따라서 보다 균형잡힌 20세기 한국사를 제시하기 위해서는 청소년의 관점과 경험을 체계적으로 이해하는 노력이 반드시 필요하다. 청소년들이 거시적 사회·문화·경제·정치의 변동에 어떤 영향을 받았고 어떤 기여를 했는지 그리고 이 과정에서 어떤 생각을 했는지를 빠뜨린 한국 사회과학과 역사학의 한계는 심각하다.

아동과 여성 등 사회적 약자에 대한 무자비한 노동 착취로 시작한 서구의 산업화는 산업기술의 고도화, 잉여노동력 증가, 가구소득 향상, 정치·사회적 민주화 등의 추세와 맞물려 성(性)영역과 생애단계에 관한 새로운 사회규범들을 만들어내기 시작했다. 아동은 여성과 함께 산업현장의 착취로부터 보호되어야 한다는 명목 아래 가정 속으로 격리되었으며, 이후 학교교육 및 심성보호 기간의 연장에 따라 십대 청소년들에 대해서까지 아동기적 보호를 위해 사회로부터의 각종 격리조치가 확산되었다(Sommerville 1990; Mitterauer 1992). 이에 따라 정신적·육체적인 미성숙성(미성인성)을 객관화된 기준에 의해 개별적으로 입증하는 절차를 생략한 상태에서 청소년들은 문화적·사회적·정치적·법적 개체성을 부정당하며 국가, 사회, 부모에 대한 의존적 지위에 만족해야 하는 상황에 놓여왔다(Mitterauer 1992). 특히 청소년들의 '정신적 미성숙성'을 성인들은 종종 심미적 혹은 감성적 가치로서 희화화(戱畵化)하여 부양과 보호의 대가로서 즐겨왔다(Sommerville 1990). 청소년들의 정신적 미성숙성과 밀접히 관련되는 '도덕적 타락'은 성인들의 우월적인 정치·사회·경제적 지위를 정당화하고, 권위주의적 청소년 통제를 제도화하는 근거로 이용되었다(Lasch 1977). 20세기 후반 들어서는 대학교육의 대중화와 이에 수반한 부모에 대한 의존기간 연장 및 사회진출 지연으로 심지어 20대 청년들까지도 여러 측면에서 성인 자격을 부정당하고 청소년 취급을 받는 실정에 처해 있다.

이처럼 인위적으로 격리되고 의도적으로 망각된 (탈)사회적 존재로서의

청소년들이 중대한 사회적 파장을 미치는 개별적 혹은 집단적 행동을 하고
나서면 갑자기 사회는 이들을 '신세대'로서 재발견하고 대중매체와 학계는
다분히 흥미 위주의 분석과 가부장적 계도에 나서곤 한다. 이러한 세대차별
적 근대성은 청소년들, 나아가 청년들에게 자유보다는 소외를, 평등보다는
피지배를, 경우에 따라 심지어 복지보다는 착취로 귀결되었다는 비판이 있다
(예를 들면 MacDonald ed. 1997). 그리고 이러한 비판을 반영해 학교교육, 가족
관계, 문화환경 등을 개혁하려는 사회 · 정치적 노력들이 전개되기도 한다.

다양한 청소년 문제나 청소년기 현상에 대해 그동안 국내 학계도 나름대
로 연구를 진행해왔지만, 대중매체 등 사회 각계가 앞장서서 '신세대' 현상
을 매우 선정적이고 다분히 과장된 내용으로 취급해왔다. 그러나 여기에서는
한국사회를 대상으로 '청소년기의 정치경제'를 검토하여 한국인들이 일구어
온 압축적 근대성의 복잡성이 청소년기에도 그대로 반영되어 있음을 밝힐
것이다. 한국의 청소년기는 청소년들이 일상 시간을 보내는 가족, 학교뿐 아
니라 정치권력, 산업자본, 대중매체, 나아가 국제적 지배세력의 이해관계와
이데올로기가 복잡하게 뒤얽혀서 사회적으로 구성되고 역사적으로 변화해왔
다.[84] 청소년들은 자신의 삶이 격렬한 사회각축장이 된 현실에 직면해 개인
적 · 집단적 차원에서 나름대로 강력한 대응을 함으로써 때로는 기성사회의
지배질서에 중요한 변화를 초래하기도 했다.[85] 청소년기가 이처럼 '사회화'
되었음에도 불구하고 한국의 가족(부모)들이 청소년 자녀의 삶에 과도하게
개입하는 경향은 자녀의 청소년기를 통한 또다른 사회적 경쟁행위로 이해할
수 있다. 아래에 자세히 논하듯이, 청소년기가 청소년 자신을 포함해 가족,
학교(국가), 산업자본, 대중매체, 국제적 지배세력 사이에 벌어지는 치열한
경쟁과 갈등을 담아내는 사회각축장이라는 인식이 없으면 청소년문제에 대
한 본질적 이해는 물론 사회질서 전반에 대한 균형잡힌 설명도 불가능하다.

근대화가 진행된 많은 사회에서 청소년 지위 변화의 핵심은 이들이 전통
농가의 도제라는 위치에서 벗어나 산업자본주의 시민사회에서 어떠한 역할

168

을 맡는가 하는 문제이다. 따라서 청소년-가족-사회의 복합적 관계가 어떻게 재편되어왔는지를 체계적으로 이해하는 것이 중요하다. 그런데 한국의 근대화 과정은 궁극적으로 가족중심적 정치경제체제를 확립하는 방향으로 진행되어왔기 때문에(Chang 1997a), 청소년문제도 고전적 근대화론의 관점에서 청소년의 사회화 혹은 탈가족화에 촛점을 맞추어서는 현실에 다가서기 어렵다. 물론 근대화론의 한 분파로 아동 및 청소년에 대한 가족의 정서적·물질적 보호기능 강화라는 명제를 강조하는 일군의 연구들이 이루어졌지만, 이 명제가 청소년의 사회적 지위에 대한 가족의 영향력 상실을 부정하는 것은 아니다. 한국 청소년기의 근대적 변화는 가족제도와 정치경제체제의 매우 복잡한 상호작용을 직·간접으로 반영해 극도로 복합적이고 격동적이었다. 이러한 변화를 산업화 이후의 시기에 한정해 단순화시킨다면 다음의 현상들이 전개되었다고 할 수 있다.

• 도시화에 따른 부모-자녀 관계의 전환: 1960년대 중반 이후 본격적 산업화에 수반된 급격한 도시화에 따라 농가의 부모와 자녀 사이에 분거가 갑자기 확산되었다. 전통적으로 농가의 보조노동력이었던 농가 청소년들은 취업·교육을 위해 도시로 떠남으로써 정신적·물질적 독립의 시기가 앞당겨졌다. 계층에 따라 도시에 취업한 자녀가 농촌의 부모형제를 지원하거나 반대로 농촌 가족이 도시에 취학·취업한 자녀형제를 보조하는 경우가 많았지만 장기적으로 볼 때 일상적 상호부양의 전통적 세대관계는 구조적으로 약화될 수밖에 없었다(권태환·장경섭 1995).

• 가족경제의 축적기반 전환: 지속적 산업화 과정에서 도시산업 중심의 경제구조가 확고해지고 농민경제의 전반적 희생 및 퇴조가 대세처럼 되자 대다수 한국인들은 가족 차원의 경제적 축적기반을 노부모 중심의 농업에서 자녀 중심의 도시상공업으로 전환시켰다. 이에 따라 초기 도시화 과정에서 나타났던 도시 취업 자녀의 농가에 대한 소득(생활비)보조 역할은 급속히 쇠퇴하고 역으로 도시 이주 자녀의 교육·훈련비, 주거비, 생업밑천 등의 보

조를 통해 농가 경제자원의 도시 유입이 가속화되었다. 그 결과 농민경제는 침체가 심화되었으나, 도농복합적 나아가 도시중심적 축적구조를 지향한 각 가족경제는 학력, 직업, 계층에 따라 폭발적 성장이 이루어졌다(장경섭 1995).

• 도시노동자 가족에서의 아동·청소년기 규범 형성: 도시에 이주하여 자립한 노동자가족 내부에서는 공교육의 확대에 맞물려 의존적 아동기 및 청소년기 규범이 거의 순간적으로 보편화되었고, 심지어 대학교육의 실질적 대중화에 따라 의존적 청년기 규범이 중산층을 중심으로 빠르게 확산되었다. 의존적 청소년기 규범은 심리적 차원에서 한편으로 청소년에 대한 심성보호의 강조로 이어지고 다른 한편으로 부모의 정서적 보상의식의 확대로 이어졌다. 이러한 가족문화의 변화는 서구 중산층 핵가족 문화를 표준가치로 전하는 대중매체와 학술담론에 의해 촉진되었다(장경섭 1991).

• 교육기간의 연장과 계층 대물림: 대외의존적 혹은 대외모방적으로 급속한 경제발전과 정치·사회 근대화를 추진하는 과정에서 선진국 지식의 집약적 활용 필요성이 대두되면서 주입식 교육체제의 확립과 함께 교육기간의 지속적 연장이 이루어졌다. 각 가족 차원에서는 교육을 세대간 계층상승의 핵심적 통로로서 인식함으로써 교육기간의 연장에 강력히 동조했다. 교육기간의 연장은 국가 차원에서도 교육투자의 확대를 요구했지만 앞서 지적한 대로 각 가정에 학업기간이 늘어난 자녀에 대한 재정지원 확대를 요구했다. 만일 국가 차원에서의 교육투자 증가가 원활히 이루어지지 않는다면 각 가족은 이른바 '지불유예기'가 늘어난 자녀에 대한 심각한 교육비 부담 증가를 겪을 수밖에 없는데, 이 가능성은 그대로 현실이 되었다. 이 과정에서 계층간 경제력 차이가 교육을 통해 대물림될 위험성이 제기되어왔는데, 이는 산업화 및 근대화의 속도에 비례하여 심화될 수밖에 없다(장경섭 2003).

• 신소비계층으로서의 청소년 등장: 고도 산업화 이후의 지속적인 경제성장 필요성은 내수기반의 획기적 확대, 대중문화산업을 위시한 신써비스산업의 육성, 정보통신산업 발전을 위한 정보화 촉진 등을 위한 정책적 대응을 요구

했고, 관련된 경제정책과 기업활동의 핵심 대상집단으로 청소년이 떠올랐다. 한국 청소년이 세계시장을 선도하는 한국 정보통신산업의 중심 소비집단이라는 것은 이미 상식이고, 아시아 전역에서 한류(韓流) 열풍을 일으키고 있는 영화, 대중음악 등 한국의 대중문화산업도 청소년 소비자들에 의해 일차적으로 지탱되고 있다. 기타 전통적 의류·전자 산업 등도 청소년 집단의 기호를 일차적으로 고려하기 시작했다. 심지어 내수기반 확충을 위한 신용카드 보급도 특히 청소년·청년들을 대상으로 집중 시도된 바 있다. 이에 따라 청소년들이 갑자기 한국경제의 주류 소비계층으로 떠올랐지만, 그 이면에 부모의 과도한 경제적 부담, 빈곤계층 청소년의 박탈감과 일탈, 청소년 노동과 성의 착취 등 갖가지 부작용이 배태되었다(박진규 2003).

• 청소년의 분리·고립주의: 청소년들은 적어도 가족 밖에서는 '세대관계 경험의 세대차이'로 인해 집단적으로 매우 분리주의적인 정치행태를 보이거나 개인적으로 매우 고립주의적인 생활행태를 보이며, 이러한 행태들은 다시 세대간의 정치적 대립과 문화적 단절을 심화시켜왔다. 분리주의적인 정치행태는 특히 인터넷 가상공간의 장악을 통해 실현되어왔는데, 경우에 따라 축제성을 띤 물리적 행사를 통해 이루어지기도 한다. 고립주의적 생활행태는 가출, 자살, 그리고 성인기에 접어들어 만혼, 독신, 이혼, 저출산, 무자녀 규범의 확산을 통해 드러나는데, 특히 자기 책임에 의한 세대관계의 확장에 매우 소극적인 성향이 나타나고 있다(박진규 2003).

청소년들의 가족관계와 사회적 지위에 관한 이상의 숨가쁜 변화들을 고려할 때, 한국인들의 청소년기에는 말 그대로 압축적 근대성이 체현되어 있다고 할 수 있다. 불과 반세기 동안에 청소년기는 전통적 유형에서 근대적 유형을 거쳐 탈근대적 유형으로, 혹은 농경사회적 유형에서 산업사회적 유형을 거쳐 탈산업사회적 유형으로 변화해왔다. 그러나 이러한 변화가 서구의 앞선 변화를 단선적으로 반복한 것은 아니다. 특히 산업자본주의 질서의 형성과정에 가족이 경제·사회·정치적 경쟁단위로서 행사한 결정적 영향력은 청소년기에 대한 한국가족의 독특한 지원·관리·통제 기능으로 뒷받침되어야 했다. 또한 청소년기에 탈산업사회적 혹은 탈근대적 변화가 체현되는 과정은 한국 청소년들이 국가와 산업자본의 전략적 지원(유혹?)을 바탕으로 정보화의 핵심 주체로서 세계를 선도하는 지위를 구가하고 있다는 사실과 밀접히 접목되어 있다. 한국 청소년기의 역사적 특수성을 이해하기 위해서는 단순히 그 사회적 성격의 변화속도에만 집착해서는 곤란하다. 한국의 청소년기는 청소년 자신을 포함해 가족, 학교(국가), 산업자본, 대중매체, 국제적 지배세력 사이에 벌어지는 치열한 경쟁과 갈등을 담아내는 사회각축장이었다. 이러한 인식이 없으면 청소년문제에 대한 본질적 이해는 물론 사회질서 전반에 대한 균형잡힌 설명도 불가능하다.

3. 산업화시대의 삼각동맹과 학교의 전성시대

'공부지상주의자'로서의 현대 한국인들이 청소년기 자녀의 관리를 학교교육(공교육)에 일임했다는 것은 곧 국가가 청소년기에 대한 주도적 통제권을 행사해왔음을 의미한다.[86] 따라서 국가의 청소년정책이 갖는 중요성은 그 어떤 사회보다도 심대하다고 볼 수 있다. 그러나 정치민주화 격랑이 일어난 1980년대 중반 이전까지만 해도 대한민국 정부는 청소년에 대한 일부 정치·사회적 통제장치 외에는 유의미한 청소년정책을 갖고 있지 않았다(김만오 2002). 보는 측면에 따라, 청소년정책이 없었다기보다 학교교육 일변도의 청소년정책을 펴왔다고 평가할 수도 있다.[87] 따라서 학교는 부모들로부터 청소년기 관리권을 통째로 넘겨받은 국가의 권능을 대리하면서 청소년들의 삶에 압도적인 영향력을 행사해왔다. 물론 국가는 개별 학교들의 교육 내용과 방식에 대해 구체적이면서도 획일적인 통제권을 행사해왔으며, 중앙정부로부터 일선 학교에 이르기까지 극도의 관료주의적 위계질서가 지배했다.

학생으로서의 청소년들은 이러한 관료주의적 위계질서의 최하단부에서 여러 권력단계를 통해 누적되어 내려오는 지령식 청소년정책의 철저한 객체가 되었다(조한혜정 2000). 국가(교육관료)와 청소년(학생)의 중간자로서 교사들은 교실에서의 교과서 지식 전달에 스스로의 역할을 경직되게 한정하여 이러한 정책노선 및 권력구조에 수동적으로 협력해왔다.

학교는 경제개발을 지향하는 국가가 설정한 유형의 성인기를 준비하기 위한 강제교육을 하면서 청소년들이 이에 따르면 다양한 보상을 제공하고, 따르지 않으면 어떠한 지원이나 보호도 거부했다(최윤진 편저 1998). 국가는 학생으로서 실패한 청소년들이 사회적 낙인과 배제의 수렁으로 빠지는 것을 철저히 방임했으며, 국가에 다양한 형태로 의존해 성장한 기업들과 사회조직들은 국가의 이러한 입장에 반대할 형편도 아니었고 그럴 이유도 없었다. 청소년정책은 교육정책에 복속되고 교육정책은 경제정책에 복속된 채로 청소년기는 '개발자유주의'의 도구로 유지되어왔다. 이러한 (반청소년적) 청소년정책에 청소년들 자신을 제외하고는 매우 흔쾌한 참여가 이루어졌으며, 또 그 결과에 대해 국가와 시민(학부모)들은 대체로 만족해왔다. 정책관료들의 입장에서는 주입식 교육의 집합적 결과로서 우수한 산업노동력이 형성되어 이에 기초한 폭발적 경제성장이 이루어졌으며 더욱이 한국 청소년들의 학력(學力)이 유수 선진국들보다 높다는 국제비교통계가 거의 매년 발표되는 사실이 자랑스럽기만 하다. 시민들 입장에서는 학력(學歷)이 가져다주는 계층상승과 소득증대의 기회가 매력적이기만 하고, 심지어 이 정책의 낙오자들, 즉 '공부 못하는' 청소년들과 그 부모들조차 낙오의 경제·사회적 결과에 대해 정당성을 부정하지 않았다.[88] 국가권력을 장악한 권위주의 정치집단들의 관점에서는 이렇게 통제되고 양성된 한국인들이 상호간의 경제·사회적 경쟁에 치중하며 정치적으로 분열되어 자신들의 민주적 권리 쟁취에 둔감해지는 경향은 일종의 정치적 보너스였기 때문에, 교육경쟁을 완화시켜야 할 정치적 동기가 없었다.

학교는 이처럼 청소년들이 국가가 설정한 유형의 성인기를 준비하기 위한 단계로서의 '학생기'를 '청소년기' 대신에 보내도록 강제하는 기제였다. 국가는 청소년기가 개인 생애경로(individual life courses)에서 갖는 독자적 중요성(Gillis 1981)을 인정할 의사도 또 이에 관련된 다양한 사회정책적 보호와 지원을 행할 준비태세도 결여되어 있었다. 이러한 입장의 국가를 대신해 일선에서 청소년들을 다루는 학교들이 자율적으로 청소년기의 특수성을 파악하고 이를 기초로 학생으로서뿐 아니라 청소년으로서의 청소년을 위한 교육에 나설 리 만무했다(조한혜정 2000). 중·고등학교들이 마치 웬만한 종합대학에 있는 모든 학과들의 교과과정을 집약해놓은 것처럼 수많은 학과목을 한꺼번에 청소년들에게 부과하지만 이중 어느 것도 청소년이 청소년으로서 개인생애와 사회생활의 주체이며, 청소년기는 성인기로 환원되지 않는 독자적 가치와 목적을 갖는 것으로 전제하지 않는다.[89]

학교의 청소년성에 대한 간과나 억압은 청소년들의 부모에게 어떠한 불만 요인도 되지 않았다. 오히려 부모들은 학교가 주력하는 지식 주입과 입시대비가 가족 차원의 전략적 이해관계에 부합한다고 판단하고 이에 전폭적 지지를 보냈다(장경섭 2003). 학교는 이런 부모들을 청소년의 학습을 위한 보조 감독자로서 활용했으며 이 전략은 매우 효과적이었다. 국가는 부모(시민)들의 이런 협조적 태도에 만족하지 않고 공교육에 소요되는 비용의 대부분을 부모들에게 떠넘겼다. 심지어 헌법상 보장되어 있는 의무교육 비용도 상당부분 부모들에게 전가했다. 인구의 상당 부분이 아직 절대빈곤을 벗어나지 못한 시대에 수업료를 제때 납부하지 않는 학생들에 대한 교사들의 매질이 드물지 않았고, 국민소득이 급격히 상승한 이후에는 공교육의 질을 정체상태에 머물도록 방치해 엄청난 사교육 바람이 서민들을 경제적으로 억누르거나 소외시키도록 조장해왔다. 한국의 가족들은 국가의 교육(청소년)정책을 위해 이처럼 적극적인 지지, 협조, 부담을 하고도, 예정된 정책실패의 결과에 대해 별다른 반발을 하지 않는 미덕(?)을 보여왔다. 지식주입 교육의 최종 평가기제인 대학입시는 해마다 몇몇 명문대에 합격하는 소수 청소년과 그 부모들을 위한 잔치가 되고, 오히려 압도적 다수의 청소년과 그 부모들은 인고의 노력과 희생을 하고도 최종적인 실패자 혹은 낙오자가 되어야 하는 재앙이나 다름없는 정책결과를 그저 자기 탓이나 자녀 탓으로 돌리고 만다. 예정된 비율의 입시실패 청소년들과 그 가족들의 반복적 불행에 대해 국가가 책임 자체를 인정할 필요가 없는 형국이다.[90]

국가와 가족(부모)이 단합(담합?)해 강제하는 지식주입의 청소년기 혹은 학생기를 청소년들이 거부하거나 변화시킬 수 있는 정치적 권리는 사실상 존재하지 않았다. 청소년들이 사적 영역에서 청소년기에 대한 자결권을 부모에게 강제로 양보하고 부모(시민)는 공적 영역에서 청소년 자녀에 대한 관리권을 국가(학교)에 양도하는 상황에서 국가는 굳이 청소년들을 교육, 나아가 인간적 삶에 대한 헌법적 권리를 행사하는 정치적 주체로 대접하려 들지 않았다. 징집연령이 다될 때까지 투표권을 허용하지 않는 등 한국이 청소년들의 참정권을 가장 보수적으로 제한하고 있는 나라의 하나라는 사실이 이에 무관치 않을 것이다. 국가를 대리하는 학교는 학생으로서의 청소년에 대한 전인적인 통제권을 행사할 수 있는 권능을 부여받은 것처럼 운영되어 왔다. 학교는 마치 일부 종교조직이 신도들의 인신과 의지에 대한 포괄적인 통제권을 행사하는 것처럼 학생들에 대해 거침없는 물리적·심리적 통제력을 행사해왔다.[91]

4. 국가-청소년 관계의 변화: 민주정부들의 청소년(기)정책과 개발전략으로서의 정보화

청소년 관리에 대한 국가의 위임과 가족의 동의하에 전성시대를 구가했던 학교는 1990년대 들어 급작스럽게 그 영향력과 효율성이 쇠락하게 되었다.

이는 청소년들의 부모가 청소년기에 대한 새로운 시각이나 이념에 입각해 자녀 편에 서서 학교관행이나 국가정책을 비판하고 나섰기 때문은 아니다. 일부 학부모운동이 조직되어 민주적이고 개방적인 학교교육을 요구하기 시작한 것은 사실이지만 대다수 부모는 여전히 자녀의 입시성적을 지고지선의 기준으로 삼아 학교를 평가한다. 학교의 위기는 오히려 국가의 정치적·문화적·경제적 성격 변화로 인해 철통같던 국가-학교의 동맹체제에 심각한 균열이 발생하기 시작하면서 찾아왔다. 경제성장을 지상가치로 삼고 이를 위한 인력양성의 차원에서 학교에 청소년기 관리의 전권을 부여했던 국가는 집권 정치세력의 성격 변화 및 다양한 국내외 환경 변화로 인해 청소년집단에 대한 관계를 근본적으로 재설정해야 할 필요를 느끼게 되었다. 국가가 추구하는 새로운 정치적·문화적·경제적 목표들을 달성하는 데 청소년들을 동반시킴에 있어 학교는 더이상 충분히 만족스러운 정책도구가 아니라는 인식이 퍼졌으며, 나아가 새로운 국가정책들이 학교의 보수적 이념과 배타적 권능을 심각하게 약화시키는 경향까지 나타났다.[92] 국가는 더이상 학교만을 통하지 않고 직접적으로 청소년들을 상대하거나 다른 제도나 조직들을 통해서도 청소년들을 관리하려는 경향을 보이기 시작했다. 심지어 대안학교의 활성화를 핵심적 청소년정책의 일부로서 제시하기에 이르렀다(김정주 2003b).[93]

이른바 민주투사들이 집권한 정부들은 그 정치적 정당성의 기반으로서 집권의 민주적 절차 이외에 민주화에 대한 역사적 기여를 지속적으로 부각시키려 했으며, 이에 파생된 노력으로서 이른바 '사회민주화'를 다양한 측면에서 추구했다. 이런 노력은 특히 김대중정권기에 두드러졌는데, 여성의 권리와 함께 청소년의 권리에 대해 다양하고 적극적인 정책논의가 전개되었다(별표 5-1 참조). 청소년 권리에 관한 물질(복지)적 차원에서의 국가책임은 이전부터 거론되어왔고 뚜렷한 저항세력도 (그렇다고 지원세력도) 없었지만, 사회·정치적 차원에서의 국가책임은 전향적 논의일 뿐 아니라 학교, 가족, 기성사회 등 청소년에 대해 우월적 권능을 행사해온 세력들의 반발 가능성을 내포하였다. (적어도 물리적으로 확인되는 바로는) 청소년의 인권은 청소년의 주된 생활영역인 가정과 학교에서 주로 침해당해왔으며, 따라서 가족과 학교는 사회민주화를 위한 개혁대상으로 지목될 수밖에 없다.[94]

가족의 경우는 국가의 사회정책적 지원이 극도로 결여된 상황이어서 청소년 (그리고 아동) 자녀에 대한 학대와 폭력 등 형법적 처벌사안에 한정하여 국가의 간섭과 통제를 확대할 수밖에 없었다. 그러나 국가의 직·간접적 지원하에 존속하는 학교의 경우는 국가의 정치·사회적 의지가 좀더 포괄적이고 직접적으로 적용될 가능성이 적어도 이론적으로는 존재한다. 국가(김대중정부)는 실제로 이런 의지를 표명했고, 학교는 (체벌금지, 입시수업 완화 등) 일정한 변화를 보이기 시작했다. 물론, 사회민주화의 또다른 귀결인 전국교직원노동조합의 합법화도 이러한 변화 추세를 가속화시켰다. 그러나 다른 한편으로 지식지상주의 및 경제우선주의 미래관을 펼치는 등 국가의지의 일관성과 체계성에 심각한 한계가 드러나 결국 학교 현장에서 교사와 학생 모두 혼돈에 휩싸이게 되었다(김영일 2000).

엄밀하게 보면, 국가 혹은 민주화정권들은 학교와 가족 내부에서 청소년 권리를 신장시키는 면에서보다는 학교와 가족 바깥에서 청소년들의 활동을 증진시키거나 참여영역을 확장하는 면에서 좀더 분명한 성과를 거두었다. 다시 말해 청소년들의 사회적 존재성을 부각시키고 강화시키는 역할이 두드러졌다. 이런 변화는 국가의 의도된 사회민주화 노력에 어느정도 기인하는 것도 사실이다. 예를 들어, 김대중정부의 청소년정책을 확대계승하려는 노무현정부는 "청소년 주체의 자율적·창의적 청소년가치와 문화 창출, 청소년의 역량 강화를 통한 사회적·경제적 참여와 통합, 세계와 함께하며 변화를 선도하는 청소년 시민의식 함양"과 같은 파격적 목표를 거론하였다(권이종 2003, 3면). 이처럼 구체적 정책수단을 쉽게 생각할 수 없을 정도로 진보적인 정책구호들은 적어도 정치적 분위기 전환을 통해 청소년의 사회적 존재성을 부각시키는 효과가 있었을 것이다(별표 5-1 참조).

그러나 청소년의 사회적 주류화는 그 이상으로 산업·문화·노동 정책의 간접효과나 의도되지 않은 결과를 반영한다. 새로운 산업·문화·노동 정책은 처음부터 청소년들을 중심적 정책대상 집단으로 명시화하지는 않았지만 결과적으로 이들을 경제·사회·문화 영역의 주요 집단으로 부각시키고 동원해왔다. 아래와 같은 파격적 변화의 과정에서 청소년들은 가정과 학교의 바깥에서, 즉 사회에서 집단적 조직력과 정체성을 얻게 되었다.

첫째, 1990년대 이후 민간정부들하에서 경제발전의 새로운 선도부문으로 떠오른 정보통신산업의 획기적 육성을 위한 노력이 결과적으로 청소년들을 주류 소비집단으로 격상시켰다(양심영 2002; 황진구 외 2002).[95] 이동통신에서 각종 온라인써비스에 이르기까지 이른바 정보통신산업에서 청소년들은 이미 시장을 선도하는 소비집단으로 자리매김했을 뿐 아니라 일부는 기획가, 발명가, 노동자로서 직접 생산을 주도하기도 한다. 한국의 정보통신산업이 세계적으로 선구적 중요성을 갖고 있다고 보면, 스스로 '인터넷 중독자'라고 평하는 한국의 청소년들은 세계적으로 중요한 경제집단인 것이다.[96] 이러한 현실은 거의 모든 청소년들에게 PC를 보급하고, 인터넷을 연결시키고, 심지어 이동전화기를 한 대씩 쥐여주려는 듯이 청소년들을 공격적인 정보통신 성장정책의 암묵적 도구로 삼은 국가의 치적이 아닐 수 없다.[97] 반면 학교는 한때 학생들의 '삐삐' 소지를 막아보려 했을 정도로 시대변화에 둔감(?)했으며, 결국 국가 정책도구로서의 독점적 위상이 급속하게 약화되었다. 물론 지금도 많은 학교들이 학습분위기 저해를 막기 위해 수업시간 중 휴대전화 소지를 금지하는 등의 '교육적' 노력을 하고 있지만, 관련 기업들은 물론 국가나 학부모들조차 학교의 우려에 그다지 동조하지 않는 것이 현실이다.

둘째, 정보통신 수단의 획기적 발전과 확산을 배경으로 하여 민주정부들의 문화정책은 대내외 개방 촉진, 온라인 문화영역 확대, 문화산업 소비층 확대 등 일련의 변화를 지향했고, 이 과정에서 청소년들을 문화산업의 중심 무대로 이끌어내었다(이민희·맹영임·정문성 1999). 영화, 가요 등 대중문화

상품의 성공 여부는 다종다양한 매체를 통해 초기 시장반응을 주도하는 청소년 소비자들이 결정하고 있으며, 나아가 그 생산에 청소년들의 참여도 활발하다(박진규 2003).[98] 아울러 세계적인 주목을 끌 정도인 온라인 문화영역의 폭발적 성장 역시 청소년들에 의해 주도되었다는 사실은 새삼 지적할 필요조차 없다. 심지어 일종의 비공식부문(informal sector) 문화산업이라고 할 수 있는 각종 성(性)산업에 대한 청소년들의 노출과 동원이 가속화되는 것도 정보화시대의 한 조류이다(박진규 2003).[99] 국가의 문화정책들과 정보통신정책들이 결과적으로 청소년들을 문화산업의 주요 소비자 및 생산자로 만들고 있지만 어떤 문화영역에서도 청소년의 존재를 성인과 구분 없이 인정하는 데는 소극적이다. 이러한 입장은 앞으로도 크게 수정되기 힘들 것이며 따라서 청소년의 문화활동에 관한 국가정책의 이중성은 항구적 현상이 될지 모른다. 이에 대해 청소년들 자신은 온라인 공간 등에서 독자적인 문화산업 체계를 주도하려는 반응을 보이게 된다.[100]

셋째, 민주정부들은 정보통신 주축의 새로운 발전전략을 추구하는 이면에서 종래의 외연적 경제성장 전략의 핵심인 완전고용 원칙을 근본적으로 재고하기 시작했는데, 이 과정에서 청소년들의 노동시장 참여가 확대되는 역설적 결과가 나타났다. 신자유주의 노동정책으로서 1990년대 중반부터 본격화된 노동시장 유연화정책은 1997~98년 외환위기로 촉발된 전대미문의 경제위기와 이에 대응한 급격한 산업구조 조정 등과 맞물려 임노동계급의 고용 상태 및 조건을 급진적으로 변화시켜놓았다.[101] 특히 중년 노동자들의 정리해고 및 비정규직화는 이들의 안정된 '가족임금'(family wage)에 의존해 생활하고 교육을 받아왔던 청소년 자녀들의 지위에 심각한 위협을 가하게 되었다(황창순·이혜연·김희진 1999; 구인회 2003). 그리고 이에 결부된 부모 통제력의 약화는 가출 청소년들의 급격한 증가를 초래하게 되었다. 노동시장 유연화는 다른 한편으로 청소년, 여성 등을 대상으로 한 시간제 고용의 빠른 증가를 가져왔다(박창남 1999). 특히 청소년들에게 노동시장 유연화는 정보화에 따른 산업구조 변화와 맞물려 새로운 경제활동에 참여하는 기회를 확대하는 경향도 보이고 있다. 이런 변화는 역설적으로 특히 가출 청소년들에게 중요한 생존조건이 되고 있다. 설사 가출을 하지 않더라도 청소년들에 대해 중년 부모가 영향력을 심각하게 상실하는 계층의 비중이 급증하고 있다. 이는 교육비용 부담과 학생 생활감시 차원에서 가족에 결정적으로 의존해온 학교에 연쇄반응을 일으켜 이른바 '교실붕괴'가 더욱 가속화되어왔으며 결과적으로 청소년들의 탈학생적 지위의 사회적 중요성이 커지고 있다.102)

5. 산업자본-청소년 관계의 변화: 개발패러다임의 전환과 소비주체로서의 청소년

앞서 지적한 것처럼, 산업화시대에 청소년기 관리를 위해 국가-학교-가족이 연대해 이끌어온 지식주입체계로부터 국가, 학교, 가족은 각각 나름대로 만족할 만한 성과를 거두어왔다고 자평할지 모른다. 그러나 그 시대 최대의 수혜자는 국가도 학교도 가족도 그렇다고 청소년 자신도 아닌 기업들이었다. 가족과 국가가 적극적 자원 동원에 나서 지탱해온 강압적 지식주입체계를 통해 양성된 풍부한 노동력의 최종 사용자는 다름 아닌 기업들이었다.

청소년을 대상으로 한 근대 공교육체계의 정립과 확산이 산업자본가 계급의 이해관계 및 참여와 밀접히 맞물려 진행되었던 서구와는 달리(Sommerville 1990), 한국은 초기 산업화 과정에서 그 계급적 실체도 모호했던 부르주아가 청소년에 대한 공교육의 필요성을 체계적으로 인식하고 관련된 제도 확립 및 비용 조달을 선도할 수 없었다. 공교육은 특히 미국 통제하의 해방공간에서 미국적 문명체계의 한 부분으로 확립되었으며 따라서 (아직 조짐조차 없었던) 자본주의 산업화라는 경제환경의 역사적 전환과는 별개의 사안이었다(손인수 1992). 오히려 산업자본주의가 확고하게 자리잡은 미국의 공교육체계에 내재하는 기능적·사상적 특성들이 한국의 학교들에서도 재현됨으로써 이후의 산업화를 위한 기초조건이 미리 마련되는 의의가 있었다.[103] 물론 공교육의 제도 마련보다 더욱 중요한 비용 충당은 청소년의 부모들이 대부분 맡았다. 따라서 한국의 산업자본가들은 청소년 교육에 관련해 '역사적 무임 승차자'(historical free-rider)였다고 할 수 있다. 흔히 회자되는 '풍부한 양질의 인적자원에 의존한 산업화'를 가능케 했던 기초조건 마련에 막상 산업자본가들의 역할은 상대적으로 제한적이었던 것이다.[104] 그렇다고 이들이 청소년 교육문제에 전혀 무관심했다고는 할 수 없다. 최근까지도 진정한 사회 환원적 기여에는 극히 인색한 산업자본가들이 그나마 보편적으로 관심을 보여온 것이 공교육 보급과 연계된 청소년 장학사업이기 때문이다.[105]

청소년문제와 관련된 국내 산업자본과 서구 산업자본의 보다 분명한 유사점은 산업화 초기에 이루어졌던 청소년 노동력의 과도한 착취일 것이다. 빈곤으로 매개된 토지부족 압력을 피해 농촌 청소년인구의 집단적 이촌향도가 있었으며, 이들이 이른바 '공돌이·공순이'가 되어 저임의 장시간 노동으로 노동집약적 수출기업들을 견인했다는 것을 부정할 기업인은 없을 것이다. 구해근의 연구가 생생하게 보여주듯이 한국 노동자들의 계급의식 형성의 시원은 거의 인권말살적인 산업현장에서 기업주, 관리자, 구사대, 경찰을 상대로 벌였던 노동 청소년·청년들의 생존투쟁이었다(Koo 2001). '노동하는 청소년기'가 산업자본주의의 발명품은 아니다. 수천년 동안의 우리 농경사에서 생산조직으로서의 농가는 청소년을 도제적 노동자로 활용하여 운영되었으며 이는 다산(多産) 규범의 현실적 기초였다. 산업화 초기에 청소년 자녀의 이농을 농지부족 대처 및 보조소득원 확보 차원에서 인식했던 농가 부모들의 입장도 그 연장으로 이해할 수 있다. 산업자본가들은 이러한 농가 부모의 의식, 더 정확히 말해 이농청소년들의 부모귀속적 태도가 당연히 반가운 것이었으며 이를 노동력 착취에 적극 이용했다. 그러나 18~19세기 유럽이든 20세기 한국이든 산업자본가들은 농가 부모들과 달리 청소년 노동을 생산조직의 장기적 유지와 발전을 위한 기초 훈련이라는 차원에서 바라볼 이유가 없었다. 청소년이라는 지위는 열악한 노동조건과 저임을 강요할 수 있는 당장의 경제적 고려사항이었을 뿐이다.

그러나 노동청소년 착취의 산업체제는 이들의 치열한 계급투쟁도, 기업의 양보나 각성도, 국가의 사회정책적 개입도 아닌 이유로 퇴장해갔다. 이른바 국제 생산품 주기(international product cycles)의 변화로 1970년대 후반을 전후해 한국이 노동집약적 수출경공업의 경쟁력을 점차 상실하고 이에 대응해 중화학공업 중심의 경제체제를 확립해나감에 따라 청소년 노동력에 대한 산업수요가 급격히 떨어지게 되었다. 그렇다고 노동청소년이라는 사회경제적 범주가 역사적으로 소멸한 것은 아니었다. 앞서 지적한 대로 최근의 노동시장 유연화 및 경제위기, 그리고 고용구조의 써비스업 집중화 추세에 맞물려 이번에는 도시빈곤층 가정의 청소년들이 대거 노동시장으로 나오고 있다. 이들의 노동자로서의 지위는 과거 이농청소년들 못지않게 오히려 더 불안정하고 복합적이다. 이들의 고용주들은 산업자본이라는 범주로 묶기에는 너무 각양각색이다. 그러나 청소년이라는 사회적 약자의 지위를 악용하여 노동 착취가 이루어지는 것은 공통적이다.

산업자본들은 빈곤층 청소년들이 생산노동력으로서의 활용가치가 떨어져 가던 시점을 전후해 부유층 및 중산층 청소년들을 중심으로 새로운 활용가치를 찾아내기 시작했다. 즉 부모에 의존한 소비집단으로서의 청소년들을 새로운 상품소비 계층으로 개발하려는 노력을 펼치기 시작한 것이다. 부모에 의존한 소비가 불가능한 빈곤층 청소년들 상당수는 대신에 다양한 임시 써비스직에 진출하여 스스로 구매력을 확보하려고 시도해왔으며, 결국 이들도 상품소비 계층으로서의 공략대상이 되었다.106) 수출 일변도의 경제구조를 지양하고 내수시장을 확충해야 한다는 거시경제적 필요성에 정부와 기업들이 공감하면서 새로운 소비계층들을 발굴하려는 대대적 시도들이 전개되었다. 이에 따라 소비와 관련된 사회적 정체성들이 '제조'되거나 해외로부터

182

도입되기 시작했으며, '미시족' 'X세대' 등의 용어가 암시하듯이 주로 여성과 청소년이 대상 집단이었다. 이전까지 가족의 한 부분으로서 가족의 집단적 소비과정에 참여하던 집단들에 대해 소비의 개인(주의)화를 부추기는 제품개발과 광고가 이어졌고, 이에 따라 이른바 '개전(個電)'제품 시장이 급속히 확대되어왔다. 청소년들의 소비는 대부분 부모의 비용 부담을 요하기 때문에 일정한 가구소득 상승과 가족이념(세대관계)의 질적 전환을 전제로 했다. 세대관계의 질적 전환이란 구체적으로 부모의 미성년 자녀에 대한 포괄적 부양책임을 포함하는 '서정적 가족주의'의 확립을 말한다(Shorter 1975). 이러한 전환은 매우 신속히 이루어졌으며 지속적 경제성장의 결과 두텁게 형성되어가던 중산층의 가족문화를 특징지었다. 그러나 자녀의 교육환경과 부모의 직장문화가 서정적 교호(交互)관계를 가족의 일상생활에서 실천하기 어렵게 만듦에 따라 가족사랑은 주로 소비에 대한 지원을 통해 이루어져야 했다. 굳이 여러 제품광고 내용을 거론하지 않더라도 기업들이 가족문화의 이러한 변화를 직·간접으로 촉진하는 다양한 노력을 펼쳤음은 물론이다.

산업자본의 청소년 소비자에 대한 의존은 애초에 상상조차 할 수 없었던 수준으로 심화되어갔는데, 이는 이른바 정보화시대의 도래에 따른 현상이다. 1990년대 들어 정보화 담론이 대두되었을 때 기존의 제조업 중심의 사고체계에서 정보화 하드웨어 보급에 관심이 쏠렸었다. 이때만 해도 정보화는 정부와 일부 기업들의 연대에 의한 공급자 중심의 사업이었고 새로운 정보·통신 써비스의 사용자집단에 대한 특별한 예상이나 관심을 찾기 어려웠다. 한국의 정보화는 적어도 시작단계에서는 도박성이 다분한 정치경제적 기획이었으며, 이는 한때 정보통신 벤처산업의 광범위한 거품 붕괴를 초래하기도 했다. 그러나 청소년 인구가 실험적으로 공급되는 다종다양한 정보·통신 써비스 및 기기를 폭발적으로 소비함에 따라 정보화는 탄탄한 시장구조를 갖춘 사업영역이 되었다. 이처럼 청소년 소비인구의 등장에 크게 힘입어 거의 전부 벤처형 시도였던 정보·통신 사업들의 상당수가 수익성을 확보하거나 예상할 수 있게 되었고 뒤이어 더욱 공격적인 정보·통신 써비스 및 기기의 개발이 이어졌다. 이러한 개발이 청소년들의 소비욕구를 더욱 자극한 것은 물론이다. 나아가 청소년들이 인터넷 공간을 활성화시킨 여세를 몰아 새로운 사회적 주류로 자리매김함에 따라 정보화는 기성세대가 낙오를 면하기 위해서라도 동참해야 할 대세가 되었다. 이 역시 정보·통신 산업의 수요 확대를 가져오는 것이다.

정보화 사업의 공급(개발)—수요(소비)에 이러한 선순환 구조가 확립됨에 따라 한국의 정보·통신 산업은 세계를 선도하는 지위에 올랐고 특히 정보화 신상품 개발주기가 타의 추종을 불허할 정도로 짧아지게 되었다. 한국의 산업화 역사에서 정보·통신 산업은 풍부한 내수를 바탕으로 출범해 강력한 수출경쟁력을 뒤이어 갖춘 예외성을 갖고 있다. 또한 교복, 학용품, 참고서 등 청소년 특화산업들을 제외하고는 정보·통신 산업이 거의 유일하게 청소년을 주력 소비집단으로 삼아 도약에 성공했다는 예외성도 있다. 이러한 예외성은 한국인들 가정의 심각한 '디지털 과소비'로 연결되었으며, 특히 "저소득층과 10대 청소년들의 디지털 과소비는 빈부격차를 키우고 원조교제 등 성적 비행을 확산시키는 부작용을 낳고 있다"는 언론보도까지 나오는 형국이다(『한국일보』 2006. 5. 1).[107] 물론 저소득층의 디지털 과소비는 이들의 절대소득을 감안할 때 이른바 '정보격차'(digital divide)를 해소할 수 있는 수준에는 절대 미치지 못하지만, 대신 이에 대해 국가가 빈곤층 청소년의 정보격차 해소를 위한 적극적 투자를 당연시 한다는 점이 중요하다(김정주 2003a).[108] 노동집약적 수출경공업 시대가 노동청소년 착취 단계였다면 정보화산업 시대는 청소년소비자 의존 단계라고 할 수 있다.

'상품 소비하는 청소년기' 혹은 '상품 소비자로서의 청소년'은 사회(시장)는 물론 국가(학교)나 가족(부모)이 견지해왔던 청소년기 규범과 분명한 거리가 있다. 청소년의 상품 소비는 부모가 관리하는 가족 차원의 집단적 상품 소비에 종속되어야 하며 공교육제도로서의 학교는 학생인 청소년의 생활을 탈상업화시켜야 할 의무가 있다는 것이 상식 혹은 양식이다. 그러나 이러한 상식이나 양식을 정보·통신 기업들이 존중하지 않을 뿐 아니라, 국가가 매개하거나 권장하여 정보·통신 소비를 촉진시켜왔다. 그리고 국가의 정보화 이데올로기에 포섭된 대다수 부모들은 심한 혼돈 속에서 청소년 자녀들의 정보·통신 소비를 용인하게 되었다. 학교는 비교적 최근까지 이러한 흐름에 반대하거나 나름대로 통제를 시도해왔다. 그러나 학교의 시도는 국가의 비협조와 가족의 방관이 계속되는 한 강력한 효과를 내기 어렵다. 더욱이 기업들은 학교의 노력을 간단히 무시하거나 교묘하게 방해하고 있다. 일례로 학습분위기 관리를 위해 청소년의 휴대전화 소지 및 사용을 금지하는 학교들이 늘어나자 관련 업계는 유괴 등 강력사건을 예방하기 위한 위치확인 씨스템 장착 등을 내세워 조직적으로 반대논리를 펼치거나 아예 노골적으로 청소년 고객층의 상업적 비중을 거론하며 포기 불가를 강변하기도 했다(『연합뉴스』 2004. 5. 10). 사실 학교, 국가, 가족, 기업이 어떠한 입장을 취하는지에 상관없이 청소년들의 정보·통신 소비는 위축되지 않을 것이다. 청소년들은 정보·통신 소비를 통해 자신들이 주류가 되는 사회·문화·경제적 영역을 구축했다고 느끼고 있으며, 이 영역에 대한 기성세대, 부모, 국가, 학교의 통제력은 한마디로 미약하기만 하다. 부모의 경우 이러한 소비를 위한 비용 제공을 거부할 수 있겠지만, 인터넷 성매매에서 단적으로 드러나듯이 수많은 청소년들은 아예 정보·통신 소비를 용돈 마련의 수단으로 삼고 있는 것이 엄연한 현실이다.

6. 대중매체-청소년 관계의 변화: 정보화시대의 매체질서와 세대정치

"산업화는 늦었지만, 정보화는 앞서가자." 이는 사회 전반의 급속한 정보화 추세 속에 지배적 언론매체로서의 지위가 약화되어가고 있는 한 보수 신문사가 한때 서울 광화문의 자회사 건물 벽에 수백 미터 바깥에서도 볼 수 있을 정도의 큰 활자로 채워 걸어놓았던 현수막의 내용이다. 한국사회에서 진보세력의 정치권력 장악을 결정적으로 촉진한 정보화가 애초에 보수정치세력, 개발관료집단, 주요 재벌기업, 보수언론 등 이른바 보수적 지배연대의 합작사업으로 시작되었다는 사실은 크나큰 역설이 아닐 수 없다.[109] 한때 이 지배연대를 대표하는 고령의 인사들이 사용법도 잘 모르는 컴퓨터를 만지며 기자들을 위해 포즈를 취하는 장면이 이어졌었다.

정보화는 단순히 선전구호로 끝나지 않고 한국경제를 추동하는 새로운 성장동력이 되었을 뿐 아니라 사회·정치 질서를 근본적으로 재편하는 변인이 되었다. 이러한 사회·정치적 변화의 핵이 청년·청소년 세대의 주류화이며, 이제 이들 세대의 정치적 결집과 동원이 대통령 및 국회의원 선거의 판도를 좌우하는 결정적 요인의 하나가 되었다(예를 들어 노혜경 외 2002).[110] 새 문물에 대한 관심과 적응력이 월등할 수밖에 없는 이들 젊은 세대는 인터넷과 이동통신이 마련해준 새로운 통신·교류 공간을 선점함으로써 그동안 기성세대로부터 강요당했던 사회·정치적 소외를 일거에 극복할 수 있는 계기를 맞았다. 물론 대다수 10대의 경우 당장의 투표권 행사를 통해 정치권력 구도를 변화시키는 데 동참할 수는 없지만 온라인 공간에서 정치적 주체로서의 자각을 하고 조직화된 정치적 의사표시를 하는 능력을 체득하여 수년 후의 선거에서 '준비된' 투표권을 행사할 수 있게 된 것이다. 보수언론 중심의 매체질서에서 스스로의 목소리를 내기는커녕 매체수용자로서의 지위조차 제대로 인정받지 못하던 청소년들이 정보화에 따른 새로운 매체질서를 아예 주도함에 따라, 대중매체의 영향력이 유별나게 큰 한국의 사회·정치 질서는 세대간에 급속한 권력균형이 이루어지고 있다. 또한 기성매체들 가운데 보수신문과 방송 사이의 대립이 격화된 가운데 인터넷 매체를 중심으로 한 젊은 세대의 조직적인 보수언론 공격은 일부 보수신문들을 고립화시켜 위기감까지 느끼게 하고 있다.

186

이처럼 새로운 매체질서의 주체로 격상되기 이전에 청소년들이 대중매체와 관련해 가졌던 미약한 존재성은 한편으로 청소년 대상 매체상품과 다른 한편으로 청소년 관련 공공담론을 통해 드러났다. 먼저, 청소년 대상 매체상품은 대중매체의 주도권이 인쇄매체에서 방송매체, 특히 텔레비전으로 넘어가면서 활발히 개발되었다. (물론 인쇄매체 시대에도 청소년 대상 잡지와 같은 일부 매체상품이 존재했지만 이마저 텔레비전 시대로 접어들면서 급격히 위축되었다.) 텔레비전은 범세계적으로 매체소비 인구를 획기적으로 증가시켰을 뿐 아니라 내부적으로 다양화시켰는데, 한국도 예외가 아니다. 적어도 매체소비 질서에 있어서는 성인남성 중심의 가부장성이 점차 완화되며 가족이 함께 소비하거나 다양한 연령대별로 소비하는 시대가 전개되었다. 이에 따라, 이른바 '청소년물'들이 개발되어 한편으로 매체소비자로서의 청소년 지위를 확인시키고 다른 한편으로 '청소년성'에 대한 다양한 이념과 이미지를 전파하기 시작했다. 그러나 1980년대까지도 청소년 대상 프로그램은 텔레비전 방송의 주요 영역으로 자리잡지 못했다. 거의 모든 청소년이 '입시준비생'인 현실에서, 이 현실이 근본적으로 타파되기 전에는 청소년물로 수지를 맞추기가 어려웠으며 그렇다고 현실 타파에 팔 걷고 나서는 방송도 없었다. 그러나 청소년물이 텔레비전 방송의 중앙무대를 장악하는 시대는 1990년대 들어 한 사영방송의 설립과 함께 갑자기 찾아왔다.

청소년 관련 공공담론은 대부분 교육 담론과 신세대 담론으로 묶을 수 있다. 교육 담론의 경우, 근대화 및 산업화를 위한 계도도구로서의 역할을 자임하고 나섰던 신문과 방송이 주도했는데, 이들 매체의 시각은 기본적으로 국가-학교-가족이 연대해 청소년들에게 강요했던 지식주입 노선에서 크게 벗어날 수 없었다. 다만 청소년의 성장에 대한 입시공부의 심리적·육체적 부작용, 사교육 과열의 폐해 정도가 간간이 형식적으로 다루어졌을 뿐이다. 사실 교육과 관련한 신문 및 방송의 보도는 청소년들 자신의 생각과 입장을 전달하기보다는 국가의 입장을 대변하거나 때로는 학부모의 관심을 끌기 위

해 지식전달의 효율성 강화를 요구하고 입시경쟁의 치열성을 극적으로 강조
하는 등의 특징을 보였다. 신세대 담론의 경우, 보도매체에 국한되지 않고
다양한 대중매체들이 참여해 다분히 선정주의적 차원에서 각 시대 청소년들
의 특정한 심리적·문화적·사회적 성격을 전혀 새로운 것으로 강조(과장)
해왔다. 신세대들의 특성에 대한 의례적 인정과 평가에도 불구하고 신세대
담론은 기본적으로 기성세대의 관점에서 청소년 세대를 명시적이든 암묵적
이든 부정적으로 희화화하는 공통점이 있다.[111]

대중매체가 조장하고 확산시키는 이러한 청소년 관련 담론은 기성세대의
지배질서에 대한 청소년·청년들의 집단적 저항이 가져온 역사적 변화를 전
혀 담아내지 못한다. 사실, 한국사회에서 억압적 산업자본주의 질서에 대항
한 노동자들의 계급투쟁, 폭력적 군사독재 정치에 대한 학생들의 민주화 투
쟁 등 역사의 물줄기를 바꾼 핵심적 변혁운동은 언제나 청소년·청년들에
의해 주도되어왔다. 첫째, 적어도 해방 이후 한국사회에서 최초의 본격적인
자본주의 계급관계는 이농청소년 노동자들과 노동집약적 수출경공업의 기업
주들 사이에서 형성되고 전개되었다고 할 수 있다. 이들의 노동계급으로서
의 억압적 삶과 치열한 투쟁, 그리고 이후 노동운동의 사회적 확산에 관해서
는 구해근이 상세히 밝힌 바 있다(Koo 2001). 둘째, 이승만에서 박정희를 거
쳐 전두환으로 이어지는 '정치 무효화'의 시대에 민주적 정치질서의 복원을
위한 사회적 투쟁은 언제나 '학생'으로서의 청소년·청년이 주도했으며, 그
바탕 위에서 이른바 직업정치인들은 거의 무임승차식으로 국가권력을 인수
해왔다(최장집 2002a). 대학이라는 사회공간에서 다양한 정치적 변혁들의 단
초가 형성된 것은 한국만의 예외가 아니다. 그러나 한국처럼 학생들의 주도
에 의해 권력질서가 실제로 전복된 경우는 희귀하다.

개발독재적 산업화시대의 정치사회적 변혁을 위한 청소년·청년 세대의
주도적 역할은 민주정부들이 이끈 정보화시대에 들어 제도적 민주주의의 실
질적 권위주의화에 대응한 네티즌들의 저항운동으로 맥이 이어졌다. 한국이

188

세계를 선도해온 정보화는 청소년·청년들에 의해 새로운 정치적 지평을 열게 되었다. 한국은 노무현의 집권에 의해 이른바 '디지털 민주주의'가 역사적 실체로 전면에 등장한 최초의 사회가 되었다. 노무현의 지지기반인 청소년·청년 세대는 인터넷 공간에서 정치적 활동성을 배양하여 결정적 순간에 오프라인 정치에 조직적으로 참여함으로써, 젊은층의 자기부과적 정치 소외에서 벗어났을 뿐 아니라 싸이버공간 자체를 새로운 정치영역으로 격상시키는 기염을 토했다(노혜경 외 2002). 정치영역으로서의 싸이버공간에서는 19세(2005년까지만 해도 20세)라는 정치참여의 법적 연령제한도 없기에 청소년들의 정치적 지위가 더욱 확고하다.[112] 청소년·청년들이 주역이 되어 이룩한 이러한 역사적 변화들을 보수적 기성세대가 장악한 대다수 대중매체들이 적극적으로 담아내기에는 의지도 용기도 능력도 부족했다. 인터넷 시대의 도래는 청소년·청년 세대들로 하여금 역사적 변화상을 반영하지 못하는 일종의 '부도체(不導體)'적 매체들을 원천적으로 거부할 수 있는 가능성을 열어주었다. 한국사회에서 청소년·청년들의 주도로 매체 소비구조의 획기적 변화가 정치질서의 근본적 재편을 초래하는 과정에서 보수적 기성매체들은 매체시장 지배력과 정치(이념)적 영향력이 급격히 감소했을 뿐 아니라 아예 사회적 극복운동의 대상이 되기도 했다.

7. 청소년기의 정치경제와 가족-사회 관계: '유사청소년기'의 연장

한국사회의 청소년기는 10대 소년·소녀들이 가정과 학교를 오가며 방향을 정하고 내용을 채우는 사회현상이 아니다. 가족과 학교의 담합적 협력 속에 청소년들의 일상생활은 일종의 미시전체주의적 통제를 받아온 것으로 여러 논자들이 평가한다(조한혜정 2000; 한준상 1996). 그러나 청소년기의 사회적 성격과 역사적 변화는 가족, 학교 외에 정치권력, 산업자본, 대중매체, 심지어 (이 글에서 다루지는 못했지만) 정치·군사적 및 문화·종교적 권력의 이해관계와 이데올로기가 복잡하게 뒤얽혀서 나타난 것이다. 또한 청소년들은 자신의 삶을 대상으로 벌어지는 이처럼 살벌하고 복합적인 경쟁에 대응해 때로는 개인적으로 때로는 집단적으로 매우 적극적인 대응을 해왔고, 이를 통해 사회 전체의 정치·산업·문화 질서를 근본적으로 변화시키는 능력을 과시해왔다. 이러한 현실은 전통 농가에서 도제적 존재로서의 지위를 상실하거나 이탈하면서 청소년들이 직면했던 '사회화체계'의 위기가 오히려 '사회체계'에 엄청난 변화를 초래했음을 의미한다. 청소년기가 가족의 경계를 넘어 사회적 제도, 이념, 영역으로 자리잡는 과정은 한국사회의 근대성이 갖는 역사적 특질을 조명하는 데 중요한 단서를 제공할 것이다.

이러한 역사적 현실을 주목하면 할수록 한국 청소년들의 일상생활이나 생애과정은 역설적이다. 청소년기가 매우 다양한 사회주체들의 적극적 간섭과 지배로 인해 사실상 '과잉사회화'되어 있는 현실에서 한국의 가족(부모)들은 다른 어떤 나라의 부모들보다도 더 많은 물질적 지원, 심리적 집착, 생활상 간섭을 청소년 자녀들에 대해 행하고 있다. 특히 주부 취업의 최대 이유가 자녀의 사교육비 마련이며, 주부 활동시간이나 관심사안 중 자녀문제의 비중이 절대적이라는 조사결과들을 보면 한국 여성의 저조한 사회참여율을 액면 그대로 받아들이기 어렵다. 또한 최근으로 올수록 자녀에 대한 부모의 부양기간이 길어져 20대는 물론이고 30대 자녀가 부모에게 물질적·심리적으로 의존하여 생활하는 경우가 허다하다(이혜상 2002).[113] 이들 연령상 '성인' 자녀들은 부모의 부양행위에 의존하여 지내면서 아직 사회참여의 시기와 방법을 고민하고 있다는 점에서 실질적으로 '청소년'에 다름없다. ('청소년적 성인'들의 부모에 대한 물질적 의존기의 연장은 빈곤층에게는 그다지 현실적일 수 없는 일이지만, 수많은 빈곤층 부모들조차 이를 거부하지 못해 갖은 고초를 겪는 경우가 허다하다.) 물론 학력 인플레이션, 취업난, 주택난, 배우자난 등 자녀의 성인적 독립을 가로막는 악재들이 쌓이고 있어 대다수 청소년과 청년이 나름대로의 경제적 노력을 기울이고 있음에도 불구하고 여전히 부모가 임시적 지원 차원에서 자녀 부양기간을 연장하는 면이 있을 것이다. 그러나 이러한 경제·사회적 여건은 대다수 사회에서 주기적·보편적으로 나타나는 것이지만 그 결과로서 '청소년기의 실질적 연장'이 관찰되는 경우는 제한적이다.[114]

한국의 부모들이 청소년기를 청소년 자녀와 자신이 함께 참여해 살아내는 시기 혹은 영역으로 만들고 또 이를 무한정 연장하려 드는 행태는 청소년기가 정치경제적 장으로서 과잉사회화되어 있는 현실과 모순된 현상이 아니다. 오히려 그 반대가 맞다. 부모들은 자녀의 청소년기에 국가, 사회, 산업의 주류 주체들이 가담해 매우 복잡하고 치열한 사회각축장을 만들어놓은 사실을 발견하고 역으로 청소년 자녀를 통해 스스로의 사회적 경쟁행위를 전개하고 있는 것이다. 실질적으로 청소년기가 연장된 성인 연령의 자녀들이 피부양자 지위를 떨쳐내지 못할 때, 많은 부모들은 자신의 부양행위가 자녀의 도덕적 타락을 조장할 가능성을 걱정하기보다는 가족 차원의 집단적 경쟁을 위한 능력배양 혹은 시간벌기라는 관점을 견지한다.

자녀의 사회적 실패는 부모 혹은 가족 전체의 실패로 간주되기 때문에, 사회적 경쟁에서 성공할 전력이 갖추어지지 않은 자녀를 나이만 고려해서 출가시킨다면 부모 자신과 자녀 모두에게 무책임한 짓이 될 수도 있다. 주위의 대다수 부모가 이러한 태도를 갖는데 나만 자녀의 이른 '홀로서기'를 고집해 내 자녀가 다른 동년배들뿐 아니라 그들 부모들을 상대로 사회적 경쟁에 나서게 할 수 없는 노릇이다.[115] (물론 이러한 태도는 부모의 충분한 물질적 부양능력을 전제로 하기 때문에 계층적으로 제한될 수밖에 없으며, 결과적으로 빈곤계층 청소년 자녀와 부모의 소외감 및 상호갈등을 초래한다.) 이러한 판단하에 부모는 자녀의 삶을 함께 살려고 들고, 결과적으로 자녀는 부모의 삶을 살게 되면서 청소년기는 더욱 연장되지만 이에 대한 청소년들의 자결권은 결정적으로 약화되고 있다. 한국에서 경제위기에 의한 중년 가장의 실직과 소득감소가 가족에 미치는 충격이 유난히 큰 것도 가족 내 '유사 청소년 인구'의 비율이 과도하게 높은 현실과 무관하지 않다.

한국 부모들의 자녀 청소년기 참여는 이 장에서 자세히 논의한 청소년기의 사회적 정체(social regime) 변화에 따라 근본적으로 달라지지는 않았다. 학교를 주축으로 한 국가–학교–가족의 동맹적 청소년기 관리체계가 정보화 및 민주화의 격랑 속에 청소년의 주도적 소비집단, 창조적 문화집단, 진보적 정치집단으로서의 입지가 빠르게 인정되는 체계로 옮아가고 있지만, 청소년 삶의 확장된 외연에 (특히 중산층) 부모들의 지원과 참여도 함께 강화되고 있다. 숨가쁜 정치·경제·문화적 환경 변화에도 불구하고 청소년기가 정치경제적 장으로서 과잉사회화되어 있는 것이 여전한 현실임을 아는 부모들이 청소년 자녀를 통한 스스로의 사회적 경쟁행위를 멈추지 않는 것이다. 특히 현세대 청소년들의 부모는 산업화로 인한 급격한 경제적 변화뿐 아니라 민주화에 수반된 심대한 사회·정치적 변화를 능동적으로 겪은 집단이기 때문에(송호근 2003), 정보화 등에 따른 자녀의 삶의 변화에 나름대로 적극적 대응이 가능한 것으로 보인다. 21세기 들어 청소년 자녀–부모 사이의 유착관계가 오히려 심화되는 듯한 갖가지 증후군은 이런 맥락에서 이해될 수 있다.

8. 결론

이 장은 한국의 청소년기를 근대성, 특히 한국 특유의 '압축적 근대성'을 배경으로 하여 가족과 사회에서 청소년 지위의 구조적 전환을 중심으로 분석하였다. 한국 사회에서 압축적 근대성은 청소년기의 '사회각축장'화를 야기했으며, 이로 인해 주류 사회·정치적 담론에서 청소년 문제는 투명하고 객관적으로 다루어지기보다는 여러 사회주체들의 이해와 이념을 반영해 다반사로 왜곡되었다. 이 가운데, 학교를 주축으로 한 국가–학교–가족의 동맹적 청소년기 관리체계는 한국의 산업화시대를 구가하였으나 세기말의 급격한 경제적·사회적·정치적 변화의 격랑 속에서 심각하게 약화되기 시작했다. 특히 새로운 경제개발 패러다임으로서 추진된 정보화는 인터넷 등 새로운 정보통신공간의 확산을 통해 청소년 집단으로 하여금 주도적 소비집단, 창조적 문화집단, 진보적 정치집단으로서의 중대한 입지를 차지하도록 만들었다. 청소년들의 이러한 사회적 입지 확립으로 청소년기에 대한 학교의 영향력이 결정적으로 감소하게 되었을 뿐 아니라 한국의 정치·사회 질서 자체가 개혁적으로 재편되는 결과가 나타났다. 21세기 한국의 청소년기는 한편으로 국가-기업-매체로 구성된 정보화동맹과의 밀접한 상호작용 속에 전개되고 다른 한편으로 국가-학교-가족의 학력동맹이 갖고 있는 잔존 영향력에 여전히 노출됨으로써 매우 복잡한 변화를 겪고 있다.

여기에서 한국 청소년기의 거시 역사·사회적 성격을 살펴본 바에 따르면, 근대성 연구에서 청소년 집단의 주체적 위치를 보다 명시적·체계적으로 인식해야 할 당위성이 도출된다. 청소년기에 대해 청소년 이외의 다양한 사회주체들이 복합적으로 개입해온 역사적 현실은 청소년 집단이 단순히 가정이나 학교에 유폐되었던 것이 아니라 사회정치적 장(arena)에서 여러 사회주체들과 치열한 상호작용을 벌여왔음을 말해준다. 이는 여성주의에 입각한 근대성(화) 연구에서 여성의 주체적 위치가 여러 각도에서 확인되어온 것과 맥을 같이한다. 노동자계급의 피지배·착취 상태가 노동자-자본가-국가 사이 사회·정치적 상호작용의 기반이 되었듯이 여성과 청소년에 대한 다양한 사회적 통제, 억압, 이용의 시도들이 여성과 청소년을 집단적 차원에서 '근대적 주체'로 승화시켜온 것이다. 근대성 혹은 근대적 사회질서의 가부장성이 이를 연구하는 사회과학과 인문학의 가부장적 시각으로 비화되었던 지적 오류가 청소년(기) 연구에서도 바로잡아져야 하는 것이다. 이 글에서 제시된 논점들은 좀더 정교한 경험적 연구결과들에 의해 뒷받침되어야 하지만, 같은 맥락에서 청소년(기) 연구의 방향을 보정해나가는 효과가 기대된다.

별표 5-1 제2, 3차 청소년육성5개년계획의 비교표(청소년정책의 목표 및 중점추진과제)

구분	제2차 청소년육성5개년계획 (1998~2002)	제3차 청소년육성5개년계획 (2003~2007)
청소년 정책의 목표	• 청소년의 삶의 질 향상과 건전한 민주 시민의식 함양 • 21세기 사회를 주도할 수 있는 자질과 능력 배양	• 청소년 주체의 자율적·창의적 청소년 가치와 문화 창출 • 청소년의 역량강화를 통한 사회적·경제적 참여와 통합 • 세계와 함께하며 변화를 선도하는 청소년 시민의식 함양
중점 추진 과제	• 청소년의 권리보장과 자율적인 참여기회 확대: 청소년의 정책참여기회 확대, 청소년의 자생·자율활동 지원, 공동체의식을 함양하는 청소년 봉사활동 생활화, 청소년의 권리와 시민권 신장 • 청소년이 주체가 되는 문화·체육 중심의 수련활동체제 구축: 청소년이 활동 주체가 되는 공간확충과 운영활성화, 특성화·차별화된 수련프로그램 개발·보급, 청소년단체의 자율화·자기특성화, 전문화된 청소년지도사의 양성·배치 • 국제화·정보화 시대의 주도능력 배양: 청소년의 창조적 문화감수성 함양, 지역간·국가간 청소년 교류의 내실화, 남북 청소년 교류기반 조성, 청소년 정보능력향상과 정보문화 육성 • 청소년의 복지증진과 자립 지원: 청소년 상담활동의 강화, 소외 및 농어촌 청소년을 위한 복지증진, 장애 청소년의 자활지원, 청소년의 직업 및 자립 능력 향상	• 청소년의 정책 및 사회참여기회 확대: 청소년 정책참여기회 확대, 청소년 시민권 향상을 위한 제도개선, 청소년 자율참여활동 강화 • 다양한 청소년문화·체험활동 지원: 청소년 수련시설 확충 및 운영활성화, 특성화된 청소년 수련프로그램 개발·보급, 전문화된 청소년지도자 양성, 청소년단체 활동의 활성화, 다양한 체험활동 기회확대, 청소년문화·예술활동 확대 • 청소년 정보역량 및 글로벌 리더십 개발: 청소년 정보화 능력 신장, 청소년의 세계시민의식 함양 및 글로벌 리더십 개발, 남북 청소년 교류기반 조성 • 청소년의 다양한 교육기회 확대와 내실화: 청소년의 다양한 대안학습 공간 및 프로그램 확대, 소외청소년의 학습기회 지원, 학업중단 청소년 종합지원, 학교부적응 청소년 조기발견 및 지원체제 구축

구분	제2차 청소년육성5개년계획 (1998~2002)	제3차 청소년육성5개년계획 (2003~2007)
중점 추진 과제	• 가정과 지역사회의 역할강화와 참여확산: 올바른 자녀지도를 위한 부모교육, 도덕성 회복을 통한 시민의식 함양, 문제청소년 선도예방, 청소년 유익환경 조성과 유해환경 정화	• 청소년의 직업역량 강화 및 진로지원 확대: 청소년 경제교육 강화, 청소년 직업능력개발 및 진로지원, 청소년 경제활동 지원 • 청소년 유해환경 개선 및 보호기반 확대: 청소년 유해환경 정화, 싸이버공간의 청소년 유해성 근절대책 강구, 청소년 약물 오남용 예방과 치료 재활 대책 추진, 청소년 성보호 및 성비행 예방을 위한 종합대책, 청소년 폭력예방대책, 청소년 학대 예방 및 보호 내실화 • 청소년의 참여복지 지원: 청소년 안전과 건강 증진을 위한 사회적 써비스 확대, 청소년 상담의 전문화 및 효율성 제고, 소외 및 어려운 청소년의 지원, 청소년 가출 선도 예방 및 보호 • 가정과 지역사회의 역할 증대: 부모교육 및 가정의 역할 증대, 지역사회 청소년문화 활성화를 위한 연계체제 구축, 범국민적인 청소년인식 제고

출처 문화관광부 · 한국청소년개발원 2003.

제6장

성분업의 근대적 재구성

최선영 · 장경섭

1. 서론: 여성배제의 전통성과 근대성

이른바 'IMF 경제위기'로 일시 주춤했지만 지난 세기말 한국인들은 해방 후 자신들이 이룩한 경제성장과 사회 · 정치적 발전에 대해 무한한 자축감을 만끽하려 했다. 정부는 이러한 변화와 발전을 확인하는 간행물들을 쏟아냈고, 언론은 이를 대대적으로 시민들에게 전달했으며, 시민들은 자신들이 이루어낸 변화가 가히 역동적이었음을 실감하며 자부심을 느꼈다. 그러나 이러한 역동적 성취는 잘해야 절반의 성공에 불과함을 밝히는 국제비교 자료들이 아울러 소개되기 시작했다. 여성 권익 · 지위 관련 각종 국제지표들은 한국사회의 눈부신 성장 이면에 심각한 성불평등이 존재하고 있음을 여실히 보여주었다. 즉 경제발전과 사회민주화로 요약되는 해방 50년의 '진보'는 남성중심적인 발전이자, 여성배제적인 성취였다는 비판과 자성을 피할 수 없게 된 것이다.

한국사회 발전의 여성배제적 결과에 대한 통상적인 설명은 두 가지 관념에 의존하고 있다. 첫째, 변화는 곧 발전이라는 근대화론적 믿음은 그러한 믿음에 배치되는 역사적 사실들을 '근대'의 외부, 즉 '전통'의 자리에 놓음으로써 그 믿음을 유지한다. 한국사회의 여성배제적 현실을 전통적 이념의 잔재로 설명하는 것은 이러한 관념과 연결된다. 이는 근대적 발전 그 자체의 성취방식에 대한 비판적 질문을 가로막음으로써, 여성의 평등한 사회적 통합이 근대적 발전 방식의 변형 없이도 이루어질 수 있다는 근거 없는 기대를 낳는다.

둘째, 근대사회의 공적 영역에서의 여성배제를 '성적 차이'에 기인하는 자연스런 과정으로 파악한다. 성별화된 사회적 결과를 남녀의 생물학적 차이로 설명하는 것은 그것을 구성한 사회적 과정을 고찰할 수 없게 할 뿐만 아니라 그 자체를 불가피한 것으로 간주하게 만든다. 특히 노동시장에서의 성차별이 여성의 생물학적 출산능력과 같은 '장애물' 때문이라고 설명하는 경우가 이에 해당한다.

이 장은 한국여성의 생애취업유형과 그것의 역사적 변화를 경험적 자료를 통해 규명함으로써, 성별화된 사회질서를 구축하는 힘이 역사 이전에 이미 주어진 자연성이라기보다는 '역사적 형성물'이며, 전통의 잔재이기보다는 '현재적인' 논리임을 규명하고자 한다. 한국여성의 가정 내 유폐상태는 경제의 급속한 산업화와 사회의 부단한 재구조화 과정에서 구축된 결과물이며, 따라서 한국의 현대사를 특징짓는 '압축적 근대성'의 구성적 일부임을 논리적·경험적으로 밝힐 것이다. 한국의 압축적 산업화는 한편으로 여성인력의 급속한 산업노동자화를 촉진하면서 다른 한편으로 이들의 전업주부화를 거의 동시에 유도한 독특한 사회·문화적 성격을 띠었다는 사실을 확인할 수 있을 것이다.

서구 산업화 과정에서 여성의 집단적 산업노동 참여 및 점진적 이탈, 그리고 (중산층을 중심으로 한) 전업주부화 등의 변화는 산업자본주의의 형성 및 변화 과정 전체를 포괄하는 장구한 과정을 거쳐 전개되었다. 그러나 한국의 산업화 역사는 이와 대조적으로 이러한 일련의 변화들이 거의 동시적으로 발생했다는 특징이 있다. 바로 이 특징 때문에 '근대적 현상'으로서의 전업주부층 형성이 '전통적 현상'으로서 간단히 치부되기도 한다. 물론 전통적 성분절 규범이 노인세대와 그들의 영향을 받은 자녀세대에게도 영향력을 발휘해온 것도 사실이다. 그러나 근대적 전업주부 이데올로기의 등장과 이를 물질적으로 뒷받침하는 자본주의 산업화의 격류를 함께 감안하지 않으면, 노인세대의 유교적 가치관에 그토록 거부감을 갖는 자녀세대가 어찌하여 그렇게 쉽게 전업주부 역할을 받아들였는지 설명할 수 없다. 물론, 한국의 산업화가 성분절적 노동시장에 기초한 산업구조의 확립과정에 다름 아니라는 현실이 여성들에게 전업주부로의 선택을 강요한 또다른 구조적 요인임은 말할 필요도 없다(Chang 1995).

2. 연구방법 및 자료

본 연구는 출생코호트(birth cohort)와 생애과정에 따른 취업유형(여부)의 변화를 고려하여 생애취업사(employment history) 자료를 분석함으로써, 각 출생코호트의 생애취업유형을 경험적으로 규명하고자 한다.[116] 또한 가족과 노동시장의 역사적 관계에 대한 기존 문헌들을 비판적으로 검토하여 출생코호트별 노동시장 진퇴 경험을 구체적인 역사적 맥락에서 평가하고자 한다. 이러한 분석을 통해, 한국여성의 생애취업유형의 역사적 변화의 내용과 성격을 구체적으로 파악할 수 있을 것이다. 이때 생애취업유형(lifetime employ -ment patterns)이란 개인의 생애과정 진행에 따라 노동시장 참여 여부가 어떻게 변화해왔는가를 기술하는 개념이다. 여기에서 여성의 생애취업유형을 기술하는 데 사용되는 주요 시간축은 '생애과정'(life course)이다. 생애과정은 가족생활주기와 달리 가족형성 전후를 모두 포함하기 때문에, 가족형성 그 자체가 여성의 노동시장 참여에 미치는 효과를 파악할 수 있다.

연구방법은 경제활동조사의 한 방법인 유업자 접근법(gainful worker approach)을 따른다. 유업상태는 1년 중 소득을 목적으로 일한 기간이 1개월 이상인 경우를 의미하고, 그렇지 않은 경우는 모두 비유업상태가 된다. 따라서 비유업상태는 실업과 비경제활동상태 모두를 포함하는 개념이 된다. 해당 시점의 전체 여성 중 유업상태에 있는 여성의 비율이 유업률이며, 전체 여성을 출생코호트로 나눈다면 출생코호트별 유업률을 파악할 수 있다. 여기에서는 우선 과거연령에 따른 유업률 변화를 출생코호트별 차이 비교의 방법으로 분석하여 생애취업유형의 변화추이 및 그 방향을 파악할 것이다. 그런 후 각 코호트에 결혼 전 취업상태에 있던 여성들의 비중을 확인하고, 그 여성들에 한정하여 '가족형성기의 탈취업' 효과의 크기와 그것의 코호트별 차이를 밝히고자 한다. 이 연구는 코호트 비교분석을 과거연령 및 생애과정이라는 시간적 축에 결합시키기 때문에, 한 코호트집단에서 나타난 특징이 해당 시대의 효과인지, 아니면 그 연령의 효과인지를 구분할 수 있다. 또한 연령효과를 시대적 조건에 비추어 해석할 수 있는 경험적 근거를 마련할 수 있다.

주된 분석자료는 한국여성개발원의 '제4차 여성의 취업실태조사'(2001) 중 '생애취업사 자료'이다. 이 조사의 표본 중 15세 이상 65세 미만 여성은 모두 4,758명(기혼여성 3,574명)이다. 생애취업사 자료는 조사대상자가 과거의 경험을 회상하여 응답하는 방식으로 수집되었다.[117] 이 자료에는 취업·비취업의 구분 척도가 되는 한 해의 총 취업월수뿐만 아니라 노동시장 내 지위의 지표인 직종, 업종, 종사상의 지위, 그리고 혼인상태 및 출산 등 생애과정을 구성할 수 있는 정보가 각 응답자의 연령별로 조사되어 있다. 본격적인 생애취업유형의 변화를 다루는 부분에서는 조사대상 여성들을 ① 최종학교를 졸업했고, ② 조사 당시 연령이 25세 이상이며, ③ 결혼했고, ④ 비농가여성인 경우 등의 네 가지 조건을 만족하는 여성들로 제한한다. 이 조건에 부합하는 총 3,060명의 최종 분석대상 여성들의 인구학적 특성은 다음의 표 6-1과 같다. 이 표에 제시된 것처럼 1937년부터 1976년까지 5년 간격으로 출생년도가 동일한 8개의 출생코호트를 중심으로 1950년대 이후 1990년대 후반까지 나타난 한국 여성들의 생애취업유형의 특징과 그것의 변화를 실증적으로 규명하도록 하겠다.

표 6-1 최종 조사 여성들의 인구학적 특성

출생년	사례수	현재연령	졸업연령	자녀수	첫결혼연령	첫출산연령	최종출산연령
1937~41	289	60~64	15.3(4.06)	2.9(1.04)	22.6(3.88)	24.1(3.50)	30.3(4.07)
1942~46	273	55~59	16.4(5.29)	2.5(0.98)	23.8(2.83)	25.5(3.31)	25.4(3.19)
1947~51	321	50~54	17.0(4.56)	2.3(0.83)	24.0(3.14)	25.4(3.54)	29.0(3.70)
1952~56	465	45~49	17.6(3.73)	2.1(0.74)	24.6(3.18)	26.0(3.57)	29.0(3.86)
1957~61	560	40~44	19.1(3.71)	1.9(0.63)	25.3(3.11)	26.5(3.62)	29.4(4.21)
1962~66	495	35~39	19.8(3.18)	1.9(0.67)	25.9(2.92)	27.0(3.03)	29.9(3.33)
1967~71	477	30~35	20.1(2.40)	1.6(0.75)	25.8(2.60)	26.8(2.74)	28.8(2.53)
1972~76	180	25~29	19.9(2.05)	1.0(0.75)	24.9(2.10)	25.4(2.22)	−
전체	3,060	43.8	18.5(3.97)	2.0(0.89)	24.8(3.19)	26.1(3.40)	29.3(3.64)

주 1) 괄호 밖은 평균값, 괄호 안은 표준편차.
 2) 각 연령은 개월수를 고려하지 않고 년단위로 조사된 자료를 평균한 것임.
 3) 졸업연령에서 무학자는 제외하고 계산.

3. 한국여성의 생애취업유형 변화: 가족형성기 탈취업을 중심으로

출생코호트별 과거연령별 유업률 변화: M자형 곡선의 등장과 강화

2001년 현재 25세 이상 65세 미만의 여성들 중 학생인 경우를 제외한 총 3,906명의 생애취업사를 중심으로 출생코호트별 생애취업유형의 특징과 코호트들간의 유사점과 차이점을 검토해보고자 한다. 그림 6-1은 농가 및 비농가 여성을 모두 포함한 반면, 그림 6-2는 현재 농가에 거주하는 여성들을 제외하고 구성한 것이다.[118] 여성들의 노동시장 참여의 불연속성에 주목하는 이 연구는 일터와 가정의 분리를 동반한 산업자본주의의 맥락에서 의미를 갖는 데 반해, 농가거주 여성의 농업노동 참여는 이와 다른 조건에서 이루어지기 때문이다. 그럼에도 불구하고 농가여성을 포함한 그림 6-1은 그림 6-2의 해석에 참조가 될 수 있고, 농가여성이 다수를 차지했던 본격적 산업화 이전 시기의 상황에 대한 정보를 제공한다.[119]

그림 6-1과 그림 6-2에서 생애유업률 곡선의 전체적인 모양이 보여주는 공통점은 최근 출생코호트로 올수록 유업률 곡선의 경사가 좀더 가파르게 변화한다는 점이다. 1937~41년 출생코호트의 생애유업률 곡선은 안정된 직선 형태에 가까운 것으로 나타난다. 그러나 그 이후 출생코호트부터는 유업률이 최고점과 최저점이 분명한 곡선 형태로 바뀌었으며, 최근 코호트로 올수록 최고점과 최저점 사이의 간극이 더욱 벌어지고 있다.

다음으로 출생코호트별 유업률 수준을 비교해보면, 그림 6-1과 그림 6-2 모두에서 20대 초·중반이 가장 급격하게 유업률이 상승한 연령구간으로 나타난다. 이는 지난 50년간의 산업화가 낳은 고용효과가 미혼여성을 중심으로 이루어졌다는 것을 보여준다. 그러나 그림 6-1과 그림 6-2가 뚜렷하게 차이를 보이는 지점이 있다. 그림 6-2에서는 1947~51년 코호트를 제외한 모든 코호트에서 젊은 세대일수록 모든 연령구간에서의 유업률이 상승하는 추세가 나타난다. 반면 그림 6-1에서는 M자형 유업률 곡선의 저점에 해당하는 20대 후반과 30대 중반 사이의 연령구간에서 1937~41년 코호트의 유업률 수준이 이후 코호트의 유업률보다 높게 나타난다. 즉 그림 6-1처럼 분석 범위를 농가여성을 포함하도록 확장한 결과, 1947~51년 코호트부터 나타나기 시작한 20대 후반 이후 유업률 감소로 인해 1940년대 후반 이후에 출생한 여성들이 이보다 앞선 시기에 출생한 여성들보다 유업률이 낮게 나타난다.[120] 유업률 수준만을 단순 비교해본다면, 한국의 산업화와 근대적 노동시장 확대가 여성의 경우에 있어 결혼 전 연령대의 유업률은 급격히 상승시킨 반면, 그 직후 연령구간에서는 오히려 유업률 수준을 낮추는 방식으로 이루어져왔다는 것을 알 수 있다.[121]

그림 6-1과 그림 6-2를 통해 출생코호트별 연령별 유업률 수준을 비교분석한 결과 다음과 같은 사실과 함의를 이끌어낼 수 있다.

첫째, 여성의 생애유업률이 이른바 'M자형'을 보이는 역사적 시기를 알 수 있다. 그림 6-2에서 M자형 생애유업률 곡선이 처음으로 나타난 코호트는 1942~46년 코호트이다. 이 코호트가 20대 초반이 되는 1960년대 중·후반이 미혼여성의 노동시장 참여가 급속히 증가하기 시작한 시점이고, 노동시장으로부터의 퇴장이 추정되는 시기는 이들이 20대 중·후반이 되는 1960년대 후반 및 1970년대 초반이라고 할 수 있다.

둘째, 20대 중반 이하의 연령구간에서 유업률 상승폭이 커지면 커질수록 20대 중반 이후의 유업률 하락폭이 커지고 있었다. 이는 한국의 산업화에 여성노동력이 매우 단기적으로 동원되었다는 것을 의미할 뿐만 아니라, 매우 이른 연령에 취업에서 비취업으로 전환하는 특수한 취업유형이 산업자본주의의 고속성장을 배경으로 나타났음을 말해준다.

셋째, 농가·비농가의 구분 없이 출생코호트별 유업률 수준의 증감 추이를 비교해보면, 지난 40여년간 여성의 노동시장 참여 증가를 주도한 연령층은 20대 초반과 40대 후반에 한정되어 있을 뿐, 20대 후반과 30대 연령층에서는 유업률이 거의 증가하지 않았다.

마지막으로 출생코호트의 간격이 5세에 불과함에도 불구하고 생애유업률 곡선이 겹치는 경우가 거의 나타나지 않는 것을 볼 때, 여성의 노동시장 참여의 정도와 연령별 차이가 세대별로 매우 급격히 변화해왔음을 알 수 있다. 그럼에도 불구하고 출생코호트별 유업률의 최고점 및 최저점이 나타난 연령구간이 모든 코호트에서 대략 일치하고 있어, 유업률의 증가와 감소에 일관되게 영향을 미치는 구조적 요인이 작용하고 있을 것이라고 추론할 수 있다.

그림 6-1 한국여성의 출생코호트별 과거연령별 유업률 변화 (단위: %, N=3,906)

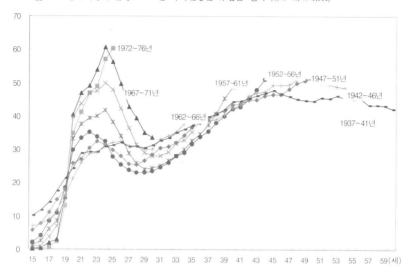

그림 6-2 비농가 여성의 출생코호트별 과거연령별 유업률 변화 (단위: %, N=3,440)

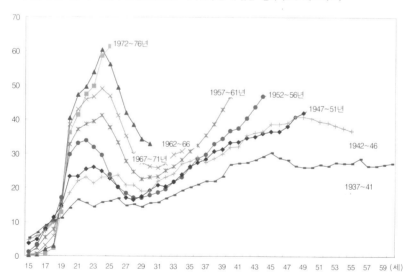

출생코호트별 생애과정에 따른 유업률 변화: 취업여성의 가족형성기 탈취업 경향

한국여성들의 출생코호트별 생애취업유형에 일관되고 지속적인 영향을 미치는 요인을 확인하기 위해서는 생애취업유형의 시간 축을 '생애과정'으로 옮겨야 한다. 이하에서는 결혼부터 첫 출산 직후까지를 지칭하는 '가족형성기' 전후의 유업률 증감 추이를 파악하고자 한다. 이를 위해서는 각 출생코호트를 '첫 취업'과 '결혼'의 순서 차이에 따라 상이한 하위유형으로 구분해야 한다(은기수·박수미 2002). 이를 통해 첫 취업이 가족형성에 앞서는 여성들의 경우, 가족형성이 취업지속성에 어떤 영향을 미치고 있는가를 정확히 파악할 수 있다. 우선 표 6-2와 같이 출생코호트별 첫 취업과 결혼의 순서 차이에 따라 네 가지 하위집단이 구분된다.[122]

표 6-2 결혼 전후 취업·비취업 상태에 따른 네 집단 분류

		15세~결혼 전년도까지 취업경험 여부	
		없음	있음
결혼 다음해 취업 여부	비취업	계속 비취업	결혼 후 비취업
	취업	결혼 후 취업	계속 취업

생애취업유형의 이러한 네 가지 형태가 각 출생코호트에 어떠한 비중으로 분포되어 있는가를 나타낸 것이 그림 6-3이다. 우선 결혼 전의 취업경험 유무를 살펴보자. 결혼 전 취업경험이 있는 집단이 전체의 50%를 넘어서기 시작한 것은 1957~61년 출생코호트부터이다.[123] 1937~41년 코호트부터 1947~51년 코호트까지는 전체 여성의 60% 이상이 '계속 비취업' 상태에 있었다. 결혼 전 취업집단이 전체의 50%를 넘어선 이후 지속적으로 그 비중은 증가하고 있지만, 이에 비례하여 결혼과 무관하게 취업을 지속시키는 '계속 취업자'의 비중 역시 증가한 것은 아니다. 예컨대, 1962~66년 코호트를 1957~61년 코호트와 비교해보면, '결혼 후 비취업' 집단은 약 8%포인트

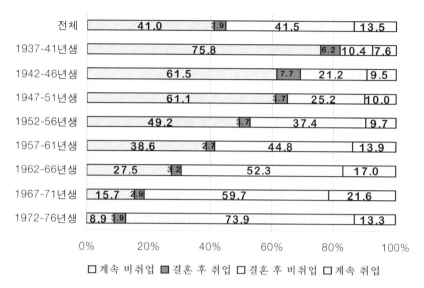

그림 6-3 출생코호트별 결혼 전후 취업·비취업 상태에 따른 네 집단 구성비 (단위: %, N=3,060)

전체	41.0	3.9	41.5	13.5
1937-41년생	75.8	6.2	10.4	7.6
1942-46년생	61.5	7.7	21.2	9.5
1947-51년생	61.1	3.7	25.2	10.0
1952-56년생	49.2	3.7	37.4	9.7
1957-61년생	38.6	3.7	44.8	13.9
1962-66년생	27.5	3.2	52.3	17.0
1967-71년생	15.7	2.9	59.7	21.6
1972-76년생	8.9	3.9	73.9	13.3

□ 계속 비취업 ■ 결혼 후 취업 □ 결혼 후 비취업 □ 계속 취업

증가한 데 반해, '계속 취업' 집단은 약 3%포인트 증가하는 데 그쳤다. 이러한 추세는 계속 이어져, 최근 출생코호트로 올수록 전체 결혼 전 취업집단 대비 계속취업집단의 구성비는 감소하는 것으로 나타났다.

표 6-3은 결혼 전 취업경험이 있는 여성들에 한정하여 '가족형성기' 전후의 유업률을 비교한 것이다.[124] 우선 '결혼 전·후 유업률' 열을 보면, 유업률의 감소 정도가 선형적으로 증가하지는 않는다. 그러나 모든 코호트에서 결혼을 하게 되면서 유업률이 급격히 감소하는 추세가 분명히 나타나고 있다. 또한 가장 과거세대인 1937~41년 출생 코호트가 결혼 당해 시점에서 가장 유업률이 높은 코호트(50%)로 확인된다. 이를 통해 그동안 결혼 전 취업자 규모의 비약적인 증가에도 불구하고 결혼 전의 취업상태를 결혼한 해까지 유지하는 집단은 증가하지 않았음을 알 수 있다.

다음으로 '출산 전·후 유업률' 열을 보면, 마찬가지로 모든 코호트에서

표 6-3 결혼 전 취업경험 있는 여성들의 결혼 및 첫 출산 전후 유업률 변화 (단위: %, N=1,297)

	결혼 전후 유업률		첫 출산 전후 유업률			유업률 감소폭(%p)		
	직전해(a)	당해(b)	직전해(c)	당해(d)	다음해(e)	(a)−(b)	(c)−(e)	(a)−(e)
1937~41년생	85.0	50.0	50.0	45.0	45.0	35.0	5.0	40.0
1942~46년생	88.7	35.2	33.8	25.4	26.8	53.5	7.0	61.9
1947~51년생	81.2	35.3	30.6	18.8	18.8	45.9	11.8	62.4
1952~56년생	77.3	23.8	21.5	17.1	16.0	53.5	5.5	61.3
1957~61년생	80.9	39.7	33.6	19.8	17.6	41.2	16.0	63.3
1962~66년생	86.3	43.0	36.8	22.4	19.5	43.3	17.3	66.8
1967~71년생	84.5	40.4	36.4	19.2	16.2	44.1	20.2	68.3
1972~76년생	88.1	38.1	34.5	8.3	8.3	50.0	26.2	79.8
전체	84.2	33.6	33.6	20.1	18.3	50.6	15.3	65.9

주 최종대상자 중 결혼 전 취업경험이 1개월 이상이며, 첫 출산시점이 결혼 다음해 이후인 경우만을 대상으로 했다. 여성들의 생애과정상 결혼시점과 첫 출산시점이 대부분의 경우 1~2년 이내인 점을 감안하여 결혼 전후 유업률은 결혼 직전해와 결혼 당해를 비교하는 방식을 택했음을 밝힌다.

출산 당해와 출산 다음해의 유업률은 출산 직전해에 비해 감소했다. 그러나 1947~51년 코호트를 제외하면, 앞의 결혼 후 감소율과 달리 최근 코호트로 올수록 출산 후 유업률의 감소 정도가 최대 5배까지 현격하게 증가했다. 결혼 관련 탈취업 현상이 나타나기 시작한 초기에는 대다수 여성들이 첫 출산 이전에 이미 결혼시점에서 일제히 비취업상태로 전환했기 때문에 출산시점에서의 유업률 감소가 미미하게 나타났다. 이와 달리 1957~61년 코호트부터는 결혼시점에서 취업을 유지하는 여성들이 다소 늘어난 반면, 이 여성들이 출산시점에서 대부분 취업을 중단하고 있었다. 결혼시점과 출산시점을 모두 고려하여 계산한 탈취업률은 최근으로 올수록 더욱 커지고 있기 때문에, 최근 출생코호트에서 나타난 취업중단 시점의 이동이 취업중단 경향의 완화로 이어지지는 않았다는 것을 알 수 있다.[125] 따라서 최근으로 올수록 가족형성기 탈취업 경향이 약화되고 있다거나(금재호 2002), 더이상 결혼이 여성들의 취업중단 시점으로 작용하지 않는다(김영옥 2002)는 기존 연구는 문제를 부분적으로밖에 파악하지 못한 것이다.

또한 가족형성기 탈취업이라는 한국여성의 전형적 생애취업유형을 단순히 '전통의 잔재'라고는 할 수 없다. 가족형성기 탈취업은 개념상으로도 미혼시기의 취업률이 일정 수준 이상에 도달할 수 있는 근대적 노동시장을 전제로 한다. 또한 탈취업 경향이 산업화의 진전 속도에 맞추어 심화되고 있는 것을 볼 때, 여성의 가족형성기 탈취업은 전통사회의 유제라기보다 주로 남성배우자의 노동시장 참여 및 소득증대를 통해 생계를 유지하는 가부장적 산업자본주의화의 흐름에서 파악되어야 한다.

다른 한편으로 가족형성기 탈취업의 시점이 여전히 '결혼'이라는 것은 가족 내 성분업이 가족형성의 출발점부터 관철되고 있다는 것을 의미한다. 미래의 생애사건인 출산과 육아에 대한 고려가 결혼시점에도 작용할 수 있기 때문에, 결혼과 출산을 상호독립적인 요인으로 규정할 수는 없다. 그러나 출산을 취업의 가장 핵심적인 장애요인으로 간주하는 경우, 가족 내부의 성분업 질서를 가족의 불가피한 생물학적 기능으로 환원시킬 우려가 있기 때문에 지배적인 탈취업 시점이 출산이 아니라는 점은 더욱 적극적으로 해석될 필요가 있다. 이 사실은 이론적 차원에서 여성의 성구별적(gender-specific) 생애취업유형은 '생물학적' 성적 차이에 기인한 것이라기보다는 한국사회의 결혼규범과 가족이념의 효과라고 보는 것이 타당하며, 정책적 차원에서는 여성들의 안정적 취업을 보장하기 위해 필요한 것이 단지 보육지원책에 국한될 수는 없다는 시사점을 제공한다.[126]

그렇다면 가족형성기 탈취업 현상과 그것의 심화는 어떻게 설명되어야 하는가? 이 연구는 취업과 가족형성의 관계를 보다 넓은 역사적 맥락에서 조망함으로써 엄격한 인과적 분석보다는 다층적이고 통시적인 설명을 제공하는 데 목적을 둔다. 이때 가족과 노동시장의 관계가 주요한 구조적 맥락으로 고려될 수 있다. 여성노동의 특수성을 분석하는 데 있어, 가족과 노동시장을 통합적으로 이해하려는 이론적인 관점은 양자의 기능적 관계, 다시 말해 생산과 재생산의 기능적 상호관계를 주목하는 것은 아니다. 오히려 가족과 노동시장이 공유하는 문화적 기반은 무엇인가, 그리고 여성의 삶을 조건짓는 주요한 사회제도로서 이 두 제도가 '함께' 생산하는 성별 질서는 무엇인가를 파악하는 것이 더욱 중요하다.

4. 한국여성의 가족형성기 탈취업: 노동시장-가족의 역사적 관계와 성분업

1937~41년 출생코호트: '근대적' 산업노동시장의 미발달과 취업의 상대적 지속

1937~41년 코호트 여성들이 20세에 진입한 시기는 농업이 핵심적 산업기반이었던 1957~61년에 해당한다. 이는 1957년 총취업자 중 1차산업 종사자의 비중이 80.3%에 이르는 것에서도 잘 드러난다. 요컨대 근대적 고용관계의 미발달과 높은 실업률이 그 당시 한국 노동시장의 핵심적 특징이었다(김대환 1981). 1937~41년 출생코호트(60~64세)에서 결혼 전 취업경험이 있는 여성이 18%에 불과한 것은 이러한 이유 때문이다(그림 6-3 참조). 하지만 비록 소수일지라도 결혼 전 취업경험이 있는 여성들은 약 50%가 결혼 후에도 노동시장에 남아 있어, 취업지속성이 가장 높은 코호트로 나타난다.

표 6-4에서 결혼 전 취업경험이 있는 여성의 결혼 전 마지막 취업 직종을 살펴보면, 직종에 따라 결혼과 첫 출산 후까지 유업상태를 지속시키는 정도가 상이하게 나타남을 알 수 있다. 가장 많은 수를 차지하고 있는 생산직은 결혼 후 노동시장에서 퇴장하는 규모가 가장 크게 나타난 반면, 농림어업직은 상대적으로 퇴장규모가 작았다. 그리고 전문직의 경우 전체 취업자 중 소수에 불과하지만, 대부분 결혼 후에도 취업을 지속시키고 있었다.

우선 농림어업직의 경우, 노동과정상 생산노동과 재생산노동이 결합되어

208

표 6-4 1937~41년 출생코호트의 결혼 전 마지막 직종별 가족형성기 취업규모 비교 (단위: 명)

		결혼 전	결혼 다음해	첫 출산 다음해
취업	전문직	4	4	3
	사무직	5	2	2
	써비스직	4	2	2
	판매직	1	1	1
	농림어업직	15	10	12
	생산직	16	3	4
	전체	45	22	24
	결혼 전 대비 감소율(%)	–	51.0	46.7
비취업		244	267	265

주 1) '결혼 전'은 결혼 전 취업한 마지막 직종을 의미함.

　　2) 결혼 이후 신규취업한 여성은 계산에서 제외하였음.

　　3) '결혼 전 대비 감소율'은 (결혼 전 전체취업자수−결혼 다음해 전체취업자수)÷결혼 전 전체취업자수×100, (결혼 전 전체취업자수−첫출산 다음해 전체취업자수)÷결혼 전 전체취업자수×100.

있다는 특징과 더불어 남편과 같은 공간에서 일한다는 점(김경애 1999), 무엇보다 여성의 참여 없이 농가의 생산활동이 유지되기 어려웠다는 점(김주숙 1985) 등이 상대적 취업안정성의 주요 이유라 할 수 있다. 한편 전문·사무직의 경우는 당시만 해도 이 분야에 취업하는 여성이 희귀했던 만큼, 취업 사실 자체가 이후 세대들이 직면한 '결혼 장벽'과 같은 여성배제의 장애를 이미 넘었음을 증명한다고 해석할 수 있다.[127] 농림어업직과 전문직의 높은 취업지속성은 생산직의 낮은 취업지속성을 일정 부분 상쇄하여, 이 코호트 여성들의 평균적인 취업지속성을 높였다.

1942~56년 출생코호트: 미혼여성들의 급격한 산업노동자화와 수동적 탈취업

　　1960년대 한국의 수출지향적 공업화전략은 미혼자를 중심으로 여성들의 근대적 노동시장으로의 통합을 본격화시켰다. 그 결과 이전 코호트와는 달리 1942~56년 출생코호트에서는 결혼 전 취업한 여성의 비율이 급속히 증가했지만 결혼을 전후해 노동시장에서 퇴장하는 규모 역시 높게 나타났다. 이러한 경향은 주로 생산직 여성노동자들에 의해 주도된 것인데, 이들의 결혼은 아직 중산층 전업주부화로는 이어지지 못했음이 지적되어야 한다.

1960년대 이후 한국의 경제발전 과정은 국가주도의 수출제조업 성장으로 집약된다. 이 과정에서 산업의 주요 기반은 농업에서 제조업으로 이동했고, 1957년 약 4% 수준에 불과하던 취업자 중 제조업 종사자의 비중이 1964년 8.2%, 1970년 13.2%, 1979년 22.9%로 급증했다(이대근 1990, 272면). 1960~70년대 제조업 중에서 가장 많은 고용이 이루어진 부문은 섬유·의복·신발 등 수출지향적 경공업으로 전체 취업자의 35% 이상을 차지했으며, 이중 여성노동자의 비중은 약 70%에 달했다(이옥지 2001, 127면). 이러한 산업구조의 변화는 1942~56년 출생코호트 여성의 결혼 전 취업구조에 그대로 나타난다. 1960년대 이후 급속한 공업화의 결과, 결혼 전 여성이 취업한 산업 중 농업부문은 급격히 축소되었고 제조업의 비중은 약 40%대로 급증하였다. 또한 결혼 전 취업여성 중 임금노동자의 비중은 약 90%에 달했으며, 사무직(34.9%)과 생산직(35%) 등 근대적 직업에 집중적으로 분포되어 있었다.

표 6-5를 보면, 결혼 전의 취업상태를 결혼 이후까지 지속시키는 정도는 직종별로 상이하게 나타났다. 특히 전문관리직과 준전문직은 1937~41년 코호트에 비해 취업유지 경향이 수치상으로는 다소 낮아졌지만 동일 코호트 내에서 취업유지 경향이 가장 높게 나타났다. 그 결과 출산 다음해에 취업중인 여성들 중 전문·관리직이 다수를 차지하게 된다. 반면 가장 많은 여성들이 분포한 생산직과 사무직의 경우는 결혼시점에서 대다수 여성들이 비취업상태로 전환하고 있다. 이러한 직종별 차이는 계층에 따른 문화적 규범의 차이라고 해석될 수도 있지만, 노동시장 내 위치에 따른 보상수준이나 고용지위의 차이를 더욱 중요하게 반영한다고 해석할 수 있다.

210

표 6-5 1942~56년 출생코호트의 결혼 전 마지막 직종별 가족형성기 취업규모 비교 (단위: 명)

	1942~46년생			1947~51년생			1952~56년생		
	결혼 전	결혼 다음해	출산 다음해	결혼 전	결혼 다음해	출산 다음해	결혼 전	결혼 다음해	출산 다음해
전문·관리직	13	9	9	14	11	9	18	9	10
준전문직	4	3	2	3	1	1	10	4	4
사무직	11	4	1	28	3	1	65	10	10
써비스직	9	2	1	4	2	2	7	4	3
판매직	4	3	3	7	3	2	16	8	8
농림어업직	15	3	2	11	3	3	5	1	0
생산직	19	6	4	35	9	8	65	9	9
전체	75	30	23	102	32	26	186	45	44
결혼 전 대비 감소율(%)	–	60.0	69.3	–	68.6	74.5	–	75.8	76.3

주 작성방법은 표 6-4와 동일함.

이하에서는 이 시기 미혼여성들이 가장 많이 취업한 직종이자 1960~70
년대 산업화 과정에서 여성들의 노동시장 참여 조건을 대표적으로 보여주는
생산직을 중심으로, 한국여성의 '가족형성기 탈취업' 경향의 등장배경과 특
징을 살펴보도록 하겠다. 이 시기 결혼 전 취업자의 50% 이상이 중졸 이하
의 학력으로, 10대 중반까지 농촌에 살던 여성들이었다. 산업화 초기에 해당
하는 1960년대의 이농은 가구 이출보다 단신 이출이 다수를 차지했으며, 단
신 이농의 주체는 대부분 가족 내 지위가 취약한 미혼의 딸이었다. 그리고
물질적 기반이 취약해져가는 농촌가구의 생존은 도시 공장에 취업한 어린
딸들의 임금에 상당히 의존하였다(김춘동 1983; 이미영 1986, 김경숙 1986).[128]
단기적 활용과 초과착취가 용이한 노동력에 대한 산업자본의 요구는 가족의
가부장적 구조와 결합해 미혼여성 노동력을 산업화 과정에 통합시킬 수 있
었다. 다시 말해 이 당시 공장에 취업한 여성들은 '개인'으로서 공적 영역에
진출했다기보다는 가족 내 지위를 고스란히 등에 업고 '딸'로서 취업한 것이

다. 이는 왜 여성들의 취업이 결혼 전으로만 국한되었는가에 대한 부분적인 해답이 된다.

장기적 생계수단이 되기에는 극도로 낮았던 임금수준, 신규노동력 대체를 용이하게 했던 풍부한 이농인구, 저숙련·단기고용이 적합했던 조립가공형 산업구조 등이 노동시장 차원에서 여성노동자들의 '결혼퇴직'을 강요한 압력으로 작용하였다. 여성들이 주로 고용된 섬유·봉제업 부문의 고용규모는 1980년대까지 지속적으로 증가하고 있었다(이옥지 2001, 127면).[129] 따라서 노동수요가 지속적으로 증가하고 있었음에도 불구하고 고용기간을 결혼 이전으로 묶어둔 것은 저숙련·단기고용에 대한 선호와 더불어 기혼여성을 배척하고 미혼여성을 선호하는 당시 한국사회 전반의 가부장적 문화와 깊이 관련된다. 노동력의 노동외적 특성이 고용 여부에 큰 영향을 미친다는 것은 노동시장 내 성차별에 관한 기존 연구들이 지속적으로 지적해온 바이다. 노동시장은 엄격한 경제논리로만 작동하는 것은 아니며, 정치적 요소와 사회문화적 요소, 특히 가족이데올로기 등과 항상 결합한다(Beechey and Perkins 1987; Scott 1994; Elson 1999).

이러한 노동시장의 퇴출 압력은 그 자체에 가족(젠더) 이데올로기가 반영되었지만, 그 압력이 현실화되는 데에는 가부장적 가족 차원의 문화적 요구가 함께 작용했다. 이 분석자료에서 여성의 결혼 관련 노동시장 퇴장이 결혼 직전이 아니라 결혼 1년 전 혹은 몇개월 전에 이루어진 것을 통해 짐작할 수 있는 바는 '결혼했기 때문'이라기보다는 '결혼하기 위해' 취업을 중단했던 현실이다.[130] 1980년대 이전까지 한국의 결혼문화(특히 배우자 결정 방식)에서 부모는 상당한 정도의 직접적 영향력을 발휘하였으며, 연애혼이나 절충혼보다 중매혼의 비중이 높았다(이동원 1981; 함인희 2001). 이러한 결혼규범은 농촌에서 단신 이농한 미혼여성 중 상당수가 결혼시점에 일시적이나마 다시 농촌으로 귀향하는 문화적 조건이 되었을 것이다. 이는 서구의 산업화 과정에서 노동계급 남녀의 결합방식에서 연애혼의 비중이 높아져 자녀의 결혼에 대한 부모의 통제력이 현저히 약화된 것과는 대조적인 현상이다(Tilly and Scott 1987, 96~98면). 한국의 산업화 과정에 나타난 가족규범은 서구 산업화 과정과 달리, 도시 공장의 딸을 '시집보내기 위해' 일정 기간 다시 농촌으로 불러들여 결과적으로 이들의 '탈취업'을 유도하는 압력으로 작용한 것 같다.

이러한 여성의 가족형성기 탈취업에 대한 부모가족(family of orientation)의 영향력은 결혼 후 가족(family of procreation)의 이념적 지향에 영향을 미칠 수는 있으나, 적어도 경제적 차원에서 본인 가족의 필요에는 대부분 상충되었다. 당시 일부 상층계급 가족을 제외하면 남편의 소득만으로 생계유지가 가능한 경우는 매우 드물었다. 따라서 대다수 한국가족의 생존전략은 가족구성원 다수의 복수취업에 의한 소득극대화와 여성의 가계운영 능력에 의존한 지출극소화를 핵심으로 하고 있었다(정이환 1986; 이효재·지은희 1988). 이러한 가구경제 조건은 이 시기 여성들의 가족형성기 탈취업이 소득벌이 활동 일반으로부터의 탈출은 아니었을 것이라는 해석을 가능하게 한다. 결혼으로 인해 다니던 직장을 그만둔 여성이든 결혼 전 공식적인 취업경험이 없는 여성이든 이들이 결혼 후 부담해야 할 가족적 책임에는 생계유지를 위한 경제적 능력이 포함되어 있었다. 따라서 여성의 가족형성기 탈취업은 가족 차원의 경제적 조건에 기능적으로 부합하기보다 상충되었다고 볼 수 있다.

이처럼 여성노동자들의 결혼을 전후한 탈취업이 경제적 측면에서조차 합리적 선택이 되지 못했다는 점은 이들이 결혼 후에 부족한 가계수입을 보충하기 위해 정규적 취업은 아니더라도 다양한 부업이나 비공식부문 노동을 수행했을 것임을 말해준다. 이보다 더욱 중요한 함의는 퇴직 여성들이 자녀 출산·양육의 부담을 보아가며 가급적 이른 시일 내에 노동시장으로 복귀하게 될 것이라는 점이다. 이렇게 함으로써 이른바 M자 생애취업유형을 완성시켜나가는 것이다. 그림 6-1과 그림 6-2를 보면, 거의 대다수 출생코호트에서 퇴직 여성들의 노동시장 복귀가 진행되었으며, 1942~56년 출생자들 사이에서는 대체로 40대 후반에 유업률의 두번째 정점이 나타났다.

'전업주부화'는 공사분리와 성분업의 단순한 논리적 귀결은 아니다. 그것은 가족이 생산의 기능을 외부에 넘겨준 후 가족 내부의 공간을 '주관성'의 영역으로 재구성한 것과 관련된다(Zaretsky 1973). 가족의 근대적 변형 아래에서 전업주부는 소득벌이로부터 '면제'되는 대신, 친밀성과 주관성의 영역으로서 가족을 꾸미고 관리하는 책임, 특히 예전과 달리 가족의 핵심이 된 자녀의 양육책임을 지게 된다. 따라서 이러한 가족형태는 주부가 이와같은 책임에 전폭 헌신하는 데 충분한 소득을 남성가장이 벌어올 것을 전제한다. 적어도 1970년대까지 이러한 물적 조건을 갖춘 가구는 극히 제한적이었다는 점에서, 이 시기의 여성들에게서 나타난 '가족형성기 탈취업'은 전업주부화라기보다는 노동시장으로부터의 '수동적 후퇴'라고 해석할 수밖에 없다(조혜정 1988; 강이수 1999). 이른바 남성가장의 '가족임금'(family wage)을 바탕으로 한 중산층 전업주부층의 형성은 1980년대에 가서 본격화된 것으로 보인다.

1957~76년 출생코호트: 가족형성기 탈취업의 심화와 중산층 가족규범의 확산

1980년대는 여성의 교육수준 향상, 성차별을 규제하는 법의 제정, 특히 결혼퇴직제의 폐지 등 여성들의 생애 연속적 취업을 촉진하는 많은 변화가 있었다. 그러나 다른 측면에서 1980년대는 한국경제의 유례없는 성장을 이룬 시기이기도 하다. 1980년대 초반 이후 한국경제는 GNP가 매년 10% 이상 증가하는 성장을 누렸다. 수출구조는 경공업 소비재 중심에서 중화학공업 내구소비재와 표준화된 생산재 중심으로 재편되어, 1980년대 초반부터 중화학공업제품 수출국이라는 입지를 확고히했다(박동철 1994, 110면).

다음의 표 6-6은 1956~76년 사이에 출생한 여성들 중 결혼 전 취업상태에 있던 여성들의 가족형성기 탈취업 정도를 결혼 전 마지막 직종에 따라 구분한 것이다. 표 6-5와 마찬가지로 전문·관리직은 탈취업의 정도가 가장

214

표 6-6 1957~76년 출생코호트의 결혼 전 마지막 직종별 가족형성기 취업규모 비교 (단위: 명)

	1957~61년생			1962~66년생			1967~71년생			1972~76년생		
	결혼 전	결혼 다음해	출산 다음해	결혼 전	결혼 다음해	출산 다음해	결혼 전	결혼 다음해	출산 다음해	결혼 전	결혼 다음해	출산 다음해
전문·관리직	35	20	18	43	18	17	48	20	15	13	2	2
준전문직	20	4	5	26	10	9	35	13	9	18	1	2
사무직	122	23	22	140	34	31	162	43	25	67	11	8
써비스직	19	6	6	14	6	6	15	9	8	13	3	2
판매직	22	7	7	24	12	7	29	7	5	13	1	0
농림어업직	4	3	3	2	0	0	0	0	0	0	0	0
생산직	78	15	14	63	5	6	60	10	9	19	6	2
전체	300	78	75	312	85	75	349	102	71	143	24	16
결혼 전 대비 감소율(%)	–	74.0	75.0		72.8	76.0		70.8	79.7		83.2	88.8

주 작성방법은 표 6-4, 표 6-5와 동일함.

낮게 나타났다. 반면 전체 여성취업자 중 화이트칼라 직종의 비중이 급격히 상승했음에도 불구하고 결혼 후 및 출산 후에도 취업을 유지하는 경우는 매우 드물게 나타났다. 생산직 여성취업자들의 경우도 마찬가지로 결혼이나 출산에 따라 노동시장으로부터의 퇴장이 보편적이었는데, 이는 그 직전 세대(출생코호트)들과도 공통된 추세였다.

해방 이후 한국가족의 변화를 규명하는 데 있어, 가족의 물질적 기반과 사회문화적 규범과 가치의 변화를 파악할 때 가장 중요하게 고려해야 하는 것이 바로 계급·계층구성의 변화이다(조은 1991; 이동원·함인희 1992; 이재경 2003). 1980년대 한국경제의 산업구조 재조정은 1960년대 초반 이래의 성별 직종분리를 변화시키지 못했다고 평가된다(강이수·신경아 2001). 즉 1980년대 이후 상대적인 고임금이 제공될 수 있었던 직종은 남성노동력 편향이었고, 그 결과 1980년대 이후 노동시장 및 계층구성 변화는 성별에 따라 매우 불균형적인 결과를 낳았다(신광영·조돈문·조은 2003). 이러한 성별 불균형적 계급·계층구성 변화는 한국가족의 계급·계층별 분화에 큰 영향을 미쳤다. 즉 1980년대 이후 남성 가장의 실질임금이 상승함으로써 가족구성원의 복수 취업을 생존전략으로 하던 빈곤 노동계급 가구수가 상대적으로 줄고 남성임금만으로 생계유지를 하는 '중산층' 노동계급 가구의 규모가 증가했다(이지영 2002; 조주은 2004). 가족 차원에서 나타난 이러한 변화는 여성들의 중산층 편입이 자신의 직업지위 및 소득보다는 가족관계를 매개로 이루어졌다는 것을 보여준다. 다시 말해 1980년대 이후 화이트칼라 및 고숙련 생산노동자 가족의 증가를 한국사회 계급·계층구성 변화의 성불균형성과 결합하여 해석해 보면, 여성들은 자신의 직업을 유지하는 것보다는 '결혼'을 통한 가족형성을 계기로 중산층에 편입되는 과정을 거치게 되었다고 할 수 있다.

그러나 중산층 핵가족의 특성이 남성의 생계부양자 역할 전담만으로 이해될 수 있는 것은 아니다. 한국의 중산층 가족에 대한 연구들은 그것의 주요 특징으로 보수적인 성분업과 자녀양육에 대한 높은 의미 부여를 꼽고 있다(김자혜·김미숙 1990; 윤택림 1996; 이재경 2003). 1950년대 이후 국내일간지 및 여성지들의 모성담론에 대한 분석결과에 따르면, 1960년대 이후 새로운 모성 및 육아에 대한 현대적 담론들이 급격히 증가하고 1980년대가 되면 이른바 '전문적인' 모성이 당연시된다(함인희 1999; 이재경 2003). 과거 여성들과 달리 높은 교육수준을 가진 중산층 여성들은 모성역할을 더욱 전문화하고 과학화함으로써, 그것을 자기성취의 기반으로 삼고자 했다. 이 과정에서 중산층의 가족문화가 모든 계층들에 대해 문화적 지휘력을 갖게 되자, 노동계급의 생활양식 및 가족규범도 중산층에 대한 동일시 경향을 띠게 되었다. 한 대기업의 노동계급 가족에 대한 연구에 따르면, 아내들의 전업주부 비율이 압도적으로 높고 '가정성'(domesticity) 지향이 매우 강하게 나타나는 등 중산층 가족과 유사한 가족문화를 보여주었다(조주은 2004).

따라서 1960~70년대의 가족형성기 탈취업 현상과 1980년대 이후의 탈취업 현상 사이의 차이는 단순히 양적인 규모의 차이에만 국한되는 것은 아니라고 할 수 있다. 1980년대 이후 한국가족의 계층적 분화가 시작되면서 새로운 의미에서의 중산층 핵가족이 부상하였다. 전업주부가 중산층 핵가족의 핵심에 놓이게 되면서, 여성의 가족형성기 탈취업은 소극적인 노동시장 퇴장이 아니라, 가족이라는 '사생활'의 영역을 관리하고 자녀의 양육과 교육을 책임지는 근대적이고 전문적인 전업주부화라는 사회적 의미를 갖게 된다. 이와 더불어 1980년대 이후 늘어난 고학력 여성들이 직면한 노동시장의 강고한 성별위계와 취업기회의 부족 등은 이러한 '전업주부 이데올로기'가 타협책이 되도록 하는 구조적 조건이 되었다(조정아 2000).[131]

이처럼 자본주의 산업화의 격류 속에서 성분절적 노동시장에 기초한 산업구조의 확립과 전업주부 이데올로기의 확산이 숨가쁘게 전개되면서 결혼을 전후한 취업여성의 전업주부화가 광범위하게 진행되었지만 그렇다고 이들이 영구적으로 노동시장으로부터 격리된 삶을 산 것은 아니다. 사실, 본 분석자료에 따르면 가족형성기에 노동시장을 빠져나간 여성의 약 50% 가량이 다시 노동시장에 재진입하고 있었다. 앞 소절에서 1942~56년 출생코호트 여성들의 경우 전업주부로서의 고정적 삶이 경제적으로 가능한 계층은 극히 소수였다고 이미 지적했는데, 1957~76년 출생코호트 여성들의 상당수도 역시 자녀 출산·양육의 부담을 감안하면서 결국 노동시장으로 복귀해야 할 처지였다. 그림 6-1과 그림 6-2를 보면, 사실 이들의 노동시장 복귀는 이전 세대들보다 비율이 더욱 높고 평균 시점(연령)은 앞당겨짐으로써 M자 생애 취업유형이 더욱 확연해지고 있다. 그러나 이러한 추세는 이전 세대들에 비해 경제적 곤궁의 영향은 줄어들고 자녀수의 감소, 여성 취업환경의 개선 등 새로운 변화들을 반영하는 것으로 보인다.

5. 결론

이 장은 한국여성의 생애취업유형의 특징을 '생애사적 접근'과 '출생코호트 분석'을 통해 규명하고, 그것의 역사·사회적 의미를 1950년대 이후 노동시장과 가족의 성격 및 상호관계라는 맥락에서 파악해보았다. 지난 반세기의 급속한 산업화 및 압축적 사회변동 과정에서 여성과 취업을 둘러싼 사회적 조건 역시 급격히 변화해왔다. 여성의 '가족형성기 탈취업' 현상의 심화 경향은 이러한 사회변동의 한복판에서 전개된 현상으로서 전통의 유제라기보다는 근대의 구성물로서 보아야 함을 지적했다.

서유럽 가족사 연구에 따르면, 근대적인 의미의 가족이 형성되고 성분업의 질서가 확고히 자리잡는 과정은 2~3세기에 걸친 장기적 변화의 과정이었다. 흔히 전통질서의 유제로 치부된 한국여성의 가족형성기 탈취업 혹은 전업주부화는 이와 달리 미처 반세기가 되지 않는 기간 동안 압축적으로 전개되었다. 한국여성의 성구별적 생애취업유형은 한국 현대사를 특징짓는 '압축적 근대성'의 핵심적 구성요소이다.

최근 여성의 취업 불연속성에 관한 담론은 '저출산 담론'에 흡수되어 출산·육아와 취업 사이의 갈등적 관계에 촛점이 맞춰진 듯하다. 사회적 재생산 역할을 가족과 여성에게 전담시킴으로써 성립한 한국의 자본주의 임노동 체계는 여성의 노동시장 통합을 구조적으로 봉쇄하고 있으며, 이러한 맥락에서 취업한 여성들이 겪는 출혈적인 '이중노동'에 대한 여성과 사회의 문제제기는 때늦은 감이 적지 않다. 그렇다고 한국여성들이 가족형성기에 노동시장 밖으로 나가는 이유를 고립적인 '가족의 문제'를 통해서만 해명하려는 시도는 노동시장 자체의 문제를 은폐함으로써 현재의 성차별적 노동시장 구조를 온존시키는 데 일조할 수 있다.

여성들이 가족형성기에 일시적 전업주부 상태에 머무는 것은 생계부양책임이 남성만의 것이기 때문은 아니다. 한국여성의 가족형성기 탈취업 현상의 심화·보편화는 여성들에게 미래를 보여주지 않는 성별화된 노동시장, 여성의 전일제 노동과 보살핌을 요구하는 가족제도 및 이데올로기를 만들어온 지난 반세기의 한국사회의 '발전' 방식을 통해 설명되어야 할 것이다. 요컨대 한국여성의 단절적 생애취업유형은 역사적 유제가 아니라 가족과 노동시장을 포괄하는 사회적·경제적·문화적인 다층적 구조에서 결정된 작금의 현안이다.

제4부

압축적 근대성과 가족주의 개발정치

제7장
가족부양과 복지국가

1. 서론

한국사회의 다른 여느 측면과 마찬가지로 가족관계 및 가정생활도 지난 세기 이후 걷잡을 수 없이 급속한 변화를 겪어온 것으로 사회과학자들과 일반대중이 공감하고 있다. 그러나 이러한 변화의 구체적인 성격에 대한 공통적인 이해는 일반인들뿐 아니라 사회과학자들 사이에서도 뚜렷이 확립되었다고 보기가 어려운 점이 많다. 물론 공통적 이해의 결여가 가족관계와 가정생활 변화의 본질을 체계적으로 규명하려는 학자들의 시도가 턱없이 부족했음을 뜻하지는 않는다. 여러 학문영역에서 수많은 학자들에 의해 제시되는 다양한 관찰, 분석, 해석의 결과들이 현대 한국인들의 가족 및 가정 문제에 대한 명료한 이해를 오히려 어렵게 할 지경이다.

삶의 어떠한 부분이라도 급격한 변화를 겪고 있을 때 이에 관해 명확하고 일관된 이해가 없으면 그 변화의 파급효과가 실제보다 작게, 크게 혹은 왜곡되어 느껴지는 것이 일반적이고, 따라서 변화에 대한 적절한 대응도 힘들어진다. 현대 한국인들 사이에 만연한 현재와 미래에 대한 막연한 불안감은 상당 부분 가족관계 및 가정생활의 변화에 대한 체계적 이해의 부족이나 왜곡된 이해 때문일 것이다. 특히 1980~90년대부터 대중교육이나 상업매체 또는 정부발표를 통해 집중 주입된 이른바 핵가족화론이 가족변화의 본질에 대한 체계적 이해를 돕기보다는 많은 경우 현상에 대한 왜곡을 부추기고 국가, 사회 및 개별 가족 차원의 적절한 대응을 어렵게 했다. 대다수 한국인들은 급변하는 사회·경제적 환경 속에서 가족의 안녕을 지키기 위해 투쟁적 노력을 펼치고 있지만 막상 가족관계와 가정생활을 본인들 뜻대로 유지하기가 쉽지 않다. 더욱이 사회 전반적인 개인주의화의 추세 속에서 평균적인 한국인들은 '핵가족화'의 주범으로 몰려 여론매체와 정부, 심지어는 많은 사회과학자들의 질책을 받아왔다.

사실 핵가족화에 따른 사회문제가 심각하다면 이에 따른 직접적 고통을 맛본 것은 가족들 자신이지 언론, 관료조직 또는 학계가 아니다. 물론 여러 가족들 내부에서 젊은 기혼자녀가 노부모 및 어린 자녀들과 맺는 관계의 질이 악화되거나 강도가 약화되고 있음을 논박할 수 있겠다. 그러나 대다수 한국 노부모들은 자녀를 개인주의적 핵가족화의 주범으로 몰기보다는 어려운 사회·경제적 현실 속에서 부단히 적응하고 더러는 투쟁해야 하는 이들의 처지에 대해 한없이 안타까워했을 것이다. 특히 너무나 많은 한국의 부모들이 어린 자녀의 건전한 육체적·지적 성장을 위해 투쟁적 부양노력을 하고서도 빈부격차의 심화, 공공써비스의 부재 등의 악조건하에서 그들의 자녀가 겪는 상대적 박탈감 때문에 좌절해왔다. 지역적으로 보면 급격한 사회해체의 길을 걷고 있는 농촌에서나 구조적 빈곤을 극복하지 못하고 있는 도시빈민지대에서 물질적으로나 심리적으로 안정된 가정생활 및 가족부양이 여의치 못한데, 이에 관해 '핵가족 책임' 운운하면 실제 핵가족으로 살고 있는 농민이나 도시빈민 중 몇 사람이 이를 받아들이고 반성할지 의심스럽다. 사실 이들의 삶의 현장에 직접 서서 '핵가족책임론'을 강변할 용기를 가진 정부관리나 지식인이 한 사람이라도 있을지 의문이다.

　사회적 도덕성 유지의 차원에서 경로효친(敬老孝親) 등의 건전한 규범을 이어가는 것은 사회적 합의 자체를 필요로 하지 않는지도 모른다. 그러나 앞서 제2장에서도 지적했듯이 적어도 인구학적 관점에서조차 핵가족화가 매우 제한된 실증적 타당성을 갖고 있는 상황에서 가족부양체계와 관련된 많은 현대적 사회문제를 핵가족화 때문이라고 주장한다면, 그 설득력은 근본적으로 결여되었다고 보지 않을 수 없다. 가까운 전통시대에 핵가족(핵가족가구)이 일반적이었으며 인구쎈서스에 나타난 20세기의 가족변화도 결코 핵가족의 급증을 나타내지는 않기 때문에 쉽게 핵가족화에 연결시켜 가족부양체계의 위기를 논할 수는 없다. 사실, 인구학적 측면의 핵가족화에만 주목해 (가족부양의 경제적·심리적 조건의 복잡한 변화를 제대로 감안하지 못한 채로) 여러 사회문제를 거론하는 것은 경험적 타당성은 차치하고 논리적 적합성에 있어서도 근본적인 한계를 가진다. 한국사회에서 물질적·심리적으로 안정된 가족부양을 받지 못하는 집단이 늘어났다면 근본적인 원인을 가족 내부보다는 사회와 국가에서 찾아야 할 것이다. 특히 진정한 복지국가의 확립이 있기 전까지는 자본주의 한국사회에서 노약자, 아동, 장애인, 여성가장 등 사회적 곤궁집단들의 물질적·심리적 욕구가 방치되고 관련된 사회문제들이 증폭될 수밖에 없으며 이에 대한 전통적 가족부양체계의 역할은 극히 제한적일 수밖에 없음을 아래에 밝힐 것이다.

2. 핵가족비판론의 비판: 가족의 구조변화와 가족부양의 실제

핵가족의 전통성, 확대가족의 현대성

　그간의 역사인구학적 연구는 소규모 핵가족이 현대 산업자본주의 훨씬 이전부터 일반적 가족형으로 존재했음을 밝혀주었는데 이러한 점은 한국에서도 예외가 아니다(최재석 1983 등 참조). 전 연령층에서 고사망률이 지배하고 기근이 만성적이던 시대에 일반 상민들 가운데 3대나 4대 가족을 거느릴 수 있을 정도로 장수하는 일은 결코 흔할 수 없었다. 상민들 가운데 예외적으로 건강하게 장수하던 사람들도 한정된 농지와 협소한 가옥 때문에 대규모 직계·방계 가족을 거느리고 유복한 생활을 할 가능성은 거의 없었다고 보아야 한다. 한국을 포함해 대다수 사회들에서 오히려 근현대에 접어들면서 사망률 전환과 출산율 전환의 시차에 기인해 일반인들 사이에서도 대규모 확대가족을 형성할 수 있는 가능성이 높아졌다. 즉 근대적 보건의료사업을 통한 주요 전염병의 예방·치료 등 다양한 요인들에 의해 사망률이 빠르게 낮아지던 상황에서도 다산(多産)의 규범은 상당 기간 지속됨으로써 여러 세대에 걸친 많은 친족성원들이 한 가구를 이루고 살 가능성이 높아졌던 것이다. (특히 노부모의 입장에서 노후를 자녀와 동거하며 보낼 확률이 급격히 높아졌었다.) 물론 한국에서는 조선 말기의 피폐, 일제 식민통치, 미군정 및 한국전쟁으로 이어지는 연속적인 정치·사회·경제적 혼란으로 실제 대규모 확대가족적인 삶을 안정되게 살 수 있었던 계층이 소수일 수밖에 없었다.

그러나 다른 여러 사회들과 마찬가지로 한국에서도 과거의 가족이 (현대의 가족에 비해) 광범위한 친족연대를 바탕으로 조화롭게 통합된 사회단위로서 기능했을 것이라는 막연한 추측이 일반화되었었다. 이에 덧붙여, 현대에는 핵가족이 증가함으로써 그러한 친족연대의 와해 및 가족부양체계의 약화가 초래돼 노인문제, 청소년문제 등 많은 사회문제가 나타났다는 것이다.[132] 즉 핵가족화는 다양한 피부양 혹은 곤궁집단의 안녕을 위해 되도록 억지되어야 한다는 논의가 암묵적으로 제시되었으며, 이미 핵가족으로 살고 있는 젊은 세대에 대해서는 전통적 도덕성을 기반으로 한 부양의무를 재강화시키기 위해 부단한 노력을 하라는 사회적 압력이 가해진 것이다.

그동안 여러 학자들조차 전통가족을 직계·방계의 확대가족으로 일반화시켜 보아왔던 것은 상층계급 중심의 역사연구에 내재된 계급적 편론(class bias)과 근대 사회과학의 오류인 무차별적 전통성–현대성 양분론이 결합되어 나타난 결과이다. 즉 포괄적인 친족간 유대 및 부양은 대다수 사람들에게는 전통시대로부터 내려오는 실제 생활양태로서보다는 사회의 조직화 및 통합의 차원에서 권장된 도덕적 이상 내지 이념의 성격이 강했다는 사실이 지적되어야 한다(최홍기 1991). 그런데 그 이념이 전통사회에서는 양반과 같은 상층집단 중심으로 형성되었으나 신분사회가 해체되고 현대로 넘어오는 과정에서 모든 사회성원 일반의 규범으로 그 적용범위가 확대되었다고 볼 수 있다. 그리고 시민 전체를 대상으로 한 현대 학교교육은 이러한 변화를 더욱 강화시킨 것으로 보인다. 이러한 사실은 우여곡절 끝에 아직도 한국사회의 핵심 규범으로 자리잡고 있는 가족 내 도덕적 유대 및 부양관계를 실천하기 위해 수많은 한국인들이 주어진 물적 여건이 허락하는 범위를 훨씬 넘어 갖은 애를 써왔음을 암시한다.

그동안 핵가족으로 구성된 가구의 비율이 계속 늘어난다는 조사결과들이 발표되어왔으나 핵가족가구는 오래 전부터 일반적인 가구형이었고, 또 핵가족가구의 증가속도가 다른 사회변동 측면들과 비교하면 극히 미미했다는 사실이 간과되어서는 안된다. 더욱이 인구사(人口史)적으로 보면 지난 30여년은 전후 베이비붐 시대에 태어나고 영유아 사망률의 급격한 하락 혜택을 본 세대들이 성장해 가정을 이룬 시기이다. 따라서 대다수 장남부부가 부모와의 동거관계를 유지한다고 가정해도 손아래 형제자매들이 분가해 이루는 핵가족가구들이 급격히 증가할 수밖에 없었던 것이다. 이러한 핵가족가구의 증가는 개인주의 성향의 강화가 없어도 나타날 수 있었던 일이다. 물론 1970년대 중반부터 본격화된 출산율 하락으로 두 명 정도의 자녀를 둔 현 중년층의 자녀들이 장성해 가정을 이루는 시기가 막 닥치겠지만, 막상 이때 개인주의화의 영향으로 노부모와의 분거가 늘어난다 해도 전체 인구구성으로 보면 핵가족가구 비율을 크게 올려놓지는 않을 것이다. 자녀수의 감소로 차남, 차녀, 삼남, 삼녀 등에 의해 구성되는 핵가족가구의 수가 계속 줄어들 것이기 때문이다.

현대 가족변화의 실제

산업사회로 진입한 이후 한국의 가족구조 변화 추이를 면밀히 살펴보면 가장 두드러진 추세가 젊은 세대 중심의 핵가족의 증가라기보다는 노부모 중심의 직계가족도 아니고 젊은 부부 중심의 핵가족도 아닌 소위 비표준형 가족(가구)이 급속히 늘어나고 있다는 점이다(이 책 제2장 참조). 이러한 비표준형 가구는 젊은 미혼인구가 구성하는 단독(일인)가구를 상당수 포함하는데 그나마 가출청소년, 노숙자 등 심각한 사회문제가 되는 집단들은 체계적 통계로 포착되지 않는다. 이보다 더욱 주목되는 추세는 자식과 따로 사는 노인들이 구성하는 단독가구나 부부가구가 급속히 늘어났다는 점이다.[133]

노인들의 단독가구와 부부가구는 특히 농촌에서 급속히 늘어났는데 그 핵심 요인은 젊은 세대의 무더기 이촌향도(移村向都) 현상이다(이가옥 외 1989; 김흥주 1992). 도시에서는 노동력의 부족 속에 여성(자부) 취업이 늘어나 가족 내의 노인부양이 어려워지는 문제가 있으며, 주택난 문제도 무주택인구의 주거불안과 주택의 소형화를 초래해 노인들의 분거를 초래하고 있다. 물론 도시나 농촌이나 세대간의 문화차가 심각해져 노부모-자녀(자부)간의 심리적 부적응이 분거를 촉진해온 것으로 보인다. 그러나 무엇보다도 중요한 인구학적 요인은 노인의 급속한 기대수명 연장이다. 환갑을 넘기기가 어렵던 시절이 80대, 90대까지의 장수가 흔한 시대로 순식간에 바뀜에 따라 노년기가 대폭 연장되었으며 이 기간을 어떻게 보내느냐 하는 문제는 단순히 과거의 노인부양체계를 참고해 대처할 수 있는 성격의 것이 아니다(이 책 제4장 참조). 즉 노년기의 연장이 그 연령층을 사는 새로운 인구(사회)집단을 만들어낸 것인 만큼, 전통적 가족부양체계가 이러한 새로운 인구집단을 제대로 수용할 수 있을지는 불분명하다. 자녀와의 분거노인 급증은 적어도 부분적으로는 그 해답이 부정적일 수 있음을 알려준다.

아동부양의 경우도 마찬가지이다. 영유아 사망률의 하락과 '아동기' 보호에 관한 사회적 압력 및 법적 요구 속에 각 가족의 아동 부양에 따른 부담은 급속히 증가했다(Ariès 1962; Sommerville 1990 참조). 물론 대다수 부부들이 (국가의 적극적인 권장하에) 가족계획을 실시해 자녀수를 줄임으로써 전체 부양부담을 적절한 수준에서 유지하는 법을 배웠다. 그러나 생존 아동의 수는 이렇게 조절된다 하더라도 주요 생산활동의 사회화(탈가족화) 및 가족규모의 축소로 인해 가정 내에서 상시적으로 아동 보호를 맡을 수 있는 인원이 줄어드는 가운데 아동들의 정서적·물질적 보호기간은 오히려 길어지는 어려운 상황이 유발되었다. 그리고 여성취업의 꾸준한 증가로 인해 부모와 같이 살지만 타인이나 다양한 사회조직체의 보호 또는 양육을 받아야 하는 아동들의 비율이 급속히 높아졌다. 즉 아동들에 대한 부양이 가족생활로서 전부 설명될 수 없다는 차원에서 아동들이 가족의 범위를 넘어 새로운 '사회집단'을 형성한다고 볼 수 있다.

더불어 지적돼야 할 점은 형태상의 핵가족들 가운데는 개인주의적 삶의 추구하고는 거리가 먼 곤궁한 생활을 하고 있는 집단들이 너무나 많다는 사실이다. (제9장에서 자세히 지적하겠지만) 농촌의 불확실한 경제전망과 왜곡된 생활환경을 개인적인 차원에서라도 극복하기 위해 무작정 도시로 떠나는 젊은 이농자들과 마을에 남겨진 이들의 노부모는 각각 (인구학적 차원에서) 핵가족을 형성하게 될 것이다. 이처럼 자녀가 이촌한 농촌노인들이 구성하는 핵가족가구의 증가 추세는 매우 급속한 것이어서 전국적으로 핵가족가구 증가의 가장 중대한 요인 중 하나로 작용했다. 아울러 도시 빈민지대에서 단칸방에 세들어 사는 노부모가 결혼비용조차 마련하지 못해 사실혼 관계를 시작한 나이 찬 자녀를 분거시킬 때에도 두 핵가족가구가 형성된다.[134] 또 여성의 재혼을 어렵게 하는 가부장적 문화 속에서 이혼이나 사별로 홀로 된 여성들이 자녀들을 이끌고 어려운 삶을 살아가는 핵가족들도 수없이 많다. 이러한 핵가족들은 개인주의적 인간들의 조직단위가 아니고 오히려 지배계층과 정책당국자들의 무감각 때문에 물질적·심리적으로 불안정한 핵가족의 삶을 강요당해온 면이 있다.

그러므로 (제2장에서 이미 강조했듯이) 사회변동의 일부로서 가족변화에 대한 이해를 인구학적 측면에만 국한시키지 말고 가족관계와 가정생활의 물질적·심리적 요소들까지 포괄해 종합적인 이해를 구해야 한다. 우선 핵가족화만 하더라도 단순히 젊은 기혼자녀의 분가에 의해 자동적으로 완결되는 것이 아니라 가구성원들을 물질적으로 부양하기 위한 독립적 경제기반이 갖춰지고 또 가구성원들 사이에 조화롭게 통합된 민주적 애정관계가 함양돼야 함을 인식해야 한다. 따라서 만성적으로 반복되는 경제불안과 부동산 등의 물가폭등, 최근 들어 특히 극심해진 고용불안 및 빈부격차 그리고 여전히 매우 제한적인 사회보장제도 등이 물질적으로 안정된 핵가족화를 오히려 가로막고 있음이 주지돼야 한다.

(제3장에서 자세히 설명했지만) 가족변화의 사회심리적 내지 문화적 측면은 더욱 복잡하게 전개되어왔다. 사적 권위를 유대의 기반으로 하는 신유교주의적 인간관계는 한국의 가정이나 사회에서 여전히 지배적인 상호작용과 통합의 원리라고 할 수 있다. 그러나 자본주의 산업화 과정에서 사회계급간의 정치·경제적 지배와 관료주의적 통제는 수많은 한국인들의 집단적 소외감을 팽배시켜 '개인주의적 도피처' 내지 '심성적 보금자리'로서 가정의 중요성을 확대시켜온 것 같다(Lasch 1977 참조). 동시에 한국 경제체제가 1980년대 중반 이후 내수기반을 적극적으로 강화함에 따라 가정생활 자체가 기업들의 대량소비 촉진 공세의 표적이 되고 가족관계가 상품 소비를 통해 표현되는 현상도 강화되어왔다.[135] 현대 가족은 이처럼 사회로부터 복합적인 문화공세를 받아왔으며 그 결과 가정생활의 사회로부터의 자율성이 근본적으로 위협받게 되었다. 따라서 긍정적 의미에서건, 부정적 의미에서건 한국 가족변화의 심리적 측면을 핵가족적 개인주의화라고 단순화시켜서 보기가 어렵다.

결론적으로 말해 한국의 인구학적 핵가족들 가운데 완결된 핵가족적 삶을 위한 물질적 및 심리적 기틀을 완비한 비율이 결코 높다고 할 수 없다. 구조 기능주의의 균형론적 입장을 취하면 대다수 한국가족들은 불균형 내지 불완전 핵가족화를 거쳐온 셈인데 한국의 사회·문화적 특수성을 감안하면 바로 이 추세가 현대 한국가족 변화의 정형이라고 볼 수 있다(이 책 제2장 참조).

가족부양체계의 변화

현대 가족변화가 단순히 가구형태의 변화로만 설명될 수 없는 것처럼 가족부양의 실태 역시 가족관계 및 가정생활을 떠받쳐주는 다양한 물질적 여건과 사회심리적 기반을 감안해야 제대로 파악될 수 있다. 피상적으로 이해되는 (한국적) 전통가족과 (서구적) 핵가족은 각각 순수한 친애(親愛)에서 비롯되는 부모공경과 자녀사랑을 중심으로 한 '우애적 가족주의'를 근간으로 한다. 그런데 과거의 (시)부모-자녀 관계는 가업(농업이나 정치)의 전수와 유지라는 도구적 측면을 전제로 했으며 따라서 순수한 서정적 과정으로서의 (시)부모봉양과 자녀양육은 오히려 생산과 정치활동이 탈가족화된 현대에 이르러 더욱 부각이 된 것이다(Zaretsky 1973 참조). 다시 말해, 가업 계승 등의 도구적 측면이 본질적으로 약화된 상황에서의 (시)부모-자녀 관계는 자발적으로 형성된 순수한 친애감과 민주적 교호를 바탕으로 해야 장기적으로 지속될 수 있는 것이다. 더욱이 기대수명의 연장으로 노년기(혹은 노부모 봉양기간)가 엄청나게 길어지고 학교교육 등 사회준비 요건의 증대로 아동기 및 청소년기(혹은 자녀 양육기간)가 급격히 늘어난 상황에서는 더욱 그러하다.

이처럼 가족관계의 도구적 측면이 약화되고 노인 및 아동의 피부양기가 연장된 상황에서는 가족부양의 서정적 기반이 충분히 형성 내지 강화돼야 하는데 이를 위해서는 부양-피부양 세대 사이에 엄청난 심리적 적응과정을 거쳐야 한다. 물론 이 적응과정의 구체적 성격이 어떠한 것이어야 하는지,

또 한국인들이 실제 어떻게 적응해왔는지에 대해 앞으로 많은 연구가 있어야 할 것이다. 한가지 비교적 명백한 사실은 그동안 유교적 가족이념이 공식 교육을 통해 전수되고 사회 일반에 의해 수용되는 분위기 속에서 (시)부모 봉양이 여전히 핵심적 규범으로 유지되어왔으며 아울러 아동양육에 대한 정성이 근자에 엄청나게 강화된 점이다. 이러한 노부모와 아동에 대한 부양관계는 가족 내부의 친족관계 및 사회적 질서유형이 도덕적 권위주의의 성격을 띠고 있는 것과 상관관계가 있다. 따라서 부모-자녀 사이의 부양관계는 그 서정적 측면에 대한 개개인의 자율적 적응 여부에 상관없이 사회 전반의 도덕적 분위기 내지 압력에 의해 그 근간이 유지되는 측면도 있다.

이에 따라 부양자들의 상당수가 자신들의 타율적 '부양의무'에 불만을 표시하게 되었으며 피부양자들은 타율적 부양에 내재된 부양자들의 도덕적 결핍을 비난하곤 했다. 이러한 문제는 일반적으로 부모가 생활상 자립능력이 없는 어린 자녀를 부양할 때는 그다지 심각하지 않지만 자녀부부가 노부모를 부양할 때는 자주 나타나게 된다. 특히 고부갈등의 문제가 대표적인 예라고 할 수 있는데, 경제적으로 자립할 수 있는 남편을 둔 젊은 부인이 자발적인 경애감 없이 도덕적 권위에 의해서만 시부모 부양을 전담하는 경우가 갑자기 늘어남으로써 나타난 사회현상이다. 이러한 타율적 부양관계는 부양자들뿐 아니라 피부양자들 자신도 회피하려는 것으로, 갈수록 노후에 부부만의 생활을 희망하고 또 이를 위한 재정적 준비를 하는 중년인구가 늘어나는 추세가 시사적이다.[136] 일부 부모들은 재산상속 등과 관련하여 부양자녀의 자신들에 대한 도구적(경제적) 의존관계를 강화 또는 연장시킴으로써 타율적 부양에 대처하려 하지만 이러한 시도의 효과가 확실하지 않고 또 경제적 능력이 제한돼 있는 대다수 한국 노부모들에게는 무관한 일일 뿐이다.

이러한 문제점들이 있기는 하지만 한국사회의 전통적 가족부양체계는 그 사회·경제적 여건 변화에도 불구하고 그 근간은 유지되어왔으며 부양관계의 규범적 기반 역시 여전히 강하게 유지될 수 있었다. 가족 내 부양관계의 도덕성은 사회적 및 역사적 환경에 구애받지 않는 절대적인 인간적 가치에 근거해 어느정도 유지된다고 볼 수도 있으나 이를 통해 영구적 존속이 보장될 수는 없다. 따라서 도덕적 부양관계의 사회적 기능성을 함께 파악해야 하는데 이는 한국이 20세기 후반까지도 국가 차원의 사회보장제도가 가장 미비한 나라 중의 하나였다는 사실을 고려하면 된다. 더욱이 1970년대 후반 이후 (1980년대 후반의 일시적 예외는 있지만) 빈부격차가 지속적으로 증대되어온 상황이기 때문에 국가적 재분배 기제인 사회보장제도가 미비하다는 사실은 큰 규모로 존재하는 빈곤층 노인과 아동의 생활이 구조적으로 위협받아왔음을 의미한다. 만일 기본적 가족부양체계마저 와해된다면 이들은 생존조차 보장받을 수 없는 부랑인구로 전락할 것이다. (특히 1990년대 후반 국가적 경제위기를 거치며 이미 많은 노인들과 아동 및 청소년들이 그렇게 된 것으로 보인다.) 한국사회에서 모든 사회집단의 안녕에 가족부양체계가 여전히 결정적인 중요성을 유지해온 사실은 공적 사회보장체계의 미비를 역설적으로 나타내는 것이라 하겠다.

3. 핵가족화론과 복지국가의 도래

이상의 논의를 정리하면 핵가족화론, 더 정확히 말해 핵가족책임론 내지 핵가족비판론이 사회 전반에 하나의 이데올로기로서 유포되었으며 이 추세는 특히 빈곤층의 삶의 현장과 근본적으로 유리되었다는 사실에 크게 구애받지 않았다. 현실에 유리된 핵가족책임론은 우선 가족과 가정을 위해 어렵게 노력하는 생활인 개개인에게 억울함과 좌절감을 가져다준다. 이보다 더욱 근본적인 문제로, 지난 수십여년간 개발권위주의 체제하에서 강요되었던 '선성장 후분배' 통치체제에 대한 국민적 지지가 민주화와 함께 소멸되기 시작했을 때, 핵가족책임론이 이러한 정치적 인식전환을 지체시키는 작용을 했다는 것이다. 이데올로기로서의 핵가족책임론이 자본주의 산업화에 수반된 여러 사회문제들이 본격적으로 대두되고 이에 대한 복지국가적 대응을 촉구하는 사회적 요구가 민주화 추세와 함께 강화되던 시점인 1980년대 후반부터 제기된 것은 결코 우연이 아닐 것이다.

어쨌든 1980년대 후반부터 복지는 보수적 정책당국자들까지도 "사회통합과 정치질서의 유지"에 관련된 핵심적 행정목표로서 이해하게 되었다(『보건사회부문 7차 5개년계획안』). 이러한 추세는 한편으로 '선성장 후분배' 논리에 따른 분배의 시기로 접어들었다는 국민적 이해가 확산되었기 때문이기도 하지만 다른 한편으로는 1970년대 후반 이후 빈부격차가 지속적으로 확대되고 부동산 가격 폭등 등으로 서민생활이 쉽게 정체상태를 벗어나지 못했던 현실을 반영하기도 했다. 이와 더불어 출산율의 급속한 하락과 노동력 부족 현상 등을 반영해 국가의 인구정책이 '양적 관리'(quantity control)에서 '질적 관리'(quality control)'로 전환하기 시작한 사실도 중요하다(『인구부문 7차 5개년계획안』 참조). 인구의 질적 통제란 육체적·지적으로 양질인 노동력의 유지와 충원을 위해 국가에서 물질적 지원을 확대하는 것이기 때문에 사회복지정책에 밀접히 접목되는 것이다(Chang 1997b).

일반적으로 복지국가의 실현은 국가에 의해 조직화되고 비용이 충당되는 사회보장기제의 확대가 핵심적 요건으로 간주된다. 즉 국가를 통해 사회의 다양한 계층이 사회·경제적 측면에서 안정된 삶을 비교적 균등하게 누릴 수 있도록 제도화된 상호부조를 하는 것이며, 이때의 복지란 주로 사회복지를 의미한다. 그런데 한국에서는 이른바 '가족복지'라는 색다른 복지 개념이 부각되었는데, 보수적 정책당국자들은 이것이 서구의 사회(국가) 중심적 복지에 비해 한국의 실정에 더욱 부합될 수 있다고 보았던 것 같다. 가족복지란 우선 가족이 가장 핵심적인 복지조직체로서 기능함을 전제로 한 것 같다. 그러나 이러한 가족중심의 복지가 장차 도래될 본격적 사회복지의 일환인지 아니면 사회복지에 대한 계속적인 무관심과 소극성을 위장하거나 합리화하려는 노력의 반영인지 논란의 여지가 많았다. 하여간 복지국가 시대의 도래가 가족의 사회·경제적 역할에 맞물려 있음은 분명하며 노인, 아동, 장애인, 병약자 등에 대한 가족부양이 가족 내부적 윤리를 넘어서 국가의 성격을 좌우하는 중요한 요소로 대두되기 시작했다고 볼 수 있다.

가족복지와 가족부양의 관계는 가족복지가 어떻게 이해되느냐에 따라 달라질 수 있다. 가족복지는 '가족을 위한 복지'(welfare for the family) 또는 '가족을 통한 복지'(welfare through the family)로 이해될 수 있다. 전자의 경우에는 (물질적·심리적으로 안정된) 가족이 정책목표가 되며 국가는 모든 가족들이 성원간의 상호부양을 물질적 및 심리적으로 안정된 상태에서 수행할 수 있도록 다양한 지원을 해야 한다. 후자의 경우에는 가족이 노인, 아동, 장애인, 병약자 등의 안녕을 돕기 위한 정책도구가 되는 것이며 국가는 이러한 복지수요자들에 대해 부양 의사와 능력을 가진 가족들을 선별적으로 지원하게 될 것이다. 전자의 경우라면 사실 가족복지가 일반적인 사회복지와 근본적으로 다르다고 보기 어렵다. 따라서 한국에서 가족복지에 대한 새삼스러운 강조는 후자의 개념을 염두에 둔 것으로 보인다. 즉 가족부양 체계는 국가적 복지시책의 전제요건이 되는 것이며 가족부양의 기능을 충실히 수행할 수 없는 가족들은 어떤 의미에서 '한국형 복지국가'의 도래를 어렵게 하는 책임을 갖고 있다고도 할 수 있다. 그런데 국가적 복지예산과 복지써비스의 심각한 제약 속에, '가족을 통한 복지'는 현실적으로 '가족에 의한 복지'(welfare by the family)를 의미했으며, 따라서 친족들에 대한 부양의무를 저버리는 가족들, 특히 핵가족들은 국가정책적 차원에서도 무책임한 가족들이 되는 것이다. 다시 말해, 급격히 심화되기 시작한 노인문제, 청소년문제 등에 대한 핵가족책임론은 바로 국가 차원에서의 사회복지제도 부재에 대한 면책논리의 성격을 갖고 있었다.

국가에서 노인, 아동, 장애인, 병약자 등에 대한 부양 의사와 능력을 갖고 있는 가족들만 선별지원하고 그렇지 못한 가족들은 개인주의적 집단으로 규정하여 상대적으로 불이익을 당하게 하는 것이 어떠한 정책적 합리성을 갖고 있는가를 검토해보자. 여러가지 어려움을 당하고 있는 가족성원들에 대해 마음과는 달리 상시적 부양의 손길을 내밀지 못하는 사람들 가운데 오히려 한국사회의 진정한 복지수요자들이 다수 포함되어 있지 않을까? 그리고 시급한 사회보장혜택을 필요로 하는 집단들은 오히려 자체적 부양기능을 갖고 있지 못한 가족들에 속할 가능성이 크며 이른바 가족복지체제 아래에서 이들의 복지수요가 오히려 간과되는 것이 아닌가? 모든 가족성원들에 대한 충분한 부양여력이나 계획을 갖고 있는 (다시 말해 비교적 여유로운) 가족들은 어떤 의미에서는 국가적 차원의 복지지원을 새삼스럽게 필요로 하지 않는다고도 볼 수 있지 않을까?

물론 가족부양체계의 유지를 전제로 한 곤궁집단의 지원과 그렇지 않은 상황에서의 지원은 그 효율성에서 큰 차이를 나타낼 수 있다.[137] 그렇지만 일부 폐쇄사회를 제외하고는 국가의 가족관계 및 가정생활에 대한 관찰능력(monitoring capacity)이 근본적으로 제한될 수밖에 없기 때문에 모든 가족부양의 실제 상황을 제대로 추적하고 기록한다는 것은 불가능에 가깝다고 볼 수 있다. 예를 들면 기혼자녀가 가까운 거리에서 분거하면서 수시로 노부모에 대한 부양활동을 펼칠 때 이를 체계적으로 반영할 수 있는 만족할 만한 행정적 처리기준이 마련될 수 있는지 의문이다. 반대로 안정된 노부모에 오히려 의지하면서 주택을 공동사용하는 외에 부양기능은 거의 갖지 않는 성인자녀는 오히려 가족부양자로서 지원받을 수 있는 소지가 크다. 만일 이러한 가능성들이 실재한다면 가족복지는 사회적 불평등을 오히려 확대재생산시킬 수 있는 위험성을 내포하고 있으며 핵가족화론은 이를 규범적 차원에서 정당화시키는 작용을 할 것이다.

물론 핵가족비판론이 전통적 친족연대의 약화를 막아주어 가족부양체계의 유지에 어느정도 기여할 가능성도 전적으로 배제할 수는 없다. 그러나 문제의 본질은 개인주의적 핵가족의 증가로 많은 아동, 노인, 장애인, 병약자의 안녕이 위협받고 있는 것이 아니고, 이들에 대한 부양을 국가의 정치적 책임으로 인식하기를 거부하는 이념적·정책적 보수성에 있다. 즉 가족복지가 시민 모두의 복지수요를 균형적으로 충족시킬 수 있는 복지체제가 되기 위해서는 가족부양이 단순히 가족성원들의 도덕적 의무로 끝나는 것이 아니라 국가가 갖는 정치적 책임의 일부라는 인식의 대전환이 필요하다. 가족으로부터 적절한 부양을 받지 못하는 노약자와 아동이 집단적으로 발생하면 이들의 가족에 대한 도덕적 질책을 하기에 앞서 가족부양의 여건조성에 실패한 국가와 사회공동체의 책임을 미리 검토해볼 일이다. 물론 공적 사회보장기제가 잘 마련되어 있는 서유럽의 복지국가들에서도 이런 인식의 전환은 오랜 시간의 계급적 갈등 및 정치적 타협을 필요로 했고, 한국사회도 마찬가지의 과정을 현재 겪고 있다고 볼 수도 있다. 그러나 그 사회들의 경험이 한국사회에서 자동적으로 반복되리라는 예언론적 낙관을 하기에는 한국사회의 자본주의적 근대화 과정에 노정된 특수한 사정들이 너무나 많다. 한국의 역사적 현실에 동떨어진 핵가족책임론은 자본주의체제에서 가족부양에 대해 사회와 국가가 갖는 공적 책임성에 관한 인식전환을 심각하게 지체시키는 특수한 요인들 가운데 하나이다.

4. 사회권과 가족부양

지난 세기말 한국사회에서 핵가족책임론의 확산은 근본적으로 보면 부양의 공공성에 대한 사회적 인식의 전환 및 정치적 합의의 도출이 계속 지체되었다는 사실과 맞물려 있다. 즉 다양한 피부양집단의 인간적 삶이 가족 내 '도덕적 권리'(moral rights)를 넘어 정치사회(political society, 즉 국가) 차원의 '사회권'(social rights)으로서 보장되어야 한다는 공감대를 형성할 수 있어야 가족담론의 정치적 왜곡을 막을 수 있다. 그러나 이러한 정치사회학적 과정의 실현이 그다지 쉬울 것으로 보이지는 않는다. 왜냐하면 국가관료나 정치인들 사이에 가족부양에 대한 보수적 관념과 사회복지에의 무관심이 지배해왔지만 이것이 직접적으로 시민(특히 하층민)들의 정치적 저항을 촉발시킨 사례는 찾아보기 힘들기 때문이다.

　그 이유로는 우선 한국인들의 개인적 및 사회적 생활 모두에서 가족중심주의가 강하게 작용하고 있고, 특히 노약자에 대한 부양이 가족의 자체 책임이며 가족 내에서 이루어지는 것이 가장 이상적이라는 분위기를 들 수 있다. 실제 자녀와 따로 사는 노인들이 증가하고, 젊은 부모의 이기적 행동으로 유기된 아동들이 늘어나는 등 가족부양체계의 심각한 약화가 여기저기서 증명되고 있지만, 가족은 여전히 노약자 부양의 거의 독점적 기능을 하고 있고 공동체적·국가적 혹은 상업적 부양기제들의 역할은 극히 미미한 형편이다. 그리고 가족부양체계의 와해로 고통을 겪는 당사자들이나 사회여론이나 모두 그 불행에 대해 주변 친족들의 부도덕성을 원망하고 질책하지, 가족부양체계를 보완 내지 대체해줄 수 있는 사회적 장치의 부재에 대한 체계적 비판을 제시하는 경우는 충분치 않았다. 특히 교육수준이 낮을수록, 불안정한 직업에 종사할수록, 농촌에 거주할수록 빈곤·건강·주택·교육 등에 대한 책임이 국가에 있기보다는 자기 자신에게 있다고 간주하는 경향이 높다는 연구결과가 시사적이다(김영모 1990). 즉 부양의 책임소재에 대한 전통적 혹은 보수적 관념이 시민 가운데 하층계급에서 가장 뚜렷하게 나타나고 있다. 이는 유독 한국사회에 국한된 현상은 아니지만, 대다수 한국의 빈곤층이 산업노동, 개인써비스, 자영업 등을 수시로 오감에 따라 산업노동자로서의 안정된 계급적 정체성이 미약하여 계급적으로 조직화된 진보적 사회의식도 뚜렷하지 않다는 사실과 무관하지 않을 것이다.

　한국사회에서 그동안 자본주의 산업화에 따른 급격한 사회변동에도 불구하고 가족이 거의 절대적으로 노약자 부양기능을 수행해온 것은 한편으로는 전통 미풍양속이 잘 보전된 결과라고 치부할 수도 있겠다. 그러나 마찬가지의 상황이 가족 이외의, 즉 사회적 차원의 보충적 혹은 대체적 부양기제가 아예 없거나, 있어도 효율적으로 작용하지 못할 경우에도 나타날 수 있었다는 사실이 간과되어서는 안된다. 후자의 상황은 특히 가족부양의 물질적·정서적 기반이 결여됐거나 와해된 집단들로 하여금 부양자와 피부양자를 막론하고 모두 엄청난 심리적 중압감과 물질적 곤궁을 겪게 하는데, 이로 인해 부양관계는 물론 기본적 가정생활과 개인의 안녕까지 위협받는 결과가 무수히 초래되었다. 더욱이 대다수 하층민들의 경우 본인의 낮은 교육수준 및 이념적 정당정치의 부재 때문에 그러한 문제점들을 사회구조적 내지 정치관계적 차원에서 파악해 대응하지 못하고 오히려 스스로의 무능과 도덕적 결핍으로 설명하여 자기비하(自己卑下)로까지 빠지기가 쉽다.

대다수 현대 자본주의사회에서 기본적 사회체제의 변화는 세대간 및 남녀간 사회관계를 가정 내에서 사회로 확장시켜왔다. 예를 들어 노인들의 경우는 가정 내에서 부양자 의무를 완수하고 피부양자로 바뀐 사실 외에 사회적으로 경제생산자(주로 임노동자)로서의 책무를 다하고 은퇴 이후에 인간적 삶을 누릴 수 있는 사회적 권리를 보장받아야 하는 처지에 있다고 볼 수 있다. 아동들의 경우는 가정 내에서 부모의 순수한 사랑에 근거한 보호의 대상이기도 하지만 장차 사회노동력의 재충원을 가능케 하는 등 이들의 건전한 양육 및 훈련이 경제·사회적 체제유지의 핵심적 조건이라는 데 이의를 달 사람이 없다. 그리고 장애인 등 기타 요보호집단의 인간적 삶의 권리 역시 여러가지 사회적 의의를 부여할 수 있다. 그러나 이러한 피부양자 집단들의 사회적 위치는 주로 가족 내부의 도덕적 내지 서정적 차원으로 파악이 되어 왔고, 이러한 인식은 서구 자본주의에 수반되어 확대된 '사생활'(private life) 관념 속에서 더욱 강화된 측면도 있다(Zaretsky 1973 참조).

다시 말해, 다양한 사회집단에 대한 보호와 부양은 논란의 여지가 없는 공공재(public goods) 성격을 띠고 있지만 그 구체적인 실천에 대해 친족집단 이외에는 자발적인 수행노력을 보이지 않는 것이 통례이다. 예를 들어 아동양육에 대한 기업들의 태도는, 아동들의 장래 경제활동이 특정 기업별로 미리 귀속되지 않는 상황에서 일반화된 투자를 하기보다는 타집단(주로 부모들이나 국가)에 의해 부양이 이루어지길 기다리는 '무임승차'(free riding)의 전략을 택하고 있다.[138] 물론 자본주의사회에서 이윤극대화를 목적으로 하는 기업들이나 여타 사적 이익을 추구하는 사회집단들로서는 개별적 기대효과가 뚜렷하지 않은 투자를 하는 것보다 무임승차적 자세를 견지하는 것이 소위 '합리적 행위'(rational behavior)일지 모른다. 그러나 사회 전체적 입장에서 보면 모든 가족들의 부양여건이 비교적 양호하게 갖춰져 있는 평등한 상태가 어느정도 유지되지 않으면 인간 자신의 건강과 지성에서 비롯되는 노동력이라는 가장 핵심적인 공공재는 재생산될 수 없다. 따라서 극히 자유주의적(liberal)인 시각에서 해석하더라도 부양은 국가의 적극적 역할에 의해 안정적으로 실현되어야 하는 것이다(Donzelot 1979).

사실, 부양에 대한 국가의 역할이 한국사회에서 전적으로 인식되지 못한 것은 아니다. 특히 가족계획사업을 통해 국가에서 가장 사적 영역인 부부생활에 침투해 지속적인 산아제한 노력을 펼쳤던 것은 (과잉)인구에 대한 부양과 고용이 국가적 책임의 일부라는 인식을 반증한 것이라 하겠다. 그러나 가족계획사업의 실효와 기타 사회변화를 반영해 출산율이 급격히 떨어지고 인구성장률이 상당히 둔화되자 그러한 공적 부양책임에 대한 정치적 인식이 여타 사회정책들의 보완 및 확대로 이어지지 못했다(Chang 1997b). 특히 인구의 양적 관리에서 질적 관리로의 전환이라는 새로운 인구정책상의 구호에도 불구하고 질적 관리의 핵심 전제조건인 가족부양 여건의 향상을 위한 사회정책의 체계적 보완 및 확대는 최근까지도 막연히 미루어져왔다.[139] 더욱이 인구성장률의 둔화는 도리어 인구부문에 대한 국가 재정지출의 축소를 합리화시키는 편법논리로 이용되기도 했다. 나아가 인구구조상의 단순변화를 반영하는 핵가족가구의 점증을 지나치게 부각시켜 개별 가족들의 부양여건 악화에 대한 사회와 국가의 책임소재를 숨기는 왜곡된 사회의식을 유포시킨

240

것이 현실이었다. 제10장에서 자세히 논하겠지만 이러한 위정자들의 안일성과 사회의 보수성은 특히 아동 양육환경의 악화 및 양육비용의 급증과 맞물려 급기야 한국을 (일부 도시국가 및 체제전환기 사회들을 제외하면) 세계 최저출산의 사회로 만들었으며, 부랴부랴 저출산 대책이 국정의 최우선 사안의 하나로 승격되기에 이르렀다.

이러한 정치·행정적 모순을 보수개발주의 정당들만 판치는 한국의 정치권에서 바로잡아주리라 기대하는 것도 당분간은 무리일 것이다. 마셜(Marshall 1964)이 지적했듯이 서구에서의 정치발전사는 사회권의 확립으로 귀결되는 시민권의 지속적 확대를 둘러싸고 보수적 및 진보적 정치세력이 대립과 타협을 반복해온 과정이라 할 수 있다.[140] 즉 서구의 복지국가는 모든 시민이 인간적 삶을 누리기 위해 필요한 사회·경제적 여건에 대한 권리를 쟁취함으로써 그 정치적 기반이 마련된 것이다. 그러나 한국에서는 한국전쟁의 후유증과 미·소간 극한적 냉전대립의 영향으로 정치이념에 관한 한 남·북한이 모두 전체주의에 가까운 사상적 통제를 실시해왔다. 이에 따라 보수적 자유주의든 진보적 사회(민주)주의든 자율적인 사회기반을 갖는 데 실패했으며, 이념정당의 확립과 이념정치의 발전이 불가능했다.[141] 최근까지도 한국사회는 적어도 본격적 사회복지에 관한 한 체계적인 정치이념 내지 사회이론을 갖지 못하는 저급 정당들의 담합(collusion)에 의해 표면적인 정치적 자유에도 불구하고 시민들의 복지욕구가 제대로 수용되지 못하는 형국이었다.[142]

제8장
사회투자가족과 교육정치

1. 서론

세계인의 이목을 집중시킨 한국의 경제발전은 부족한 부존자원과 자본을 풍부한 양질의 인적자원으로 보충하여 이룩했다고 한다. 인적자원의 풍부함은 인구가 많고 생산연령층 비율이 높았다는 것인데, 그렇다면 노동력의 우수한 질은 어떻게 얻어졌는가? 우수한 민족자질을 반영한 것인가, 아니면 국가나 기업의 적극적 인적 투자의 결실인가? 기업 차원의 인적 투자는 오늘날 첨단기술산업을 중심으로 활발하지만 산업화 초기에 저임에 기초한 가격경쟁력으로 버티던 대다수 기업들에게 고려사항조차 되지 못했다. 국가 차원의 인적 투자는 산업화 초기는커녕 현재에도 명목적 수준을 넘어서지 못하고 있다(Seth 2002). 불과 수년 전에 국제연합으로부터 한국의 공공교육투자 부족이 저소득층의 인권훼손을 불러올 것이라는 충격적인 지적을 받았다.

양질의 인적자원이 우수한 민족자질에서 나왔다고 강변할 수 없지만, 적어도 인적 투자를 중시하는 민족문화에 의해 상당 부분 가능했다고도 볼 수 있다. 구체적으로, 가족 차원에서 이루어진 자녀형제의 학교교육 및 직업훈련에 대한 지원이 우수한 산업생산인력을 형성하는 데 결정적 기능을 했다고 볼 수 있다. 특히 산업화 초기에 대부분의 산업인력이 이농인구로 채워질 때, 이들의 교육과 훈련을 위해 농가로부터 조달된 이른바 '향토장학금'은 단순히 돈 몇푼이 아니라 깊은 가족애의 표현이었다. 이에 대한 보은으로서 학업과 노동에의 매진은 당연했으며, 충실한 교육훈련과 강한 노동의욕을 갖춘 인력공급이 그렇게 가능했다.

영국의 사회학자 앤터니 기든스(Anthony Giddens)는 "사회투자국가"(the social investment state)를 토니 블레어(Tony Blair)가 내세운 '제3의 길'의 핵심 요소로 제시했다. 이는 국가의 사회적 투자가 교육 등 장기적 생산능력 기반을 확충하는 데 집중되어야 한다는 주장을 담고 있으며 한국정부도 적극 동조하는 생산적 복지론에 연계된 정책노선이다. 예컨대 제3의 길 노선에 상당한 관심을 가졌던 김대중정부가 교육부를 교육인적자원부로 개칭하고 적극적 교육투자를 한동안 공언했던 것도 이런 주장을 의식했을 것이다. 그러나 그동안 한국에서는 사회투자국가 대신에 일종의 '사회투자가족'(the social investment family)이 자녀형제에 대한 적극적 교육·훈련 투자를 통해 생산능력 기반을 확충해왔다. 산업화 초기에는 농민가족이 이농하는 자녀형제를 통해 이 역할을 수행했고, 이후에는 도시 중산층가족을 중심으로 자녀교육을 통해 같은 역할을 수행해왔다.

그런데 이처럼 중요한 국가적 자산인 사회투자가족이 근자에 심하게 흔들리게 되었다. 일부 중산층을 중심으로 더이상 한국에서 사회투자가족 노릇을 하는 것이 너무 힘들고 무의미해 차라리 이민이나 가겠다는 분위기가 번지기 시작했다. 자녀교육 문제로 이민까지 불사하겠다는 생각은 우선 학교폭력, 교실붕괴, 사교육 과열, 대입혼란 등 교육현실의 일련의 문제들이 너무 심각해 도저히 불안하고 피곤해서 자녀를 한국에 두지 못하겠다는 것이다. 교육과정상의 문제보다 더 심각한 것이 교육투자의 의미에 대한 근본적회의감이다. 최근 신자유주의 세계화의 격랑 속에서 한국에 닥친 경제위기는, 이를 극복하는 과정에서 인적 투자를 소득기반으로 하는 계층을 희생시키고 자산소득자들에게 유리한 경제구조를 귀결시켰다. 1990년대 말의 경제위기 이후 적극적 투자에 기초한 교육·훈련 자격을 내세워 안정된 고용조건을 보장받던 중산층 노동자들이 정리해고 열풍 속에 투자비도 못 건지고 직장을 잃으며, 신규 대학졸업자들은 실업인구로 자동 편입되는 상황이 한국을 교육투자 부적격사회로 만들게 되었다. 그러나 다른 한편으로 줄어든 일자리를 서로 차지하기 위한 학력경쟁은 더욱 치열해져 이에 따른 스트레스로 수많은 청소년들이 자살을 하는 사태마저 벌어지고 있다.

이 장은 한국의 대외종속적 근대화와 세계화의 과정에서 교육이 핵심적 사회동원 및 통합의 기제로 자리잡았고 이에 대응해 한국인들이 가족단위의 교육투자 및 경쟁에 치열하게 임해온 현상을 '사회투자가족' 개념을 사용해 분석하고자 한다. 이어지는 절들의 내용은 다음과 같다. 첫째, 기든스가 제시한 사회투자국가에 대해 간략히 살펴보고 이에 대비해 사회투자가족의 개념을 한국적 맥락에서 설명했다. 둘째, 한국인들의 개별 가족이 경제적, 사회적, 문화적 나아가 정치적 성취와 관련해 교육의 핵심적 중요성을 인식하게 되는 역사적 및 사회적 맥락에 대해 설명했다. 셋째, 한국가족들의 적극적 교육투자 및 경쟁행위를 둘러싸고 나타나는 한국사회의 몇가지 특징을 지적했다. 마지막으로, 최근의 신자유주의 세계화가 초래한 경제위기 및 이에 대응한 개혁이 한편으로 사회투자가족의 지속가능성을 심각하게 위협하면서도 다른 한편으로 사회투자가족의 강화를 요구하고 있음을 설명했다.

2. 사회투자국가, 사회투자가족

다수의 서구 정치인, 학자, 언론인은 한국을 비롯한 동아시아 사회들의 교육열을 동아시아 지역 전반의 경제발전에 대한 핵심 요인으로서 인식하며 나아가 자신들 사회의 발전을 위한 교훈으로 삼고 싶어한다(예를 들면 Khan 1979; Vogel 1991; McCormick 2001). 이른바 '인적 자본'(human capital) 개념은 높은 교육동기를 가진 인구의 경제적 가치를 평가하는 데 핵심 단서를 제공한다. 나아가 교육투자는 경제발전의 장기적 지속가능성을 담보한다고 간주된다. 비록 한국, 일본 등이 운영해온 공교육의 질과 내용이 때로 문제시되기는 하지만(김경동 1998), 교육적 성취에 대한 시민과 정부의 공통된 열의는 매우 바람직한 국가적 특징으로 평가되어왔다.

　기든스가 이른바 '제3의 길'의 핵심 과제로서 '사회투자국가'를 제시할 때, 교육에 대한 동아시아인들의 열의 및 이에 기초한 경제발전을 염두에 둔 것으로 보인다. 그의 판단에 따르면,

　　재분배가 사회민주주의의 의제에서 사라져서는 안된다. 그러나 사민주의자들의 최근 논의는 매우 적절히 '가능성의 재분배'로 강조점을 옮겼다. 가능한 한 인간의 잠재력 개발이 '사후' 재분배를 대체해야 한다. (Giddens 1998, 100~101면)

　　교육과 훈련이 사민주의 정치가들의 새로운 노래가 되었다. 널리 알려졌듯이 토니 블레어는 정부에 있어 그의 세 가지 우선 사안을 '교육, 교육, 교육'으로 설명했다. 대다수 산업국가들에서, 특히 빈곤집단들과 관련해서는, 향상된 교육수준과 기술훈련의 필요성이 분명하다. 어떤 사회에서나 잘 교육받은 인구가 바람직하다는 점을 누가 부정할 수 있는가? 교육에 대한 투자는 오늘날 정부의 필수이며, '가능성의 재분배'를 위한 기초이다. (Giddens 1998, 109면)

기든스는 이러한 관점에서 기존의 복지국가를 다음과 같이 비판한다.

　　비버리지가 1942년에 『사회보험과 연합써비스에 관한 보고서』를 썼을 때, 그

는 널리 알려진 것처럼 궁핍, 질병, 무지, 불결, 나태에 대한 전쟁을 선포했다. 다시 말해, 그의 촛점은 거의 전부 부정적이었다. 오늘날 우리는 정부뿐 아니라 개인들 자신과 다른 주체들이 기여할 수 있는, 그리고 복지 창출에 기능적인 긍정적 복지를 생각해야 한다. (Giddens 1998, 117면)

지침은 경제적 생존을 위한 직접적 지원이 아니라 가능하면 언제든지 인적 자본에 대한 투자이다. 우리는 복지국가의 자리에 긍정적 복지사회에 작동하는 사회투자국가를 대체해야 한다. (Giddens 1998, 117면)

비록 기든스가 교육에 대한 정부의 공적 투자를 강조하지만, 그의 노선은 지금까지 가족 내 자원을 당장의 쾌락을 위한 물질적 소비에 탕진하는 대신 자녀교육을 위해 최대한 활용하려고 노력해온 한국 등 동아시아의 부모들로부터 큰 공감을 얻을 수 있을 것으로 보인다. 그러나 이 지역의 정부들은 기든스의 주장에 명시적으로 동의는 하겠지만 마찬가지 정책노선을 위한 정치적 입지를 확보하고 있지 못하다. 이들 정부는 복지든 교육이든 사회부문에 본격적으로 투자하는 것을 꺼려왔기 때문이다. 한국, 일본, 대만, 홍콩, 싱가포르 등 동아시아 경제강국들의 지속적 경제발전을 위한 사회적 기초를 다져온 것은 사회투자국가가 아니라 '사회투자가족'이라고 할 수 있다.

한국의 개인생활과 사회질서가 갖는 가족중심적 성격은 널리 알려져 있으며 이 책 전체의 중심 주제이기도 하다. '도구적 가족주의'라고 부를 수 있는 가족이념을 가진 한국가족들은 성원들의 경제적·사회적·정치적 경쟁에 대한 전략적 지원을 제공하기 위해 최선을 다해왔다(이 책 제3장 참조). 도구적 가족주의에 따르면, 훌륭한 가족이란 성원들의 사회적 성취와 출세를 위한 도구로서 기능할 수 있는 가족이며, 성원들의 사회적 성공은 다시 전체 가족의 사회적 지위를 상승시키게 된다. 특히 한국인들은 본인 자신뿐 아니라 자녀나 형제의 교육적 성취를 위해 가족자원을 최대한 동원하는 것을 가장 현명한 가족단위의 집합행위(collective action)로 이해해왔다. 대다수 한국인들에게 교육에 대한 투자가 경제·사회적 지위향상을 위한 가장 일반적인 가족전략이 된 것이다. 그러한 투자를 통해 습득되는 지식의 내용은 국가가 관리하는 공교육을 대체하는 것이 아니라 보강하는 것이며 결국 국가가 의도하는 인적 자본 형성에 직접적으로 기여하는 것이다. (예를 들어, 한국 가계들의 소득수준을 감안할 때 엄청난 비용이 투입되는 '사교육'은 내용상으로 공교육과정을 예·복습하는 것이며 단지 성적경쟁을 전략적 목표로 할 뿐이다.) 이에 따라 사회투자가족이 20세기 한국가족의 가장 중요한 특징이 되었으며, 한국의 교육투자는 국가가 아니라 사적 가족이 주도하는 결과가 나타났다.

이러한 한국의 사회투자가족들에게 매우 흥미롭게 다가갈 사건이 얼마 전 영국에서 발생했다. 토니 블레어 영국총리의 두 아들이 명문 사립학교 교사들로부터 과외수업을 받는 것이 드러나 영국 정계와 교육계에 파문을 일으킨 것이다(『문화일보』 2002. 7. 5). 공립고교생인 블레어의 두 아들은 대입 예비과정의 역사과목 과외수업을 받고 있는 것으로 드러났는데, 이에 대해 야당은 블레어 총리가 공교육제도를 얼마나 불신하고 있는지 보여주는 것이라고 힐난했다. 이 사건은 한국인들에게 특히 흥미롭지 않을 수 없다. 정치적으로는 '사회투자국가'를 자신의 제3의 길 노선의 핵심으로 주창하는 영국총리가 개인적으로는 자녀 사교육에 병적으로 집착하는 대다수 한국인들과 같은 행태를 보인 것이다. 자녀의 교육문제로 극단적 고통을 받고 있는 한국인들이 아마도 블레어 총리의 개인적 처지를 이해했을 것처럼 영국 내에서도 그의 딱한 부모 노릇에 대해 일부 동정 여론이 있었다.

3. 교육, 가족, 한국적 근대성

종속적 근대성, 제도적 주조(鑄造), 공교육

사회혁명을 거치지 않고 근대문명을 확립하려고 노력해온 나라들에는 근대적 직업, 계급, 조직, 활동 등을 제도화하기 위한 독특한 사회적 조건과 기제들이 필요하다. 주요 서구사회들에서는 정치 및 경제 질서의 근본적 혁명을 통해 부르주아계급이 현대적 산업과 정부를 개발하고 운영해왔다. 반면 한국에서는 근대적 정치, 경제, 사회 질서를 새로 창출하려는 자생적 노력들이 내부 저항과 외세 압력으로 번번이 수포로 돌아가고, 대신 일본과 미국의 연이은 식민지배를 거치며 자율적 근대화(modernization)와 국가발전(national development) 가능성이 희박해 보이는 왜곡된 사회질서가 남겨졌다. 한국전쟁이 전통적 계급구조의 물질적 유제들을 대부분 제거했지만 근대성의 추구에 적합한 대안적 사회구조를 만들어내지는 못했다. 이러한 사회구조적 공백 속에서, 사회집단들이 계급이익을 확대하고 계층상승을 추진하고 나서자 국가가 사회집단들을 조직하고 동원하는 핵심적 기제로서 공교육이 떠올랐다. 공교육은 정치, 행정, 사법, 산업, 전문업, 문화 등의 근대화 프로젝트에 대한 참가자격을 결정짓는 중요성을 가졌다. 무학 혹은 저학력은 단순히 문맹, 천한 직업, 낮은 임금으로만 귀결되는 것이 아니고 국가와 사회가 추구하는 새로운 문명으로부터의 근본적 소외를 의미했다. 그리고 학교는 근대화 지식을 공동으로 습득하는 장으로서뿐 아니라 정치, 경제, 사회의 현실적 경쟁과정에서 인적 연계망을 제공하는 기능도 맡았다(김경동 1998).

해방 후 한국사회가 추구한 새 문명은 한국인들 스스로가 자율적이고 성찰적으로 상정한 것이 아니었다. 그것은 주로 미국인들에 의해 주어지거나 때로는 강요되었으며 더러는 일제시대의 잔재를 재활용한 것으로 이른바 종속적 근대화의 표출이었다. 이러한 종속적 근대화는 외세와 유착된 이해관계를 가졌거나 그들의 문물에 대한 이해력이나 운용경험이 있는 일부 집단의 득세를 초래했는데, 특히 외세에 결부된 고등교육 배경이 중요하게 작용했다.[143] 일반 시민들에게도 점차 공교육이 한국인들을 미국(서구)문명에 대한 학습과 체화의 과정으로 편입시키는 주된 통로로 작용하게 되었다. 따라서 토착적 학습교재를 사용해 전통적 혹은 지역적 지식을 교육하는 민간 교육체계는 법적으로 금지되지는 않았지만 국가의 공식 교육체계에서 구조적으로 배제되었다.[144] 오직 공교육을 통해서만 한국인들은 그들의 삶을 규정하게 된 새로운 (미국적) 목표, 전제, 개념들을 이해할 수 있었다.[145] 특히 거의 일순간에 한국에 이식된 미국식의 정치·경제체제는 한국의 정치, 행정, 기업 엘리뜨로 하여금 미국식 민주주의와 자본주의를 시급히 학습하도록 요구했다. 많은 여유계층 인물들이 미국 유학길에 오른 것은 너무나 당연한 반응이었고, 국가는 별도의 재원을 마련해 여러 인재들을 주로 미국으로 유학시켰다. 이렇게 국내외 학교교육을 통해서 얻어진 지식과 자격은 정부, 기업, 대학, 언론 활동의 주류를 형성해 한국의 근대화를 미국지향적으로 이끄는 핵심적 요인이 되었다(Amsden 1989).

이처럼 사회혁명의 부재와 대외종속적 근대화가 교육에 대해 엄청난 역사적 중요성을 부여하는 가운데 한국은 자본주의적 계급투쟁 사회 이상으로 기능주의적 '학력투쟁'(educational credential struggle) 사회의 성격을 띠게 되었다. 흔히 학벌주의라는 말로 지칭되기도 하지만 한국사회에서 학력은 단순히 지적 훈련의 정도만 가리키는 것이 아니고 정치·사회·문화적 위계상의 위치를 가리킨다.[146] 따라서 자신이나 자녀의 교육에 대한 투자는 지식이라는 문화적 가치에 대한 개인적 지향에서 나온다기보다는 사회계급적 위치의 확보와 상승을 위한 사회적 투쟁에서 비롯된다고 보아야 한다. 한국인의 교육열은 대미종속적 근대화와 국가발전이라는 한국의 독특한 역사현실에서 나온 치열한 집단적 계급행위이며, 공교육에 대한 국가의 관리원칙은 기회의 확대 이상으로 기회의 공정분배에 촛점이 맞춰질 수밖에 없었다.[147]

교육을 통한 계급 형성

공교육이 사회적 자원과 욕구를 경제, 정치, 사회의 발전과정으로 투입하는 기본 통로가 됨에 따라, 현대적 계급 형성도 개인과 가족 차원의 교육투자 및 경쟁에 의해 결정적 영향을 받게 되었다. 이 현상은 우선 이른바 신중간계급, 즉 교육자격에 의해 사회·경제적 지위를 획득한 관리·기술·전문직 노동자들에게 해당되지만 대다수 정치·경제적 지배엘리뜨에게도 예외는 아니었다. 순수 농촌지역을 제외한다면 교육을 전혀 혹은 거의 받지 못한 (비노년 세대) 사람들은 산업화의 진척과정에서 그 자체로 (소외가 핵심적 계급 성격인) 별도의 사회계급을 형성하게 되었다고 보아도 무리가 아니다.

정치엘리뜨를 보면, 학력이 정치권력의 중심부와 관련한 인정 및 연결 수단이 되었다. 초대 대통령 이승만 박사의 미국 학력이 해방 직후의 정치공간에서 미군사정부를 다루는 데 전략적 이점으로 작용했다는 사실은 새삼 언급할 필요도 없다. 심지어 일제시대 일본과 국내에서 쌓은 학력도 거의 차별없이 정치·행정 엘리뜨 충원에 반영되었다(손인수 1992). 이후 군사독재기에는 이른바 '육법당(陸法黨)'으로 일컬어지는 학력·학연 집단이 한국의 정치와 행정을 독점해나갔으며, 이는 육군사관학교와 서울대학교 법대의 높은 입시경쟁률에 반영되기도 했다. 민주주의가 회복된 이후에는 지역 대립적 정치구도로 인해 지역별 유명 고등학교 동문집단이 중앙의 정치무대를 휩쓰는 현상이 나타났다(Seth 2002). 그리고 선거 때마다 학력위조가 수많은 정치인들의 습관적 행위가 되었다. 이처럼 정치엘리뜨 형성에 학력과 학연이 중요한 것은 정치인 양성제도로서의 정당들이 구조적으로 불안정하고 취약하다는 사실과 중요한 관련성이 있다. 기층사회의 정치적 욕구와 주장을 체계적으로 조직화하여 이념과 정책으로 개발하고, 그 과정에서 자연스럽게 경력정치인 집단을 육성하는 성격의 정당이 존재하지 않는 상황에서 각 정당은 만성적인 전문정치인 부족을 학계, 관계, 언론계, 심지어 문화계의 고학력 엘리뜨 등용을 통해 메웠다. 이에 따라 각 전문·관리직 내부에서 일부

인사들의 정계 유착이나 진출을 둘러싸고 논란이 끊이지 않는다.[148] 학력과 학연이 전문적 정치경력을 대신하는 현상은 김영삼・김대중 양김(兩金)으로 대변되는 이른바 '민주투사' 정치인 시대가 막을 내리며 더욱 강화되는 조짐까지 보였다.

이보다 더욱 중요한 문제가 행정 및 사법 엘리뜨의 형성이다. 행정관료, 판・검사, 심지어 외교관을 선발하는 국가고시까지도 기본적으로는 지원자의 대학 수업교재에 대한 기억력을 평가하는 것이었다. 국가엘리뜨를 뽑는 시험을 통과하기 위해서는 몇몇 일류대학에서 법, 행정, 경제 등을 공부해야 하며, 그러한 일류대학에 들어가기 위해서는 생사를 건 입시공부에 매달려야 한다. 이러한 과정에서 나타나는 한가지 역설적인 현상은 대학의 수업교재에 대한 전략적 학습이 대학 강의실보다는 사설학원이나 고시원에서 더 효율적으로 이루어지기 때문에 실제 대학은 국가엘리뜨에 대한 교육기능을 내실있게 수행하지 못하는 현실이다. 반면 졸업한 대학 자체가 주는 정치・사회적 위상이나 동문간 학연이 국가엘리뜨 내부의 경쟁에 결정적 자원으로 작용한다.[149]

전문관리자와 재벌 후계자를 포함한 기업엘리뜨의 형성도 공교육에 크게 의존한다. 서울대, 고려대, 연세대 출신자들이 대기업 고위관리층의 대다수를 점한다는 사실이 여러 차례 조사된 바 있다(『디지털 조선일보』 2002. 5. 2). 대다수 재벌 후계자들도 이들 대학이나 구미의 유명 대학들을 다녔다. 한국의 재벌 후계자들은 기업 소유뿐 아니라 기업 경영까지 통괄하기 때문에, 그부모인 재벌 총수들은 자식들에게 강도와 수준이 높은 교육을 받도록 만들었다. 이러한 노력은 상당히 성공적이어서 재벌가 자녀들의 교육수준은 일반적으로 매우 높다(『디지털 조선일보』 2002. 3. 12). 재벌 총수들은 기업의 경영과 소유를 분리하라는 강력한 정치・사회적 압력에 한편으로는 노골적으로 저항하지만 다른 한편으로는 그 보완책으로서 상속자에 대한 적극적 교육투자를 해왔다.

의사, 약사, 과학자, 엔지니어, 예술가, 문인 등 전문직 역시 공교육체계에 의거해 형성되어왔다. 물론 이는 세계적으로 보편적인 현상이지만, 전문직의 이른바 '사회적 형성'(social construction)이라는 역사적 과정이 결여된 한국에서 특히 중요했다. 이들 전문직의 존재는 장기간의 지적 탐색과 사회적 투쟁의 역사적 결과물이 아니라 식민지배와 종속적 근대화의 우발적 파생물이다.[150] 이러한 전문직의 정의 자체가 공식적 교육자격을 전제로 하며, 이러한 교육자격은 서구 기준을 이런저런 방식으로 답습한 것이다. 그동안 지속적으로 논란이 되어온 의대 입학정원 증감과 같은 관련 교육자격자 수의 통제 문제에서부터 관련 전문직단체와 대학의 집요한 반발을 거치며 도입에 우여곡절을 겪어온 법대 및 의대 전문대학원 같은 교육방식 문제에 이르기까지 교육제도의 변화에 대한 관련 전문가집단의 관심과 압력은 가히 엄청나다. 다시 말해, 지적 각성이나 사회적 투쟁이 아닌 형식적 교육자격이 이들 전문직을 만들어냈으며, 이러한 이유로 전문직 사회조직들은 배타적 이해관계의 추구를 위한 로비조직 이상의 사회적 기능이나 위상을 갖지 못하는 경우가 대부분이다.[151]

공교육은 이상에서 말한 상층계급들의 형성에만 기여한 것이 아니고 일반적인 제조·써비스업의 노동자 형성에도 결정적인 영향을 미쳤다. 중·고등학교, 대학교는 일반 노동자들에게 지적·기능적 기본 자질만 부여한 것이 아니라 노동인구를 노동력이 필요한 지역과 산업으로 재배치하는 역할을 맡았다. 특히 초기 산업화 단계에서 농촌의 현재 및 미래 유휴노동력의 도시로의 재배치를 위해(Lewis 1954 참조) 도시의 고등교육기관들이 결정적인 기능을 수행했다. 도시지역에 위치한 대학들은 예비노동자들의 교육·훈련 및 지역 재배치의 기능을 결합해 수행함으로써 산업노동력의 원활한 형성과 공급을 가능케 했다. 이러한 차원에서 특히 지방대학 졸업생들의 취업난이 심각한 사회문제가 되었다. 산업화 및 도시화는 경제·사회·정치 자원의 수도권 집중으로 이어졌는데 비수도권 대학들 및 그 졸업생들이 이러한 자원으로부터 소외되는 현상이 고질화되었다. 물론 지방대학 졸업생보다 더욱 심각한 사회·경제적 난관을 겪어온 집단은 저학력층이다. 학력별 임금격차 및 산업배치가 세계 어느 나라에 못지않게 뚜렷한 한국에서 엘리뜨가 되기 위해서뿐만 아니라 웬만큼 처우를 받는 노동자가 되기 위해서라도 대학 진학은 필수적이다.

최근에는 한국의 경제구조가 첨단제조업, 정보산업, 전문써비스산업 중심으로 전환하고 외국자본의 전방위 진출이 현실화하여 기업의 소유구조 및 경영형태가 다양화되자 대학교육의 전문화 및 국제화가 가속화되고 있다. 자신의 전공영역을 불리하게 여기는 다수의 대학졸업자가 전문대학에 진학하는 현상도 생겨났고, 아울러 조기 해외유학, 대학생 어학연수, 외국대학원 진학이 급증했다. 지식·정보화와 세계화라는 21세기의 사회·경제적 조류 역시 교육기간의 연장 및 교육내용의 다양화라는 교육적 대응을 촉진하고 있다. 이에 따라, 적어도 재정적 여력이 있는 계층에게는 고도화된 21세기 경제구조에 적응하는 방법 역시 교육에 대한 투자이다.

교육과 문화계층화

한국사회는 식민지배, 한국전쟁, 자본주의 산업화, 정치민주화 등으로 봉건적 사회질서의 물적 기초가 거의 전부 깨졌지만 여전히 강한 문화적 위계질서 의식을 유지해왔다. 정치적 및 현실적 이유로 인해, 한국인들은 서구적 제도, 가치, 관행을 매우 급속하게 받아들였다. 그러나 한국인들은 이러한 서구적 요소들의 문화적, 철학적 혹은 이념적 기초에 대한 천착과 내재화에 뚜렷한 노력을 기울이지 않았다(Chang 1999). 문화적 혹은 정신적으로 현대 한국인들은 여전히 그들의 조상들을 매우 닮아 있다. 특히 교육(학습)을 통해 얻어진 문화적 자산을 사회적 지위의 핵심적 상징물로 간주하는 유교적 사회관이 여전히 강력한 영향을 미치고 있다(김경동 1998). 이러한 맥락에서 대학졸업장은 최근까지도 '현대적 양반계급'의 기본 요건으로 작용해왔다고 볼 수 있다. 대학은 남녀를 가리지 않고 모든 한국인들에게 불문의 목표가 되었으며 근자에는 거의 대다수 고교생이 진학하는 보통교육제도가 되어버렸다.

그러나 유교적 사회질서의 또다른 측면으로서, 한국여성들은 경제, 정치, 사회 발전의 과정에서 주류 영역으로부터 배제되거나 심하게 차별을 받아왔다. 위에서 설명한 교육을 통한 정치, 행정, 산업, 전문직 계급의 형성은 극히 남성지배적인 과정이었다. 경제활동에 참여하는 여성들의 대다수는 저학력자였으며 정치・사회 활동에서는 여성들의 존재 자체가 희소했다. 이러한 현상은 여성들이 남성들보다 교육수준이 훨씬 낮아서 생긴 것이 아니었다. 전반적인 저소득 단계에서 한국의 가족들은 딸보다는 아들의 교육을 우선했지만 소득 상승과 함께 남녀가 모두 고등교육의 혜택을 받게 되었다. 고학력 여성들의 경제, 정치, 사회 활동이 저조한 이유는 무엇보다 이들의 자격에 걸맞은 활동기회가 드물다는 것이다. 높은 교육자격이 오히려 이들을 노동시장 등에서 실격시키는 모순이 전개되어왔다.

자신들의 교육에 대한 직업적 보상 전망이 어둡기만 하지만 대다수 여성들은 여건만 허락하면 여전히 대학 진학을 원했다. 이는 문화적 위계의 사다리를 오르기 위한 것이다. 그런데 여성들에게 문화적 위계상의 지위는 심리적 만족만을 위한 것이 아니라 매우 현실적인 용도가 있다. 즉, 결혼시장에서 여성의 교육수준은 핵심적 경쟁조건으로 작용한다. 대학졸업장 없는 여성이 대기업, 국가기관, 전문영역에 종사하는 성공한 혹은 유망한 인재와 결혼하기는 매우 어렵다. (물론 남성에게도 교육수준은 중요한 배우자 조건으로 작용하지만 이에 덧붙여 실제의 직업적 지위가 그보다 훨씬 중요하다.) 교육차별적 혼인시장은 한국사회의 매우 중요한 특징으로 자리잡았다(Park 1991). 이에 따라 한국의 부모들은 비록 딸들이 그들의 학력에 걸맞은 경제, 정치, 사회 활동을 통해 정당한 직업적 보상을 받지 못하더라도 아들 교육에 못지않게 딸 교육에 적극적으로 투자해왔다.

254

4. 사회투자가족과 입시경찰국가

홍콩의 국제자문조직인 정치경제위험자문회사(The Political and Economic Risk Consultancy, PERC)가 아시아 각국의 외국인 경영자들을 조사한 바에 따르면, 한국이 싱가포르, 일본 등을 제치고 아시아에서 노동자들의 교육자질이 가장 뛰어난 것으로 평가되었다(*Japan Times* 2001. 9. 3). 이 조사는 양질의 생산노동력 존재 여부, 높은 수준의 관리·사무 인력의 존재 여부와 비용, 노동인구의 영어구사력과 대략적 기술수준, 생산노동력의 단가, 교육제도의 질 등을 종합적으로 평가했는데, 여기에서 한국이 경제발전 수준에서 월등히 앞서 있는 일본과 국가적 차원에서 교육을 전략적으로 관리하고 있는 싱가포르를 앞섰다는 사실은 매우 놀라운 일이다. PERC는 아시아 지역 전체가 노동력의 높은 교육적 질을 보인다고 평가하고 있기 때문에, 이 가운데 한국이 선두에 서 있다는 것은 곧 세계적인 차원에서 한국 노동력의 수준이 정상급임을 의미한다.[152] 이러한 고무적인 결과에 대해, 한국에서 국가, 가족(개인), 기업, 학교 가운데 가족이 압도적인 기여를 했다고 단정해도 무리가 아닐 것이다.

대다수 중산층 가정에서 자녀의 입시준비와 관련된 사교육비가 일상 가계지출의 최대 항목이며 심지어 수많은 전업주부들이 자녀의 과외비나 학원비를 마련하기 위해 예정에 없던 부업이나 취업에 나섰다. 농민가족들까지도 대부분 여유소득을 도시나 읍내로 나간 자녀들의 교육비에 사용해왔다.[153] 심지어 농업 증산과 구조조정을 위한 정부의 정책적 농가 지원금도 상당 부분 도시지역의 자녀 교육비로 전용된 것으로 보인다. 한국의 공교육은 이러한 사적 가족들의 자녀 교육을 위한 아낌없는 재정적 투자와 정신적 후원에 결정적으로 의존해왔다. 비록 학력투쟁이라는 사적 이해관계에서 비롯된 것이자 '입시지옥'이라는 사회문제를 야기하지만 한국인들의 교육열은 집합적으로는 공교육의 지속적 발전을 견인해왔다. 한국의 지속적 경제발전이 노동인구의 높은 교육·훈련 수준에 결정적으로 좌우되었다면 이는 국가 이상으로 사적 가족들의 성취라고 보아야 할 것이다.

한국인들의 높은 교육열을 보여주는 극단적인 현상들은 끊이지 않는다. 대다수 가족에게 자녀의 학교는 주거지 결정의 최우선 고려사항이며, (일류대학 진학률이 높은) '좋은' 고등학교나 사설학원들의 근접성은 대도시 주택가격의 핵심적 결정요인이다. 이러한 측면에서 보아도 2000년대 들어서까지 지속된 서울 강남지역 아파트 가격의 폭등현상은 가히 충격적이었다. 학군뿐 아니라 일류 입시학원에의 근접성이 상식적으로 이해가 안될 정도의 주택가격 폭등과 차이를 불러왔기 때문이다. 이와 관련해 「강남 주택시장 분석」이라는 2002년의 한 조사보고서에 따르면, 조사된 서울 강남지역 가구주의 35.9%가 "교육여건 때문에 강남에 거주한다"고 답해 강남지역 거주의 최대 이유가 교육이라는 세간의 상식을 구체적으로 확인시켜주었다(『경향신문』 2002. 8. 1). 생활편의시설(20.9%), 교통편의(19.8%), 주거환경(10.7%) 등의 여타 이유는 교육에 비해 뚜렷이 약했다.[154] 국내 부동산시장의 흐름을 좌우하는 서울 강남지역의 비교우위가 다름 아닌 교육이며, 그 지역의 주택(아파트) 가격은 한국의 경제발전 수준과는 상관없이 세계 최고수준에 들어 있다는 사실이 국민적 특성으로서의 사회투자가족에 직결되어 있는 것 같다.

개별 가족들은 교육에 아낌없이 지출하고 정부는 좀처럼 경제사업으로부터 재정자원을 재배치하려 들지 않는 가운데, 한국은 교육에 관련한 사비 지출의 공적 지출에 대한 비율이 세계에서 가장 높은 나라가 되었다.[155] 예를 들어 경제협력개발기구(OECD)의 통계에 의하면, 한국은 경제위기 직전인 1990~95년 기간에 고등교육비의 사적 가족지출 비율이 다른 모든 회원국들보다 월등히 앞섰다(『한겨레』 1998. 11. 25). 한국의 비율은 무려 80%에 달해 2위인 일본의 50~60%를 훨씬 앞질렀다. 이런 식으로 해서 한국은 교육에 대한 공적 투자가 매우 제한적이었음에도 불구하고 서구적 기준으로 따져도 매우 잘 교육받은 노동인구를 형성해서 세계인이 괄목상대하는 선진적

256

산업구조를 일굴 수 있었다(Matthews 1995).

이처럼 개별 가족이 주도하는 교육투자는 정부의 교육투자와 비교해서 많은 함정과 부작용이 있다. 가장 중요하게는, 부유층 가족들은 엄청난 비용을 들여 자녀의 과외공부와 해외유학까지 시킬 수 있지만 수많은 서민가족들은 자녀의 학교 납입금도 제대로 내기 어려울 정도로 빈곤하다는 점이다(이순형·유정순 1999). 기든스가 말하는 "가능성의 재분배"는 교육투자를 사적 노력에만 의존해서는 실현될 수 없다. 또한 많은 가족들은 지식 함양에 대한 투자와 자격증 취득에 대한 투자를 혼동한다. 그래서 여러 상층 및 중산층 가족들은 오로지 대학입시에만 소용되는 내용의 개인교습을 위해 엄청난 돈을 쓴다. 교육자격을 둘러싼 전쟁에서 자녀에게 대학입시를 위한 고비용의 전략적 학습을 시킬 수 있는 가족들이 승자가 될 가능성은 매우 크다. 그러나 단순히 많은 사회투자가족을 합해놓는다고 건전한 사회투자국가와 마찬가지의 효과를 거둘 수는 없다.

국가는 자체적 교육투자에 인색했지만 교육정책 자체를 등한시하지는 않았다. 거의 모든 정권이 교육정책을 경제정책 다음으로 강조했는데, 그 핵심은 대학입시제도였다(Seth 2002). 자녀나 자신의 (일류)대학 진학을 인생의 최대 목표로 삼는 한국인들에게 입시제도는 초미의 관심사일 수밖에 없다. 그래서 입시제도의 공정성과 합리성에 대해서는 정부뿐 아니라 학계, 언론, 학부모까지 참여해 끊임없는 논란을 벌여왔다(김경동 1998). 이러한 사안의 심각성을 반영해 정부는 대학의 입시제도에 대한 구체적 결정권한을 결코 포기하려 들지 않았다. 정부가 시민들의 학력투쟁을 둘러싸고 일종의 '입시경찰'로서의 권능을 행사해온 것이다. 그러나 그 역할은 정치권, 관료, 전문학자들의 업적주의와 인기주의로 인해 왜곡되어 비현실적이고 무원칙하고 끊임없는 입시제도 개폐를 야기해왔다.

한국에서 국가의 사회투자가족에 대한 지원역할은 그 핵심이 직접적 교육투자보다는 고속 경제성장을 통한 고용창출에 있었다. 이른바 '개발국가'의

이념적 지향은 복지보다는 한국형 워크페어(workfare)를 지향했다.[156] 빠른 경제성장은 빠른 일자리 확대를 가져와 전체 인구를 국가 경제발전의 과정에 동참시킬 것이라는 판단이었다. 고용은 개발국가가 시민들에게 제공하는 가장 핵심적이며 거의 유일한 지원책이었다(Chang 2002). 일자리가 있는 한, 사람들은 그동안 열성적 교육을 통해 축적한 인적 자본을 활용할 수 있었다. 기업 차원에서는 안정된 고용조건, 특히 기술·관리직 노동자에 대한 종신고용이 해당 노동자들로 하여금 장기간의 교육투자에 대한 보람을 느끼게 하였다. 그런데 이러한 워크페어의 핵심 요소인 직업능력 배양, 즉 교육·훈련에 대한 투자는 국가 대신에 주로 사적 가족이 담당해왔다. 다만 안정적이며 완전한 고용상태는 사회투자가족들이 산업 인적자본의 형성과 향상을 위해 국가와 기업에 적극적으로 협조하도록 만드는 핵심적 전제조건이었다.

5. 신자유주의 세계화와 사회투자가족의 위기

유연노동시장과 한국형 워크페어의 종언

노동시장 유연성은 1990년대 초반부터 한국의 정책관료, 경제학자, 고용주들에 의해 신자유주의의 최고 매력으로 간주되어왔다. 특히 김영삼정부는 금융실명제의 도입 등 일부 제도적 업적에도 불구하고 매우 편파적인 신자유주의 개혁을 추진했다. 즉 정부와 기업의 구조개혁은 매우 피상적이고 소극적인 상태에서 방치하고 노동시장만 획기적으로 자유화시키려 들었다. 일종의 '신성장주의' 경제정책을 표방한 김영삼정부는 노동개혁을 위한 새 법규를 고안하고 통과시킴에 있어 야당은 물론 노동자나 노동조합과의 긴밀한 협의를 포기했다. 이에 맞서 시민들의 동조와 언론의 지지를 등에 업은 노동조합이 전국에 걸친 강력한 항의시위를 전개하면서 김영삼정부는 정치적 존립 자체에 심각한 타격을 받았다. 이와 더불어 경제적으로도 실패한 정부로 남게 되었다. 재벌개혁의 유기, 이미 과열인 경제에 대한 무모한 부양, 성급하고 준비 안된 금융개방 등의 문제들이 중첩되어 1997년 말에 환란으로 촉발된 전례없는 국가경제 붕괴사태가 벌어졌다.

세계 금융자본의 시각과 이해를 대변하는 국제통화기금(IMF)은 구제금융의 조건으로 한국경제의 철저한 구조조정을 요구했으며, 그 일환으로 급진적 노동개혁을 특히 강조했다.[157] 이미 통치기능을 상실한 김영삼대통령 대신, 대통령 당선자 김대중씨가 나서서 완강한 노동조합 지도부를 설득하여 고통분담 원칙하의 종합적 개혁에 대한 노·사·정 합의를 이끌어냈다(노사정위원회 1998). 이렇게 해서, 기업경영이 '심각한 위기상황'에 처했을 때 대량 정리해고를 할 수 있는 길이 열렸다. 물론 정부와 기업 역시 자기 살을 깎는 철저한 개혁을 하겠다고 약속했다. 그러나 고통은 결코 공평하게 분담되지 않았다. 이른바 'IMF 시대'의 첫해인 1998년에 관한 공식 경제통계를 보면 대다수 한국 기업들은 국가경제 붕괴와 IMF식 고이자율 체제에 따른 극단적 경영위기를 오직 정리해고와 임금삭감에 의존해 대처했음을 알 수 있다(한국은행 1998). 이와 대조적으로, 기업의 소유·경영과 정부 행정에 대한 구조개혁은 그다지 근본적이지 못했다는 것이 많은 전문가들의 평가이다. 사실, 산업의 소유와 생산은 몇몇 초거대 재벌로 더욱 집중되었고 정부와 공기업 조직은 더욱 비대해지고 방만해졌다는 증거가 산재해 있다.

세계 어디에서나 마찬가지로 한국의 노동시장 유연화도 경제침체와 맞물려 실업률 급상승, 고용조건의 불안정화, 유능한 인력의 대규모 실망실업, 중간층 및 하층의 소득급감 등을 야기했다. 이러한 결과들은 한국인들이 오래 의존해온 특유의 개발국가적 워크페어체제에 종지부를 찍었다. 그렇다고 이를 대신해 본격적 복지국가체제의 확립이 진행되지도 못했다. IMF 및 세계 금융자본이 역설적으로 촉구하는 가운데, 한국정부는 이른바 '사회안전망'(social safety net)의 경제적 유용성에 대한 뒤늦은 깨달음을 나타냈고 실업인구에 대해 전례없이 엄청난 액수의 지원대책을 펼쳤다. 그러나 이번에는 관료조직이 드러낸 관련 정책과제에 관한 심각한 무경험과 구호전달체계의 극심한 부패성으로 인해 김대중정부의 대규모 실업대책은 실업인구 및 빈곤층에 대해 만족할 만한 구제효과를 갖지 못했다(Chang 2002).

사회투자가족의 투자 철회와 이탈

개발국가적 워크페어의 종언은 사회투자가족의 재정적, 사회적, 도덕적 기초를 와해시키기 시작했다. 노동자들이 적절한 사회보장혜택 없이 일자리와 소득을 상실하게 되면, 이들 가족의 생존이 위협받을 수밖에 없다. 일자리를 잃은 노동자가족은 그동안의 저축으로 목전 생계를 꾸려가다 그조차도 어려우면 아예 집을 팔거나 규모를 줄였고, 실직 남편 대신에 아내가 허드레 돈벌이에 나섰고, 대학생 자녀들도 학업을 중단하고 아르바이트로 가구소득을 보충하려 했으며, 더러는 온 가족의 노동력을 주된 밑천으로 하는 장사를 시작했다(배준호 1998; 장혜경·김영란 1999; 김승권·이상헌·양혜경 1998). 이러한 집단적 사투에도 불구하고 가족의 경제위기는 쉽게 극복되지 않았으며, 이에 따른 스트레스는 전례없는 수준의 가정폭력, 별거, 이혼, 가출을 불러왔다. 대다수 빈곤층 및 중산층 가족들에게 자녀의 교육비 충당이 갈수록 어려워진 상황에서, 사람들을 더욱 당황하게 만든 것은 자녀와 부모 자신의 교육에 대한 장기간의 고액투자가 이제 더이상 임금과 고용지위가 안정된 일자리를 통해 제대로 보상받을 수 없다는 냉엄한 현실에 대한 깨달음이었다. 구조조정된 경제에서 새롭게 창출되는 일자리들은 저급한 임시 써비스노동 등에 집중되어 별다른 교육·훈련 자격이 필요 없었다. 어느 날 갑자기 한국인들의 교육적 성취에 대한 투쟁적 노력이 반드시 합리적인 가족전략이 되지 않을 수도 있음이 드러나게 된 것이다.

이러한 상황에서 대다수 비유명 대학과 비수도권 대학에서 학생들의 휴학과 자퇴가 심각한 규모로 늘어났다. 물론 경제위기 이전에도 이들 대학의 졸업생들은 안정되고 품위있는 직장을 찾는 데 엄청난 어려움을 안고 있었다.

그런 만큼 경제위기가 고실업과 불완전고용체제로 귀착되는 상황에서, 고용주들이 별로 처주지 않을 대학의 졸업증서를 받기 위해 시간과 돈을 허비하는 것이 무의미하게만 느껴졌을 것이다. 실직 등으로 곤궁에 처한 그들 부모의 입장에서도 학비를 계속 부담하기가 어려운 형편이었다. 이렇게 되자 가뜩이나 대학 학령인구의 지속적 감소 때문에 고민중인 군소 사립대학들이 특히 치명적인 타격을 입게 되었다. 이른바 일류대학들도 대학원교육의 위기에 봉착하게 되었다. 세기가 바뀌면서 대학원 신입생 모집에서 서울대학교조차 전공을 불문하고 대규모 정원미달 사태가 벌어지기도 했으며, 이후에도 상황이 크게 나아지지 못했다. 다른 대학들에서 문제가 더욱 심각했음은 물론이다. 대학과 대학원의 위기는 도시 빈곤층의 가정해체와 맞물려 중·고교의 교실붕괴로 이어졌다. 중·고등학교, 심지어 초등학교까지도 경제위기와 가정해체의 결과로 급증한 일탈 청소년과 아동의 관리에 비상이 걸렸다. 이들 불우 학생들에게 입시 위주의 교육체계는 심각한 스트레스 가중요인일 뿐이며, 마땅한 대안도 없는 교사들은 속수무책으로 교실붕괴를 목도해왔다.[158] 교육의 개인적 가치와 사회적 기능이 모든 수준의 교육기관에서 급속히 약화되기 시작했으며, 이러한 현상은 경제회복 이후에도 사회 양극화 추세와 맞물려 근본적인 보완이 어려웠다.

이와 맞물린 충격적 사회현상으로 중산층 가족들의 이민행렬이 급속히 늘어났다. 고학력 중산층 노동자들이 한창 젊은 나이에 직장에서 갑자기 해고되거나 해고위협을 받을 때, 그들은 심한 사회적 배신감을 느낄 수밖에 없다. 자신이 어렵게 취득한 교육·훈련 자격이 고용주, 나아가 국가경제에 의해 전혀 존중되지 않는다는 느낌은 그들의 국가 소속감을 뒤흔들어놓게 되었다. 그들은 자신에 대한 교육투자뿐 아니라 한국에서 더욱 불투명한 경제적 미래를 맞게 될지도 모를 자녀에 대한 교육투자의 효용성을 의심하기 시작했다. 극히 자연스럽다고 할 즉각적 반응이, 공교육체계가 안정되어 있고 사회·경제적 생활환경이 안정된 나라들로의 이민행렬이었다. 사회적 배신감과 불안감에 떠는 한국의 중산층 사회투자가족들에게 캐나다가 가장 인기 있는 행선지로 떠올랐던 것은 우연이 아닐 것이다.

사회투자가족의 이탈은 이른바 "교육이민"이라는 신조어를 통해 극명히 부각되었다. 2000년대 들어 서울 등지에서 해외이주 및 해외유학 박람회가 동시에 열리기 시작했는데, 엄청난 인파가 지속적으로 몰려들었다. 자녀 교육문제 때문에 한국을 떠나겠다는 사람들이 폭증하는 세태를 반영한 것이다. 많은 이민상담회사들은 이 행사에서 "교육이민 전문"이라는 광고를 내걸었다. 부모의 해외이주 동기 가운데 가장 핵심적인 것이 자녀의 해외유학이며, 중산층 사회투자가족들은 이러한 교육이민을 단순히 구상만 하는 것이 아니라 이미 상당수가 실행에 옮겼다. 물론 교육문제와 직업불안만이 이러한 이민열풍의 원인은 아니다. 그러나 이 두 요인이 상승작용을 일으켜 대한민국 국민 대다수를 이민열풍으로 몰아넣게 된 것은 분명하다. 2000년 9월의 한 신문사 여론조사에 따르면 놀랍게도 8,892명의 응답자 가운데 7,149명이 "기회가 오면 이민가겠다"고 대답했다(『경향신문』 2000. 9. 27). 경제적 세계화를 가장 혹독한 형태로 경험한 한국의 사회투자가족들 중 상당수가 한국을 떠나 세계를 향하기 시작했다. 물론 이들의 대부분은 새로운 정착지에서 사회투자가족으로서의 도약이나 재기를 모색할 것이다. 그리고 국내에 잔류할 수밖에 없는 대다수의 한국인들 역시 이러한 재기나 도약을 절대 포기하지 않을 것이다.

신자유주의 '교육대통령'의 딜레마

경제위기 자체뿐 아니라 김대중정부의 경제위기 대응책이 한국의 사회투자가족들에게 결정적 타격을 입혔음을 감안할 때, 김대중대통령이 스스로를 '교육대통령'으로 내세웠던 것은 매우 역설적이다. 임기 초기에 그는 가장 유능하고 신망있다고 평가되는 참모를 교육부장관에 임명했고, 공적 교육투자가 국제적 수준에 이르도록 확대될 것이라고 선언했다. 이후 그는 교육부를 교육인적자원부로 개칭하고 해당 장관을 부총리급으로 격상시키기도 했다. 대북포용정책과 경제개혁 다음으로는 교육이 김대중정부의 적극적 관심 과제였다. 이러한 맥락에서 볼 때, 당시 한국인들이 경제위기 못지않게 교육 위기에 불안감을 느끼고 국가교육체계와 정부교육정책에 대한 신뢰를 한꺼 번에 상실한 현상은 김대중대통령에게 엄청난 당혹감을 줄 수밖에 없었다.

김대중정부의 교육에 대한 강조는 아마 영국의 '제3의 길'에 나오는 사회 투자국가에서 이론적 시사점을 얻었을 것이다. 기구 명칭까지 바꿔가며 교 육을 인적자원 개발과 연계시키고 사회정책 전체의 중심으로 삼겠다는 발상 은 복지국가 대신에 사회투자국가를 확립해야 한다는 앤서니 기든스의 주장 을 즉각 떠올리게 한다. 어떤 의미에서 사회투자국가 노선은 동아시아의 교 육열을 본받으려 한 영국으로부터 한국에 역수입된 것이라고도 볼 수 있다.

김대중정부의 사회투자국가에 대한 관심이 공적 교육투자에 대한 정부의 책임과 역할 강화로 이어졌다면, 당시 한국 상황에서 매우 타당한 정책이 되 었을 것이다. 사회투자가족의 심화된 위기는 본격적 사회투자국가의 시급한 확립을 요구하고 있었다. 김대중정부는 사회투자가족의 위기에 대한 비난을 나눠 들어야 했던 만큼 대안적 교육투자 장치를 마련해야 할 책임이 있었다. 김대통령이 실제 그러한 정치적 책임을 인정했는지는 불분명하지만 그의 정 부는 임기 후반기 들어 집중적으로 교육재원 확충정책을 추진함으로써 이 문제에 관해 "기대 이상의 성적"을 냈다는 평가를 받기도 했으며(『교수신문』 2002. 5. 27), 이후에도 수년간 더욱 빠른 속도로 공공 교육투자를 늘려 나가 기 위한 재정계획을 발표하기도 했다. 그러나 이에 대한 시민, 언론, 전문가 의 반응은 시큰둥하고 심지어 무관심하기조차 했다. 그들에게는 극도의 국 가재정 압박 상태에서 교육에 대해 획기적으로 정부투자를 늘리겠다는 약속 이 그저 비현실적으로 느껴졌을 것이다.

여기에 덧붙여, 김대중정부가 경제위기를 극복해나가는 과정에서 새로운 국가전략으로 선택한 이른바 "지식기반경제"의 확립은 또다시 교육투자의 중요성을 부각시키게 되었다. 지식기반경제는 고부가가치 지식의 산출을 위한 고등 교육·연구에의 획기적 투자를 요구하는 것이어서 이전의 산업화 단계에서 강조되었던 대중적 교육수준 향상과는 차이가 있지만 한국인들은 21세기에도 또다시 교육을 국가적 화두로 맞게 되었다. 그러나 빈부격차의 급속한 확대와 사교육비 부담의 폭발적 증가는 그러한 국가적 화두에 능동적으로 대응할 수 있는 계층의 비율을 어느 때보다도 제한하게 되었다. 더욱이 외국자본의 전방위 진출에 따른 국내 기업들의 소유·경영 세계화는 공식 교육체계 내에서 제대로 제공되지 못하는 국제적 소양을 요구해, 이를 습득하기 위한 조기 유학, 해외 어학연수, 해외 대학진학 등을 둘러싸고 계층 간의 격차와 소외감이 심화되기 시작했다.

김대중정부에 대한 대중적 기억은 주로 경제 및 교육에 대한 신자유주의 개혁(김영일 2000)이 교육에 미친 재앙들과 연상될 것이다. 관료들의 간섭주의 성향은 김대통령이 임명한 교육부장관들의 신자유주의와 맞물렸다. 그 결과, 제대로 파악조차 못할 정도로 수많은 관료주의적 규제하에서 교사와 학생들에게 동시에 강요되는 극도의 경쟁주의가 이들을 총체적인 의욕상실 상태로 몰았다. 대다수 학부모들은 그들 자녀의 교사조차도 도저히 설명 못할 정도로 일관성 없고 추상적인 교육개혁 정책들로 인해 심한 혼돈상태에 빠졌다. 그들은 자녀들의 교육경쟁 혹은 학력투쟁에 관련된 정책변수들이 전보다 훨씬 복잡다기해짐에 따라 거의 고문당하는 느낌을 갖고 살게 되었다. 설사 자녀가 어려운 입시경쟁을 헤치고 대학교육을 마치더라도 유연노동시장과 불안정한 경제구조가 그들을 기다렸다가 실업이나 고용불안정의 무시무시한 경험을 강요하게 되었다.

제9장
가족농과 반농민적 산업화

1. 서론

  농민가족에 의한 건전한 자작소농체제는 유구한 사회·문화적 전통을 지닌 민족사를 지탱해왔을 뿐 아니라 20세기 후반의 급속한 자본주의 산업화와 경제성장의 밑거름이 되었다. 그동안 산업자본주의 발전사에서 가족농체계의 안정은 특히 후발산업화 사회들에서 결정적인 중요성을 가진 것으로 드러났다. 사회·경제적으로 안정된 가족농체계는 양질의 노동력의 적정 공급과 초기 산업자본의 형성에 결정적으로 기여하고 순조로운 식량공급을 통해 도시 자본제산업의 이윤확대를 용이하게 만들 뿐 아니라, 생산관계가 불안정한 (이농)노동인구에 대해 사회보장적 기능을 수행함으로써 자본주의 산업화를 여러 측면에서 지탱해주었다. 반면에 식민자본 침투 등의 요인에 의해 가족농의 대량붕괴를 겪은 사회들은 농민가족에 의한 이러한 산업화 지원 효과도 누리지 못했을 뿐 아니라 대규모 이농인구의 급작스러운 발생으로 지나치게 급속한 도시화가 전개되어 도시 사회·경제의 만성적 불안정이 야기되었다.[159] 한국의 경우 불완전하기는 했지만 해방 직후의 농지개혁으로 가족농체계의 전반적인 복구가 이루어지고, 이는 1960년대부터 급속한 자본주의 산업화를 여러 측면에서 지탱해왔다. 따라서 한국사회에서 가족 중심의 자작소농체제는 농촌의 사회·경제적 유지뿐 아니라 자본주의적 산업화와 경제성장의 지원이라는 중대한 역사적 기능을 수행해왔음을 부인할 수 없다.

그러나 이처럼 중요한 역사적 기능을 수행한 가족농체계는 그 결과로서 고도 경제성장과 산업화가 달성된 시점에서 오히려 자체의 안정적 유지나 발전적 변화의 전망이 사라지게 되었다. 우선 가족농의 조직적 재생산을 위한 농촌 아동의 양육 및 교육, 농가경제 계승과 혼인, 노후 부양 등 가족주기의 여러 단계에서 동시적인 혼돈과 단절이 나타나게 되었다. 이에 따라 정상적으로 기능하는 농가가 급격히 줄어들어 농촌사회의 존속이 의심될 정도의 총체적 퇴행이 나타나고 있다. 특히 지난 세기말부터 자본주의적 세계경제체제의 압력으로 무차별 개방화된 농업무역에서 나름대로 자생력을 견지할 수 있는 강력한 생산체계의 확립이 모색되지 못한 것이 사실이다. 그 결과 한국경제 전체는 금명간 선진 산업자본주의권에 진입할 전망까지 나오는 상황에서 농촌의 사회와 경제는 가장 기초적인 조직 단위의 재생산마저 불가능해져 총체적 해체가 우려되는 상황이 되어버렸다. 이미 반세기 전에 뮈르달(Myrdal 1957)이 자본주의적 경제발전에 필연적으로 수반될 수밖에 없다고 주장한 '후방침식'(backwash)의 문제가 한국 농촌에서도 여실히 나타난 것이다.

이러한 문제에도 불구하고 70년대 중반에서 80년대 중반 사이에 농촌의 평균소득이 도시를 따라잡는 등, 농민들의 물질적 생활여건이 상당히 향상되지 않았느냐는 지적도 있다. 그러나 그러한 일시적 도·농 소득 평준화는 농민 소득이 빠르게 향상되어서라기보다는 빈곤 이농인구의 지속적 유입에 따라 도시주민 소득의 향상세가 완만해졌기 때문이다. 실제 직업과 생활이

266

불안정한 도시 영세민지대 인구의 대부분이 바로 농촌지역의 곤궁을 피해 무작정 이주해온 이농자들이었다. 결국 그들은 농촌에 있을 때나, 도시로 옮겨온 이후에나 별 차이 없이, 독점적 산업자본주의 시대의 소외계층으로 남게 된 것이다.

이러한 위기상황에 대한 농민들의 적극적 대응은 경제적 측면에서는 경자유전(耕者有田)의 미명하에 자작소농 지위의 제도적 강요에 의해 구조적으로 방지되었고, 정치·사회적 측면에서는 농민사회의 철저한 외생적 조직화와 분할통제에 의해 사전 차단되어졌다. 그렇다고 나날이 악화되어가는 사회·경제적 환경에 애써 무감각할 수도 없는 농민들은 개인적으로라도 아예 농촌으로부터 영구히 이탈하는 선택을 해왔다. 이러한 이촌향도(移村向都)의 흐름은 최근으로 올수록 도시지역의 매력있는 경제적 기회에 의해 이끌린 것이라기보다는 농촌지역에서의 암울한 현실과 미래를 일단 벗어나보려는 도피 동기에 의해 발생하는 것으로 보아야 한다. 이러한 도피 동기에 의한 이농은 결국 도시지역에서의 적응 실패로 이어질 가능성이 많다.

1990년대 이후 한국사회에서는 농업과 농민이 모두 총체적 위기상황에 직면해왔으며, 농정은 이 두 가지 문제를 동시에 해결했어야 했다. 가족농 재생산체계의 위기라는 농민의 문제는 결국 농업생산의 조직적 기반의 붕괴라는 농업의 문제를 가져왔다. 여기에 우루과이라운드 타결, 세계무역기구(WTO) 체제의 출범, 칠레·미국 등 농업수출국과의 자유무역협정(FTA) 체결 등 '신자유주의 세계화'의 숨가쁜 일정에 따른 농산물시장의 완전개방은 기존 자작소농체제의 경제적 존립 가능성을 원천적으로 부정하고 있다. 그런데 새로운 생산체제의 확립이라는 농업과제는 현재 위기를 겪고 있는 농업생산자들의 생활문제를 전부 해결해주지 못한다. 새로운 생산체제의 확립에 소요되는 긴 시간 동안 농민들의 생활문제는 계속 악화될 것이고, 이 과정에서 당장의 생활위기를 극복할 수 없는 많은 농민들이 농촌에서 새로운 기회를 탐색하기보다는 계속 도시로 떠나는 선택을 할 것이다. 더욱이 현재의 농민인구 가운데 태반이 새로운 생산체제가 확립되기 이전에 노동력을 완전히 상실하거나 유명을 달리할 노인들이다. 그리고 새로운 농업생산체제의 확립은 곧 새로운 농업생산자 계급의 형성이라는 사회·문화적 요건을 충족시켜야 한다. 따라서 농업구조개선이라는 경제적 과제는 생활인으로서의 농민들이 갖는 현재 및 미래의 사회적 지위를 근본적으로 개선해주는 사회적 과제가 수반되지 않으면 무의미해질 수 있다.

이 장은 지난 세기말 이후 급박하게 대두된 한국의 농촌위기를 가족농체계의 구조적 붕괴로 집약하고, 이 위기의 원인, 과정, 결과를 압축적으로 전개된 자본주의적 산업화 과정에서 역동적으로 변화한 도·농 관계의 미시적 속성에 촛점을 두고 체계적으로 검토해보고자 한다. 가족을 둘러싼 도·농 관계의 미시적 구조와 전환에 주목해볼 때, 한국의 농촌문제는 결코 농민이나 농업의 희생으로서만 규정할 수 없으며 궁극적으로 도시의 노동자계급 및 산업자본과의 복합적 관계 속에서만 이해될 수 있다. 그리고 농촌문제에 대해 '도·농간의 구조적 불평등관계'(urban-rural structural cleavages)를 중심으로 접근하더라도, 그러한 불평등관계를 정태적인 것으로 상정해서는 문제를 극히 부분적으로밖에 파악할 수 없다. 즉, 도시와 농촌 사이에 역동적으로 실현되는 구조적 불평등관계를 포착하고 이 관계가 구체적으로 가족농체계의 위기에 어떻게 반영되었는가를 살펴보아야 한다. 이 장은 이러한 분석적 관점에 입각해 그동안 주로 국내에서 이루어진 다양한 농촌연구의 결과들을 재음미하는 목적을 갖고 있다.

2. 가족농체계와 산업화의 사회적 전환비용

농민사회는 1960년대부터의 고속 경제성장 및 산업화의 대열에서 단순히 낙오되어온 집단이 아니다(Sorensen 1988). 오히려 농민사회는 그간의 빠른 경

268

제적 변화를 뒷받침하기 위해 아주 다양한 형태로 '산업화의 사회적 전환비용'(social transition costs of industrialization)을 충당해왔다. 오늘날 세계를 주도하는 위치에 서 있는 한국의 도시산업들은 농민들이 감당해온 엄청난 사회적 전환비용이 없었다면 존재할 수 없다.[160]

　한국처럼 자원, 자본, 기술 부족에 허덕이던 후발산업화 사회들은 풍부한 농촌 유휴노동력을 어떻게 성공적으로 활용하느냐에 따라 경제발전의 성패가 좌우된다고 그간의 개발이론과 경험이 밝혀주었다. 특히 루이스(Lewis 1954)의 '과잉인구하 산업화 모형'은 저개발국의 풍부한 (과잉)인구가 반드시 경제발전에 장애가 되기보다는 빠른 산업화를 장기간 지속시켜 줄 수 있는 귀중한 경제적 자원임을 일깨워주었다. 그런데 농촌의 가족중심적 생계 농업에 흡수되어 있던 많은 유휴노동력이 자본제 도시산업으로 점차 흡수되어가는 과정은 단순히 일부 이농자들의 경제활동 유형의 변화만 뜻하는 것이 아니라 전체 농민사회의 도시산업과의 구조적 관계 형성이라는 역사적 변화를 수반한다. 이러한 구조적 관계는 각 농가로부터 도시산업으로 빠져나가는 가족성원들에 의해 매개되어지는 것이다.[161] 특히 개별 농가 입장에서 가족성원 중 일부가 새롭게 성장하는 도시산업 부문에 진출함으로써 이른바 '계층상승'(upward class mobility)의 가능성을 모색하는 의의를 갖는다.

　일반적으로 산업화 초기에 농촌의 유휴노동력이 도시산업으로 흡수될 때, 이농노동자들은 이전의 자급자족적 농업에서 추구했던 생계유지 수준의 소득만 기대되어도 기꺼이 산업고용 기회를 받아들인다. 자신의 경제상황이 나아지지 않더라도, 최소한 농촌에 남은 다른 가족성원들에게 농지부족 부담을 덜어줄 수 있기 때문이다. 사실상 산업화 초기에 이농노동자들은 생계수준 이하의 임금을 받고도 도시산업으로 몰리는 일이 흔하다. 생계수준의 임금을 지급하더라도 도시 산업자본가들은 노동생산성과 큰 차이가 나는 저임에 근거해 이윤확보와 기업성장을 손쉽게 이룰 수 있고, 사회 전체적으로는 단기간에 뚜렷한 산업자본 축적과 경제성장의 효과가 나타날 수 있다. 더욱이 생계수준 이하의 임금이 유지되는 경우, 이러한 경제적 효과들은 더욱 크게 나타난다.

그런데 생계수준 이하의 임금을 받고 일하는 이농노동자들은 자신들의 생활유지를 위해 어쩔 수 없이 농촌에 있는 가족, 친지들에게 경제적으로 의존하게 된다(정명채 1992). 이 과정을 통해, 농민사회를 구성하는 농촌가족들이 도시 산업자본가들에게 '보조금'(subsidy)을 지불하는 결과가 나타난다. 각 농가에서는 도시에서 고생하는 자녀와 형제자매를 사랑하는 마음에서 경제적 지원을 하는 것이지만, 이러한 경제적 지원의 효과는 결과적으로 도시산업을 위해 결정적으로 필요한 이농노동자들의 노동력 유지로 나타나기 때문이다. 생계유지 수준의 임금을 받고 있는 이농노동자들의 경우에도, 계절적으로, 연령적으로 요구되는 다양한 경제적 필요를 충족하기 위해 농촌의 가족들에게 자주 의존하지 않을 수 없다. 이 역시 장기적인 측면에서 농가들이 도시산업에 대해 보조금을 지불하는 셈이 된다. 가까운 과거에 농촌을 떠나온 수많은 한국의 도시노동자에게는 이러한 거시구조적 과정이 개인적인 차원에서 잊을 수 없는 추억 혹은 고통거리로 남아 있을 것이다.

농가로부터 도시산업으로 공급되는 이농노동자들의 연령층을 살펴보면, 가장 생산적인 연령의 청장년이 중심이 되는 것이 일반적이다(설동훈 1992). 청장년은 도시산업의 생산성만 높일 수 있는 것이 아니라, 농촌에 남아 있었으면 핵심적 농업생산자로서의 역할을 할 인구집단이다. 따라서 이들을 도시로 보내는 농가들은 충분한 성인노동력이 될 때까지 이들을 양육했음에도 불구하고 그동안의 비용을 도시 산업자본가들에게 청구할 수 있는 아무런 제도적 장치가 없으므로 결국 또다른 형태의 보조를 한 셈이다. 그리고 청장년의 이농이 지속되어 결국 노약자만 남아서 힘든 농사일을 전담하는 상황까지 맞아야 했다.

농가로부터 도시산업으로 이농노동자들이 공급될 때, 저학력 육체노동자들도 많이 포함되지만 고급교육 인력 또한 대부분이 포함된다(설동훈 1992).

270

이른바 농촌의 '두뇌고갈'(brain drain) 문제가 생기는 것이다. 도시와 농촌을 가릴 것 없는 높은 교육열 속에서 농민들은 여유소득의 대부분을 자녀교육을 위해 사용해왔다(김일철 외 1993; 김흥주 1992). 자녀들이 거주 마을의 초등학교를 마치고 읍내나 인근 도시의 중·고등학교만 진학해도 농가 소득수준에는 부담이 엄청난 비용을 들여 하숙, 자취를 시키고 학습비용을 전담해왔으며, 공부 잘한 자녀들이 대학을 진학하면 가축과 심지어 농지까지 처분해 등록금과 생활비를 보조해왔다. 농민들 가운데 이렇게 애써 교육을 시킨 자녀들이 농촌에 남기를 바라는 사람들은 거의 없다고 보아야 한다. 결국 그들은 자녀의 교육투자를 통해 성공적 산업화의 절대적 전제조건인 '인적 자본'(human capital) 형성에 기여해왔다. 이러한 기여에 대해 도시산업이나 국가로부터 보상받으려는 농민들은 찾아볼 수 없으며, 오직 도시로 간 자녀들의 '성공'에 개인적으로 기뻐해왔다.

한국 등 후발산업화 사회들의 초기 산업화 과정에서 가장 문제가 되는 것은 노동력 공급이 아니라 산업자본의 마련이다. 그래서 한국정부는 재산 축적의 과거 행태를 가리지 않고 모든 부유층을 산업자본 형성에 끌어들이려는 노력을 했고, 외국 정부들이나 세계 경제기구들의 지원을 얻어 외자 확보에 나섰었다. 여기에 덧붙여, 많은 소규모 도시자영업을 위한 기초 자본이 도시로 떠나는 자녀, 형제의 사업밑천을 부담한 농민들에 의해 제공되었다. 한국의 산업화 과정에서 이러한 소규모 도시자영업의 생산 및 고용 비중이 엄청났다는 것은 주지의 사실이다. 그리고 도시자영업에서 성공한 많은 사람들이 중·대 규모의 기업들을 만들고 본격적인 산업자본가로 성장한 사례는 셀 수 없이 많다. 여러 성공한 기업인들이 과거에 농촌을 떠나올 때, 부모, 형제가 스스로에게는 막대한 액수로 쥐여준 생업밑천은 산업자본의 부재 시대에 엄청난 사회·경제적 기능을 했다고 볼 수 있다.

이처럼 농촌마을의 가족들에게 다양한 형태로 의존하며 살아온 이농 도시 경제인구 중 많은 사람들이 경제적 성공을 거두어 은혜를 되갚을 기회를 찾기도 했지만, 그보다 훨씬 많은 사람들이 대외의존적 산업자본주의 경제의 구조적 불안정성으로 인해 만성적 생활위기를 경험해야 했다. 더욱이 경제성장과는 전혀 상관없이 지속되어온 사회정책 및 복지제도의 결핍 속에서, 이농노동자들이 실업, 산업재해, 병약 등으로 생계 및 건강의 유지가 힘들어졌을 때, 유일하게 긴급구조를 바랄 수 있는 대상은 농촌마을의 가족들뿐이었다. 다시 말해, 도시 경제사정의 불안정에 직면한 이농노동자들에 대해 기업이나 국가가 사회보장책을 마련해주지 않을 때, 농촌마을의 가족들이 다양한 사회보장제도의 역할을 떠맡아야 했다.[162]

가족농에 의한 이처럼 다양한 종류의 '산업화의 사회적 전환비용' 부담은 협상가격차(鋏狀價格差)에 의한 농산물과 공산품의 부등가 교환 등 이미 지적되어온 도·농간의 구조적 관계에 덧붙여서 발생했다.[163] 산업화 과정에서 농민들이 자발적 혹은 비자발적으로 부담했던 다양한 사회적 전환비용들을 체계적으로 계산해보려는 노력은 학계, 농민, 국가 어느 쪽에서도 시도된 적이 없다. 사실 체계적 계산이 가능할지가 의심스럽기도 하다. 다만 일부 정부 자료에 의거해 대략적이나마 그 크기를 어림잡아 볼 수 있는데, 1960년대의 초기 산업화 과정에서 농업부문으로부터 비농업부문으로 전체 농업소득의 11.7%에 해당하는 자본 순이출이 있었다(신경제 장기구상 농어촌대책 작업반 1995, 10~11면).[164] 그리고 1970년대 및 80년대의 본격적 산업화 기간에도 같은 방향으로 2.0%에서 3.5%의 자본 순이출이 있었다. 이 기간 동안 국가 경제자원의 도시산업으로의 집중화, 농업과 도시산업의 부가가치율의 현격한 차이 등을 감안할 때 이러한 도농간 자본 흐름은 전혀 예상 밖의 것이다. 그리고 이러한 자본 흐름은 농촌경제의 성격상 대부분 가족단위의 사회·경제 활동, 특히 앞에서 지적한 산업화의 사회적 전환비용에 대한 사적 부담을 반영한다.

그동안 농업경제의 획기적 발전도 없었던 상황에서 이처럼 막중한 부담을 졌던 농가들이 구조적 위기상황에 처한 것은 어쩌면 당연한 일인지도 모른다. 만일 이러한 산업화의 사회적 전환비용 가운데 일부만이라도 농촌경제와 농민사회 자체를 위해 조기에 집중적으로 활용되었더라면 농촌과 농가의 위기가 지금처럼 심각하지는 않았을지도 모른다. 이 비용들이 자본주의적 시장원리에 의해서는 원래의 부담자인 농민들에게 자동적으로 상환될 수 없다는 것이 분명한 현실이다. 농민들의 희생으로 재력을 쌓은 많은 도시인들은 오히려 불법 농지투기, 자연환경 파괴, 농산물 유통구조 왜곡, 농어촌 정책지원금 착복 등 갖가지 기생적 경제행위를 통해 농민들의 수난을 더욱 악화시켜왔다. 사회정책적 관점에서는, 도시 노동자들에게 가족수당을 주는 것과 마찬가지 논리로 농민들의 이농노동자 지원에 대한 사회적 보상을 해주지 말아야 할 이유는 없다. 물론 이러한 전환비용들은 많은 경우 더 나은 사회·경제적 기회를 찾아 도시로 떠나는 자녀나 형제자매를 위해 부담되었기 때문에 도덕적으로 당연시되거나 나름대로 합리적인 행위로 인식될 수도 있겠다. 사실, 우리의 농민들은 산업화를 위한 그들의 엄청난 기여를 개별 가족 차원에서 도덕적으로 당연시했으며, 상당수 이농자들은 도시에서의 사회·경제적 성공을 통해 그들 가족의 성원에 보답할 수도 있었다. 그러나 이들 소수의 성공이 전체 농민 지위의 악화, 나아가 농촌 경제·사회의 구조적 침하를 결코 방지할 수 없었다.

3. 도시편향적 사회변동과 농가 재생산주기의 와해

한국의 급속한 산업화와 경제성장 과정에서 가족중심의 자작소농체제가 농촌의 사회·경제적 유지뿐 아니라 도시경제의 인적·물적 자본 형성에 지대한 역사적 기능을 했음이 위에서 지적되었다. 그런데 그 결과로서의 도시위주 경제발전은 다시 도시중심적 사회변동을 수반했고, 이 과정에서 농민들은 그들의 역사적 기여에 대한 응분의 보상을 받기보다는 오히려 가족농체계의 건전한 조직적 재생산을 구조적으로 위협받는 상황에 직면하게 되었다.[165] 립턴(Lipton 1977)이 지적한 후발개도국들의 '도시편향'(urban bias) 문제가 한국에서 특히 과도하게 나타났고, 그 결과 농민사회의 기초적 조직단위 재생산이 어렵게 된 것이다. 도시편향은 우선 중요한 문화·사회적 생활자원이나 시설이 도시에 편재되어 있고, 그 자원과 시설의 내용이 대부분 도시미화적인 현실을 통해 드러난다.

농가의 재생산체계는 출산 및 사회화(procreation and socialization), 계승(succession), 노후부양(old-age support)의 3단계 주기로 상정할 수 있다. (농가의 재생산주기는 가구형태를 전체적으로 유형화하는 가족생활주기와는 구분되는 것이다.) 출산 및 사회화는 아동을 낳고 기르고 가르쳐서 장래의 성인 가족원으로서 준비시키는 것이고, 계승은 성년 남녀가 주로 혼인 및 생업 승계를 통해 가족의 사회·경제적 기반을 유지해나가는 것이며, 노후부양은 가업을 물려주고 은퇴한 노부모를 자녀가 공양하는 것이다. 이러한 '농가 재생산주기'(farming family reproduction cycle)의 어느 한 단계에서라도 차질이 발생하면 농가의 연속성은 깨지게 된다. 즉 출산에 완전히 실패하거나, 아동들을 농민으로서 사회화시키는 데 실패하거나, 성인자녀의 혼인과 농사 승계가 이루어지지 못하거나, 자녀에 의한 노후부양을 기대할 수 없을 때 해당 농가는 그 사회·경제적 성격을 다음 세대로 이어갈 수가 없다. 이러한 재생산주기의 각 단계가 순조롭게 이행되기 위해서는, 농가 내부에서 준비되는 사회·문화적 및 경제적 자원들도 중요한 기능을 하지만, 전체 사회가 다양한 여건을 조성해주어야 한다. 만일 사회 전반의 변화들이 농민가족의 아동양육 및 사회화, 농사 승계와 혼인, 노부모 부양에 관련된 토착 규범을 왜곡시키거나 물적 조건을 약화시키게 되면, 개별 농가 성원들의 개인적 노력에 상관없이 가족농체계의 연속성이 위협받게 된다. 바로 이러한 문제가 그동안 극도의 도시편향적 경제개발과 사회변동을 겪은 한국에서 심각하게 나타났다.

먼저 농촌 아동의 양육과 교육에 대해 살펴보자.[166] 농가의 가계비 지출 내역에서 교육비가 차지하는 비율이 1, 2위를 다투고 있다. 그런데 교육비 부담이 가중되는 핵심적 이유는 농민 자녀의 교육이 탈농촌화되고 있기 때문인데, 이는 다시 교육의 궁극적 목표가 자녀들을 농민지위에서 벗어나게 하는 것임을 의미한다. 농촌 청소년이 도회지로 나가 교육받는 것은 한편으로는 그곳에만 좋은 교육시설이 있기 때문이기도 하지만, 교육을 마치고 도시경제에의 진출을 용이하게 하려는 의도가 깔려 있다. 또다른 문제로, 농촌 학교교육의 내용조차도 도시지역을 기준으로 하고 있어 기존의 가족농이나 지역공동체의 중요성을 암묵적으로 경시하며, 여기에서 주입되는 사회적 가치들은 대체로 도시지향적 또는 도시미화적이다. 마찬가지 문제가 텔레비전과 같은 도시인 중심의 대중매체를 통해서도 나타난다. 여기에 덧붙여, 성인 세계로부터의 단절과 서정적 보호를 중시하는 서구식 '아동기'의 이념이 대중매체와 학교에 의해 농촌에 확산되면서 예비성인으로서의 친족 내 훈육을 중시하는 전통적 관습과 충돌하여, 아동의 사회화 과정에 심각한 혼란이 일기도 한다. 아동의 지적·정서적 발달을 위한 제도와 시설이 도시에 편재되어 있는 상황에서, 이러한 혼란의 여파는 증폭될 수밖에 없다.

청년인구의 농가경제 계승에 관한 문제도 못지않게 심각하다.[167] 이에 관련된 가장 보편적인 딜레마는 농사라는 가업의 계승이 본인의 희망으로서나 부모의 기대로서나 주변 친지의 평가로서나 그다지 바람직하게 간주되지 못하는 상황에서 이루어진다는 점이다(표 9-1, 표 9-2 참조). 도시 자본제 산업 위주의 급속한 경제성장 과정에서 갖가지 사회·경제적 기회가 도시에 편재된 것까지는 어느정도 불가피했더라도, 생산자 및 생활인으로서 농민들의 소외된 지위가 문화적으로까지 비화되는 현상이 전개되었다. 이 역시 대중매체와 학교교육의 내용상 문제점을 반영하며, 아울러 급속히 잦아진 도시인과 농민의 사회·경제적 접촉과정에서도 비슷한 문제가 발생했다. 농민들은 개인적으로는 그들의 직업에 대해 극히 낮은 만족도를 보이며, 집단적

표 9-1 농촌 및 도시 청소년의 직업별 선호도 (단위: %)

	농촌			도시			전체
	남자	여자	전체	남자	여자	전체	
농업	3	0	2	0	0	0	1
상업	4	4	4	7	3	5	5
금융업	3	3	3	3	2	3	3
기술직	27	4	17	10	3	7	12
교육직	6	19	12	6	18	12	12
예술	2	6	4	7	22	14	9
군인	3	2	3	1	0	0	2
언론계	3	7	5	8	10	9	7
정치	2	2	2	8	4	6	4
사회사업	7	5	6	5	3	4	5
종교	1	2	1	2	1	1	1
스포츠	4	2	3	2	1	1	2
과학	4	1	3	12	3	7	5
공무원	9	16	12	3	5	4	8
법조계	3	2	3	6	2	4	3
의약계	2	3	3	7	6	6	5
경찰	4	3	3	1	1	1	2
연예	5	11	8	4	4	7	5
기타	9	9	9	11	11	11	10
합계(N)	100 (839)	100 (684)	100 (1523)	100 (802)	100 (766)	100 (1568)	100 (3091)

출처 이화여자대학교 농촌문제연구소(1994), 「한국 농촌청소년 문제의 현황과 대책」, 116~19면.

으로는 도시인들에 대한 패배의식을 느껴왔다. 따라서 농촌 청년의 이농은 여건만 허락하면 본인의 의지와 주위의 권유에 따라 보편적으로 이루어져온 현상이다. 물론 경우에 따라서 농촌 청년의 이농은 어려운 현실로부터의 도피를 넘어 가족의 지원을 바탕으로 적극적 의미에서 계층상승을 추구하는 행위로 볼 수도 있지만, 이 경우에도 농업생산의 계승이 불가능하기는 마찬가지이다.

표 9-2 부모의 청소년 자녀에 대한 직업별 선호도 (단위: %)

	농촌			도시			전체
	남자	여자	전체	남자	여자	전체	
농업	2	1	1	0	0	0	1
상업	1	1	2	5	1	3	3
금융업	3	5	4	3	2	3	3
기술직	22	2	13	8	2	5	9
교육직	9	30	19	10	31	20	19
예술	1	3	2	3	17	10	6
군인	2	0	1	1	0	0	1
언론계	1	2	2	4	6	5	4
정치	3	2	2	9	4	7	5
사회사업	6	3	5	2	1	2	3
종교	1	1	1	2	1	1	1
스포츠	1	0	1	1	1	1	1
과학	2	1	2	9	2	5	4
공무원	19	26	22	8	8	8	15
법조계	7	3	5	13	4	8	7
의약계	5	6	6	13	9	11	8
경찰	3	1	2	1	0	1	1
연예	2	3	2	1	1	1	1
기타	8	8	8	9	10	9	9
합계(N)	100 (838)	100 (683)	100 (1521)	100 (801)	100 (765)	100 (1566)	100 (3087)

출처 이화여자대학교 농촌문제연구소(1994), 「한국 농촌청소년 문제의 현황과 대책」, 116~19면.

새로운 가정의 형성을 위한 혼인의 문제도 농촌에서는 이제 나이가 차면 이루어지는 당연한 일이 더이상 아니다. 이에 대응한 일종의 자구책으로 농촌 남성들과 아시아 인근국 여성들 사이의 국제결혼이 급증해, 한국 농촌은 적어도 거주인구의 출신지 구성만으로 보면 도시보다 훨씬 세계화된 지역공동체가 되었다. 농촌 혼인시장의 혼란으로 직접적 고통을 겪는 사람은 삼사십대 노총각들이지만, 이 문제의 근본 원인은 젊은 여성들을 농촌에서 몰아내고 있는 경제·사회·문화적 환경이다.[168] 우선 1970년대 이후로 추구되어 온 영농다각화는 남성 노동력의 이농과 결합되어 농촌 여성, 특히 부인들에게 이중, 삼중 노동의 짐을 지웠다. 채소, 과수, 원예작물 등 도시 상대의 다변화된 수입원들은 대개가 여성노동력의 집중적 활용을 필요로 했다. 그리고 농공단지 등에서의 계절적 임노동도 대개 여성들의 몫이었다. 반면 쉽게 변하지 않는 부부간 역할 문화와 노인·아동 부양을 위한 사회복지써비스의 부재는 그들의 전통적인 가사노동 부담이 전혀 줄어들지 않았음을 뜻한다. 이러한 고통은 도시중산층 가정의 핵가족적 삶이 하나의 표준으로서 대중매체와 구전을 통해 농촌 여성들에게 전달될 때, 훨씬 심하게 느껴졌을 것이다. 물론 도시에서도 안정된 중산층적 가정생활이 많은 사람들에게 그저 동경의 대상이지만, 그러한 삶이 원천적으로 불가능해 보이는 농촌 마을에서 소외감이 더 확산될 수밖에 없었다.

자녀에 의한 가업계승이 이루어지지 않고, 부양할 며느리를 얻기가 어려울 때, 농촌의 노년기 삶은 시작부터가 어렵다.[169] 농촌 노인들은 그들의 청·장년기에 한 세대집단(cohort)으로서 정치적 격변과 고속 산업화의 현대사를 떠받쳐왔을 뿐 아니라, 개인적으로 그들의 부모를 전통규범의 높은 기준에 맞추어 봉양했었다. 그들의 이러한 경험은, 오늘날 가족 차원에서나 사회 차원에서나 적절한 노인부양기제가 와해되다시피 한 농촌 상황에 대한 적응을 유난히 어렵게 한다. 그나마 노인들에 대한 사회복지제도들도 도시 표준형이거나 도시에 편재해 있어, 의지 대상이 되질 못한다. 그리고 의료시설의 도시 편재도 그들에게 특히 심각한 문제로 느껴진다. 앞으로 노인부양을 시장기제(market mechanism)에 맡기자는 분위기가 확산되고 이에 따라 이른바 씰버산업이 확산될 때, 대다수 농촌 노인들은 대체적인 부양수단을 찾아내 기뻐하기보다는 도시 여유계층 노인들에 비한 상대적인 박탈감으로 고통스러워하게 될 것이다.

도시편향적 사회변동은 가족농의 건전한 조직적 재생산을 구조적으로 위

278

협하는 결과를 가지고 왔다. 교육, 문화, 보건 등의 생활환경은 그 시설이 도시에 편중되어 있거나 내용상 도시미화적이어서, 생활인으로서의 농민들은 구조적 박탈감과 패배감을 누적시켜왔다. 이러한 상황에서 농가 재생산주기의 각 단계인 아동의 양육 및 교육, 농가경제 계승 및 혼인, 노후 부양 등의 과정에서 동시적으로 나타나고 있는 혼돈과 단절이 농촌의 기초조직인 농가의 존속 자체를 어렵게 만듦으로써 조직적으로 정상적인 농가가 희소해지는 농촌의 총체적 퇴행이 나타나고 있다. 생산자 및 생활인으로서 농민의 사회적 지위는 농촌 아동들에게는 장래 희망의 대상이 되지 못하고, 젊은 남녀에게는 한시라도 빨리 탈피하고 싶은 것이고, 노인들에게는 안정된 삶을 유지·기약하지 못하는 것이다. 이러한 농가 재생산주기 단계별 혼돈과 위기는 표 9-3에서 보듯이 전체 농가의 분포를 축소·해체형 중심으로 편중시켜 농촌의 인적 기반 유지가 불가능해지는 상황이 전개되고 있다.

　어떠한 이론적 혹은 이념적 관점에서 보더라도, 수천년 전부터 내려오던 원시적 자작소농체제에 기초한 사회·경제구조를 궁극적인 현대화 모형으로 지속시키는 것은 억지스럽게 평가될 수도 있다. 사실, 농촌의 사회와 경제를 근본적으로 혁신시키는 실마리를 새로운 도시문명에서 찾아내고자 하는 것이 대다수 사회에서 근대화 엘리뜨의 생각이었다.[170] 따라서 한국에서 도시적 문화·사회·경제 요소들이 농촌에 중요한 영향을 미쳤다는 사실이 그 자체로서 문제가 되는 것은 아니다. 세계적 개방농업체제로의 이행, 북한의 사회주의적 집단농업과의 통합 등 엄청난 외부적 변화에 대응해야 하는 남한의 농업과 농민은 어떠한 형태든 근본적인 생산체제의 변화를 모색하지 않을 수 없다. 이러한 변화를 위한 이념, 이론, 제도, 자원을 도시지역으로부터 제공받을 수 있다면, 이를 농민들이 적극적으로 수용하지 않는 것이 오히려 비합리적일 수 있다. 그러나 농민들에게 노출되고 강요된 도시적 문물들은 농민들이 현대적 생산계급으로 재탄생 또는 "내적 전환"(internal conversion)하는 것을 돕지 못하고, 오히려 기존 생산조직의 재생산체계만 와해시키는 작

표 9-3 농촌가구의 가족생활주기별 분포

1986	도시	농촌a	전체
비혼	9.8	4.3	8.1
1세대 형성기	5.0	1.8	4.0
2세대 확대기	56.4	36.9	50.3
3세대	10.8	19.3	13.5
2세대 축소기	13.0	25.0	16.8
1세대 축소기	2.4	7.5	4.0
해체	2.6	5.1	3.4

1989	순수 농촌지역b
1세대 형성기	0.5
2세대 확대기	4.5
2세대 최대기	41.2
2세대 축소기	43.6
1세대 축소기	4.8
해체	5.3

1992	농업	농업 외	비농업	전체
형성기	1.5	1.9	3.3	1.9
확대기	2.5	5.3	8.6	4.2
확대 완료	36.4	48.3	47.4	41.1
축소기	46.4	35.4	19.7	39.3
축소 완료	9.3	8.1	8.6	8.9
해체	4.0	1.0	12.5	4.7

2000	농업 및 어업c
형성기	0.43
확대기	1.70
확대 완료	35.32
축소기	37.73
축소 완료	13.33
해체	11.49

주: a 읍/면지역 포함. b 면지역만 포함. c 피고용여성가구.
출처 1986년은 공세권(1987) 52면; 1989년은 한국인구보건연구원의 「한국의 가족기능연구」 사회
조사 자료를 사용해 필자가 계산; 1992년은 변화순(1993) 131면; 2000년은 김승권 외(2001) 288면의
사회조사 자료를 바탕으로 필자가 계산.

용을 했다.[171]

4. 이중적 이중구조와 도·농 소득평준화의 허구성

산업화 과정에서 농가에 의한 이농노동력의 재생산비용 부담과 도시편향적 사회변동에 의한 농가 재생산체계의 와해는 자본주의 산업화에 일반적으로 부수되는 '이중구조'(dualism)의 문제로서 포괄적인 설명이 가능하다. 그런데 농민들이 이러한 문제들을 안고 있음에도 불구하고 1970년대 중반부터 상당 기간 농가 평균소득이 도시가구 평균소득을 상회함으로써, "얻는 것이 있으면 잃는 것도 있게 마련"이라는 평가가 있기도 하다. 그러나 도·농 소득평준화는 그 자체가 허구적인 현상이었다. 도·농 소득평준화는 농민 소득이 빠르게 향상되어서라기보다는 빈곤층 농민들의 지속적인 도시 유입에 따라 도시 평균소득의 향상세가 완만해지고 대조적으로 농촌에서는 빈곤층 이탈에 따라 저절로 평균소득이 향상되었기 때문에 나타난 측면이 강했다. 즉 농촌 잔류인구와 이농빈곤층 인구 사이에서의 소득평준화가 이루어지고 있었던 것이다.[172] (마찬가지 이유로 이농 추세가 주춤해진 1980년대 중반 이후로는 다시 도시인 소득이 농민 소득을 꾸준히 앞질러왔다.) 이러한 현상을 설명하기 위해 '이중적 이중구조'(dual dualism)의 개념을 상정할 수 있다.

이중적 이중구조란 농촌인구의 도시유입이 자유롭게 허용되는 상황에서 농민과 도시거주 지배계층 사이의 착취-소외 관계가 농촌과 도시라는 지리적 공간을 경계로 해서만 나타나는 것이 아니라, 도시지역 내부에서 빈곤 이농자들과 지배계층 사이에 유사하게 재현됨을 뜻한다. 직업과 생활이 불안정한 도시 영세민지대 인구의 대부분이 바로 농촌지역의 곤궁을 피해 무작정 이주해온 이농자들이었다.[173] 도시지역 내부의 빈부격차가 심화되는 상황에서, 대다수 이농자들의 생활여건은 쉽게 정체상태를 벗어날 수 없었다. 이들의 생업과 생활이 자본의 논리에 의해 어떻게 구조적으로 예속되고 불안정화되는지에 관해서는 그동안의 많은 연구가 생생히 보여주고 있다(조은·조옥라 1992 등). 결국 농촌잔류 인구와 이농빈곤층 인구 사이에서의 소득 평준화가 이루어지고 있었던 것이다. 농민들은 농촌에 있을 때나, 도시로 옮겨온 이후나 별 차이 없이 독점적 산업자본주의 시대의 소외계층으로 남는 것이다.

그림 9-1을 보면, 농촌가구의 평균소득은 1970년대 중반(1974~78)에 일시적으로 도시가구의 평균소득을 앞섰다가 1970년대 후반에 다시 역전되었고, 1980년대 들어서 재역전이 이루어졌지만 1980년대 후반부터는 도시가구의 평균소득이 다시 앞서서 격차까지 꾸준히 늘려왔다. 이 그림의 도·농 소득 비교는 전체 농가를 도시의 임노동자 가구하고만 비교한 것이다. 따라

그림 9-1 농가와 도시노동자가구의 월 가구소득 비교, 1970~2000 (도시노동자가구=100)

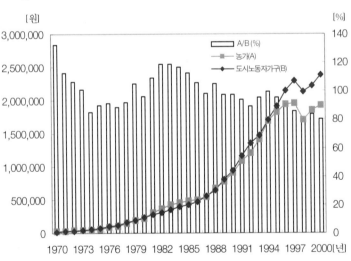

출처 『한국의 사회지표』(2002), 156, 164면의 자료를 바탕으로 작성.

서 평균소득이 훨씬 높은 비임노동자 가구를 포함한 전체 도시인의 소득과 농민 소득을 비교하면, 농촌 소득이 한번이라도 도시 소득을 앞질렀을지 의문이다.[174]

　1970년대 중반을 고비로 도시 임노동자 가구 소득이 농가 소득에 비해 부진한 것은 농가 소득의 뚜렷한 향상에 따른 결과라기보다는 빈곤 이농인구의 지속적 유입 등의 요인을 반영한 도시가구 소득의 상대적 정체 때문이라고 보아야 할 것이다. 더욱이 도시지역 내부에서 소득분포의 불평등도가 한동안 증가한 후 뚜렷이 줄어들지 않았는데(윤정혜 1994), 이 역시 이농인구의 지속적 빈곤에 영향받은 것이다. 그나마 1980년대 후반부터 산업노동력 부족 현상과 노동계급의 정치적 권리 신장에 따라 도시 임노동자 가구의 소득이 빠르게 향상되었지만, 막상 유휴노동력이 이미 소진된 대다수 농가는 그러한 임금상승의 혜택을 맛보기보다는 오히려 농작업 보조인력의 인건비 상승에 따른 곤란을 겪게 되었다.

　도시와 농촌 사이에 이중적 이중구조가 동태적으로 전개되는 상황에서, 온 사회가 심각하게 느끼는 농촌위기는 도·농간 소득격차가 한동안 줄어들기도 했다는 사실에서 해결의 실마리를 찾을 수 없다. 더욱이 1980년대에 도시 임노동자 가구 소득이 농가 소득보다 낮은 상태에서도 지속적인 대규모 이농이 있었다는 사실은, 그러한 인구이동이 더이상 도시지역의 뚜렷한 경제적 유인력 때문이 아니라 농촌지역에서의 만성적 곤궁과 불안을 무조건 회피해보고자 하는 집단적 도피심리 때문에 나타났음을 드러낸다.[175] 그리고 1980년대 후반을 고비로 다시 도·농간 소득격차가 확대되어온 점을 감안하면, 농민들의 상대적 곤궁은 한국사회에 구조적으로 실재하는 문제이다.

5. 정치사회적 환경과 농민의 대응: 간접이탈의 정치경제

급속한 산업화의 사회적 전환비용 부담과 도시편향적 사회변동 과정에서의 재생산체계의 와해로 대부분의 농가가 생산과 생활의 구조적 불안정성에 허덕이고 있는 한국 농촌은 농업의 지속적 침하를 가져온 국내외 거시경제적 환경을 차치하더라도 이미 오래 전부터 위기상황에 처해졌음이 분명하다. 그런데 이 위기를 더욱 심화시키고 있는 문제는, 농민들이 이에 대한 반응으로서 그들의 집단적 목소리를 내거나 항거행위를 모색하기보다는 개별적으로 농촌을 떠나는 길을 선택해왔다는 것이다. 이미 지적한 대로, 적어도 1980년대 이후 농민들의 지속적 이농은 산업화 초기처럼 도시경제의 뚜렷한 시장적 유인이나 정책적 유도의 결과로 설명될 수 없고, 농촌에서의 곤궁과 혼돈을 무조건 벗어나고자 하는 집단적 도피심리의 반영으로 보인다.[176] 한국 농촌의 발전적 재구조화가 이루어지기 위해서는 농민들이 농촌에 머물면서 사회경제적 재활노력을 펼치고 정치적 투쟁을 병행해나가야 하지만, 그동안 수많은 농민들 사이에서 이농만이 유일하게 확실한 현상타개책으로 인식되었던 것이 현실이다.

물론 국가, 지역공동체, 사회단체, 기업, 심지어 가족조차도 소속 성원(고객)들에게 영구적인 만족감을 주는 상태로 유지될 수는 없다. 모든 조직은 기능적 위기에 처할 수 있지만, 이에 대한 소속 성원들의 대응양태에 따라 조직이 재활성화되느냐 아니면 사멸하느냐의 전혀 다른 결과가 나타날 수 있다. 한국 농촌의 문제도 마찬가지이다. 이와 관련해, 허쉬만(Hirschman)이 그의 저서(*Exit, Voice, and Loyalty: Responses to Decline in Firms, Organizations, and States,* 1970)에서 제시한 논의를 일부 보완하면 많은 시사점을 얻을 수 있다. 허쉬만에 따르면, 조직위기에 대한 성원들의 반응은 기본적으로 '이탈'(exit)이나 '항의'(voice)로 나타난다. 이탈이나 항의는 모두 조직의 문제에 대한 경고로서 작용하기 때문에 조직기능의 회복을 촉진할 수 있지만, 이탈이 지나치게

284

확산되면 조직은 존립기반을 상실해 사멸하게 되고, 항의가 지나치게 심화되면 조직은 전면적인 성격 변화를 통해서만이 존속될 수 있다. 만일 조직의 문제가 과거 기능의 회복이라는 차원에서는 도저히 해결될 수 없고 그렇다고 조직의 사멸을 방치할 수도 없는 상황이라면, 조직의 발전적 재탄생을 위해 성원들의 항의를 긍정적으로 적극 수용해야 할 이유가 생긴다.

그런데 자유경쟁시장의 상황에서는 조직위기에 대한 반응으로서 항의보다는 이탈이 일반적이다.[177] 같은 필요를 만족시켜주는 대체조직들이 존재하는 상황에서는, 기존 조직의 불확실한 문제해결 가능성에 기대를 걸고 항의를 하기보다는, 즉각적으로 다른 조직을 택함으로써 확실한 결과를 얻는다는 것이다. 자유경쟁시장의 상황에서도 조직위기에 대해 이탈 대신 항의가 나타날 가능성은 있는데, 첫째 성원들의 조직에 대한 '충성심'(loyalty)이 클수록, 둘째 성원들이 개인적 혹은 집단적으로 조직의 결정에 영향을 미칠 여지가 많을수록 그러한 가능성이 높아진다.[178] 충성심이 클수록 이탈 대신 항의의 가능성이 높아지는 이유를 살펴보면, 항의를 통해 문제를 해결할 때에는 결국 미지의 영향력 행사 방법을 찾아내야 하는데, 이때 성원들의 충성심은 이러한 불확실성을 상당 정도 감내하도록 만들기 때문이다. 충성심은 또한 성원들의 '집단적 정체성'(collective identity)으로 작용할 경우, 조직에 대한 집단적 압력 행사라는 '집합행동'(collective action)을 수월케 함으로써 항의를 통한 대응 가능성을 높일 것이다.[179]

이러한 이론적 맥락에서 한국 농촌의 상황을 보면, 농촌위기에 대한 반응으로서 이탈(이농)이 일반화되어 농촌의 경제와 사회가 인적 기초의 소멸로 아예 붕괴될 조짐마저 나타나고 있다고 해석할 수 있다. 농민들의 어느 정도 이탈은 거주이전 및 직업이동의 자유가 있는 상황에서 자연스러운 현상으로 볼 수 있지만, 그동안 항의의 반응이 극히 미약했던 사실은 체계적인 설명을 필요로 한다. 김일철·김태헌·김홍주(1993, 151면)에 의한 1990년대 초반의 전국적 조사연구에 따르면, 우루과이라운드 타결 등으로 역사상 최악의 구조적 위기에 처한 상황에서도 농민들은 여전히 "비정치적"이어서 "집단적 시위" 같은 적극적 항의에는 소극적이었다.[180] 농민들이 왜 그들의 오랜 삶의 터전에 대한 충성심과 영향력을 집단적으로 상실했는가에 대한 고찰이 필요하다. 그동안의 풍부한 현대사 연구가 이러한 고찰을 가능케 한다.

일제로부터 해방된 이후 남한의 현대사는 시민사회 세력으로서의 농민운동이 미군정과 한국전쟁을 거치면서 철저하게 억압·해체되면서 시작했다. 이후 농민들은 정치적 허무주의와 패배주의를 내면화하게 되었고, 농지개혁에 의한 자작소농체제의 안착은 농민들의 정치적 소극성을 구조화시켰다. 즉 개별적이고 단기적이나마 어느정도 물질적 안정을 희구해볼 수 있게 된 농민들은, 설사 억울한 문제들에 부닥치는 경우에도 정치권력에 의한 테러를 감내하면서까지 정치적 저항에 나서지는 않게 된 것이다. 그래서 가족단위의 내부지향성이 계급의 횡적 연대를 가로막아, 맑스가 묘사한 대로 "한 자루의 감자"처럼 정치적으로 분산되어 무력한 존재가 되었다(Marx 1987). 여기에 더해, 1960년대 이후 개발독재의 일환으로 농촌에 대해 각종 행정기구와 어용조직들을 통한 철저한 관료제적 고객주의 통제가 행해졌으며, 새마을운동 등을 통한 동원체계적 관리가 시도되었다.[181]

이러한 상황에서 농민들은 그들 자신의 삶의 터전의 사회·경제적 변화에 대한 정치적 통제력을 상실했다. 달리 말해, 농촌의 지역사회가 정치공동체로서의 성격을 상실하게 된 것이었다. 그리고 주기적인 경제위기마저 닥치면 아예 농촌에 대한 미련을 접고 도시로 떠나는 길을 택했다. 그들 자신이 떠나기가 어려우면 형제자녀라도 도시로 보내 새로운 삶을 개척해보도록 권했다.[182] 이는 일종의 '간접이탈'(indirect exit)로 규정할 수 있다. 사실상 이 간접이탈은 반농촌(농민)적 혹은 도시편향적 경제발전 과정에 대응해 농민가족이 도시지역의 갖가지 경제·사회적 기회를 통해 세대간 계층상승이라는 개별화된 장기적 이해관계를 좇는 대신에 농촌의 일상에서 농민적 이익의 구조적 희생에 대한 정치·사회적 투쟁을 포기하는 결과를 갖고 왔다.[183] (앞서 '산업화의 사회적 전환비용'에 관한 설명에서 지적했듯이, 국가나 도시자본뿐 아니라 농민 스스로도 여유자원의 대부분을 도시로 나간 자녀·형제의 교육, 훈련, 사업을 위해 투자함으로써 이러한 도시편향적 경제발전을 가속화시켰다.) 나아가 집단적 이농은 농촌의 사회구조를 불안정하게 만들어 농민들의 정치적 무력화를 더욱 촉진시켰다. 특히 청장년의 이농으로 농촌에 노인인구의 비율이 지나치게 높아짐으로써, 이들이 한국적 상황에서 원래 갖고 있는 정치적 무력성이 농촌문제로도 나타나게 되었다. 설사 농촌을 떠나지 않고 있어도 농민들이 농촌문제에 대한 근본적 대책을 집단적으로 요구하는 적극적 의미의 항의를 할 수 없었고, 단지 정치적으로 드러나지 않는 사소한 형태의 불만 표출에 그치게 되었다.[184]

이러한 정치사회학적 환경에서, 그동안 심각했던 농촌문제의 하나가 바로 농민들 자신의 의사형성 및 문제해결 능력의 감퇴였다. 산간분지 등에 물리적으로 분산되어 있고, 각종 행정기구 및 관변조직들에 의해 철저하게 위로부터 조직되어온 농민들로서는 자율적 현상타개를 위한 어떠한 집단적 노력을 모색하는 데에도 근본적인 한계를 갖고 있었다. 철저하게 상의하달적인 농촌문제 정의방식과 대처방식 아래에서 농민들은 서로 고립되고 수동적인 존재로 전락했다. 그리고 관주도 일변의 조령모개(朝令暮改)식 미봉책들이 근본적 문제해결에는 실패하고 오히려 여러가지 부작용만 일으킬 때, 수많은 농민들이 누적되는 좌절감을 개인적으로 삭이다 못해 마을을 박차고 떠나온 것이다.

6. 요약 및 전망

한국경제가 이승만정권기의 혼란과 궁핍을 극복하고 박정희정권 들어 급속한 산업화와 경제성장을 이룩한 것은 단순히 정치적 지도력이나, 관료들의 행정적 재능 혹은 기업가들의 사업수완에 의해서만은 아니었다. 부존자원, 자본, 기술이 모두 부족했던 한국경제는 비교적 풍부했던 노동력을 집중적으로 활용하는 이른바 노동집약적 산업화를 추진했고, 원자재 및 기술 구입에 쓸 외화를 충당하기 위해 내수 억제 및 수출 극대화 전략을 밀고 나갔다. 이에 따라 인구 대다수를 점하던 농민들이 무더기로 산업노동자로 변신하기 시작했는데, 이 과정은 개별 이농노동자에게나 사회 전체에 대해 엄청난 '사회적 전환비용'을 요구했다.

산업화 초기에 수많은 이농노동자들은 흔히 혹독한 고생을 거쳐서야 일자리를 찾을 수 있었고 그나마 자신의 생계유지도 힘든 임금에 매달려야 했다. 그래서 늘 농촌의 가족에게 양식과 급전을 의존해야 했다. 농민들이 도시로 와서 임노동을 하지 않더라도 장사밑천이나 전세보증금 마련을 위해 고향마을의 부모형제에게 손을 벌리는 일이 허다했다. 학업을 위해 도시로 가는 젊은이들의 경우에는 하숙·자취비, 등록금, 용돈 등을 농촌의 부모형제에게 의존하지 않을 수 없었으며, 학업을 마치면 대개가 도시경제에 참여해왔다. 이처럼 많은 사람들이 도시로 와서 사회·경제적으로 성공을 거두기도 했으나 대부분의 경우는 도시경제의 불안정성으로 인해 잦은 생활위기를 겪어야 했다. 이농자들의 생활위기가 있을 때, 거의 전무했던 기업이나 국가 차원의 사회보장책 대신에 농촌의 가족들이 다양한 사회보장 기능을 수행해야 했다. 이처럼 농민들은 도시경제에 종사하는 가족성원들을 위해 다양한 형태의 지원을 했는데, 이러한 지원이 없었다면 대부분의 도시 노동력은 제대로 유지될 수 없었을 것이고 궁극적으로 지속적인 산업화와 경제성장도 불가능했을 것임이 자명하다.

가족농이란 산업화 과정의 국외자가 아니고 핵심 주체의 하나였다. 다시 말해, 한국에서 도시 자본제산업의 급속한 발전은 산업화에 수반된 이촌향도의 사회적 전환비용을 농민들이 자녀사랑과 우애의 정성으로 기꺼이 부담해왔기 때문에 가능한 것이었다. 더욱이 농민들이 이러한 지원에 대한 응분

288

의 보상을 받기는커녕, 그들의 주소득원인 농산물 가격마저 도시경제의 안정을 위해 상당 기간 정책적으로 낮게 유지됨으로써 곤궁이 가중되었다. 그리고 도시인에 의한 농산물 유통구조 왜곡, 부동산 투기, 환경파괴 등은 농민들의 생산 및 생활 여건을 심각하게 악화시켜왔다.

가족농의 도시중심 경제발전에 대한 기여는 도시중심적 사회변동 과정에 의해서도 무색해졌다. 도시편향적 사회변동은 가족농의 건전한 조직적 재생산을 구조적으로 위협하는 결과를 가지고 왔다. 교육, 문화, 보건 등의 생활환경은 그 시설이 도시에 편중되어 있거나 내용상 도시미화적이어서, 생활인으로서의 농민들은 구조적 박탈감과 패배감을 누적시켜왔다. 이러한 상황에서 농가 재생산주기의 각 단계인 아동의 양육 및 교육, 농가경제 계승 및 혼인, 노후 부양 등의 과정에서 동시적으로 나타나고 있는 혼돈과 단절이 농촌의 기초조직인 농가의 존속 자체를 어렵게 만듦으로써, 조직적으로 정상적인 농가가 오히려 희소해지는 농촌의 총체적 퇴행이 나타나게 되었다. 생산자 및 생활인으로서 농민의 사회적 지위는 농촌 아동들에게는 장래 희망의 대상이 못 되고, 젊은 남녀에게는 한시라도 빨리 탈피하고 싶은 것이고, 노인들에게는 안정된 삶을 유지·기약하지 못하는 것이다.

그러나 농민들의 고통이 인내하기 힘든 상태가 되었을 때도, 그들의 모습은 산간분지 등에 분산되어 눈에 잘 띄지 않았고 그들의 목소리는 각종 행정기구 및 관변조직들에 의해 차단되어졌다. 그들의 정치적 무력감은 한국의 현대사를 통해 오랜 기간 쌓여온 것이며, 개발독재 시대의 철저한 외생적 조직화와 분할통제에 의해 구조적으로 정착된 것이다. 이런 상황이 하염없이 지속될 때, 그동안 참고 잔류했던 농민들마저도 불가능해 보이는 집단적 자구책을 모색하기보다는 아예 개별적으로 농촌을 떠나는 길을 선택해왔다.

그동안의 농정관련 논의들을 살펴보면, 농촌문제는 주로 농업경제의 문제로 개념화되고 문제의 해결 역시 자생력과 경쟁력을 갖는 농업생산체제를 확립하려는 방향에서 모색되어왔다. 이러한 접근은 국가적 식량안보 차원에서나 농촌 경제안정의 차원에서 나름대로 타당한 것이다. 그런데 여기에서 살펴본 한국의 농촌위기는 바로 농민들의 사회적 지위와 직접적으로 연결되어 있는 것이기 때문에 사회정책적 차원의 다양한 대응책들이 함께 요구되고 있다.

우선, 급격한 국내외 여건 변화에 맞서 농촌의 사회와 경제를 미래로 발전시켜나가야 할 청장년 농민들에 대해 좀더 사려 깊고 종합적인 정책지원이 요구된다. 오늘날 청장년 농민들이 직면한 농산물시장의 완전개방 등의 산재한 악조건들이 바로 한국의 성공적인 산업화 및 수출대국화에 대한 국제적 대응으로서 나타났다는 사실에서 이들의 악전고투에 대한 사회 전체적 책임소재를 찾을 수 있다. 이들이 농촌 발전을 능동적으로 이끌어야 할 사회계급으로서 갖는 다양한 정치·사회·문화적 욕구에 대한 민감한 검토가 있어야 경쟁력있는 농업생산체제의 확립도 가능한 것이다. 이를 위해서는 경제적 생산자로서뿐만 아니라 사회적 생활인으로서의 농민들의 지위를 본격적으로 개선시키기 위한 종합적 사회정책이 수립되어야 할 것이다.

한국의 급속한 산업화를 뒤에서 떠받쳐온 숨은 주역이지만 그 결과로서의 물질적 풍요로부터는 가장 동떨어져 있는 농촌 노인들에 대한 사회적 관심과 정치적 배려가 아울러 요구된다. 이들은 농촌의 일손 부족 때문에 급상승한 노임 혜택을 스스로 받기에는 너무 늦었고, 오히려 고(高)노임으로 인해 자신의 농사일을 남에게 맡기기조차 어려운 고충을 겪고 있다. 정부의 유명무실한 노인 사회보장책조차도 도시지역을 우선으로 하고 있어 이들에게는 큰 소용이 없다.[185] 농촌 노인들의 곤궁에 대해 도시로 떠나온 자녀들만 질책할 수도 없으며, 오히려 그 자녀들의 노동력을 이용해 기반을 다진 도시 산업집단들로부터 일정한 농민복지 기여금을 받아내야 당연할지도 모른다. 어떤 비용조달에 의거하던, 여생이 얼마 남지 않은 이들의 복지수요는 즉각적으로 충족되지 않으면 아무런 소용이 없다.

제5부

제5부

가족의 종언?

제10장
한국가족의 정상위기

1. 압축적 근대성과 한국인들의 가족피로

21세기 벽두부터 한국의 경제질서는 최대 재벌총수들의 2세에 대한 소유·경영권 세습을 둘러싼 탈법과 비리로 극도의 혼란 속에 빠져들었다. 다른 한편으로, 이른바 'IMF 경제위기' 속에서 서민들이 급작스럽게 닥친 심각한 생활고를 이기지 못해 일가족 동반자살에 나서는 등 가족을 둘러싼 충격적 사건들에 대한 기억이 여전히 생생하다. 걷잡을 수 없는 경제·사회적 양극화 추세 속에 빈곤층의 경제위기는 가족의 희생으로 직결되고 부유층의 치부전략은 가족 동원을 핵심으로 하는 가운데, 한국사회는 가족중심주의적 성격이 어느 때보다도 확연해 보인다. 한국인들의 머릿속을 더욱 혼란케 만드는 것은, 이러한 가족중심주의의 이면에 가족규범의 심각한 퇴락과 가족구조의 급속한 불안정화가 사회의 안정적 유지에 중대한 위협이 될지 모른다는 경고이다. 사회 전반에 확산된 가족 유기와 학대, 웬만한 서구 국가를 능가하는 이혼율, 세계 최저수준의 출산율 등이 매스컴을 통해 널리 알려지는 가운데, 한국인들의 가족주의적 이미지는 모순에 직면한다. 사회적 경쟁에 있어 철저히 가족중심적인 한국인들은 막상 스스로의 가족에 대한 가치부여와 헌신을 심각하게 의심받고 있다.

한국인들이 가족의존적으로 생존하고 투쟁하며 일군 현대문명은 경제, 사회, 문화, 정치 등 각 측면에서 확연한 가족중심성을 드러내왔다. 경제질서를 보면, 재벌기업들의 가족적 지배·경영구조에서 도시서민들의 각종 가족단위 써비스업과 농촌의 가족농업에 이르기까지 수많은 한국인들의 경제활동은 가족을 중심으로 조직화되어 있으며, 그렇지 않은 사람들의 가족조차도 재정적 상호지원 단위로 기능하는 경우가 다반사이다. 복지체계를 보면, '선가정보호, 후사회보장'의 정책기조하에서 대다수 곤궁 노인, 아동, 장애인에 대해서조차도 마찬가지로 곤궁한 그들의 가족이 일차적인 보호책임을 지는 가족의존적 상황이 지속되고 있다. 교육실정을 보면, 세계 최고의 사교육비 지출을 자랑하는 한국인들의 가족이 국가의 미흡한 공교육 투자를 메우며 가족이 실제 경쟁단위가 된 일종의 '학력투쟁'이 벌어지고 있다. 사회·문화적 지위체계를 보면, 사회 전반을 통합하는 도덕적 권위의 실종 상황에서 청년, 여성 등에게 가족이라는 배경이 지위 판단의 핵심적 기준이 되고 있으며, 이런 환경에서 이른바 '결손가정' 자녀들의 고난이 심각하다. 정치영역을 보면, 일종의 유사가족주의로 볼 수 있는 지역주의 대립구도가 정상적 이념·정책 경쟁을 대신하고 있고, 정치엘리뜨 가족의 비정상적 영향력행사가 갖가지 비리를 낳고 있다. 경제, 사회, 문화, 정치를 아우르는 이러한 가족중심성은 20세기 한국인들이 일구어온 '압축적 근대성'의 핵심적 특질이다.

이처럼 전방위적이고 복합적인 가족의 사회적 중요성은 개인들의 가족관계와 가정생활의 미시적 차원에서 가족이념의 다중성 및 이에 수반된 복잡다기한 가족기능으로 연결된다(이 책 제3장 참조). 한국인들의 가족은 유교적 가족이념, 도구주의적 가족이념, 서정주의적 가족이념, 개인주의적 가족이념 등 상이한 가족이념에 동시에 노출되어, 각각의 이념이 요구하는 다양한 기능과 역할을 한꺼번에 수행해야 하는 일종의 '기능적 과부하' 상태에 있다. 물론 이러한 다양한 기능과 역할을 원활히 수행하는 것은 풍부한 물질적 및 문화적 자원을 갖춘 사람들에게도 매우 어려운 일이며, 대다수 곤궁계층 사람들의 가족관계와 가정생활은 엄청난 스트레스 속에서 유지될 수밖에 없다. 이러한 현상을 요약해, 한국인들에게 일종의 '가족피로'(family fatigue) 증세가 만연해 있다고 볼 수 있다. 그리고 예외없이 가족피로에 시달리는 한국인들이 가까스로 지탱하는 가족은 위기 자체가 정상인 상태, 즉 '정상위기'(normal crisis)에 직면해 있다고도 볼 수 있다.[186]

한국인들이 그들의 가족에게 요구되는 복잡다양한 기능과 역할을 일상생활에서 투쟁적으로 수행하면서 사회 전체의 가족중심적 질서를 견인해온 데 대해 국가는 기본적으로 방임적 입장을 취했으며, 다만 경제개발을 위한 민간자원의 동원 차원에서 산발적이고 즉흥적인 가족관련 정책들을 내어놓았을 뿐이다. 가족문제뿐 아니라 사회정책 전반에 걸쳐 극히 보수적이고 소극적 입장을 견지했던 이른바 '개발국가'(developmental state)에게 한국가족의 기능적 과부하 및 이에 수반된 가족피로 현상은 상당 부분 사회정책적으로 용인·유도된 측면이 있다.

그러나 경제위기 및 이에 대응한 급진적 구조조정 등으로 극히 불안정해진 경제·사회적 환경 속에서 더욱 심각해진 한국가족의 기능적 과부하는 가족피로 문제를 결정적으로 악화시켜 전방위적인 가족해체 및 탈가족화 증후군이 나타나게 되었다. 최근 정부와 학계의 주기적 조사나 대중매체의 잦은 보도를 통해 익히 알려진 것처럼 가정폭력, 가출, 이혼, 만혼, 독신, 무자녀, 저출산 등 가족관련 문제(?)들이 심각한 수준으로 치닫고 있는 것은 결코 우연이 아니다. 요컨대, 한국가족의 기능적 과부하는 국가의 가족의존적 사회정책 및 경제·사회적 위기에 맞물려 한국인들의 가족피로 현상을 극단화시켰으며, 다면적인 탈가족화 추세는 이에 대한 합리적 대응의 성격도 띠고 있다.

2. 한국가족의 기능적 과부하

급변하는 사회문화적 환경만큼이나 한국인들의 가족관계와 가정생활도 급변하고 있다. 한국인 대다수는 가족과 사회를 오가며 일상생활을 영위하고 있기 때문에 개인을 매개로 가족과 사회는 긴밀한 상호작용을 한다고 볼 수 있다. 특히 사회의 제도적·문화적 환경 변화는 개인들로 하여금 가족관계와 가정생활을 지속적으로 조정해나갈 것을 요구하며, 이러한 조정의 심리적·사상적 기반으로서 다양한 가족이념이 사회적으로 형성된다. 그런데 한국인들이 갖고 있는 가족에 대한 이해와 태도는 세계 어느 사회보다도 다양하고 복합적이다. 세대, 지역, 학력, 성별 등에 따라 양상은 서로 다르지만 한국인들은 유교적 가족이념, 도구주의 가족이념, 서정주의 가족이념, 개인주의 가족이념 등 다양한 가족이념에 동시에 노출되어 살아 왔다고 제3장에서 이미 지적했다.

가족이념의 우발적 다원성은 개별 가족이념들의 존재 자체가 우발적임을 뜻하지는 않는다. 한국인들이 노출되거나 집착해온 다양한 가족이념은 예외 없이 각각의 중요한 역사적 혹은 사회적 배경을 갖고 있다. 물론 유교적 가족이념과 도구주의 가족이념에 비해 서정주의 가족이념과 개인주의 가족이념의 역사·사회적 배경이 상대적으로 덜 분명해 보일 수 있다. 그러나 서정주의 가족이념과 개인주의 가족이념이 한국인들 사이에서 대중매체를 통한 서구 문화에의 급작스러운 노출의 결과로 빠르게 확산된 것은 사실이지만, 동시에 그 기반이 되는 사회구조적 변화도 압축적으로 전개되었기 때문에 결과적으로 강한 현실성을 갖는 가족이념들로서 자리잡게 되었다. 물론 그러한 사회구조적 변화 자체가 상당 부분 서구의 영향하에 진행된 것도 사실이다. 비록 서구적 가족이념과 사회구조가 서구사회에서 존재했던 원래의 '기능적 상호적합성'(functional fit)에 상관없이 각각 독립된 요소로서 분리되어 도입되었더라도 한국사회 내에서 공존하면서 다시 기능적 상호관계를 찾을 수도 있다. 서구적인 것이든 토착적인 것이든 지속적인 사회적 영향력을 가진 가족이념은 일정 정도의 사회구조적 기반을 갖고 있으며, 이에 관련된 가족기능들은 현실적인 구속력을 갖게 된다고 보는 것이 타당하다. 아래에서는 이러한 네 가지 가족이념에 수반된 가족 차원의 사회·경제·문화·심리적 기능 및 부담을 주요 사례들을 통해 검토해보겠다(각 가족이념의 배경과 내용에 관해서는 이 책 제3장 참조).

유교적 가족이념과 가족(과)기능

유교적 가족이념은 보수적 가족복지체제의 전제로 남용됨으로써 결과적으로 노인, 아동, 여성에 대한 사회정책적 보호가 지체되는 상황이 야기되었다. 개발지상주의 정부의 '선성장 후분배' 전략은 복지에 있어 '선가정보호 후사회복지' 정책으로 이어졌고, 선가정보호는 궁극적으로 유교적 가족부양 규범의 강화를 내포했다(이 책 제7장 참조). 선진자본주의 사회들에서 사회보장과 복지써비스가 보편화된 것은 빈곤층과 요보호자들을 양산하는 자본주의 경제의 구조적 불안정성에 대한 사회적 완충장치 마련이라는 기능적 필요성이 고려된 것이며, 이는 사적 부양규범으로 대체할 수 있는 사안이 아니다. 특히 산업자본주의체제는 한편으로 인간수명 연장을 통해 노인인구를 급격히 증대시키면서 다른 한편으로 노인들을 생산체제에서 철저히 배제하는 모순을 갖고 있기 때문에 심지어 보수적인 미국, 일본을 포함한 선진 각국에서 노년기의 소득보장 및 의료보호를 위한 종합적 대책마련이 이루어져왔다(이 책 제4장 참조). 이러한 맥락에서 볼 때, 가족성원의 상호부양을 핵심으로 하는 유교적 가족복지는 사회복지의 일환이라기보다는 사회복지의 연기 혹은 축소를 위한 정책의지의 반영이다. 특히 효규범을 내세워 노인인구에 대한 국가적 차원의 종합적 복지대책 마련을 막연히 미루려는 것은 전혀 현실적이지 못하다. 이처럼 비현실적인 사회정책 노선으로 인해 한국인들의 가족은 노인, 아동, 장애인 등의 부양과 보호를 위한 지나친 재정적·육체적·심리적 부담에 시달리고 있다. 이러한 보호노동의 대부분을 여성이 전담하고 있음은 익히 알려진 사실이고, 특히 가족부양을 위한 소득 보충도 함께 맡아야 하는 빈곤층 여성들의 부담이 심각하다(조은 1990).

유교적 가족이념과 관련한 또다른 경제적 부담은 유교적 가정의례에 기인한다. 과거 양반의 계급문화였던 유교적 가정의례는 역설적으로 현대에 들어 사회 전체로 보편화되었는데, 부유층의 과시적 소비행태와 서민층의 모방적 소비행태를 통해 혼례 등과 관련한 극심한 과소비를 초래했다. 현대 한국인들은 물질적 차원에서뿐 아니라 문화적 차원에서도 열렬한 계층상승 의지를 드러냈는데, 이것이 과소비적 관혼상제를 야기한 것이다. 이는 경제발전을 위해 활용되어야 할 자원의 낭비를 초래할 뿐 아니라 계층간 위화감을 조장해 사회통합을 저해하는 것으로 간주되어 국가적 차원에서 통제 대상이 되기에 이르렀다.[187] 그러나 여전히 여유계층의 사치성 혼례, 호화 분묘 등은 일반화되어 있고, 서민층은 소외감과 모방욕구의 이중심리를 보이고 있다. 특히 자녀의 혼례와 관련해서는 부채를 지고서라도 격식을 갖추어야 한다는 규범 때문에 많은 서민가정에 심각한 경제적 부담이 될 뿐 아니라 더러는 혼인 자체가 미루어지는 문제가 발생한다. 심지어 혼수로 인한 부부갈등이나 고부갈등으로 파혼에 이르는 경우도 빈번하다.

도구주의 가족이념과 가족(과)기능

도구주의 가족이념은 한국인들이 식민통치, 전쟁, 절대빈곤, 산업화 등 격동의 시대를 살아오면서 오직 가족을 중심으로 자신을 보호하고 부와 지위를 획득해나가는 가운데 생겨난 생존철학이라고 설명되었다. 오늘날 한국의 거시적 경제·사회 질서가 극도의 가족중심성을 보이는 것은 엘리뜨부터 기층 서민에 이르기까지 가족관계를 전략적으로 활용하여 생존과 성공을 추구하는 행태가 보편화되었기 때문이다. 도구주의 가족이념은 우선 산업화 과정에서 농민가족이 도시로 가는 자녀나 형제를 위해 교육·훈련비, 생업자금, 정착비용 등을 제공하여 이들의 경제·사회적 성공을 가족전략으로서 지원했던 역사적 경험에서 드러난다. 그 결과 농가는 인적·물적 자원의 고갈로 막상 농촌 발전을 제대로 견인할 수 없었다(이 책 제9장 참조). 도시지역에서는 상·하 계층을 막론하고 자녀교육에 대한 과도한 집착과 투자가 이루어져왔으며, 공교육비 지출에 거의 맞먹는 세계 최대의 사교육비 지출이 가족 차원에서 이루어지고 있다. 이를 통해 한국인들이 실현하려는 것은 가족 차원에서의 계층적 지위 상승이나 유지이다(이 책 제8장 참조).

그리고 경제활동에 있어, 서민층 사이에서는 가족이 생업자금 조달 및 일손 동원을 위한 기제로 작용해왔으며, 대기업 사주 일가는 가족지배적 소유·경영 체제의 기본 조직으로 기능해왔다. 또한 부유층과 일부 중산층 가족은 부동산 투자(투기) 등의 측면에서 자산 형성·확대의 일선 조직으로 기능해왔다. 이러한 가족의 경제적 기능은 경제환경이 불안정할 때 채무보증에 따른 일가족 파산, 가족 분란에 의한 기업 도산, 투자실패로 인한 가산 탕진 등의 부작용을 일으켜왔다. 이처럼 도구주의 가족이 다양한 경제적 기능을 수행하면서 한국인들의 경제활동은 남성들이 중심인 공적 영역에 못지않게 주부들이 중심인 사적 영역에서도 활발하게 이루어져왔다.

서정주의 가족이념과 가족(과)기능

서정주의 가족이념은 서구에서 산업화의 진척과 함께 여성과 아동이 산업 노동으로부터 점차 보호(배제)되어 가정으로 돌려보내지고 노동자 가장의 가족부양 소득이 안정되면서 가족성원에 대한 정서적 보호기능을 중심으로 하는 새로운 가족상으로서 대두된 것이라고 지적되었다. 한국사회 역시 급속한 산업화 과정을 거치며 노동계급 중산층화 경향의 핵심적 현상으로서 서정적 가족주의가 자리잡게 되었다. 서정주의 가족이 산업자본주의의 물질적 안정화를 반영하는 현상이기는 하지만 결과적으로 여성노동력의 탈사회화를 야기함으로써 여성의 남성에 대한 경제적 예속은 물론이고, 가족 및 사회 차원에서 경제적 자원의 사장을 초래했다(이 책 제6장 참조). 그런데 최근 구조화된 경제침체 속에서 상당수 중산층 가족까지 생계유지를 위해 주부도 취업에 나서지 않을 수 없지만 막상 이들의 노동력을 정상적으로 활용하는 경제체제는 준비되어 있지 않다. 그리고 대다수 빈곤층 가정에서는 부인들이 취업에 나서고 있기는 하지만 서정주의 가족의 전업주부가 사회적 이상으로서 작용함으로써 생업노동 자체에서 박탈감을 느끼는 모순도 존재한다. 빈곤층이든 중산층이든 최근의 유연화된 노동시장에서 고용지위가 불안정해져 서정주의 가족을 물질적으로 지탱할 수 없게 된 남성노동자의 수가 급증함에 따라 이들 가정이 경제적 곤궁과 심리적 혼돈에 동시에 휩싸여 있다.

서정주의 가족이념이 최근의 경제위기와 맞물려 초래한 또다른 현상은 '성인기 아동'의 양산이다. 보편화되다시피 한 청년층의 취업 위기와 이에 대응한 고학력화가 상승작용을 일으켜 20대뿐 아니라 30대 자녀들까지 부모에 대한 물질적 의존기를 연장하고 있다(이 책 제5장 참조). 또한 여성들은 자신에 대한 부양능력을 가진 남성을 찾기가 어려워짐에 따라 혼인을 미루게 되고 결국 부모에 대한 물질적 의존기를 연장하고 있다. 서정주의 가족이 미성년 자녀를 경제적 독립이 가능할 때까지 대가 없이 보호·부양하는 것은 일반적 현상이지만, 스스로가 이미 부모 역할을 해야 할 시기를 훨씬 지난 자녀들까지 부양하는 것을 정상적 상황이라고 보기는 어렵다. 그러나 경제적 여유와 신체적 건강을 갖춘 많은 부모들이 많아야 두세 명인 자녀들에 대해 기꺼이 부모 역할을 연장하려 드는 것이 현실이다. 특히 젊은 세대의 분가가 일반화되면서 부부만의 '빈 둥지'(empty nest) 기간에 대한 대비가 되어 있지 않은 여러 부모들이 미혼 성인자녀의 의존을 싫지 않게 받아들이고 있다.

개인주의 가족이념과 가족(과)기능

개인주의 가족이념은 한편으로 여성해방, 청소년의 자율성 제고 등 개인성의 강화 추세에 맞물려서, 다른 한편으로 소비자본주의 확산에 따른 가정의 상업적 소비공간화 현상에 맞물려서 강화되어왔다고 설명되었다. 결혼, 출산, 이혼 등에 대한 적극적인 선택의식을 기반으로 가족의 존재이유를 개인의 안녕과 발전에 두는 태도가 최근 젊은층 사이에서 급속히 강화되고 있다. 청소년·청년들의 이러한 개인주의적 태도는 이들을 과잉보호하며 키워온 부모들에 의해 점차 용인되는 분위기이다. 심지어 이들의 개인주의적 생활에 소요되는 비용까지도 아낌없이 지급하는 부모들이 많다. 분망한 일상생활 속에서 서정적 보호 대신에 물질적 제공으로서 부모 역할 이행을 간주하는 태도가 확산되고 있다. 이러한 부모들의 태도에 편승하여 상업자본, 심지어 정부까지도 청소년과 청년들을 내수경제 활성화에 필요한 소비계층으로 만들기 위해 혈안이다(이 책 제5장 참조). 이러한 추세는 패션, 전자, 식음료 등 고전적 산업에서 대중문화, 정보통신 등 탈현대적 산업에 이르기까지 광범위하게 관찰된다. 특히 세계를 주도하는 한국의 정보통신산업은 청소년과 청년을 소비기반으로 확립된 것이며 이는 가족 차원에서 엄청난 정보통신비 부담을 야기했다. 나아가 청소년·청년의 소비활동을 원활히 만들기 위해 이들에 대한 무차별적 신용카드 발급이 정부의 방조하에 이루어지기도 했으며, 결국 가족 및 사회 차원에서 엄청난 부작용이 나타나게 되었다.

또한 개인주의 가족이념은 이제 젊은층의 전유물만도 아니다. 수명 연장에 따라 기나긴 노년기를 보내야 하는 노인들의 상당수는 개인주의적 입장에서 새로운 인생기를 개척해나가고 있거나 나가야 할 상황이다(이 책 제4장 참조). 비록 대다수 노인들이 빈곤에 시달리고 있지만, 일부 노인들은 공적연금이나 스스로 준비한 재산을 바탕으로 물질적으로 독립된 생활을 하고 있으며 나아가 정서적인 독립도 추구하고 있다. 물론 노인들의 개인주의적 삶은 배우자와 사별했거나 이혼한 상태에서는 그다지 용이하지가 못해 물질적이든 심리적이든 자녀에 대한 의존이 불가피하다. 그러나 독신 노인들까지도 자녀와 지리적으로 떨어져 지내야 하는 상황이 많아 독립적 삶에 선택의 여지가 없는 이들이 많다. 앞으로 노년기가 갈수록 연장되고 노령인구가 지속적으로 증가하게 되어 있기 때문에 노인들의 개인중심적 삶을 위한 경제적 기초 마련이 중요한 사회적 과제로 대두되고 있다.

이처럼 다양한 가족이념이 각각 현대 한국인들의 가족에 요구하는 기능과 역할은 매우 복잡하며, 이를 모두 제대로 수행하는 것은 불가능할 뿐이다. 문제를 더욱 어렵게 만드는 요인은 이처럼 수많은 역할과 기능들이 거의 일상적으로 상충되고 있다는 점이다. 즉 한국적 사회변동의 특수성이 가족 차원에서 표현된 가족이념의 우발적 다원성은 그 자체로 한국인들에게 엄청난 스트레스를 야기하지만, 여러 가족이념이 가족에 요구하는 기능의 복잡성과 상호 모순이 그 스트레스를 더욱 심화시킨다. 이러한 현실들 속에서, 한국인들은 한편으로 가족을 통해 개인적 행복과 사회적 성공을 추구해왔지만, 다른 한편으로 가족에 대한 의존에 비례해 엄청난 '가족피로'를 만성적으로 느낄 수밖에 없었다. 그리고 가족을 만성적 스트레스 요인으로 인식하는 인간들에 의해 조직이 구성되는 가족은 위기가 정상인 역설적 상태에 놓여 있다고 보아야 한다.

3. 개발국가의 기능성과 역기능성

이러한 한국인들의 가족피로와 한국가족의 정상위기에 대해 국가가 적절한 사회정책적 대응을 해왔다고 보기는 어렵다. 사실 국가는 일관성 없고 미봉적이고 때로는 격에 맞지 않는 훈계적인 사회정책들을 양산해 오히려 시민들의 고통을 악화시켜왔다는 비판에 직면해 있다. 수많은 정치인, 관료,

관변지식인까지 나서서 가족주의를 옹호해왔으나 이념적·이론적 체계성을 결여한 채 스스로 자기모순적인 주장들을 늘어놓는 것이 현실이다. 그동안 대다수 집권정부는 특히 한국인 가족들의 유교적 속성을 보존함으로써 인구의 사회부양(social support)을 위해 가족적 기능과 의무를 활용하려고 공식적·비공식적으로 시도해왔다. 그러나 구체적으로 들여다보면 관련된 사회정책들은 매우 피상적이고 혼란스러우며 현실적으로 의미있는 효과를 거둔 것이 드물다. 국가의 사적 가족(private families)에 대한 이념적·기능적 요구사항들은 단순히 유교적 가족이념뿐 아니라, 정책사안에 따라 도구주의적, 서정주의적, 심지어 개인주의적 가족이념까지 반영했다. 중요한 것은 특정한 가족이념의 우월한 정치·사회적 가치가 아니라 이른바 '개발국가'의 사적 가족에 대한 사회정책적 책임 전가 및 경제적 동원의 필요성이었다.[188]

　이 책에 이미 소개된 일부 사안들을 포함해 몇몇 예를 들면 다음과 같다. ▲국가는 주로 유교적 가족부양 규범에 기초해 '선가정보호 후사회복지'의 (반)복지정책을 견지해왔다. ▲교육·경제 정책은 경제발전의 기초로서 이른바 인적 자본 형성을 위해 한국인들의 도구주의 가족이 엄청난 재정·문화적 자원을 자녀·형제의 교육과 훈련에 동원할 것을 요구했다. ▲산업화 과정의 고용정책은 대체로 남성 생계노동자(male breadwinner)와 여성 주부 사이의 '영역 분절'을 전제로 한 서구의 근대 서정주의 가족체계를 따라 노동시장을 남성 위주로 확립해나갔다. ▲인구정책은 부모-자녀 사이의 서정주의 가족관계를 강조함으로써 가족계획을 위한 소(少)자녀 규범을 확산시켜나갔다. ▲최근의 소비·매체 정책은 개인주의 가족이념을 전제로 해 여성, 청년은 물론 청소년까지 (특히 정보·문화 산업과 관련해) 독립적 소비자로서의 지위를 고양시키려 한다. (여기에서는 주로 광의의 사회정책 영역에 속하는 것들만 예시했는데, 앞절에서 살펴본 경제·사회적 기능들에 대해서 국가는 대부분 강제, 독려, 방조의 입장을 취해왔다.)

　이처럼 직·간접으로 가족에 관련된 다양한 정책들이 입안되고 실행되었지만 이를 전체적으로 통합·조정하는 사회정책적 틀이나 조직이 20세기가 끝날 때까지 마련된 적이 없다. 이는 바로 개발국가가 경제성장을 위해 민간의 물질적·문화적 자원을 최대한 동원하지만 동시에 본격적인 사회정책의 수립과 투자를 회피하려는 입장에서 가족관련 정책들을 내놓았기 때문이다. 따라서 가족에 직·간접으로 관련된 수많은 정책들이 입안·실행되어왔지만, 명시적으로 '가족정책'을 담당하는 국가조직이 사실상 존재하지 않았다. 여성가족부(여성부)가 출범하기 이전에 보건복지부(과거 보건사회부)에 가정복지과라는 단위가 존폐를 거듭했었는데 이조차 핵심기능이 장묘 규제와 같은 지엽적인 사안에 머물렀고 조직개편 때 일차적 통폐합 대상이 되곤 했다. 이는 국가 차원에서는 군사정권의 개발정치 잔재 정도가 가족정책을 구성했던 사회정책적 후진성을 드러낸다. 물론 인구정책을 광의의 가족정책으로 볼 수 있겠지만 이나마 1980년대부터 저출산 경향이 뚜렷해지면서 관심이 희석되어졌고, 세기가 바뀌어 저출산 문제가 최우선 국정사안으로 부각되기 전까지는 아예 정책논의에서조차 제외되었다.

그럼에도 불구하고 일관된 가족정책 원리를 꼽으라고 한다면, 개발국가가 자신을 대신해 사적 가족들이 시민들을 먹이고, 보호하고, 교육시키고, 훈육시키고, 위로하고, 지원하고, 노후 봉양할 것을 권장하고 때로는 강제하기를 멈춘 적이 없다는 것이다. 이런 식으로 국가는 사회정책 지출을 극소화하여 경제·군사 영역에 유감없이 재정을 쏟아부을 수 있었다. 사회보장 및 복지 써비스 지원을 최소화하여 각종 개발사업과 전략산업에 대한 투자를 최대화하는 '개발자유쥬의'(developmental liberalism)의 핵심적 특성은 이러한 개발국가-가족 관계에 의해 뒷받침되어왔다(이 책 제4장 참조).

이러한 정책노선의 결과로 1990년대 말에 국가경제가 총체적 위기에 빠졌을 때에도 한국인들은 국가로부터 어떠한 '사회안전망'(social safety net)도 기대할 수 없었다. 경제위기로 전대미문의 대량실업사태가 야기되고 또 경제위기를 극복하기 위해 대규모 추가실업이 요구될 때, 그때서야 급조된 실업보호 제도들이 즉각 유의미한 기능을 발휘할 수는 없었으며 결과적으로 한국인들은 또다시 가족에 대한 의존을 강화하여 생존을 강구해야 했다 (Chang 2002). 그러나 경제위기 이전에 이미 심각한 기능적 과부하 상태에 있던 한국인들의 가족은 경제위기에 수반되어 추가로 요구되는 기능적 부담을 감당해내기가 여의치 않았고, 한국인들의 가족피로는 극한적이 되었다. 이에 따라 서민들이 극단적 곤궁을 이기지 못해 어린 자녀까지 데리고 일가족 동반자살을 기도하거나 보험금이라도 타내 생존하려고 자녀의 신체에 위해를 가하는 등 가족을 둘러싼 충격적 사건들이 이어졌다. 이러한 전조에 뒤이어 결혼, 출산과 같은 가족형성과정 전반에 걸쳐 사회적 이상 징후들이 나타나기 시작했다. 한국가족의 '정상위기' 상태는 1990년대 말 미증유의 국가적 경제위기와 이에 대응한 급진적인 경제·사회적 재구조화를 거치며 갖가지 탈가족화 증후군으로서 '현실적 가족위기'가 되어 한국사회에 충격파를 가하고 있다.

4. 탈가족화 증후군: 이탈, 축소, 유보

지난 세기말부터 본격화된 한국가족의 현실적 위기가 수반한 고통과 부담에 대해 한국인들은 극도로 예민하게 반응해왔다. 이러한 반응은 크게 '항의' '이탈' '축소' '유보'의 네 가지로 묶이는데, 이 가운데 뒤의 세 가지 반응이 '탈가족화' 추세를 구성한다.[189] 탈가족화는 일종의 '위험 회피'(risk aversion) 현상으로 볼 수 있다. 즉, 가족으로부터의 이탈, 가족 범위·규모의 축소, 가족형성의 유보 등 탈가족화 행태는 가족의 기능적 과부하에 수반된 과도한 개인적·사회적 위험에 대한 회피 노력이라고 볼 수 있다. 가족과 관련한 이탈, 축소, 유보는 공통적으로 가족의 인구학적 재생산 기반을 위축시키는 현상들로서 궁극적으로 국가 인구정책의 대전환을 촉발시키게

제10장 한국가족의 정상위기 305

되었으며, 그러한 정책 전환은 가족의 기능적 부담에 대한 국가의 근본적 책임성을 인정하는 의미가 있다.

우선, 수많은 한국인들은 가족에 대한 심한 집착 속에 살면서도 가족성원 간 기대충족이 되지 않음에 따른 긴장, 갈등, 심지어 폭력의 희생자가 되어 왔다. 만일 사회나 국가가 가족에게 집중 강요된 기능과 역할을 적절히 분담해 수행했다면 이러한 가족 내적 희생이 크게 줄어들겠지만, 이러한 기능 및 역할 분담을 위한 사회·정치적 항의에는 매우 소극적인 것이 한국인이다. 가족문제에 대한 항의는 가족 내에서, 즉 특정 가족성원이나 가족 전체에 대해서 제기하는 것도 가능하다. 그러나 가족문제의 해결이 특정 가족성원이나 가족 모두의 도덕적 각성만으로 불가능할 때 혹은 비민주적 가족문화나 심각한 스트레스로 인해 항의가 수용되기보다는 가정폭력 등으로 비화될 때 항의를 통한 문제해결 시도는 줄어들 수밖에 없는데, 불행히도 이러한 추세가 최근 강화되고 있다.

가족위기에 대한 항의의 미약성은 다음과 같은 탈가족화 추세의 급속한 심화로 연결된다. ▲가족 내 긴장, 갈등, 폭력의 심화는 한편으로 전 세대에 걸쳐 이혼 및 가족원의 별거와 가출을 급증시키고, 다른 한편으로 암울한 사회구조적 환경 자체를 벗어나보려는 과감한 시도로서 해외이민을 촉진시켜 왔다. ▲가족기능 및 역할 부담을 축소하기 위해 자녀 출산을 한정하거나 아예 무자녀로 살려는 사람들이 늘어나고 (시)부모나 기혼자녀와의 동거를 꺼리는 경향이 일반화되고 있다. ▲결혼생활의 부담에 대한 인식이 확산되고 개인주의 생활문화가 정착되면서 결혼을 막연히 미루거나 아예 독신을 고려하는 이른바 '비혼인구'도 빠르게 늘고 있다. 한국 가족제도의 안정성을 약화시킬 뿐 아니라 사회의 인구학적 재생산(demographic reproduction)마저도 심각하게 위협하는 이러한 여러 경향들은 그 '합리성'에도 불구하고 학계, 대중매체, 나아가 일반인 사이에까지 가족위기론을 확산시키고 있다.

첫째, 가족 내 각종 스트레스의 심화는 한편으로 전 세대에 걸쳐 이혼, 별

표 10-1 조혼인율과 조이혼율 변동 추이 (단위: 인구 천명당)

	1970	1975	1980	1985	1990	1995	2000	2001	2002	2003	2004	2005
조혼인율	9.2	8.0	10.6	9.2	9.2	8.7	7.0	6.7	6.4	6.3	6.4	6.5
조이혼율	0.4	0.5	0.6	1.0	1.1	1.5	2.5	2.8	3.0	3.5	2.9	2.6

출처 「인구동태통계연보(총괄 · 출생 · 사망편)」, 각 연도.

거, 가출을 급증시키고, 다른 한편으로 이를 구조적으로 극복해보려는 과감한 시도로서 해외이민을 촉진시켜왔다. 이혼, 별거, 가출은 가족위기에 대한 '이탈'의 반응이다. 공식통계로는 그 심각성을 제대로 드러낼 수 없는 별거는 별개로 하더라도, 한국인들의 이혼율이 충격적일 정도로 빠르게 증가해왔다는 것이 이미 널리 알려져 있다. 1970년에 0.4에 불과하던 조이혼율(인구 천명당 이혼 건수)이 1985년에 1.0이 되었고, 1990년대에 가속도가 붙어 1995년 1.5, 1998년 2.5, 2001년 2.8, 2003년 3.5 등으로 급증했으며 이후 안정화되어 2005년에는 2.6으로 나타났다(표 10-1).[190] 가출 문제는 그동안 주로 가정불화, 빈곤, 학업 스트레스 등에 기인해 청소년층에 심각한 것으로 알려졌으나, 'IMF 경제위기' 와중에 실직 가장들의 가출이 중대한 사회문제로 대두되었으며, 주부와 노인 가출 역시 우려할 수준으로 늘어났음이 다양한 사회조사와 언론보도를 통해 널리 알려졌다(예를 들어, 박종헌 1999). 이처럼 일부 성원들의 가족 이탈이 급증하는 것과는 별도로, 최근 한국에서의 가족부양 부담과 가정생활 여건에 대한 원천적 불만 및 노동시장 불안정에 대한 공포에서 비롯된 청장년 세대의 이민행렬이 길어지고 있다. 특히 극렬한 자녀 입시경쟁과 과도한 사교육비 지출로 요약되는 교육 스트레스에서 벗어나기 위해 이민길에 오르는 중산층이 이른바 '교육이민' 바람을 일으켜왔다. 아울러 자신들의 가족부양 부담을 제대로 고려해주지 않고 이른바 '유연노동시장' 원칙에 의거해 해고와 불안정고용을 확산시킨 기업과 정부에 대한 불만에서 비롯된 이민도 급증했다.

표 10-2 산모의 연령별 출산율 (단위: 해당 연령 여자인구 천명당)

	1995	1996	1997	1998	1999	2000	2001	2002	2003	2004	2005
15~19세	3.6	3.3	3.1	2.9	2.6	2.5	2.2	2.7	2.5	2.3	2.1
20~24세	62.9	58.8	54.5	48.0	43.5	39.0	31.6	26.6	23.7	20.4	17.9
25~29세	177.1	167.6	161.5	153.4	148.1	150.6	130.1	111.3	112.3	104.6	92.3
30~34세	69.6	71.1	73.2	73.2	72.9	84.2	78.3	75.0	79.9	84.2	82.4
35~39세	15.2	15.5	16.0	15.8	15.4	17.4	17.2	16.7	17.3	18.6	19.0
40~44세	2.3	2.4	2.5	2.5	2.4	2.6	2.5	2.4	2.5	2.5	2.5
45~49세	0.2	0.2	0.2	0.2	0.2	0.2	0.2	0.2	0.2	0.2	0.2
일반출산율	55.0	52.2	50.3	47.3	45.1	46.4	40.5	35.9	35.9	35.5	29.6
합계출산율	1.65	1.58	1.54	1.47	1.42	1.47	1.30	1.17	1.19	1.16	1.08

주: 1) 일반출산율은 15~49세 여자인구 천명당 출생아수이며, 합계출산율은 여자 1명의 평균 출생아수임.

2) 1990년 이전 합계출산율은 1960년 6.0, 1974년 3.6, 1984년 2.1, 1987년 1.6, 1990년 1.6 등으로 하락했음.

출처 「인구동태통계연보(총괄·출생·사망편)」, 각 연도.

둘째, 가족 기능 및 역할 부담을 '축소'하기 위해 자녀 출산을 한정하거나 아예 무자녀로 살려는 사람들이 늘어나고, (시)부모나 기혼 자녀와의 동거를 꺼리는 경향이 일반화되고 있다. 일단 구성된 가족으로부터의 이탈은 누구에게나 엄청난 정신적 고통을 안겨주기 때문에, 사전에 이러한 고통을 방지하기 위해 아예 결혼을 포기하거나 결혼하더라도 자녀수를 최소화하거나 무자녀를 택하는 경우도 급증하고 있다. 이를 그대로 반영해, 2005년 기준으로 한국인들의 합계출산율(total fertility rate)은 대다수 서구 국가들보다도 훨씬 낮은 수준인 1.08로 급락했다(표 10-2 참조).[191] 이와 관련하여, 경제위기 전후로 계층별 출산형태가 뒤바뀌어 하위층의 출산력이 최고 수준에서 최저 수준으로 급전했다는 한 연구결과가 시사적이다(김두섭 2007). 그리고 아래로 자녀수를 줄이거나 무자녀를 택하면서, 위로는 (시)부모와의 동거를

기피하는 풍조가 오래 전부터 확산되어왔다(이가옥 편저 1999). 대다수 한국인
들은 여전히 노부모 부양이 자녀들의 의무라고 생각한다는 사회조사 결과가
흔하지만, 막상 현실적인 부양 실천에 있어서는 급속도로 소극적으로 되어
가고 있으며 특히 젊은 기혼자녀에 의한 동거부양은 오히려 예외가 되어가
고 있다. 동시에, 구조화된 경제위기 속에서 기혼자녀의 생활 불안정이 지속
되는 것을 목도하는 노부모들이 자발적으로 자녀와의 별거를 선택하는 현상
이 보편화되어가고 있다. 특히 여유계층의 노인들에게 기혼자녀와의 동거는
오히려 육아지원 및 생계보조라는 '부양 역전' 현상을 초래하기도 해 이를
꺼리는 분위기도 확산되고 있다.

　셋째, 결혼생활의 부담에 대한 인식이 확산되고 개인주의 생활문화가 정
착되면서, 결혼을 막연히 '유보'하거나 아예 독신을 고려하는 이른바 '비혼'
인구도 빠르게 늘고 있다.[192] 물론 30대 중반 여성의 30% 정도가 독신으로

그림 10-1 초혼 연령의 상승 추세

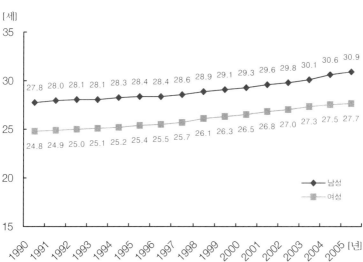

출처 통계청 「한국의 사회지표」(2006), 191면.

사는 프랑스를 비롯한 서구사회와 비교할 때 한국의 여성들은 (그리고 남성들은) 여전히 압도적으로 높은 비율이 결혼하지만, 갈수록 결혼을 장기간 미루거나 가족 이외의 삶의 형태를 추구하는 사람들이 급속히 늘고 있다. 예를 들어 25~29세 여성의 미(비)혼율을 보면, 1970년 9.7%, 1980년 14.1%, 1990년 22.1%로 꾸준히 늘어나다가 2000년에는 40.1%로 폭증했다(변화순 2002, 229면). 30~34세 여성의 미(비)혼율은 1970년 1.4%, 1980년 2.7%, 1990년 5.3%, 2000년 10.7%로 흥미롭게 매 10년마다 두 배로 늘어나는 추세를 보였다. 35~39세 여성의 미(비)혼율은 1970년 0.4%, 1980년 1.0%, 1990년 2.4%, 2000년 4.3%로 30~34세 여성의 절반에 약간 못 미치는 수준을 유지해왔다. 그림 10-1에서 초혼 연령의 상승세를 아울러 살펴보면, 많은 여성에게 경제적 독립의 어려움이 결혼을 강요하지만 그 대가로 치러야 할 다양한 부담에 대해 운명이 아닌 선택의 사안으로 생각하는 경향이 확대되고 있으며 이러한 태도가 만혼과 독신의 급격한 증가에 반영되고 있다.[193]

사회적으로 이러한 일련의 '가족붕괴' 증상들을 개탄하는 기성세대들이지만 막상 자기 자녀의 결혼기피, 만혼, 이혼, 무(소)자녀 행태에는 가히 놀라울 정도로 관용적이다. 그리고 부유층과 중산층뿐 아니라 상당수 서민층 부모들까지 이십대에는 물론이고 심지어 삼사십대에 이르기까지 물질적·심리적으로 의존하려 드는 성인 자녀들에 대한 '부모 노릇'을 그다지 싫지 않게 받아들임으로써 결과적으로 자녀 세대의 독립적 가족 형성을 지체시키는 역할을 하고 있다. 이전 같으면 손자녀의 재롱을 즐겨야 할 나이의 여러 한국인들이 부모 노릇 해야 할 나이의 자녀들에 대해 대신 부모 노릇을 하는 아이러니가 펼쳐지고 있다. 물론 자녀가 결혼을 원하더라도, 배우자 선택, 혼인 조건 및 의례 등에 절대적 권위를 행사하고 싶어하는 사람들도 여전히 많다. 이러한 현상은 한편으로 상당수 중·노년 한국인들이 물질적 여유와 신체적 건강을 구가하고 있음을 반영하기도 하지만 다른 한편으로 자녀와 자신의 삶을 분리시키지 못한 채 일종의 가족집착증에 빠져 있음을 반영한다. 자녀 세대의 일견 개인주의적 행태가 부모 세대의 가족주의적 행태와 동전의 양면 같은 의미를 갖고 있는 것이다.

탈가족화 추세에 대한 국가의 입장은 그만큼 여유롭지 못하다. 특히 한국인들의 실질적인 세계 최저 출산율은 급속한 인구고령화와 맞물려 급기야 저출산·고령화 대책을 지난 노무현정부의 국정 최우선과제로 격상시키게 되었다(장혜경 외 2004 참조). 그러나 이러한 정책적 문제의식은 탈가족화 추세를 야기한 한국인들의 생활상의 고통을 해소해주려는 당장의 사회정책적 배려에서 비롯된 것이 아니라 경제적 확대재생산, 즉 경제성장에 필요한 인구기반의 멸실에 대한 장기적인 경제정책상의 우려를 반영하는 것이다. 그럼에도 불구하고 인구를 매개로 하여 그 재생산을 담당하는 가족에 대해 국가가 더이상 방임적이거나 착취적인 입장으로 일관할 수 없다는 사실이 분명해졌다.

5. 전망: 개인주의 사회의 도래?

세계사적으로 유례없이 급격한 사회·경제적 변화를 겪어온 한국인들이지만 그 가족주의만큼은 쉽게 흔들리지 않는 특성으로 남아 있다. 한국인들의 가족주의가 얼마나 강렬한지는 가족이라는 틀을 벗어나 세상을 살고 싶은 사람들이 얼마나 많은 고난과 수모를 겪어야 하는지를 생각해보면 쉽게 알 수 있다. 왜 결혼은 못했느냐, 부모님은 무엇을 하시냐, 자식 두고 왜 혼자 사느냐 등의 일상화된 질문들이 수많은 사람에게 마음의 상처를 주게 된다. 그렇다면 한국인들의 가족주의가 매우 높은 수준의 가족의 내적인 통합성과 건전성을 전제로 한 것인가? 이에 대해 쉽게 그렇다고 대답할 전문가나 일반인이 그렇게 많지는 않을 것이다. 가족중심의 사회·경제 질서는 가족으로 하여금 그만큼 다양하고 중대한 기능을 수행할 것을 요구하고 이러한 기능 수행이 여의치 못한 가족들은 성원들 사이에 숱한 갈등이 발생한다. 개인적으로든 사회적으로든 어려운 문제가 있으면 모두들 가족을 쳐다보고, 의지하고, 원망하는 습성이 대다수 한국인에게 있으며, 가족이 그 문제를 해결해주지 못하면 '문제 있는 가족'으로 비하되기 일쑤이다. 가족주의는 가족의 '기능적 과부하'를 초래하고 이로 인해 대부분의 한국가족들은 엄청난 긴장과 고통을 일상적으로 겪으며 '가족피로'에 시달려왔다.

한국의 가족은 다양한 역할과 기능 수행으로 각 가족의 성원들뿐 아니라 사회 전체의 안녕과 행복을 위해 불가결한 것이지만 동시에 수많은 사회문제의 원천이 되기도 하고 형용하기 어려운 개인적 고난의 원인이 되기도 한다. 그리고 이에 대한 반응으로서 가족제도의 안정성은 물론 보편성에 대한 우려마저 낳을 정도의 가족 해체 및 회피 경향이 가속화되고 있다. 가족주의자인 한국인들의 비약적인 사회·경제적 성공은 역설적으로 '무가족이 상팔자'인 사회를 만들어온 것이다. 그렇다면 한국사회의 가족중심성은 그다지 바람직하지 않을 뿐 아니라 지속가능하지도 않은 것인가? 서구적 근대화의 고전적 명제인 탈가족적 사회질서의 확립이 드디어 한국 사회에서도 대세가 되었는가? 장기적으로 볼 때, 가족중심성의 약화는 분명한 한국의 사회변동 추세이다. 그러나 전통사회보다도 오히려 더욱 가족중심적이 되었다고 보아도 무리가 아닌 작금의 한국사회에서 탈가족화는 매우 장구한 과정일 수밖에 없을 것이다. 이 기간 동안 한국인들은 그들 가족이 '정상적'으로 기능할 때나 구조적으로 약될 때나 모두 가족위기를 읊조리며 살아야 할 것이다.

이러한 관점에서 볼 때, 최근의 가족위기 혹은 탈가족화는 자동적으로 개인주의 시대의 도래를 함의하지는 않는다. 한국인들이 극단적인 가족중심성 혹은 가족의존성으로부터 파생된 고통에 대한 반향으로서 가족의 현실적 효력을 축소하는 노력을 펼칠 때, 그들은 여전히 수용 가능한 범위 내에서의 가족주의적 삶을 지향하고 있는지 모른다. 요컨대, 한국인들의 구체적 삶의 맥락 속에서 가족의 기능적 과부하에 수반된 복잡다기한 문제들을 개인주의적 삶이 해결해줄 것이라는 긍정적 인식이 확인되는 것도 아니고 더더구나 그러한 인식에 기초한 개인주의 시대의 도래를 기대할 수 있는 것도 아니다. 다른 한편으로, 주요 산업사회들을 비교하는 최근의 사회·인구 통계는 오히려 '개인주의적' 서구 사회들이 출산율 등 가족의 인구학적 재생산 기반에서 (한국을 위시한 '가족주의적' 사회들보다) 더 안정되어 있다는 사실을 보여준다.[194] 예컨대, 출산율 하락이나 만혼이 새로운 사회질서 원리로서 개인주의의 강화를 실증한다고 볼 수 있는 논리적·경험적 근거는 충분치 않다. 광범위하게 드러나는 복합적 가족위기가 본격적인 개인주의 사회의 도래나 안착과는 거리가 멀다는 사실은 결국 가족문제가 그 자체로서 사회적 해법이 찾아져야 함을 말해준다.

제11장

가족, 사회학, 사회개혁

1. 사회학, 개인, 가족

근대 사회과학의 태동기에 사회학은 경제학, 정치학 등의 여타 학문과는 대조적인 사상적 배경을 갖고 대두되었다. 18~19세기 서구의 지배적인 사상적 환경은 봉건적 예속으로부터의 개인의 해방을 이념적으로 찬양했고, 새로운 경제활동과 정치관계는 개인적 자유의 실현기제로서 합리화됐다. 그러나 사회학을 세운 꽁뜨(Auguste Comte)나 그를 지성적으로 계승하는 (광의의) 사회학자들에 따르면, 사회는 개별적 사회성원들의 사고나 행위로 환원시킬 수 없는 독립된 구조와 과정을 가지며 사회학은 바로 이 '사회적인 것'(the social)을 발견하고 설명하는 학문이었다. 이러한 비개인적인 실체로서의 사회에 대한 관심이 개인의 해방과 자유에 대한 거부감의 발로는 아니었다. 오히려 그들은 시대의 약속처럼 보이던 개인의 해방과 자유가 새로 확립되어가던 산업자본주의 질서 속에서 점차 부정되어지는 사실을 깨닫고 이에 대한 지적 대응을 했던 것이다.

그러나 거시적 구조와 과정으로서의 사회에 대한 관심은 당시의 지배적인 사상적 환경을 완전히 벗어나 존재할 수 없었다. 사회에 대한 이론화는 결국 개인들의 사고와 행위를 조합시키는 방향으로 이루어졌는데, 이때의 개인들은 그들의 존재를 직접적으로 구속하는 다양한 집단, 조직, 제도들을 뛰어넘어 직접적이고 독립적으로 사회를 상대하는 상당히 전능한 존재로 상정되었다. 뒤르껭(Emile Durkheim)의 분업체제 속의 개인이, 맑스(Karl Marx)의 계급갈등 속의 개인이, 베버(Max Weber)의 금욕적 자본주의 경제 속의 개인이 그러했다. 그들의 이론 속에서 가족, 지역공동체, 귀속적 지위집단 등은 근대화(산업사회화)의 결과로 위축·소멸되어졌고 이제 개인은 상당히 '독립적인 피지배자'가 되었다.[195]

이러한 이해는 후대의 다양한 사회학 이론들에서 대체로 이어졌다. 그런데 이후의 사회변동에서 나타난 분석적 문제는 개인과 사회를 매개하는 집단, 조직, 제도들이 더욱 복잡·다양화되고 증가했다는 사실이다. 이에 따라 현대의 사회학 이론은 현상설명에 있어 거시적 사회구조와 미시적 개인행위를 그다지 체계적이지 못하게 뒤섞어 언급하면서, 이에 따른 논리적 오류와 인식론적 모순이 만성화된 상태를 보이고 있다. 구체적 개인과 추상적 사회는 그 연결 기제들에 대한 체계적 분석이 결여된 상태에서 막연한 추측에 의존해 상호관련성이 논의되었다.[196]

이러한 문제를 초래하는 가장 중요한 요인의 하나가 바로 가족에 대한 '사회학적 관심'의 퇴조였다. 산업문명의 급격한 팽창하에서도 가족은 여전히 농업 등 비교적 인구밀집적인 경제부문의 핵심적 생산조직으로서 기능해왔으며, 따라서 적어도 인구비율로 따질 때는 가족생산이 여전히 세계에서 가장 지배적인 생산양식이다. 또한 세계 어느 지역 사람들에게나 가족은 기본 생활단위로서의 중요성을 유지해왔으며, 특히 서구의 복지국가 출현은 바로 가족의 부양활동에 대한 국가적 책임과 사회적 지원을 제도화한 것이었다. 상당수 국가에서는 심지어 거시적 정치질서조차 지속적인 가족지배구조를 탈피하지 못하고 있다. 가족이 현대사회의 구조와 변화를 설명하는 데 갖는 중요성은 지속적인 것이며, 이러한 상황에서 단순히 개인과 사회의 양 자관계로서 제시된 많은 사회과학적 설명은 현실적합성이 결핍된 추상적 담론에 그칠 수 있다.

사회학 일반의 이러한 한계는 가족을 전문적으로 연구하는 영역인 가족사회학에서도 제대로 극복될 수 없었다. 사실 가족사회학은 그동안 거시적 사회구조와 가족변화 사이의 관계에 대한 관심을 뒤로하고 개인으로서의 가족성원들 사이에서 관찰되는 미시적 상호작용의 내용과 결과에 집착하는 추세에 있었다.[197] 파슨스(Parsons and Bales 1955)가 가족을 성원간의 서정적 통합성에 기초해 아동의 보호·양육 및 성인 노동력의 재충전 기능을 하는 사회제도로 이론화한 이래, 가족에 대한 경험적 연구의 대부분이 가족 내부 인간관계의 양과 질에 관심을 기울여왔다.[198] 파슨스 자신이 염두에 두었던 거시적 사회체계(social system)와 가족의 기능적 관계는 오히려 간과되고, 가족 내부의 미시적 현상에 대한 관심이 주류를 이루게 된 것이다. 사실, 사회와 가족의 관계에 대한 거시 사회변동 차원의 관심은 파슨스의 연구뿐 아니라 애초 고전사회학 및 근대화론의 골간이기도 했다. 따라서 가족사회학은 일견 '탈사회학화'의 길을 걸었던 것이며, 이러한 추세를 좀더 독립된 가족연구분야, 즉 '가족학'(famology)의 확립으로 진척시키려는 시도까지 나타나게 되었다(Burr and Leigh 1983).[199]

이러한 기능주의 시각에 입각한 미시적 가족관계의 분석이 학문적으로 전혀 비생산적이었다고 볼 근거는 없다. 다만 가족에 대한 이해가 가족성원 개인들 또는 그들 사이의 관계에 대한 분석을 통해 충분히 달성될 수 있는 것이 아니라는 사실은 지적되어야 할 것이다. 물론 이러한 연구추세에 대한 비판적 극복 노력이 사회학 또는 가족사회학 내에 존재하지 않았던 것도 아니다. 예를 들어 다수의 페미니스트들은 가족의 서정적 통합성이 바로 여성의 억압과 착취를 기초로 한 것이라는 비판을 가했다(Flax 1982 참조). 또한 근자

316

에 이른바 비판이론가들에 의해 가족의 사회적 성격에 대한 재규명 노력이 활발히 펼쳐져왔다(Norton 1982 참조). 아울러 일군의 사회사 연구자들은 산업혁명 같은 거시적 역사변동과 가족변화를 연결시켜 파악하려는 노력을 해왔다(예를 들어, Hareven 1982). 이러한 노력들 가운데 프로이트류의 정신분석학적 페미니즘은 오히려 기존 가족사회학의 정도를 넘는 미시지향성을 띠고 있지만, 다른 대부분은 가족문제를 사회 전체의 구조와 변화에 결부시켜 파악하는 '사회학적 지향성'을 회복하고 있다.[200] 이러한 변화는 가족사회학의 내실화를 위해서뿐 아니라, 사회학 일반의 현실적합성 제고를 위해서도 매우 고무적인 일이다.

　20세기 중반 이후 한국인들이 세계인의 이목을 집중시키며 일구어온 '압축적 근대성'을 사회행위체, 사회제도, 통제기제, 사회정치적 장, 사회이념, 사회조직으로서 가족이 행사했던 역할에 촛점을 맞추어 설명하려 했던 본 연구도 마찬가지 지향성을 갖고 있다. 가족은 특유한 인식·행위 논리를 갖고 독자적으로 사회적 상호작용에 임하는 조합적 행위체(corporate actor), 독특한 양식의 생산·소비·출산·양육·보호·사회화 기능을 하는 사회제도(social institution), 여러 사회집단, 개인, 국가가 지배·저항·타협의 사회적 과정에 활용하는 전략적 통제기제(control mechanism), 혈연 등으로 묶인 일정 범위의 세대 및 남녀 사이에 경쟁·협력·지배와 같은 상호작용이 발생하는 사회정치적 장(sociopolitical arena), 사회관계의 일정한 기초, 범위, 내용, 성격 등에 대한 관습적·사상적·제도적 규정들을 담은 사회이념(social ideology), 일정한 인적구성의 원리에 기초하여 형성된 후 확대, 분리, 축소, 사멸 등의 과정을 거치는 사회조직(social organization)으로서 매우 복합적인 이론적 성격을 띠고 20세기 한국사회의 역사변동과 사회구조에 결정적 영향을 미쳐왔다. 한국인들 스스로가 인정하는 이른바 가족주의 사회로서의 한국은 그 독특한 근대성의 형성과 변화 과정이 사회와 개인 사이의 관계를 매개하는 가족의 복잡다양한 영향력으로 점철되어 있다. 따라서 적어도 한국의 역사현실에서 관찰되는 근대적 사회질서는 가족의 퇴장, 개인의 독립, 사회의 지배라는 근대화론적 도식으로 설명하기 어렵다. 이는 근대화의 미진함에 따른 현상이 아니며, 차라리 새로운 양태의 근대성을 구성하는 역사적 조건으로 인식되어야 한다.

그러나 '한국적 특성'으로서의 가족중심주의에 대한 주목이 한국사회의 내생적 변화를 서구 경험과의 차이를 통해서만 이해하려는 노력으로 이어져서는 안된다. 즉, 한국적 특성이 한국사회 고유의 변동역학이 전체적으로 제시된 가운데 찾아지는 것이 아니고, 서구중심적 사회변동상이 전제된 가운데 서구적 관점에서의 '비정상성'으로서 포착되는 경향은 억지되어야 할 것이다. 만일 은연중에라도 그러한 서구중심적 관점에서 보면, 서구지향적 이론이나 이념에서 상정되는 탈가족적인 정치·사회 질서와 경제구조가 한국에서 제대로 실현되지 못했다는 사실을 통해 한국사회의 특수성 또는 미성숙성이 확인된다고 치부하기 쉽다. 따라서 사회질서의 가족중심성은 역사적으로 잠정적인 중요성밖에 가질 수 없고, 나아가 더 철저한 근대화(modernization)의 필요성을 환기시켜준다고 간주되기도 한다. 본 연구뿐 아니라 앞서 언급한 다양한 연구분야에서 밝히고 있는 거시 사회변동에서의 가족의 다면적 중요성은 실제로 가족중심주의가 대다수의 현대사회들에 공통된 점임을 말해준다. 물론 한국에서 그러한 가족의 중요성이 좀더 많은 영역에서 더욱 강하게 나타나고 있음은 사실이지만, 그렇다고 가족에 대한 거시사회적 관심이 전환기의 한국사회에만 국한된 특수현상의 강조로서, 혹은 한국사회의 전근대성에 대한 지적으로서 치부되어서는 안될 것이다.

한국사회의 가족에 대한 관심은 자본주의체제의 일반적 불완전성이 한국사회라는 구체적 환경에서 사회행위체, 사회제도, 통제기제, 사회정치적 장, 사회이념, 사회조직으로서의 가족의 다양한 기능에 어떻게 결부되어 있는지를 밝히는 것이고, 이러한 작업은 세계 어느 사회에서도 동시에 이루어져야 할 성질의 것이다. 그리고 기존의 사회이론들에 내재된 가족에 대한 이념적

318

거부감과 주의력 부족을 극복하는 것이 한국과 다른 사회들의 분석에 마찬가지로 필요하다. 특히 가족이 근대적 역사변동과 사회질서에 대해 갖는 복합적 중요성에 대한 이해는 한국의 근대성을 적확하게 이론화하는 데 필요하겠지만, 나아가 개인-사회의 관계만으로 현대 사회변동을 해석하려던 근·현대 사회이론 일반의 불완전성을 극복하는 데도 불가결하다.[201] 개인과 사회는 끊임없이 상호작용하지만 이러한 상호작용에 개인도 사회도 가족이라는 매개체에 결정적으로 의존해야 하고 그래서 가족을 유리한 방향으로 유지·변화시키려는 시도를 한다는 것은 한국적이라기보다는 인류보편적인 현상이다. 이러한 맥락에서, 한국사회의 연구를 통해 서구 사회질서의 가족적 기초를 설명할 수 있는 다양한 이론과 명제가 만들어질 수 있음이 강조되어야 한다.[202] 이런 가능성을 염두에 두고 본 연구의 결과를 바탕으로 한국의 압축적 근대성에 관련된 가족의 역사적·사회적 역할을 아래에 정리한다.

2. 가족에 반영된 압축적 근대성

구조기능주의 근대화론에서 상정된 현대 가족변화의 전형은 이른바 핵가족화이며, 이는 그동안 한국사회에서도 가족변화를 설명하는 기본적 입장이었다. 그러나 한국사회의 핵가족화 담론은 가족의 형태적·물질적·심리적 특성들에 대한 종합적이고 분석적인 평가에 기초하기보다는 단편적인 인구조사나 설문조사의 결과에 대한 기계적 해석이나 가족변화에 관한 대중매체의 즉흥적인 언급 속에서 산발적으로 전개되어왔다. 좀더 신중하고 총체적인 입장에서 접근할 때, 한국 가족변화의 핵심적 특성은 형태적·물질적·심리적 차원의 다면적 변화들이 체계적인 상호관계 없이 각각 급속하게 혹은 더디게 전개되고 있다는 점이다. 전체 사회의 제도적·경제적·이념적 변화들이 상호 체계적으로 조응되지 못하고 각각 독립적으로 국내외 변수들의 영향을 받음으로써 사회변동 양상이 극도로 복잡하고 불규칙한 것이 압축적 근대성의 핵심적 특성이라고 보면, 가족변화의 양상도 미시적 차원에서 압축적 근대성의 전형을 보여주고 있다. 구체적으로 형태적 측면에서, 한국인들의 가족은 '전통적 핵가족'에서 '근대초기적 확대가족' 단계를 거쳐 현대적 핵가족 혹은 소가족으로 변화해왔다. 최근에는 형태상 핵가족의 증가가 아니라 탈핵가족적 가구, 즉 독신가구, 동거가구 등의 증가가 두드러진다. 물질적 측면에서 핵가족의 기초 요건인 독립적 주거수단 및 생계소득의 확보는 많은 젊은 한국인들에게 현실이라기보다는 목표였다. 특히 수년 전 경제위기가 대량해고 및 감봉 사태를 야기하고 위기극복 차원에서 신규고용이 급감하고 투기바람으로 주택가격은 오히려 폭등하는 상황에서 그 목표의 실현 가능성이 더욱 멀어지게 되었다. 이렇게 해서 성인자녀의 경제적 독립이 지체되고 결혼이 미루어지고 심지어 결혼 후에도 노부모에 대한 경제적 의존상태를 벗어나지 못함으로써 경제적 차원에서 '억지직계가족'이 늘어나고 있다. 심리적 차원에서는 가족이념의 복잡성과 불안정성으로 인해 한국인들의 가족관계와 가정생활은 정신적 차원에서 극단적 복잡성을 띠고 있다. 이러한 복잡성이 엄청난 심리적 혼돈과 갈등으로 이어짐은 물론이다. 이처럼 복잡다양한 한국가족의 형태적·물질적·심리적 실태를 종합할 때, 전체적이고 장기적 관점에서 핵가족화가 진행된다고 평가하더라도 그 핵가족화는 매우 불균형적인 것임을 지적할 수 있다.

명절이나 생일을 맞아 집안 식구들이 모이면 4대가 한자리를 하는 것도 드물지 않은 시대이다. 이는 가히 한 집안 내에서 여러 시대와 문명을 반영하는 가치관과 태도가 동시에 공존할 수 있음을 말해준다. 한국인들의 가족관계와 가정생활은 유교적 가족이념, 도구주의 가족이념, 서정주의 가족이념, 개인주의 가족이념 등의 영향을 받고 있는 것으로 보인다. 이러한 가족이념의 다양성은 한국사회의 압축적 근대성이 가족관계와 가정생활에 미시적으로 반영되어 나타난 것이다. 가족 내부에 다양한 가족이념이 존재하는 자체가 반드시 사회문제는 아니며 오히려 생동감있는 가족문화를 만들어 내는 자원이 될 수도 있다. 그러나 한국 가족문화의 핵심적 특징은 이처럼 다양한 가족이념들이 국내외 정치·경제·사회 질서의 복잡하고 급격한 변동의 결과로 '우발적'으로 공존하는 것이지 한국가족들의 예외적으로 높은 민주성이나 개방성을 반영하는 것은 아니라는 데 있다. 다분히 이질적인 가족이념들의 우발적 공존은 한 가정 내에서는 말할 것도 없고 사회 전체에서, 나아가 한 개인의 내면에서조차 혼돈, 갈등, 번민의 원천이 되고 있다. 또한 이처럼 다양한 가족이념이 시기별·세대별로 순차적으로 나타나지 않았다는 점도 강조되어야 한다. 흔히 핵가족화 논의에서 상정되는 변화는 유교적 가족이념의 약화와 서정주의·개인주의 가족이념의 확산을 가리키는데, 그러한 전체적인 변화 방향이 어느정도 나타나는 것도 사실이지만 당장의 현실에서는 오히려 여러 가족이념이 동시에 작용하면서 나타나는 개인, 가족, 사회 차원의 문제들이 중요하다. 세대, 성별, 가족지위를 아우르는 집합적 특성으로서 가족중심적 가치관과 생활태도의 지배를 받는 것이 한국인들이지만, 그들의 가족중심주의는 내부적 규범과 기대의 복잡성으로 인해 엄청난 혼돈과 갈등으로 점철되어 있다.

3. 생애과정의 압축성과 개인-가족-사회 관계

보편적 장수시대는 우리의 생각보다 훨씬 빨리 다가오고 있으며 이를 누구도 막고 나설 수 없다. 한국사회는 모든 측면에서 유례없이 급속한 변화를 겪어왔지만 인구 노령화가 특히 압축적으로 전개되고 있다. 사실, 인구 노령화는 사회발전의 핵심적 목표 하나가 실현되는 것이다. 고령(화)사회는 장수가 보편화함으로써 전개되는데, 이는 특권층뿐 아니라 일반서민들까지도 장수의 복을 누림으로써 '생명의 평등'이 실현됨을 뜻한다. 그런데 보편적 장수에 의해 엄청난 규모와 비율의 노인인구가 존재하는 현상은 어차피 인류 역사상 처음 있는 것이기 때문에 이에 대해 매우 창의적인 대처가 필요하다. 노인문제가 대두되면 흔히 전통 효규범의 강화가 해법으로서 제시되는데, 평균수명이 삼사십세에도 못 미치고 환갑을 넘기는 노인이 극히 드문 시대의 가족부양 규범이 오늘날의 고령사회에서 갖는 효과는 매우 제한적일 수밖에 없다. 앞으로의 노인문제에 대처해나감에 있어 가장 중요한 사회적 조건은 인식의 대전환이다. 젊은 세대를 통솔하지만 기본적으로 그들의 노동에 의존하는 전통적 노년관이나 젊은 세대 중심의 변화지향적 사회경제체제에서 물러나 소비집단 역할에 머무는 현대적 노년관은 앞으로 거의 모두 고령노인이 되는 사회에서는 부작용만 초래할 뿐이다. 전통적 노년관과 현대적 노년관은 모두 노인인구를 사회의 핵심 생산집단에서 배제하는 공통적인 한계를 갖고 있다. 앞으로 노인들은 단순히 생존하는 집단이 아니라 사회와 경제에 자율적이고 능동적으로 참여하는 집단이 되지 않을 수 없다. 앞으로 노인들은 의존적 시기로만 살기에는 너무나 긴 노년기를 보내야 하며, 또 이 시기를 나름대로 생산적이고 자율적으로 살 수 있는 건강과 자원을 가진 이들의 비율이 갈수록 늘어날 것이다. 21세기의 노인들은 개인적으로나 집단적으로나 이전의 인류가 경험하지 못한 전혀 새로운 연령대를 살게 되는 일종의 '신세대'이며 이들의 존재는 사회 전체의 근본 구조와 성격을 바꾸어놓게 된다. 현대 노인들이 급작스럽게 연장되는 노년기를 안정적이면서도 의미있게 살려면 지난 시대의 규범이나 지식에 의존하는 태도는 득보다 실이 될 수도 있다. 이들은 청소년들과 마찬가지의 새로운 실험적 사회집단으로서 적극적으로 새로운 양식의 삶을 개척해나갈 수 있어야 하며, 이러한 의미에서 신세대인 것이다. 급변하는 사회환경 속에서 불확실한 미래를 준비해야 하는 청소년들에게 기성세대의 훈육이 충분한 대비가 될 수 없는 것처럼, 노인들에게도 과거지향적이 아니라 미래개척적 태도를 바탕으로 새로운 시대를 주도하려는 세대문화가 필수적이다. 고령사회는 백색의 도화지와 같으며 어떠한 그림이 그려질지는 아직 전혀 결정된 것이 없다.

한국사회에서 청소년기는 가정과 학교 사이에서 학업을 중심으로 단순하게 규정되어 있는 사회현상이 아니다. 청소년기는 가족, 학교뿐 아니라 정치권력, 산업자본, 대중매체, 나아가 (신)식민적 지배세력의 이해관계와 이데올로기가 복잡하게 뒤얽힌 환경에서 그 사회적 성격과 역사적 변화가 이해될 수 있는 것이다. 그리고 청소년들은 자신의 삶을 대상으로 전개되는 이처럼 복잡한 사회적 각축에 대응해 더러는 개인적으로 더러는 집단적으로 열정적인 대응을 했으며, 이 과정에서 사회 전체의 정치·산업·문화 질서가 재편되는 현상이 나타나기도 했다. 가족의 경계를 넘어 사회적 제도, 이념, 영역으로서 청소년기가 대두되는 과정은 한국사회의 근대성 확립에 엄청난 역사적 중요성을 가졌다. 이러한 역사적 현실에도 불구하고 한국의 가족(부모)들은 다른 어떤 나라의 부모들보다도 청소년·청년 자녀들에 대해 더 많은 물질적 지원, 심리적 집착, 생활상 간섭을 더 긴 기간 동안 행하고 있다. 한국의 부모들이 청소년기를 청소년 자녀와 자신이 함께 참여해 살아내는 시기 혹은 영역으로 만들고 또 이를 무한정 연장하려 드는 행태는 청소년기가 정치경제적 장으로서 실제 과잉사회화되어 있는 현실과 모순이 아니다. 부모들은 자녀의 청소년기에 국가, 사회, 산업의 주류 주체들이 가담해 매우 복잡하고 치열한 사회각축장을 만들어놓은 사실을 발견하고 역으로 청소년 자녀를 통해 스스로의 사회적 경쟁행위를 전개하고 있는 것이다. 그래서 자녀의 일류대학 진학이나 성공적 사회진출에 대해 자녀 자신보다 부모가 더 공로를 인정받는 현실이 생겨난다.

한국의 근대성은 그 압축성만큼이나 편파성을 띠고 있는 것으로 평가되고 있다. 세계인의 이목을 끌어온 급속한 경제·정치·사회 발전이 인구의 절반인 여성들에게 거의 '남의 일'이었다고 비판받고 있다. 이러한 여성의 소외와 배제는 무엇보다 '남녀유별'의 전통이념이 강력하게 작용한 결과로 해석되어왔다. 압축적 경제성장과 사회변동의 시대에 여성들은 전업주부로나 지내야 좋은 역사의 화석처럼 간주되어왔다. 하지만 한국여성의 가정 내 유폐는 급속한 자본주의 산업화 및 사회적 재구조화 과정이 맞물려 빚어낸 현대적 현상이다. 이른바 'M자 커브'로 기술되는 여성의 생애과정별 노동시장참여(후퇴) 양태는 이들이 산업화 초기부터 급격한 고용증대를 겪었다는 사실을 빠뜨려서는 제대로 설명될 수 없다. 한편으로 여성인력의 급속한 산업노동자화가 전개되고 다른 한편으로 이들의 전업주부화가 거의 동시에 전개되는 독특한 역사적 과정이 한국의 산업자본주의에 노정되어 있었다는 점이 결코 간과되어서는 안된다. 서구에서 상당한 시차를 두고 전개된 이 두 가지 변화가 한국사회에서는 거의 동시적으로 발생함으로써 '근대적 현상'으로서의 전업주부층 형성이 '전통적 현상'으로 착시되는 결과가 나타났다. 물론 이러한 사회적 착시의 이면에는 노인세대의 가부장적 가족관이 표면적이나마 영향력을 유지해온 현실도 작용했다.

4. 개발정치, 압축발전, 개인-가족-사회 관계

이른바 '선성장, 후분배' 노선하에 수십여년간 지속된 경제성장 우선의 국정은 자본주의 산업화 과정에서 예외없이 발생하는 다양한 사회문제들에 대한 적절한 제도적·재정적 대처를 막연히 미루는 결과를 가져왔다. 특히 1980년대 중반까지 거의 비교할 대상이 없었던 정도의 높은 경제성장률은 역설적으로 비교대상이 많지 않을 정도의 저조한 사회복지 재정지출과 맞물렸다. 그렇다고 국가가 기업들로 하여금 노동자의 사회적 보호에 적극 나서도록 독려하지도 않는 현실에서 가족이 사실상 유일한 사회보장제도로서 기능해왔다. '선가정보호, 후사회복지'가 한동안 공식 정책용어로 사용된 것도 놀라운 일이 아니다. 노인, 아동, 장애인 할 것 없이 요보호인구에 대한 지원은 가족관계를 넘어서는 거의 이루어지지 않았었다. 주택, 의료, 교육 등

각 가정의 일반적 생활수요에 대한 공적 지원은 더욱 부족했다. 이러한 현실은 한국인들의 가족관계가 실로 경탄할 만한 상호부양 행위로 채워졌음을 의미했고 이는 개발지상주의 위정자들의 입장에서 반드시 지속시키고 싶은 문화였다. 그래서 한편으로 특히 모범적인 가족부양자들을 골라 가정의 달 5월에 위정자들이 '표창'하는 촌극을 지속했고, 다른 한편으로 이른바 '핵가족책임론'을 내세워 젊은 세대의 가족부양 규범의 약화 가능성을 경고하기도 했다. 심지어 개발독재를 비판하며 정치적 경력을 쌓아 대통령이 된 김영삼씨조차 그것도 1990년대 중반에 (가족이 국가를 대신하는) '한국형 복지모형'을 유엔사회개발정상회의에서 자랑하는 기염을 토했다. 한국형 복지모형, 즉 '가족에 의한 복지'는 가족 자체의 잔여소득과 부양노동력이 요구되는 만큼, 부부가 함께 일하고도 빈곤을 벗어나기 힘든 대다수 저소득층에게 언어적 유희에 불과하다. 이러한 사회정책의 극단적 가족의존성이 재분배 지출의 억제를 통해 경제성장 극대화에 어느 정도 기여를 했는지 불확실하지만, 압축적 자본주의 산업화의 갖가지 사회문제가 가족갈등과 가족해체의 형태로 표출되도록 유도한 것은 분명하다.

한국인들은 근대적 정치·경제·사회 체계를 역사적으로 건설한 것이 아니라 일종의 제도적 패키지로서 도입했다. 그 과정은 수백년의 역사적 경험을 수년의 제도적 모방으로 압축시키는 것이었고 이를 현실적으로 뒷받침하기 위해 대량 지식 주입의 공교육 보급이 지상과제로 떠올랐다. 공교육은 압축적 근대성의 사관생도를 단기양성하는 제도였으며 이를 통해 경제·정치·사회·문화 영역에 걸쳐 핵심적 자원과 지위가 분배되었다. 토지개혁, 민주공화국 수립, 한국전쟁 등으로 일거에 평등사회의 일원이 된 한국인들은 교육의 계층지위 결정력에 매우 민감해졌다. 특히 자녀교육을 통한 세대간 계층상승 노력은 모든 한국인이 예외없이 참여하는 '국민적 특성'이 되었다. 교육투자의 경제·사회적 결실은 경제발전 속도에 비례하여 풍부해졌으며, 이 결실은 다음 세대를 위한 교육투자 증가로 이어졌다. 이러한 역사적 상승

과정을 거쳐 한국인들은 세계에서 자녀교육비를 가장 많이 쓰는 집단으로 자리잡았다. 물론 이 교육비의 대부분은 명목상 국가 부담인 공교육에 투입되는 것이 아니고 학원, 개인교습 등 사교육에 쓰이는 것이다. 그리고 부모의 교육투자열에 비례하여 자녀의 학습경쟁 강도도 높아졌다. 세계 최고(최악?) 수준의 교육투자와 학습경쟁(입시공부)을 요구하는 사회환경의 압박에서 어떻게든 벗어나려 하거나 좀더 효율적인 교육투자 및 학습경쟁을 시도하려는 사람들에 의해 '교육이민'이라는 사회현상이 대두되기도 한다. 이처럼 극단적으로 공부에 몰입하는 청소년과 교육에 투자하는 국민은 세계 어느 나라 정부에게도 부러운 것이며, 실제 '양질의 풍부한 노동력'에 기초한 초기 산업화에서 최근의 지식집약형 산업발전에 이르기까지 숨가쁠 정도의 급속한 산업의 발전과 고도화를 견인해왔다. 바로 이러한 결과를 얻기 위해 영국에서 기든스가 이른바 '제3의 길' 노선의 핵심으로 '사회투자국가'를 주창했는데, 한국에서는 오랜 기간 '사회투자가족'이 활약해왔다고 할 수 있다.

한반도 남쪽에서 수천년 전통의 농경사회가 전형적 산업자본주의 사회로 전환하는 데는 불과 20여년 남짓한 시간이 소요되었을 뿐이며, 이러한 압축적 산업화의 사회적 기초조건들은 대부분 개인들이 가족관계에 의존하여 충당하였다. 스스로 농민이었거나 농민의 자녀였던 인구가 도시로 진출해 거의 순간적으로 경쟁력있는 산업노동력으로 거듭났던 과정은 국가의 사회정책이나 기업의 사회투자에 의해 가능했던 것이 아니다. '산업화의 사회적 전환비용'이라고 부를 수 있는 근대적 산업노동력 형성의 다양한 비용은 도시이주 형제자매의 교육·훈련·생활을 위한 농가의 지원이라는 형태로 충당되었다. 이러한 비용의 사회적·역사적 합계가 얼마인지 체계적으로 계산할 수 없지만 산업화기간 동안 도시지역에서 집중적인 경제성장과 이윤창출이 이루어졌음에도 불구하고 농촌에서 도시로의 순자본 이출이 이루어졌다는 놀라운 추계가 있다. 농가들이 이처럼 자녀형제를 통해 산업화를 뒷받침해온 이면에 농촌 경제·사회 자원의 급속한 고갈이 시작되었고, 산업화 속도만큼이나 급속한 농업과 농촌사회의 쇠락이 진행되었다. 농민들이 도시의 자녀형제를 통해 '간접이탈'한 한국 농촌은 산업화 지상주의 개발정권들에게 차라리 다루기 쉬운 정치적 대상이었다. 이촌향도를 경험한 인구의 비율이 아마 세계에서 가장 높은 사회이기 때문에 명절에 농촌고향을 찾는 귀성인구 비율도 세계에서 가장 높겠지만, 이러한 도덕적 혹은 감성적 행위가 농촌 및 농업의 재활성화에 중요한 도움이 된다는 증거는 희박할 뿐이다.

5. 가족개혁, 사회개혁

한국인들이 일구어온 압축적 근대성은 그 표면적 성취가 세계인의 이목을 집중시킨 만큼이나 이면에서 사회적 모순, 혼돈, 갈등을 누적시켜왔다. 이러한 한국적 근대성의 모순, 혼돈, 갈등의 내용을 제대로 파악하기 위해서는 그 미시적 기초로서 가족이 행사한 기능과 역할을 체계적으로 이해해야 한다는 것이 본 연구의 핵심 논점이었다. 마찬가지 관점에서, 근대성의 사회적 해악과 비용을 줄여나가기 위한 사회개혁은 가족개혁의 병행을 요구한다. 따라서 가족개혁은 가족 차원의 미시적 문제들을 해결하기 위해서도 필요하지만 거시적 사회문제들에 대처해나가기 위한 필요조건이다. 역으로 보면, 가족개혁은 다종다양한 사회문제들에 복잡하게 얽혀 있는 지난한 실천과제인 것이다. 가족개혁의 방향과 내용을 종합적으로 제시한다는 것은 본 연구자의 능력이나 본 연구의 목적을 넘어서는 일이다. 다만 가족을 둘러싼 종적·횡적 사회관계들 중 핵심적인 네 가지에 대해 본 연구의 결론들에서 직·간접으로 도출될 수 있는 실천적 함의를 아래에 제시하고자 한다. 이 네 가지 사회관계는 가족-개인 관계, 가족-사회 관계, 세대관계, 남녀관계이다.

첫째, 가족의 구조적 존속과 개인의 유기체적 완성을 적절히 조화시키는 노력을 개인, 가족, 사회, 국가가 함께 기울여야 한다(가족-개인 관계). 이른바 가족(중심)주의가 개인에 대해 갖는 핵심적 부작용은 명목적으로 개인의 행복을 내세우든 아니든 유기체로서의 개인이 완성되기 위해 필요한 변화의 조건과 내용을 무시하는 것이다. 그래서 가족의 이름으로 여성과 아동이 억압되고, 청년이 구속되고, 노인이 학대받는 결과가 나타난다. 특히 한국인들의 가정에서 도구주의자 부모가 정해준 사회적 경쟁의 전략적 목표를 달성하기 위해 자녀가 유기체로서 필요한 정서적·지성적 발전을 포기하고, 유교적 가부장제 가족질서를 재생산하기 위해 여성들에게 강요되는 역할들로 인해 여성의 생애과정이 왜곡되고, 자녀에 대한 절대적 헌신 이데올로기에 포로가 된 노부모가 자아 부재의 노년기를 보내는 현실이 시급히 타파되어야 할 것이다.

둘째, 가족이 개인들의 사회에 대한 공동체적 참여의 기반, 자원, 통로가 되어야 한다(가족-사회 관계). 유교적 가족이념에서 개인주의 가족이념에 이르기까지 한국인들의 지배적 가족이념들은 기본적으로 반(反)사회적 인간형을 배양한다. 유교적 가족이념은 혈연관계와 친족질서에 개인이 매몰되게 만들고, 도구주의 가족이념은 개인이 가족 지원을 바탕으로 가족을 대표해 사회를 적대적 경쟁의 장으로 삼도록 만들고, 서정주의 가족이념은 가족만이 안식과 사랑의 배타적 공간인 것으로 인식하게 만들어 사회를 정서적으로 공동화시키고, 개인주의 가족이념은 조건부 가족관계와 가정생활에 젖은 개인들이 조건부 사회관계와 공동체생활까지 희구하도록 만든다. 동서양을 막론하고 유사 이래 가족 내 공동체 관계를 사회 전반에 확산시킬 수 있는 방법을 철학적·도덕적으로 모색해왔으며, 그 일환으로 가족 해체(소멸)라는 역설적 목표가 추구되기도 했다. 그러나 이 목표 달성에 성공한 역사적 선례가 없고 보면, 가족이 단위가 되어 공동체적 활동에 참여하도록 독려하는 것이 훨씬 현실적이다. 복지, 환경, 문화, 교육, 민주화 등에 관련된 시민운동이나 자원봉사에 가족단위로 참여하거나 개인 참여를 가족이 지원·독려할 수 있는 사회분위기가 조성되어야 한다.

셋째, 가족 내부에서 나아가 사회 전체에서 세대간의 지원·부양 관계가 상호작용적으로 끊임없이 재조정되어야 한다(세대관계). 60~70대, 심지어 80~90대 노인들까지 빠르게 늘어나는 현실에서 이들이 겪어온 삶의 역사를 무시하고 세대간 지원·부양 관계를 일방적으로 논의하거나 변화시킬 수 없다. 이들은 유교적 가족규범에 의거해 뼈를 깎는 며느리(아들), 아내, 부모 역할을 묵묵히 수행했지만 막상 자신의 노년기에 그러한 부양을 해줄 후대가 곁에 없는 경우가 다수이다(장경섭 2001). 그렇다고 독립적인 생활을 안정되게 영위할 수 있는 물질적·정신적 준비가 충분히 되어 있는 경우도 드물다. 바로 그 아래 세대는 윗세대의 이러한 딜레마를 목도하면서 (시)부모 봉양과 자녀 지원을 게을리하지는 않지만 독립적 노후에 대비하기 위한 정신적·물질적 준비에 나서고 있다. 그보다 더욱 아래 세대는 (시)부모 봉양으로부터는 상대적으로 자유로워졌지만 서정주의 및 도구주의 가족이념의 영향으로 자녀양육의 부담이 전에 없이 무거워졌다. (물론 이를 감안해 대다수 가정이 자녀수를 대폭 줄이기도 했다.) 그리고 그 아래아래 세대는 개인주의 가족이념에도 불구하고 스스로에 대한 부양능력을 갖추기조차 힘들어 성년기가 훨씬 지나서까지 부모에 대한 의존상태에 있는 경우도 많다. 세대별로 층화되는 이러한 가족부양 권리(의무)는 적어도 가족 내에서 복지적 정의가 제대로 실현되지 않고 있음을 말해준다. 따라서 세대간 지원·부양 관계가 과거의 기여(혜택)뿐 아니라 미래의 기여(혜택)까지 감안해 부단하게 재조정되어야 하며, 이는 각 가족 내부에서뿐 아니라 사회 전체적으로도 사회보장제도 등을 통해 체계적으로 이루어져야 한다. 물론 사회보장제도의 입안과 실행은 세대별 경제발전의 차등 혜택을 면밀히 감안해야 할 것이다.

넷째, 가정의 이른바 사회재생산 기능이 사회재생산의 적절한 사회화를 위한 기틀로 작용할 수 있도록 남녀관계가 체계적으로 재편되어야 한다(남녀관계). 일상적 가사관리에서 출산, 자녀양육, 노인보호에 이르기까지 주로 여성에 의해 이루어지는 이른바 사회재생산 활동이 사회적으로 오히려 여성을 차별하는 근거가 되는 현실은 굳이 한국사회에 국한되지 않는다. 하지만 사회재생산의 성별 집중도와 이에 연계된 사회적 성차별의 정도가 적어도 산업화가 웬만큼 이루어진 사회들 가운데 한국만큼 심한 경우는 드물다(장경섭 1998). 여기에 작용하는 성영역 분절 이데올로기는 유교적 가족이념에다 서정주의 및 도구주의 가족이념이 복잡하게 뒤얽힌 것이다. 물론 최근 기혼, 미혼을 가리지 않고 여성의 경제활동 참여가 나날이 활발해지고 있지만 주부 취업 가정에서 관찰되는 남성의 가사참여가 주부 비취업 가정보다 거의 나은 바가 없는 것이 현실이다. (이에 대한 반응으로 취업 미혼여성의 결혼 기피나 연기가 확산되는 현상은 너무나 당연해 보인다.) 이러한 현실은 남성들에 의해 주도되는 정치 · 경제 현장에서 사회재생산 영역에 대한 무지, 무관심, 무대책으로 이어진다. 정치인, 관료, 기업인 등의 사회재생산(복지)에 대한 소극성과 무지는 그들의 정치적 보수성 이상으로 가정적 비민주성에서 비롯되는지 모른다. 따라서 가정의 사회재생산에 대한 남성 참여를 규범적으로는 물론 법적으로 강화시키면 가정의 민주화를 진작시킬 뿐 아니라 국가 차원에서 사회재생산의 사회화를 정치적으로 촉진하는 효과가 있을 것이다.

가족-개인 관계, 가족-사회 관계, 세대관계, 남녀관계의 차원에서 각각 제시된 가족문화의 이러한 변화방향 혹은 원칙은 비단 한국인들이나 한국사회에 국한되어 추구되어야 할 내용은 아니다. 그러나 급격한 현대화, 서구화, 세계화를 겪으면서도 전통적 · 토착적 문화를 동시에 견지해나가며 한국인들이 일구어온 이른바 '압축적 근대성'은 그 미시적 기초로서 강력한 가족(중심)주의 질서를 특징으로 하며, 이로 인한 가족-개인, 가족-사회, 세대간, 남녀간 관계의 왜곡과 파행이 유난히 심각하다. 이러한 문제들의 극복 이전에 한국인들은 일상적 가족관계와 가정생활을 유지하는 것만으로도 상당한 성취감을 맛볼 자격이 있을 정도로 복잡한 상황에 놓여 있는 것도 사실이다. 그러나 그러한 성취감에 위안만 받고 있기에는 가족을 둘러싼 사회관계들의 악화 가능성이 너무나 급박하고 심각하다.

주(註)

제1장

1) Burr and Leigh(1983), Booth(1991), Sussman and Steinmetz eds.(1987) 등 참조.

2) 필자의 '압축적 근대성' 이론을 종종 '압축적 근대화'와 혼동하는 분들이 있는데, 변화의 시간적 단축을 강조하는 후자는 시·공간의 단축과 압착을 모두 포괄하는 전자의 하위범주가 된다.

3) 예를 들어 『통계로 본 대한민국 50년의 사회경제상 변화』(통계청 1998).

4) 이민족 사이의 식민지배에 의한 이러한 공간(지역) 단축(space·place condensation)은 미국이나 호주에서처럼 이민족이 아예 토착민족을 '인종청소'(ethnic cleansing)하고 본국의 지역 문물을 그대로 재현하는 공간 대체(space·place replacement)와는 구분되어야 한다. 공간 대체의 경우는 문물과 사람이 함께 오기 때문에 공간 압착(space·place compression)으로 이어지는 경우가 드물다. 물론 미국과 같은 경우 영국으로부터의 독립전쟁이 말해주듯이 신대륙 정복이 어느정도 새로운 정치·사회·경제 체제의 창출과정이었다고 평가할 수도 있을 것이다. 이런 관점에서는 공간 창출(space·place creation)의 성격도 미국 역사(근대성)에 부여할 수 있다.

5) 예를 들어, 미국 대사관 및 미군기지 재배치 문제가 말해주듯이 대한민국 수도인 서울의 공간적 정체성이 아직도 불확실하며, 전국 곳곳에 설치된 대학들이 서구문명의 기지 역할을 하고 있는 사실 역시 공간 단축의 핵심적 증거이다.

6) 특히 노무현정부 시대에 한국사회의 역동성에 관한 외신들의 경탄이 "too dynamic Korea"라는 표현을 회자시키기도 했다(『한겨레21』 2004. 4. 6).

7) 비체계성의 학문적 접근이나 정치적 선호는 탈현대론자(post-modernist)들 사이에서도 이루어지는데, 이는 체계성에 대한 반작용이라는 점에서 학문적 '체계성'을 연역적으로 설정할 수도 있다. 반면 압축적 근대성 연구의 경우는 이러한 연역의 기초를 인

위적으로 분리해낼 수 없기 때문에 주로 역사적 변화의 사회적 특징들을 경험적으로 추출하는 작업이 중심이 된다.

8) 플라톤은 시민들의 가정에 대한 사적 집착이 폴리스 전체의 공동체적 권위 확립에 중요한 장애가 된다고 보았고, 따라서 사적 가정을 제거해야 할 것으로 여겼다(Okin 1982 참조). 배렛과 매킨토시는 현대 서구사회에서 가족이 여성(주부)의 예속을 담보로 생존, 보호, 우애의 독점적 제공처로서 자리잡음으로써 사회는 그러한 기능을 상실한 삭막한 곳이 되었다고 지적하고, 이런 의미에서 "반사회적 가족"(anti-social family)의 근본적 변혁을 주장했다(Barrett and McIntosh 1991).

9) 하레번은 미국 산업혁명기에 노동자계급이 산업자본가의 무차별적 착취와 생산과정의 어려움에 맞서 가족과 이웃의 유대를 기초로 자기보호 및 저항에 나섰다는 사실을 밝혀냈다(Hareven 1982). 필자는 중국 경제개혁의 최대 성과물인 농촌산업화가 국가지도부나 개혁이론가들에 의해 주창된 것이 아니라 농업 탈집단화로 사회·경제적 자율성을 확보한 농민들이 가족단위의 산업적 다변화를 추구하는 과정에서 나타난 현상임을 구체적 사례분석을 통해 밝혔다(Chang 1993).

10) 아울러 기능주의에 대해 비판적인 페미니즘과 프랑크푸르트학파의 가족론도 가족 내부에서 배양된 다양한 (비민주적) 태도와 가치가 사회질서, 즉 지배관계의 재생산에 기여한다는 것은 공통적으로 받아들이고 있다. 특히 프랑크푸르트학파의 비판사회학자들은 가부장적 가족 속에서 이루어지는 아동의 권위주의적 양육이 비민주적 정치체제에 필요한 인성을 생성시킨다고 비판적으로 평가했다(Frenkel-Brunswik 1964).

11) 가족이 지배세력의 사회적 통제기제로서 작용한다는 점은 맑스를 위시한 비판적 사회이론가들에 의해 어느정도 지적이 되었지만, 최근 좀더 구체적이고 집중적인 논의들이 제시되어왔다. 가족에 관한 맑스의 이해나 이념은 결코 일관적이거나 체계적이지 못했지만, 어쨌든 그는 「공산당 선언」에서 프롤레타리아에 대한 부르주아의 계급적 착취도구로 전락한 가족을 폐지해야 한다고 주장했다. 이에 덧붙여 엥겔스는 사유재산에 기초한 핵가족이 여성 억압과 착취의 통로가 된다고 지적함으로써 공산주의 혁명과 여성해방의 과제를 내용상 합치시켜놓았다(Engels 1973).

12) 동즐로는 푸꼬의 권력에 대한 이해와 미시적 역사분석을 가족사에 적용시키는 작업을 했다고 볼 수 있다.

13) 엥겔스는 모간 등이 연구한 결혼제도의 역사적 변천을 재해석하며, 가족 속에서의 남녀관계가 사유재산의 성립을 계기로 여성억압적인 성격을 갖게 되었다고 분석했다

(Engels 1973). 여성의 가정화(domestication)와 가정 속에서 여성의 굴종은 자본주의 사회가 갖는 비민주성의 핵심적 측면이라는 엥겔스의 지적은 이후 공산주의 혁명지식인뿐만 아니라 현대 페미니스트들에 의해서도 받아들여졌다(Flax 1982 참조). 그러나 엥겔스의 유물론적 가족 비판과는 대조적으로 현대 페미니스트들은 프로이트의 정신분석을 확장시켜 심리·생물학적 차원에서 가족의 성억압성을 함께 지적하고 나섰다. 가족 속의 아동·청소년과 성인의 관계에 대해서도 마찬가지의 비판적 시각들이 제시되어왔다. 앞서 지적했듯이 프랑크푸르트학파의 비판사회학자들은 가부장제 가족의 비민주적 성인-아동 관계가 권위주의적 인성과 정치적 태도를 배양한다고 보았다. 쏘머빌 등은 아동기에 대한 사회사적 연구를 통해 중세의 성인과 아동 사이의 방임적 갈등관계가 현대에 이르러 통제적 보호관계로 바뀌게 되었음을 지적했다(Somerville 1992). 라쉬는 현대의 부모는 도덕적 압력이나 서정적 감화 대신에 용인된 방종과 처벌의 위협을 통해 자녀들을 통제한다고 지적했다(Lasch 1977).

14) 앤더슨은 가족의 한 유형이라 할 수 있는 민족을 "상상된 공동체"(imagined community)라고 개념화하기도 했다(Anderson 1983).

15) 인구학 분야 일반이 출산, 사망, 이동의 발생단위인 가족에 대해 체계적 관심을 가지지만 가족의 형태학적 변화에 특히 관심을 갖는 가족인구학(family demography)이라는 세부 분야도 있다. 가족에 대한 인구학적 관심은 근대국가의 본질과도 연결된다. 시민 개개인을 직접 상대한 징세, 징집, 교육, 복지 등 근대적 국가활동의 기초자료를 확보하기 위해 주기적으로 가구별 인구쎈서스를 실시하는 것이 보편화되어 있다.

16)「가족문제」, 고영복 편『현대사회문제』, 사회문화연구소, 1991;「가족이념의 우발적 다원성: 압축적 근대성과 한국가족」,『정신문화연구』24권 2호, 2001;「압축적 근대성과 노인문제의 재인식: '신세대'로서의 노인」,『가족과 문화』13권 1호, 2001;「청소년기의 사회각축장화: 한국의 압축적 근대성과 청소년」,『가족과 문화』18권 4호, 2006;「성분업의 근대적 재구성: 한국여성의 '가족형성기 탈취업' 경향의 변화를 중심으로」(최선영·장경섭),『사회연구』2권 2호, 2004;「핵가족 이데올로기와 복지국가: 가족부양의 정치경제학」,『경제와 사회』15호, 1992;「'사회투자가족'의 위기: 세계화, 가족문화, 학력투쟁」,『한국사회과학』24권 1호, 2002;「가족농체제의 위기와 농촌개혁의 전망: 90년대 농촌현실의 사회학적 평가」,『농촌사회』5집, 1995;「한국가족의 '정상위기'?: 우발적 다원성과 기능적 과부하를 중심으로」,『한국의 예절』4집, 2002.

제2장

17) 한국의 예를 들면, 한남제(1989)는 문화적 전통의 잔존과 개인들에 대한 가족 부양·보호 기능의 필요에 의해 서구적인 가족형태나 가족가치관이 일반화되는 데에는 근본적인 한계가 있을 것이라는 부분적 가족변화론을 제시했다.

18) 이러한 인위적 핵가족화 유발정책은 다음 절에서 비판론적 시각에서 본 핵가족의 산업자본주의체제에 대한 역할(예속)관계를 살펴보면 더욱 쉽게 납득이 갈 것이다.

19) 한국의 경우 최재석(1983) 등의 조선시대 연구에서 이러한 사실이 체계적으로 실증되었으며, 이후 관련된 연구들이 이어졌다.

20) 대가족이 문제가 아니라 아예 혼인(가족형성) 자체가 실현하기 어려운 과제였던 기층민들의 규모가 엄청났다.

21) 극적인 예를 들면, 중국에서는 1980년대 초반에 개혁정책의 일환으로 농업생산이 탈집단화됨으로써 8억명의 농촌인구가 불과 이삼년 사이에 인민공사(人民公社)의 집단적 농업노동자에서 가족단위의 소규모 자영농으로 지위가 바뀌는 경험을 했다 (Chang 1992).

22) 권태환·장경섭(1995)은 한국 농촌에서 젊은 여성들이 공교육 및 대중매체의 영향으로 핵가족적 삶을 동경하게 되지만, 생산조직으로서의 농가는 이를 만족시켜주지 못하기 때문에 나타나는 심리적 갈등을 설명하고 있다. 아울러 이 책 제9장 참조.

23) 서구에서 이러한 현상에 대한 대표적인 연구로 Hareven(1982), 동아시아 상황에 대한 언급으로 Deyo(1989) 등이 있다.

24) 여기에서 가족생활(family life)은 가정생활(domestic life)과 가족관계(family relations)로 구성되는 것으로 정의한다. 이 책의 이하에서도 마찬가지이다.

25) 노동자계급의 형성 및 증가와 관련된 제반 현상은 흔히 '임노동자화'(proletarianization)로 개념화되기도 한다. 노동자화의 개념을 직접 사용하지는 않지만, 같은 내용의 사회변화가 산업사회들의 출산율 하락의 핵심 요인이라고 주장하는 대표적 학자로 캘드웰을 들 수 있다. 캘드웰은 "세대간 부(富) 흐름"(inter-generational wealth flows)에 관한 이론을 통해, 산업노동자 가정의 부모 입장에서 볼 때 자녀는 더이상 가내 생산활동과 관련하여 경제적으로 보탬이 되는 존재가 아니고 양육, 교육 등 소비활동과 관련해 경제적인 짐이 되는 존재로 바뀌기 때문에 출산 동기가 근본적으로 감소하게 된다고 설명했다(Caldwell 1982).

26) 인구추이와 경제·사회적 변동 사이의 극단적 부조화의 예로서 개혁기 중국농촌 상

황을 들 수 있다(Chang 1996). 1970년대 말 이후 중국의 실용주의 농촌개혁은 이전의 국가통제적 집단경제의 한계를 인정해 다양한 측면에서 농민의 가족조직에 대한 의존을 통해 전개되었으며, 이는 농민들의 출산동기를 결정적으로 강화시켰다. 그러나 중국정부는 또다른 실용주의 정책노선으로서 1970년대 초반부터 열심히 추진해온 산아제한(計劃生育)정책을 한층 강화시켜 '한 자녀' 정책을 밀어붙였는데, 이로 인해 농민들과 매우 복잡하고 격렬한 갈등을 겪게 되었다.

27) 한 전국적 표본조사에 따르면, 1988년에 노인이 있는 가구 중 노인독립가구의 비율이 이미 22.9% 정도였으며, 독신노인가구의 비율도 12.7%에 달했다(이가옥 외 1989). 노인독립가구 비율은 젊은 세대의 급속한 도시 이주를 겪은 농촌지역(군부)에서 30.9%로 특히 높고, 중소도시에서 17.0%, 대도시에서 14.7%로 나타났다.

28) 노부모와 기혼자녀 사이의 별거나 생활상의 독립이 다양한 사회·경제적 이유로 불가피하게 받아들여지더라도, 전통적인 직계가족이념을 현실적으로 소화시키려는 노력의 발로로서 '수정직계가족'과 '인접별거'라는 거주형태가 늘어났다. 수정직계가족이란 자녀가족이 노부모와 동거하면서 생활상의 분리를 꾀하는 동거와 별거의 중간 형태이며, 인접별거는 자녀가족이 노부모와 가까운 거리에 살면서 생활상의 긴밀한 지원 및 교류를 도모하는 것이다(이가옥 외 1989).

29) 1995년 인구주택총조사 결과에 따르면 전체 독신가구 가운데 25~34세가 27.7%, 35~49세가 17.6%를 차지했다.

30) 이러한 추세는 특히 대졸 이상 고학력자들에게 두드러져, 1995년 인구주택총조사 결과에 따르면 1990년부터 5년 동안에 이들의 독신가구 수가 2.6배나 늘어났다.

31) 불필요한 추가지출 항목이란 각종 공해의 피해로부터 스스로를 보호하거나 치료하기 위해 소요되는 비용, 이전에는 무료였지만 지금은 유료화된 써비스에 지급되는 비용 등 지출이 새로운 효용을 가져오지 못하지만 이전의 삶의 질을 유지하기 위해서라도 소요되는 항목들을 말한다. 개인이나 국가 소득의 증가가 이러한 항목들의 증가에 의해 이루어지는 정도가 크면 그만큼 소득증가는 허구적인 것이다. 최근 삶의 질이 오히려 후퇴하고 있다고 느끼는 한국인들이 늘어나는 것은 은연중 이러한 허구적 소득증가를 깨닫기 때문일 것이다.

32) 이 조사의 결과는 필자가 원래의 통계자료를 입수하여 본 연구에서 긴요하게 사용하였으며, 1980년대 후반의 가족문화와 가정생활을 종합적이고 체계적으로 파악할 수 있는 유용한 것이다.

33) 가사노동 분담과 별개로 가사활동 주도를 부부 사이의 세력관계라는 측면에서 파악해 부부관계의 민주화 내지 평등화의 한 요소로 보는 시각도 있다. 그러나 가사활동의 여성영역화 자체가 여성의 사회적 종속의 핵심적 측면이어서 가사에 관련된 부분적 의사결정권이 여성의 사회·정치적 지위를 근본적으로 향상시켜준다고 보기는 어려울 것이다.

34) 이는 부인들의 취업이 주로 저학력 및 저소득 계층에 집중되어 있는 현실과 관련이 있어 보인다. 이들 계층의 경우, 남편들의 부부관계에 관한 태도가 더욱 보수적인데다 열악하고 불안정한 직업지위로 인해 가정생활에 참여하기도 어려운 현실이 작용해 결국 부인들이 가사를 전담하게 되는 것 같다.

제3장

35) 세계화 및 경제위기에 따른 가족문화의 변화가 그 이전 시기의 압축적 근대성에 결부된 변화와 전혀 동떨어진 것은 아니지만 그래도 별도의 인과적 설명을 요구한다. 그러한 설명을 여기에 제시하지는 못하며, 다만 이 책의 제10장은 1990년대 후반 충격적 경제위기 이후의 가족변화(탈가족화)가 가족이념의 근본적 변화 혹은 개인주의의 확산을 나타내는지에 관해서 자세히 논의하고 있다.

36) 압축적 근대성의 비슷한 이론적 성격의 적용 사례로, 사회변동의 중첩성이 물리적 위험 문제로 드러나는 것을 필자는 '복합위험사회'(complex risk society)라는 개념으로 설명한 바 있다(장경섭 1997).

37) 이에 관련하여, 다양한 가족가치관의 우발적 공존을 주장하는 데 대한 반론이 제기될 수 있다. 예를 들어 페미니스트 입장에서는 한국인들이 갖고 있는 도구주의, 서정주의, 개인주의 가족가치관들은 결국 유교적 가부장제 가족가치관에 종속되어 있는 것으로 한국가족의 근본적 가부장성을 부정하지는 못한다고 볼 수도 있다. 반대로 유교주의자 입장에서는 개인주의 가족가치관 등의 확산은 유교적 가족가치관의 뚜렷한 쇠퇴를 분명히 드러내는 것으로 볼 수도 있다. 그러나 이러한 반론들이 필자의 논거를 직접 부정할 수는 없다.

38) 일제가 조선인들에게 강요한 호주제는 한편으로 메이지체제의 사회통제기제를 조선인들에게 확대 적용하려는 것이었으나, 다른 한편으로 조선의 전통 가족질서를 식민통치에 유용한 방향으로 왜곡 이용하려는 면이 있었다. 이러한 점들이 최근 호주제폐지 운동의 결정적 논거로 부각되어 급기야 호주제가 역사의 뒤안길로 사라지게 되었다

336

(한국가정법률상담소 호주제폐지운동본부 http://antihoju.lawhome.or.kr/know).

39) 성규탁(1995b)은 한국인들의 효규범을 경험적으로 조사한 후, 급격한 산업화와 사회
변동에도 불구하고 부모 부양에 관해서는 놀라울 정도로 보수적이고 전통지속적이라
는 결론을 내린다.

40) 1980년대 말의 한 전국적 사회조사에서 많은 한국 노인들은 자녀와의 부양관계에
상관없이 현재 생활에 상당히 만족하고 있는 상태에서도 자녀, 특히 장자와의 동거가
유지되거나 실현되어야 한다고 생각하는 것으로 나타났다(이가옥 외 1989).

41) 1990년대 초까지도 가정의례, 장묘문화 등에 대한 통제가 정부의 유일한 명시적 가
족정책기구인 보건복지부(보건사회부) 가정복지과의 핵심 기능이었다.

42) 도구적 가족주의를 독립된 가족이념으로서 설정하여 다른 가족이념들과 동등하게
비교하는 것이 가능한가에 대해 논란이 가능하다. 이 책의 초고에 대해 서남재단에서
의뢰한 한 논평자는 도구적 가족주의가 "사람들이 특히 위기의 상황에서 생존을 위해
다양한 사회적 자원의 하나로서 동원하는 일종의 실천전략으로서의 성격이 강하다"고
지적하며 다른 가족이념들과의 비교 수준에 주의를 기울일 것을 촉구했는데 필자는
전적으로 공감한다. 다만 가족이념의 이론적 자격에 대해 필자가 매우 유연한 입장에
서 있으며, 개별 가족이념의 엄밀한 철학적 구성원리를 밝히기보다는 한국인들의 가족
을 둘러싼 관념과 태도가 아주 복합적이고 유동적임을 지적하는 것이 이 장의 목적임
을 아울러 밝힌다.

43) 한국의 거시적 사회·경제·정치 질서의 가족중심성에 대해 Chang(1997a) 참조.

44) 자본주의하에서 경제활동의 가족중심성은 반드시 한국사회에 국한된 특수한 현상은
아니다. 상당수의 연구에서 드러났듯이 가족경영의 효율성과 보편성은 대만, 홍콩 등
이른바 중화경제권의 각 지역에서 발견되어온 현상이며, 나아가 베버(Max Weber)가
지적했듯이 서유럽의 자본주의 초기 발전과정에서 시민계급의 프로테스탄트 윤리에
기초한 경제활동 역시 가족중심적인 것이었다.

45) 한남제(1989)는 "성취주의 가족가치관"이라는 개념으로서 교육, 직업 등에 관련한
한국가족의 적극적 지원기능을 설명하고 있다.

46) 필자는 이를 산업화의 '사회적 전환비용'(social transition cost of industrialization)이
라고 개념화한다(이 책 제9장 참조).

47) 특히 한국의 최대 재벌인 삼성그룹 이건희 회장이 장남 이재용에 대한 거액의 변칙
증여 및 탈세 문제로 사회적 공분을 초래했다(곽노현·윤종훈·이병한 2001 참조).

물론 삼성뿐 아니라 현대자동차, SK 등 최대 재벌의 대다수가 기업지배권 세습을 위해 중차대한 탈법과 비리를 저질러온 것으로 드러났다. 나아가 여러 사학, 언론, 심지어 교회의 지배권 세습이 광범위하게 이루어져왔으며, 이러한 문화적 공기(公器)들의 법적·사회적 특수성이 오히려 사적 비리에 악용되고 있음이 빈번히 드러나고 있다.

48) 노동자 가장이 가정에 있는 처자를 부양할 수 있는 정도의 필요소득이 '가족임금'(family wage)으로 개념화되었는데 이것이 노동자들의 계급투쟁에 중요한 목표가 되었지만 아울러 노동자 가정의 가부장성을 담보해왔다는 페미니스트적 비판의 대상이 되기도 한다(Barrett and McIntosh 1980).

49) 사회재생산의 개념과 의의에 관한 명료한 설명으로 Laslett and Brenner(1989) 참조.

50) 서구적 모태를 가진 서정주의 및 개인주의 가족이념이 처음 (일부) 한국인들에게 소개된 것은 일본 치하의 근대 초기라고도 볼 수 있을 것이다. 이는 '신여성' 문화의 등장과도 맞물려 있다. 그러나 다른 여러 사회변동의 측면과 마찬가지로 이러한 새로운 가족문화는 극히 제한된 사회집단들의 삶에 영향을 미쳤을 뿐 한국사회 전체의 성격을 변화시키지는 못했으며(김수진 2006), 한국인들 자신에 의한 근대화(서구화) 과정에서 비로소 범사회적 중요성을 갖게 되었다.

51) 이 과정에서 무분별한 상업성을 보이는 대중매체, 특히 방송과 잡지의 영향력이 지대한 것으로 보인다. 자체적 소재 발굴과 소화 능력이 제한되어 있는 국내 대중매체는 시간과 지면을 메우기 위해 서구 작품과 기사를 무분별하게 전재하거나 모방하는데, 그 내용 중 중요한 일부가 바로 극화된 상태의 서구의 서정적 가족주의이다.

52) 관련된 유럽의 장기적 경험에 관해서는, Ariès(1962) 참조.

53) 핵가족화는 이러한 심리적 측면도 있고 가족의 인적 구성을 따지는 인구학적 측면도 있으며 아울러 가족의 경제적 독립성을 따지는 물질적 측면도 있다. 이러한 다양한 측면은 서로 밀접한 영향력을 미치며 변화하지만, 그렇다고 반드시 일치된 방향의 변화만 하지는 않는다. 이 책 제2장 참조.

54) 이 문제를 다루는 소설, 영화, 드라마는 세계 전역에서 거의 보편적으로 유행하고 있고, 서구에서는 전문적인 심리상담이 중요한 직업으로 대두되었다.

55) 제10장에서 구체적으로 논의되지만, 이러한 추세는 경제위기 이후에 확연하게 자리 잡게 되었다. 그러나 경제위기 이후의 상황은 사회 전체에 걸친 근본적 문화변동을 반영하기보다는 물질적 환경의 급변에 따른 개별적 적응의 집합적 표출이라고 보아야 한다.

338

56) 덧붙여, 세계 최장 노동시간의 격무에 시달리는 대다수 도시 중산층 가장으로서는 상품 소비를 통한 가정생활이 오히려 편하게 느껴질 수도 있다. 그들이 생각해볼 수 있는 평소에 가정적이 되는 방법은 가족을 데리고 가끔 외식을 하거나 자녀에게 용돈을 많이 주는 것 정도일 것이다.

57) 한때 세간에 논란이 되었던 예가 이른바 '오렌지족' 청소년들의 문제이다. 이들은 대체로 물질소비에 탐닉하는 가정환경에서 자랐지만, 그렇다고 소비과정 자체를 통해 다른 가족성원들과 서정적으로 결합되지도 못해 길거리로 뛰쳐나오게 된 것으로 보인다.

58) 자본주의 경제의 전반적인 생산력 향상을 반영해 노동자가족의 물질적 생활여건이 안정화되면서 노동자들의 이른바 '도구적 집단주의'(instrumental collectivism)와 '가족으로의 도피'(withdrawal into the family) 현상이 나타난다고 한다. 즉 폭력적 계급투쟁의 현실적 호소력이 급감한 상태에서 노동자들은 생산현장에서의 소외와 착취를 근본적으로 극복하려고 들기보다는 소비중심적 가정생활에 탐닉하게 되고 계급활동에도 이러한 태도를 반영해 개인적 타산을 앞세우게 된다. 이 문제에 대한 간략한 설명으로 장경섭(1993a) 참조.

59) 라쉬(Lasch 1977)는 파슨스 등 기능주의자들을 비판하면서 계약적 인간관계의 합리성에 기반을 둔 사회질서에 가족적 애정관계가 구조적으로 근착될 수 없으며 오히려 가정생활이 피상적 물질교환 관계를 중심으로 변질됨으로써 가족관계와 사회질서의 모순이 극복된다고 주장했다. 즉 아동의 사회화가 친밀한 애정과 대화를 통해 도덕성과 정서를 함양시키는 과정이 되지 못하고 오히려 가정생활이 상업적 대중소비문화의 지배를 받아 피상적 상품 소비 관계로 전락함으로써, 아동들은 개체의식과 서정성이 결핍되고 물질소비에만 탐닉하는 소비자본주의적 인간형으로 성장한다는 것이다. 이를 동즐로(Donzelot 1979)의 주장과 연결시키면, 소비지향적 가족관계는 자본주의 기업의 이윤율 제고라는 즉각적 기능뿐 아니라 소비자본주의체제 전체의 유지에 필요한 정치적 인성의 형성이라는 구조적 기능까지 한다는 결론이 나온다.

60) 노인의 피부양기가 길어지는 것은 기대수명의 연장 때문이고, 아동의 피부양기가 길어지는 것은 사회·경제체제 변화에 따른 생산노동 진입연령의 상승 때문이라는 차이점이 있다.

61) 여성이 전담하다시피 해온 가족 내 보호노동의 사회화가 노무현정부 시대 여성가족부의 최대 정책과제 중 하나였다.

62) 연령, 교육수준, 성별, 지역 외에 사회계층이 중요한 가족이념의 결정요인이 될 수

있다. 예를 들어 김규원(1995)은 자녀 사회화와 관련하여 사회계층별로 상이한 가치관이 존재함을 보여주었다.

63) 한국의 경제위기에 따른 가족관계의 심리적 변화에 대해서 장혜경 · 김영란(1999) 참조.

64) 이 문제에 대한 간략한 논의로 Davis(1989) 참조.

65) 심영희(1999)는 한국 어머니들의 모성유형이 생애주기에 따라 탈현대적, 현대적, 전통적인 것으로 바뀐다고 주장한다.

66) 이 문제를 지적하는 논자는 동서양에 무수히 존재하지만 특히 라쉬의 논의가 널리 읽혀왔다. Lasch(1977) 참조.

67) 이 현상은 대처(M. Thatcher) 정권하의 영국과 레이건(R. Reagan) 정권하의 미국에서 두드러졌다. 이에 관한 논의의 예로 Somerville(1992) 참조. 한국의 경우는 Chang (1997b) 참조.

제4장

68) 이 글에서 '고령인구'와 '노인인구'는 동의(同義)로 혼용되지만 특별히 물리적 연령대를 표시할 때는 '고령인구'를, 사회문화적 세대집단을 표시할 때는 '노인인구'를 사용한다. 또한 '고령(화)사회'와 '노령(화)사회'도 동의로 혼용되지만 마찬가지로 물리적 및 사회문화적 함의를 각각 차별 강조한다.

69) 이에 관한 구체적 사례연구로 박숙자(1999) 참조.

70) 이러한 노년기 곤궁에 대해 핵심적 소득보장 장치여야 할 국민연금이 초기 가입기회의 산업 · 직종별 제한 등으로 범사회적 효과가 근본적으로 미약한 문제가 지적되어야 한다(박경숙 2001).

71) 같은 해에 노후부양의 자녀책임 의견이 연령별로는 15~19세 85.5%, 20~29세 90.0%, 30~39세 91.9%, 40~49세 91.6%, 50~59세 88.7%, 60세 이상 89.0%였다. 지역별로는 도시(동부) 89.4%, 농촌(읍면부) 92.3%였다.

72) 1983년과 1998년 사이에 장남의 부양책임을 드는 비율은 22.1%에서 18.3%로, 아들 모두의 부양책임을 드는 비율은 21.7%에서 13.8%로 낮아졌고, 아들 · 딸 모두의 부양책임을 드는 비율은 27.1%에서 46.2%로 급증했다. 1994년에 "능력있는 자녀"의 부양책임을 새로운 항목으로 추가한 결과, 이 항목에 27.2%, 아들 · 딸 모두의 부양책임에 29.1%, 아들 모두의 부양책임에 11.4%, 장남의 부양책임에 19.6%가 찬성했다.

1998년에는 능력있는 자녀 45.5%, 아들·딸 모두 14.5%, 아들 모두 7.0%, 장남 22.4%의 비율로 부양책임이 지적되었다(이가옥 편저 1999, 표 37). 2002년에 "가족과 정부, 사회"라는 애매한 항목이 추가되자, 이 항목에 18.2%, 능력있는 자녀 21.2%, 아들·딸 모두 19.5%, 아들 모두 13.9%, 장남 15.1%의 비율로 부양책임이 지적되었다(통계청 『한국의 사회지표 2004』, 206면).

73) 그러나 장남과의 동거를 희망하는 노인도 전체적으로 36.8%, 도시에서는 38.3%, 농촌에서는 34.8%로 나타나 장자 선호의식도 어느정도 남아 있었다.

74) 개발자유주의란 이른바 '개발국가'(developmental state)의 사회정책 노선이라 할 수 있는데, 경제성장 극대화를 위해 취해진 사회정책상의 다양한 통제정책과 방임정책을 집약하여 표현한 것이다(Chang 2006). 개발국가와 가족정책의 관계에 대한 종합적 평가는 이 책 제10장 참조.

75) 이 비율은 1991년 0.13%, 1993년 0.22%, 1995년 0.12%, 1997년 0.19%, 1998년 0.24%로 매우 낮은 수준에서 약간의 등락을 보여왔다(이가옥 편저 1999, 표 8).

76) 1994년에 노후부양의 공적 해결을 주장하는 비율은, 연령별로 15~19세 4.0%, 20~29세 3.0%, 30~39세 2.5%, 40~49세 2.6%, 50~59세 2.4%, 60세 이상 3.2%였으며, 교육수준별로 초졸 이하 2.4%, 중졸 3.1%, 고졸 2.8%, 대졸 3.5%였고, 지역별로는 도시 2.8%, 농촌 3.0%로 다양한 사회집단간에 별 차이가 없이 매우 낮은 수준을 보여주었다(통계청 『한국의 사회지표 1998』, 134면). 1998년에 동 비율은 연령별로 15~19세 3.0%, 20~29세 2.1%, 30~39세 1.5%, 40~49세 1.6%, 50~59세 1.8%, 60세 이상 1.9%였으며, 지역별로는 도시 2.1%, 농촌 1.2%로 모든 집단에서 4년 전보다 오히려 낮아졌다(통계청 『한국의 사회지표 2004』, 206면).

77) 효규범을 살려서 가족을 통한 복지로서의 가족복지를 노인문제에 적용시키려는 주장으로 성규탁(1995a)을 참조할 것.

78) 2008년부터 치매·중풍 노인들을 대상으로 시작된 장기요양보험제도는 가족의 복지책임을 사회화시키는 중요한 정책적 변화로 인정될 수 있다.

79) 이는 서유럽의 자본주의 산업혁명 초기에 국가의 매우 소극적인 사회정책 기조를 뒷받침하기 위해 가족과 개인의 자기 관리 및 보호에 관한 도덕적 훈육을 강화한 것이나(Donzelot 1979), 1980년대에 영국과 미국의 신보수주의 정권들이 복지국가체제의 축소나 비판을 위해 '가족가치'(family value) 캠페인을 벌인 것과(Somerville 1992) 일맥상통한다. 한국의 가족이념과 복지상황의 관계에 대한 보다 자세한 필자의 논의로

Chang(1997b) 및 이 책 제7장 참조.

80) 연대기적 나이는 물리적 시간의 경과에 의해 자동적으로 결정되는 나이이고, 생물학
    적 나이는 개인의 건강상태에 따른 신체적 노화를 반영하는 나이이고, 개인적 나이는 개
    인의 인생주기(life course)를 밟아나가는 데 따라 변하는 나이이고, 사회적 나이는 가족,
    친지, 회사 등에 의해 규정되는 나이이다.

81) 사회적 시민권(social citizenship)은 사회권(social rights)으로 부르기도 하는데
    (Marshall 1964), 물질적 생활보장, 건강, 교육 등에 있어서 사회적 써비스와 국가적
    지원을 받을 권리를 지칭한다. 사회권은 우리 헌법상 청구권적 기본권에 주로 담겨 있
    다. 마셜은 영국의 경우 사회권에 앞서 18세기에 공민권(civil rights), 19세기에 정치권
    (political rights)이 순차적으로 확립되었음을 지적하는데, 공민권은 법률 앞의 평등, 언
    론·사상·계약에 있어서의 자유와 권리를 규정하며, 정치권은 선거권과 피선거권의
    보편적 보장에 의해 정치참여와 권력행사의 기회를 보장한다.

제5장

82) 이 글에서 청소년(기)의 통제와 관리를 위한 국가-학교-가족 및 국가-기업-매체의
    직·간접적 협력관계를 동맹으로 부르는 것은 엄밀한 이론적 규정이라기보다는 정치
    적 현상으로서의 동맹에 비유함으로써 독자의 이해를 촉진하려는 표현상의 수단이다.
    물론, 동맹을 장기적 이해관계를 공유하는 정치·사회 조직들간의 전략적 협력관계로
    보면, 이 개념의 타당성은 여기에서도 분명하다. 이 두 가지 동맹체계를 각각 국가가
    주도했음을 아래에 간략히 밝히기도 했으나, 실제 국가-학교-가족 및 국가-기업-매
    체의 상호관계를 체계적으로 자세히 정리하는 것이 이 연구의 목적이 아니므로 동맹
    의 원인, 과정, 결과 등에 대해 모호성이 남아 있다.

83) 이 글에서 청소년 및 청소년기에 관한 엄밀한 범위 획정을 하지 못하고, 때로는 청
    년 및 청년기와의 구분도 애매한 상태로 다양한 논의가 전개되는 경우도 있다. 이는
    청소년과 청년이 학술적 개념이자 현실적 용어로서 사용되기 때문에 필자의 획일적
    기준보다는 가급적 현실적 용법을 우선함으로써, 설명하고자 하는 현실을 보다 효율적
    으로 반영하고자 하는 것이다. 물론 청소년은 흔히 10대를 지칭하고 청년은 20~30대
    를 포괄하는 경우도 많으므로 연령대의 차이는 분명히 인식된다. 그러나 10대 후반에
    서 20대 초중반, 즉 청소년 후기와 청년 전기에 걸쳐 해당 세대의 가족, 사회, 국가,
    산업에 대한 관계가 공통점이나 연속성을 갖는 상황이 많기 때문에, 이런 경우에는 청

소년과 청년 문제가 함께 거론될 수밖에 없다. 나아가 최근에는 선진국들을 중심으로 교육기간의 연장, 취업의 어려움 등으로 청년들의 부모에 대한 의존기간이 연장되어 '이십대 청소년'들이 양산되는 현상까지 나타나 청소년기와 청년기(성인기)의 구분이 갈수록 모호해지고 있다(조한혜정 2000, 138~45면). 참고로, 근대적 관점에서의 청소년기 개념 정립은 프랑스 자연주의 철학자 루쏘(Jean-Jacques Rousseau)의 『에밀』 (Emile)에서 이루어졌는데, 급격한 신체 변화를 거치며 성인과 아동 사이에서 심한 정서적 갈등을 겪는 15~20세의 시기로 기술되었다(박진규 2003, 41면).

84) 이 글에서 국제적 지배세력의 역할은 체계적으로 다루지 못하는데, 미국식 교육체계의 타율적 이식, 미국식 대중문화의 무차별적 유입 등 한국 청소년의 생활환경에 결정적인 중요성을 갖는 교육, 대중문화 등의 대미종속을 가늠해 알 수 있듯이 특히 미국의 영향력이 지대하다(손인수 1992; 김경일 2003). 앞으로 미국과의 자유무역협정 (FTA) 등으로 써비스부문에서의 개방이 가속화되면, 청소년기를 포함하여 한국인들의 각 생애단계에 대한 서구 자본의 영향력이 급속히 확대될 것이다.

85) 청소년들의 이러한 대응은 정치적(김광웅·방은령 2001; 이순형 1994), 경제적 (Koo, 2001), 문화적(박진규 2003), 교육적(조한혜정 2000) 측면 등 다양한 분야에서 나타나는 것으로 연구되어왔는데, 이 글도 바로 청소년의 역사·사회적 능동성을 강조하는 점에서 이러한 연구들과 맥을 같이한다.

86) 이 책 제8장은 한국의 대외(대미)종속적인 모방근대화 체계가 공교육의 사회적 중요성을 극단적으로 확대시켰으며 이에 대해 시민들이 자신과 자녀의 교육에 전략적 투자행위로서 임했다는 점을 '사회투자가족'(social investment family)이라는 개념을 통해 설명한다.

87) 물론 학교를 통한 공교육의 보급 자체가 전적으로 소극적이거나 보수적인 청소년정책의 발로라고 규정할 수는 없다. 서구 근대사에서 한때 하급 노동력으로서나 대접받던 청소년에 대한 공교육 제공은 나름대로 사회개혁적 동기를 반영하기도 했다(Gillis 1981). 그러나 한국에서 청소년에 대한 공교육 도입은 서구 근대사에서와 같은 사회개혁적 동기가 역사적으로 형성되어서가 아니라 일본식 및 미국식 경제·사회체제가 타율적으로 '이식'되는 과정에서 문명적 패키지의 한 부분으로 이루어졌다고 할 수 있다(손인수 1992).

88) 이러한 정당성을 담보하기 위해 입시제도의 공정성 유지에 교육당국과 대학들은 극도의 주의를 기울여왔다. 필자가 재직해온 대학의 경우도 입시관리만큼은 지나치다는

느낌이 들 정도로 철저하며, 교육이나 연구에 대한 정성과 견줄 바가 아니다. 이는 대다수 시민들의 암묵적 동의하에 국가가 지식주입 교육 일변도의 청소년기 관리를 해온 사회체제가 유지되기 위한 핵심적 조건이라고 볼 수 있다.

89) 물론 이런 모순이 별도로 '청소년학'과 같은 과목을 개설한다고 해결되지는 않을 것이다. 그리고 어떤 개별 학과목도 그 자체로서 청소년이 학습하지 말아야 할 분명한 이유가 있지는 않다. 근본적으로 말해, 각각의 학과목이 기초로 하고 있는 세계관이나 지향하는 목표가 청소년의 주체성과 공정한 지위를 보장할 수 있도록 변화되어야 할 것이며 이를 위해 (이상론으로 비치겠지만) 기반 학문들 자체의 심각한 변화가 요구된다. 페미니스트들이 제반 학문의 기본 전제에 회의적인 태도를 갖고 학문체계 전반의 새로운 대안을 모색하듯이, 청소년들의 관점에서도 마찬가지로 근본적이며 전반적인 대안이 검토되어야 할지 모른다.

90) 예정된 비율의 청소년이 입시경쟁에서의 탈락하는 것을 정책실패가 아니라 정책성공으로 보는 역설적 입장이 있을 수 있다. 이들의 학업실패는 개인적으로 불행이겠으나 학교나 국가의 입장에서는 정상적 결과이며, 단지 이러한 결과를 미리부터 예감하고 자포자기식으로 받아들이도록 '잠재적'으로 사회화시키는 학교(교사)의 역할이 존재한다는 비판적 분석이 주목된다(한준상 1996). 학교는 우등생 찬양의 장막 뒤에 일종의 '실패와 낙오의 제도화'가 장기적이고 체계적으로 이루어지는 사회적 장이라는 것이다.

91) 한 교육사회학자(한준상 1996, 133면)는 한국의 학교들이 "구성원에 있어서 비자발적 소속감, 외부에 의해 결정된 역할 부여, 외부에 의한 재정적 지원, 전문가 봉사, 획일화된 관료주의적 활동, 강압적인 규칙구조 등"의 속성을 보임으로써 고프만(Erving Goffman)이 말하는 "전체 기관"(totalitarian institution)에 가깝다고 지적한다.

92) 노무현의 참여정부는 기존 학교교육체계의 한계를 청소년정책으로써 보완하기 위해, "다양한 분야에 흥미와 관심을 가진 청소년에게 새로운 학습환경 및 실질적인 교육기회의 제공을 통해 학교교육의 다양성 실현", "유연하고 탄력적인 공교육체제 구축으로 학업중단 청소년의 교육기회를 다양화하여 국가 인적자원개발 역량 강화", "지역사회의 다양한 자원을 활용하여 학업중단 청소년을 위한 학습 및 체험활동의 기회를 제공"과 같은 정책방향을 제시했는데 이 모두가 공교육의 심각한 한계를 공공연히 인정하는 것이다(김정주 2003b, 41면).

93) 안병영 교육부장관 시기에는 장관 스스로 대안학교 예찬론을 펼치기도 했다. 그는

개인적 경험과 인연을 바탕으로 「대안학교 이야기」(2004. 12. 23)라는 공개서한을 발표하기도 했다.

94) 김대중정부 출범 해인 1998년 전주의 한 고등학생이 청와대 인터넷싸이트 게시판에 교육환경 개선을 요구하는 내용의 글을 올렸다는 이유로 소속 학교가 중징계 처분을 내리는 사건이 있었다(『한겨레』 1998. 9. 18). 이 학생은 "버스가 끊기는 밤 10시에야 수업이 끝난다. 3cm로 제한된 머리길이 제한을 풀어 단정한 머리모양새를 허가해 달라. 시험날만이라도 일찍 끝내달라. 과학실험 도구가 부족하다. 교육청의 설문조사가 엉터리다. 자유시간이 모자라 취미나 특기를 살릴 수 없다" 등의 일곱 가지 불만사항을 전했다. 이 학생에게 학교는 위에서 지적한 '전체 기관'처럼 느껴졌음이 분명하다. 이에 대해 청와대는 교육부와 도교육청을 통해 경위를 조사한 후 이 학생에게 "훌륭하게 커달라"는 격려문을 보냈지만, 소속 학교는 이 학생에게 "학교에 대한 오해가 풀렸다"며 해명편지를 보내도록 강요했고 심지어 무기정학이라는 중징계 처분을 내렸다. 이러한 신경질적 반응은 당시 정부의 개방적 교육개혁 의지에 대한 학교의 불만과 불안을 적나라하게 드러낸 것이었다.

95) 뉴미디어 제품을 중심으로 한 청소년들의 적극적 소비참여는 전자제품 소비의 개별화를 가져와 일본에서는 가전(家電)제품에서 '개전(個電)'제품으로의 변화가 회자되고 있다.

96) 청소년보호위원회가 2003년에 인터넷을 이용하는 초중고생 1,440명을 설문조사한 바에 따르면, 응답 청소년의 60.4%가 스스로 인터넷에 중독되어 있다고 평가했다(『연합뉴스』 2003. 10. 14). 43.7%는 조금, 16.7%는 매우 중독되어 있다고 자평했다. 청소년의 82.6%는 수면부족, 학업지장 등의 부작용을 인지했지만, 61.3%는 거의 매일 인터넷에 접속하는 것으로 조사되었다.

97) 예를 들어 노무현정부는 청소년정책의 핵심과제로 청소년의 '정보화 역량'을 획기적으로 제고하겠다고 밝히고, 이를 위해 '청소년의 정보콘텐츠 개발 참여 및 활동지원사업', '청소년의 정보능력함양 사업 확대', '정보소외계층 청소년 정보화 지원사업' 등을 추진할 것이라고 제시했다(김정주 2003a).

98) "대중문화의 십대화"(『문화일보』 1998. 6. 13)는 미국 등 서구 선진국들에서도 보편화된 현상으로, 시장규모로는 1998년에 무려 1,220억 달러에 달한 것으로 보도되었다. 같은 해 미국에서 영화의 경우 전체 입장객의 26%가 10대층으로 나타났다. 한국의 십대 대중문화 시장의 규모는 정확히 계측하기 어렵지만, 전체 국민경제에서 차지하는

비중이 미국에서보다 높을 것이라는 추측이 가능하다. 나아가 최근에는 십대 전반(low teen)까지 대중문화의 소비주체로 급격히 부상하고 있어(『문화일보』 2004. 5. 31), 한국에서 대중문화의 십대화는 더욱 가속화될 것이다.

99) 예를 들어 한 사회단체(청소년을 위한 내일여성센터)가 2005년 13~20세 가출 청소년 442명을 대상으로 조사한 바에 따르면 이들이 성폭력과 성매매에 무방비로 노출되어 있었는데, "성매매 유형은 티켓다방 등 '고용형'보다는 인터넷을 통한 '개인형'이 3배 가량 많았다"(『서울신문』 2005. 12. 22). 또한 청소년보호위원회가 2003년에 인터넷을 이용하는 초중고생 1,440명을 설문조사한 바에 따르면, 온라인 채팅 때 청소년의 21.6%가 성매매 제안을 받아본 경험이 있다고 응답했다(『연합뉴스』 2003. 10. 14).

100) 이러한 경향은 이미 1990년대 중반부터 나타났으며, 이를 취재한 한 언론은 "컴퓨터 가상공간에서는 이(청소년의 기성질서에 대한 다양한 저항적 문화활동)보다 더욱 날선 청소년들의 문화가 번지고 있다. 이들은 10대에 10대에 의한 10대들의 문화를 자처한다. 기성세대의 접근이 쉽지 않은 컴퓨터라는 울타리 안에서 자신들의 해방구를 일구고 있는 것이다"라는 결론을 내렸다(『한겨레21』 1997. 7. 31). 사례로서 취재된 인터넷잡지 『Ch 10』(www.ch10.com)은 중학교 2학년부터 고등학교 3학년까지 모두 15명의 청소년이 주도하여 "기성세대의 오해와 편견을 도마 위에" 올리는 문화활동을 했다. 예를 들어 대중매체의 인기가요 순위를 뒤집어 만든 "워스트 텐"(Worst 10)을 발표하여 10대 사이의 이른바 인기곡들이 10대의 생각을 담기보다는 오히려 왜곡하고 있다는 비판을 전개했을 정도이다. 취재된 또다른 인터넷잡지 『네가진』(www.sss.co.kr)은 창간사로 '청소년 해방선언서'를 선포하며 "우리는 돈 없고 힘도 없다. 대학이란 쇠사슬에 손발 묶이고 입까지 틀어막혀 사고의 자유까지 제한당했다. 그러나 우리는 장님, 귀머거리, 벙어리의 위치에서 벗어날 것이다. 이제 더이상 생각이 굳어버린 그들의 손바닥에서 놀아나지는 않을 것이다"라고 선언하기도 했다. 인터넷 등을 매개로 한 이러한 청소년의 문화적 자율성은 더이상 기성세대가 부정하거나 파괴할 수 없는 것이지만, 정보사회 전체에 대한 (국가와 산업자본으로 대표되는) 기성세대의 통제력 바깥에 있다고 쉽게 단정할 수도 없다.

101) 물론 신자유주의적 경제·사회 변화가 청소년의 장기적 생활경험에 중대한 혼란을 초래하는 것은 전세계적인 현상이다(Jeffrey and McDowell 2004).

102) 이에 대조되는 현상으로 노동시장 유연화는 경기 양극화와 맞물려 대규모 청년실

업 사태를 초래함으로써, 아래에 살펴보듯이 여유계층 가족들을 중심으로 성인자녀들의 부모에 대한 물질적 의존기가 무한적 연장되는 현상이 나타나기도 한다(이혜상 2002).

103) 공교육의 내용상 특성뿐 아니라 과정상 특성도 기업들에게 매우 유용했을 것이다. 극도의 경쟁체제와 권위주의 규율체계가 지배하는 학교의 교육질서를 거친 청소년들이 성인이 되어 마찬가지의 특성을 가진 기업의 조직질서에 보다 용이하게 적응했을 것이라고 추론할 수 있다. 이는 군복무 경험의 효과와도 비교될 수 있다.

104) 물론 앰스덴(Amsden 1989)이 지적하듯이 한국 기업들의 적극적인 사내 기술교육은 기업성장과 경제발전에 중요한 발판이 되었다고 볼 수 있다.

105) 그러나 이와 관련해 재벌들이 설립한 공익재단법인 상당수가 '위장계열사'로서 편법상속과 기업통제의 수단으로 악용되고 있다는 지적도 있다(참여연대 경제민주화위원회 1998).

106) 아래에 지적하듯이 청소년의 상품소비 계층화는 정보통신 기기 및 써비스에 대한 소비 폭증에 의해 결정적으로 가속화되는데, 여기에는 빈부계층의 차이가 무색할 정도이다.

107) 이 신문은 한 중산층 가계의 사례를 들며, "대기업 차장 K(42)씨는 … 지난 크리스마스 때는 중학교 2학년과 초등학교 5학년인 두 아들의 카메라폰을 대당 100만원에 육박하는 최신형 MP3폰으로 바꿔줬다. 연말 성과급을 받은 김에 아이들 소원을 들어주기로 한 것이다. K씨 가족의 디지털기기 이용비는 매달 약 40만원. 4인 가족의 휴대폰 요금이 25~30만원, 유선전화(인터넷 포함) 6만원, 위성방송 16,200원 등이다. K씨의 월수입은 세금을 떼고 380만원 정도. 총 가계수입의 10분의 1 이상을 디지털 이용에 지출하는 셈이다"라고 밝힌다(『한국일보』 2006. 5. 1). 그런데 이 신문은 통계청의 가계소비지출 자료를 분석하여, 디지털 과소비가 상대적으로 빈곤층에서 심각해 2005년 하위 20% 소득계층의 전체 월소비지출(1,187,705원)의 8.21%(97,538원)가 통신비였고 이는 식료품비와 교육비에 이어 세 번째였음을 지적했다. 반면, 같은 해 상위 20% 소득계층의 통신비 비중은 4.79%(161,764원)였다. 20년 전인 1985년의 통신비 비중은 상위 20% 계층이 1.84%, 하위 20% 계층이 1.17%였으며, 10년 전인 1995년에 상위 20% 계층이 1.55%, 하위 20% 계층이 2.56%였던 것을 감안하면, 가히 폭발적 통신소비 증가가 이루어진 것이며 그 속도는 상대적으로 저소득층에서 두드러졌다. 이처럼 빈부를 아우르는 디지털 과소비로 인해, 한국의 가계비 중 통신비 비중이

OECD 국가들의 평균을 3배 이상 넘어서고, 통신비 총액도 OECD 국가들 중 단연 1위임이 같은 언론보도에서 지적되었다.

108) 2001년에 일반 청소년과 소외계층 청소년에 대한 조사결과를 비교한 바에 따르면, "정보사회에 대한 정보인식부문에서는 집단간 격차가 없는 것으로 나타났으나, 가정의 PC 보유 여부 등으로 구성된 정보접근부문에서는 현격한 격차를" 보였다(양심영·황진구 2002).

109) 정보화사업이 애초에 각종 통신 단말기 개발, 새로운 통신써비스 보급 등 비교적 단순한 사업영역 확장에 촛점이 맞추어져 있었다는 논평자의 지적이 있었는데, 이는 타당한 것이다. 개인적으로 1990년대 초반 중견 대기업 경영후계자들의 쎄미나 씨리즈에 초대받아 참여한 적이 있는데, 이때 이들의 주요 관심사가 바로 이러한 영역에 치중되어 있었으며 인터넷 보급 등에 따른 전혀 새로운 사회·문화체계의 확립 및 이에 대응한 기업전략의 전환이 논의되지는 않았다.

110) 이런 관점에서 일종의 정치적 실험이었던 노무현대통령 시대가 대다수 세대의 실망 속에 실패로 인식되어가는 사회적 분위기로 인해 앞으로 청소년·청년 세대의 정치적 결집과 동원이 저조해질 가능성이 있다.

111) 한국에서 신세대 담론은 서울방송(SBS)에 의해 가장 적극적으로 유포되어왔는데, 이 신생 방송이 추구해온 기존 방송들과의 차별전략은 청소년세대 공략, 선정적 오락주의 등이 핵심적이었다는 사실이 시사적이다. 한편으로 청소년들의 관심을 끌기 위한 새로운 유형의 선정적 오락물들을 대거 제작·방영하면서, 다른 한편으로 보수적 도덕주의의 관점에서 '신세대' 현상을 암묵적으로 비판하는 시사물들을 동시에 내보내는 이중성을 통해 그들이 구성한 쾌락주의 유형의 청소년세대를 일종의 배타적 매체영역으로 구축하려는 시도가 엿보였다. 이처럼 공격적 상업주의를 특징으로 하는 사영방송에 의해 청소년들은 처음으로 대중매체의 주요 소재이자 수용자로서 인정받는 계기를 맞았다. 매체질서의 소외자로서 살아왔던 청소년들은 이러한 계기에 매우 적극적으로 반응함으로써 서울방송의 상업적 성공을 뒷받침했다. 그리고 이러한 서울방송의 성공은 곧 문화방송(MBC)과 한국방송(특히 KBS2)의 모방적 프로그램 편성으로 이어졌다.

112) 이러한 변화를 읽지 못하고 연거푸 패퇴했던 보수정치세력, 즉 한나라당까지 급기야 "디지털 정당"으로의 변신을 모색하기에 이르렀다. 두 차례의 연이은 대선 패배에 이어 2004년 총선 패배로 충격에 빠진 한나라당이 갱생의 출구로서 "디지털 정치"를

지향하기로 결정했다 (『연합뉴스』2004. 4. 12). 이를 제기한 한 디지털정치 이론가는 "5만명의 노사모가 인터넷·이동전화 같은 디지털로 5만의 제곱(25억)에 해당하는 엄청난 커뮤니케이션 승수효과를 만들어내, 몇몇 큰 종이신문 독자(700만명 추산)에 의존했던 한나라당을 따돌렸다는 풀이"로 노무현의 대통령 당선을 설명했다고 한다.

113) 2003년 국민은행의 20대 고객 설문조사(자사 홈페이지 방문 260명 대상)에 따르면, 전체의 48%가 경제적 부담의 절반 이상을 부모에 의존하고 있었다(『연합뉴스』 2003. 7. 27). 완전한 경제적 자립을 100%로 할 때, 30~50%가 13%, 30% 이하가 35%였다. 경제적 자립은 "대학졸업 후"가 적당하다는 의견이 58%로 "대학입학 때부터"(22%), "군제대 후부터"(20%)라는 응답보다 훨씬 높았다. 이처럼 부모의 책임하에 대학을 졸업한 후 자립한다는 20대들의 의식은 "자식에게 대학공부는 시켜야 한다"는 부모들의 의식과 맞물려 있다. 실질적으로는, 대학졸업자들의 취업난이 심각해지고 이에 비례해 대학원 진학자들이 늘어나고 결혼을 막연히 미루는 청년인구가 급증함에 따라 자립이 대학졸업 후가 아니라 그 훨씬 이후까지로 미뤄지는 경우가 많다.

114) 일본에서 성인 연령, 구체적으로 20대 후반에서 30대 전반에 이르기까지 부모에게 생활을 의존하며 편하게 살려는 청년인구가 늘어나자 야마다 마사히로라는 사회학자가 이 집단에 "기생독신자"(parasite singles)라는 명칭을 붙였으며, 이것이 사회 전체에 통용되기에 이르렀다(이혜상 2002 참조). 이 명칭 자체가 함의하듯이 일본의 경우 성인자녀의 부모 의존에 대해 적어도 규범적으로는 매우 부정적인 인식을 하고 있다. 또한 부모의 자녀 교육열도 한국에 비해서는 약하며, 사회진출을 미루기 위한 자녀의 대학원 등 상급학교 진학을 재정적으로 책임지고 나서는 부모도 많지 않다.

115) 이론적으로, 이는 가족이 일종의 '조합적 행위체'(corporate actor)로서 계급적 경쟁행위의 단위가 되고 있다는 사실과 직결된다. 이 책 제1장 참조.

제6장

116) 'employment history'의 번역어로 취업력(就業歷)이 주로 사용되고 있지만, 이 연구에서는 '생애사'(life history)의 한 차원이라는 의미를 드러내기 위해 '생애취업사'로 번역하여 사용한다.

117) 조사대상자의 기억을 통해 과거의 사건을 조사한 이 자료의 방법은 기억의 부정확성 및 사후적 가치개입 등으로 인해 자료의 질적 한계를 안고 있음을 밝힌다. 이러한 한계는 문헌연구와의 교차분석을 통해 보완하고자 한다.

118) 그림 6-1과 그림 6-2는 이 연구의 분석자료인 '제4차 여성의 취업실태조사'의 연구보고서(김태홍·김미경 2002, 189~90면)를 참조하여 재구성하였다. 이 보고서에서 역시 5세 간격의 출생코호트별로 과거연령별 유업률 변화를 살펴보고 있지만, 농가·비농가 및 미혼·기혼, 학생·비학생 등으로 구분하지 않았다. 또한 출생코호트별 유업률 곡선의 차이를 확인할 뿐 이에 대한 체계적 분석을 제시하고 있는 것도 아니다.

119) 이 자료의 특성상 농가 여성이라는 규정이 현재 시점에만 적용되므로, 과거 농업노동 참여 경력까지 제외되는 것은 아니다. 따라서 각 출생코호트 내 직종별 생애취업유형 차이가 규명되어야 할 것이다. 이는 4절에서 다루어진다.

120) 그림 6-1에서 특히 1952~56년 코호트를 계기로 20대 중반 이후 연령구간에서 급격히 하락한 유업률은 이후 코호트에서 점차 상승하기는 하지만, 1930~40년대 출생코호트의 해당 연령구간의 유업률 수준에 도달하지는 못하고 있다.

121) 이 연구에서 여성의 생애취업유형 중 30대 후반 이후의 유업률 증가와 관련된 논의(주로 재취업에 관련됨)는 기본적으로 생략한다. 따라서 그림 6-1과 그림 6-2에서도 이와 관련한 해석은 간략하게 제시하고, 취업이 중단되는 연령구간에서 나타난 특징에 더 주목한다.

122) 본 분석자료에서 첫 출산이 결혼 후에 이루어지는 경우가 대다수(99%)로 나타났으므로, 첫 취업과 첫 출산의 순서는 별도로 고려하지 않아도 무방하리라 판단된다.

123) 결혼 전 취업경험이 있는 여성들의 구성비는 결혼 후 비취업 집단과 계속취업 집단의 구성비를 합한 것이다.

124) 첫번째 열의 '결혼 직전해' 유업률은 결혼 전 취업경험이 있는 여성들 중 결혼 직전해에 취업하고 있는 여성들이 차지하는 비율이다. 따라서 모든 코호트에서 유업률이 높게 나타난 것이다.

125) 1967~71년 코호트와 1972~76년 코호트의 경우, 본 조사에서 결혼과 출산을 마친 여성만을 대상으로 했기 때문에 상대적으로 취업유지 경향이 강할 수 있는 집단이 제외되었을 수는 있지만, 적어도 이 출생코호트에서 결혼과 출산을 경험한 여성들은 이전 세대보다 취업지속성이 더욱 약화되었다는 것은 확인할 수 있다.

126) 최근 출산율의 감소와 인구고령화에 따른 사회문제를 우려하는 입장에서 그리고 일하는 어머니들의 육아문제 해결을 촉구하는 의도에서, 여성의 취업중단 원인을 출산과 육아로만 한정해 논의하는 경우가 늘어나고 있다(장지연·김지경 2001; 황수경 2004).

127) 전문직 여성들은 대다수 흔히 '여성직'으로 불리는 보건의료분야와 교육분야에 종사하고 있었다. 전문직 여성 4명 가운데 1명은 보건의료 전문가이고 3명은 교육전문가였다.

128) 산업화 초기 (단신)이농의 핵심적 주체가 농민가구의 가장이나 아들이 아니라 미혼의 딸이었다는 점과, 산업화 시기 딸의 공장취업이 가족 생존전략의 일부였다는 점은 한국의 특수한 현상이라기보다는 서구의 초기 산업화과정을 포함해 보편적으로 나타나는 현상이다(Tilly and Scott 1987; Seccombe 1993; Kessler-Harris 1989).

129) 1970년대 중반 이후 제조업 내부에서 섬유·봉제업이 차지하는 구성비는 점차 감소하지만, 그 규모 자체는 1964년에서 1974년까지 네 배나 증가했으며 1982년까지 고려하면 여섯 배나 상승했다(이옥지 2001, 127면).

130) 여기에서 취업(유업) 여부는 한 해 동안 취업한 개월수가 1개월 이상인 경우임을 염두에 둘 필요가 있다. 따라서 결혼한 해라고 하더라도 취업한 개월수가 1개월 이상이라면 취업자(유업자)로 파악되도록 한 것인데, 결혼 전의 유업률이 급격히 떨어진 시점이 결혼 다음해가 아니라 결혼한 해로 나타난 것은 여성들이 결혼 이전에 이미 노동시장에서 퇴장하고 있음을 보여준다. 다만 1956년 이전 출생코호트는 결혼 전 취업자 다수가 결혼 당해에 비취업으로 전환한 반면, 그 이후 출생코호트에서는 결혼 전 취업자들이 결혼 당해와 결혼 다음해에 순차적으로 노동시장을 떠나고 있었다.

131) 대졸 사무직여성의 첫 취업부터 결혼 시점의 노동시장 퇴장에 이르는 과정을 심층 면접법을 이용하여 분석한 한 연구에 따르면, 취업 초기 노동에 부여했던 의미가 축소되는 과정과 연애와 결혼이 특별한 중요성을 갖게 되는 과정이 서로 관련되어 있었다(조정아 2000). 이처럼 결혼과 가족생활에 여성들이 부여하는 의미는 이 여성들의 결혼 전 경험과의 연관 속에서 설명되어야 한다. 노동계급 여성들의 경우도 결혼을 하나의 '탈출구'로 받아들였는데, 이들에게 결혼은 "태어난 가족의 생계를 위해 참아야 하는 단순하고 반복적인 노동과 봉건적이고 통제적이며 가난한 가족에서 벗어나기 위한 좋은 기회"로 해석되기도 했다(조주은 2004, 102면).

제7장

132) 학문적으로 핵가족화론은 주로 기능주의자들에 의해 제시되어왔는데, 대표적인 저작으로 Parsons and Bales(1955), Goode(1963)을 들 수 있다. 기능주의자들은 핵가족화가 산업화에 대한 사회적 적응으로서 사회심리적, 가구형태적 그리고 경제적 측면에

걸친 다면적 현상임을 간과하지 않았다. 이에 반해 한국사회에서 세평(世評)으로서의 핵가족화론은 사회적 과정보다는 개인주의화라는 개인 도덕적 차원의 문제를 주로 부각시킨다. 아울러 정부 통계발표나 언론보도에서의 핵가족화론은 가구형태적 차원에서 핵가족가구의 증가추세와 개인 도덕적 차원에서 개인주의화를 제대로 구분하지 못함으로써 대중의 혼돈을 야기해온 책임이 크다.

133) 1980년대 후반까지는 이러한 분거 노인들의 대부분이 자녀와의 동거를 희망하지만 (특히 자녀들의) 특수한 사회·경제적 사유로 또는 자녀부부와의 심리적 부적응 때문에 따로 살았던 것 같다(이가옥 외 1989). 물론 경제적 여력이 있는 노인들 가운데에는 적극적으로 부부중심의 노후설계에 나서는 새로운 경향도 나타났다(최성재 1992). 노부부가구를 광의의 핵가족가구로 분류하면 전자의 노인들은 젊은 세대의 '능동적 핵가족화'에 대비된 일종의 '수동적 핵가족화'를 겪고 있다고 볼 수 있다. 마찬가지 의미에서 후자의 노인들은 '능동적 핵가족화'를 겪고 있다고 볼 수 있다. 아래에 논의가 되겠지만 수동적 핵가족화를 겪는 경우 분거를 위한 심리적 적응과 물질적 기반 마련이 되지 못해 불안정한 생활에 허덕여야 하는 경우가 많다.

134) 조은·조옥라(1992)의 도시(서울)지역 무허가정착지 연구는 이러한 어려운 상황의 가족구조 변화를 생생하게 보여주고 있다.

135) 중산층 가족문화로서의 상품 소비의 양상에 대한 남은영(2007)의 연구 참조.

136) 특히 시부모 부양의무를 맡고 있던 자부들의 절반 이상이 자신들의 노후에는 자부에 의한 부양을 받지 않겠다고 밝힌 것은 시사하는 바가 크다(공세권 외 1990). 이러한 입장은 한편으로는 현재 자신들이 겪고 있는 시부모 부양의 고생을 다음 세대 자부들에게까지 강요하지 않겠다는 이타적 동기도 있지만, 다른 한편으로는 자신들의 시부모 부양이 다분히 타율적이며 스스로의 노후에는 이처럼 마음에서 우러나지 않는 봉양을 받고 싶지 않다는 회의적 심정의 발로이기도 하다. 또 최성재(1992)의 연구결과에 의하면 국민연금보험 가입자들 가운데 설문응답자의 대부분(73.0%)이 노후에 자녀와의 별거를 생각하고 있었으며 이러한 경향은 20대에서 50대까지 고루 나타났다. 즉 국민연금이라는 공적 제도에 의해 경제적 측면에서의 노후보장이 확실해지면 자녀에의 의존을 기꺼이 회피하겠다는 태도가 표현된 것이다.

137) 그동안 여러 미국 및 일본 학자들의 연구에서 내려지는 결론은 다음과 같다. 즉 일본처럼 가족부양체계가 유지되는 상황에서의 국가 복지지출은 미국처럼 부양이 탈가족화 내지 기관화(institutionalized)된 상황에 비해 노인, 아동 등 복지 수요집단의 실

제 안녕도를 통해 측정된 효율성이 상대적으로 높다(Preston and Kono 1988). 물론 미국의 사회보장 수준은 서구 산업국가들 가운데 매우 낮은 편에 속한다는 사실이 함께 지적되어야 하지만 그래도 일본에 비해 비용 기준으로 낮지는 않다. 그러나 가족부양을 통한 복지지원의 효율성은 정책적 고려보다는 각 사회의 문화적 맥락에 의해 근본적으로 좌우되는 것으로 보인다. 예를 들어 미국사회에서 기혼자녀의 동거노부모에 대한 부양이 정책적으로 지원받는다고 해도 직계가족의 비율이 늘어날 것으로 보는 학자는 거의 없을 것이다.

138) 물론 고급 과학기술 분야의 인력처럼 노동력에 대한 기업별 투자효과가 비교적 직접적으로 얻어질 수 있는 경우는 사정이 다르다.

139) 이러한 문제는 여성부의 출범, 나아가 여성부의 여성가족부로의 확대개편을 통해 어느 정도 보완되기도 했으나, 이러한 변화도 여성정책에 대한 종속성이라는 한계를 갖고 있었다.

140) 마셜(Marshall 1964)은 영국의 경우 오늘날의 민주주의적 시민권(citizenship)이 공민권(civil rights), 정치권(political rights), 사회권(social rights)이 차례로 보장됨으로써 확립된 것이라고 설명한다. 각각의 자세한 내용은 제4장 참조.

141) 노무현정부 시대에 이루어진 민주노동당의 국회 입성은 이러한 면에서 보면 중대한 정치사적 변화이며 소속 국회의원들의 활약도 눈부셨다. 불행히 민주노동당의 정치적 지지기반이나 이념적 호소력이 뚜렷이 신장되지 못하고 있는 것이 21세기 초의 현실이다.

142) 허쉬만(Hirschman 1970)은 자유시장(free market)적 상황에서 특정 재화에 대한 수요자들의 선택권이 제대로 보장되어 있더라도 공급자들이 담합(collusion)에 의해 일정 범위 내의 저질품만 공급함으로써 가격하락도 품질향상도 되지 않는 경우가 빈번하다고 주장한다. 이를 정치에 적용하면 비슷한 속성을 갖는 사회집단이나 정치꾼들이 정치를 독점하는 상황에서 극히 형식화된 정당분리와 정권교체의 틀을 이용해 국민들의 정치적 자유와 권리를 유명무실화시키는 경우를 연상할 수 있다.

제8장

143) 해방 후 미국이 극히 현실주의적인 한반도 관리에 나섬에 따라 (일본에서는 군국주의 잔재 청산에 전방위적으로 나서면서도) 남한에서 일제의 제도, 시설, 인력에 대한 근본적 개폐를 시도하지 않았다. 특히 교육에 있어서 점령 초기에는 일본의 군국주의

교육체계를 없애고 대신 미국식의 자유주의 (공)교육체계를 종합적으로 확립하겠다는 의지가 표명되었지만, 현실적으로는 일제시대의 시설, 인력 나아가 제도에 대한 상당한 '재활용'이 이루어졌다(손인수 1992; Seth 2002).

144) 서구지향적 근대화 과정에서 토착 지식·교육체계에 대한 문화적 폄하는 흔히 발생하는 현상인데, 특히 일제, 한국전쟁 등을 거치며 이의 습득이 구조적으로 불가능했던 세대에 의해 국가와 사회가 주도되면서 토착 지식·교육체계는 급속히 도태되었다. 이 현상은 일종의 "동양주의"(Said 1979) 태도가 한국인들 자신에 의해 체득되는 결과를 가지고 왔다.

145) 이미 학령(學齡)을 지난 성인들에 대해서는 정부 캠페인이나 대중매체가 대체 역할을 맡았다.

146) 물론 교육에 의한 사회 불평등과 차별의 야기는 한국사회에만 국한된 것이 아니다. 이는 서구 사회학의 고전적 연구주제 가운데 하나로 자본주의 사회계층 현상의 핵심적 인자로서 널리 취급되어왔다. 심지어 중국과 같은 사회주의 사회에서도 교육에 의한 불평등, 차별, 소외의 문제가 심각하게 대두되거나 인식되어, 모택동(毛澤東)은 문화혁명 와중에 아예 (고등)교육을 폐지하려 들기도 했다(구자억 1999).

147) 예컨대 대학 기여입학제를 둘러싸고 한국정부가 그토록 신중한 입장을 견지해온 것이나 정부의 정책적 입장에 대해 시민단체, 언론 등에서 비상한 관심을 표명해온 것이 이러한 이유 때문이다. 서울대학교가 신입생 지역할당제 등 개혁적 입학제도를 추진하면서 사회 전체가 민감한 반향을 보이는 것도 같은 맥락에서 이해할 수 있다(『문화일보』 2002. 8. 14).

148) 이런 맥락에서 선거철이나 권력교체기에 고위관료들의 공공연한 정치적 줄서기, 언론의 파당적 편향보도, 학계·문화계 인사들의 공공연한 선거운동 등이 벌어진다.

149) 그동안 각종 고시제도 개혁 및 법학전문대학원(law school) 도입이 추진되면서 기존의 고시 출신 사법·행정 엘리트들의 집단적인 저항과 비협조가 핵심적 장애로 작용했던 것이 이에 무관치 않다(『문화일보』 1999. 5. 18).

150) 전문직의 형성과 확대가 시민사회의 자기확립 과정으로서의 성격이 특히 두드러진 경우는 미국의 예를 들 수 있다(Horwitz 1977; Starr 1982).

151) 한때 대한의사협회는 의약분업정책에 찬성한 인물들에 대해 협회 회원자격을 일정 기간 정지하는 촌극까지 벌였다. 이는 대다수 전문직단체가 '사회적 형성'의 과정이 결여된 이익집단으로서 사회적 평판에 대한 최소한의 고민조차 갖지 못하는 현실의

354

실레이다(『교수신문』 2002. 10. 19).

152) 예컨대, 한국이 매우 짧은 시간 내에 첨단 정보·통신분야에서 세계를 선도하는 일원이 된 것은 기업, 정부의 적극적 투자도 중요했지만 이러한 고도 지식집약 부문의 운영을 가능케 하는 풍부한 인적자원의 존재를 무시하고는 설명하기 어렵다.

153) 이 책 제9장에서 필자는 이를 '산업화의 사회적 전환비용'(social transition costs of industrialization)으로 개념화하여 그 구체적 내용을 설명했다.

154) 같은 조사에서, 서울시내의 또다른 부촌으로 꼽히는 용산구 이촌동에서는 34.6%가 '편리한 교통'을 주거 이유로 꼽았고, 교육환경을 꼽은 비율은 9.0%에 불과했다.

155) 국가가 교육투자에 인색한 반면에, 여러 대기업들은 한동안 사원, 나아가 사원 자녀들의 교육을 위해 기회를 제공하고 비용을 보조하기도 했다(송호근 1995). 물론 산업화 초기에는 그러한 교육적 지원을 할 수 있는 기업은 거의 없었다. 그러나 많은 기업들이 재정적 및 기술적으로 고속성장을 해가면서 고등인력 조달을 위한 자체적인 노력을 펼치게 되었다. 여러 직원들은 졸업 후 일정 기간 이상의 의무근무를 조건으로 국내외 대학에서 대학원 교육기회가 주어지기도 했다. 또한 기업복지 차원에서 직원 자녀들에게 등록금이 제공되기도 했다. 비록 이러한 혜택들이 일반적이지는 않았지만, 교육이 기업과 직원 사이를 잇는 중요한 사회적 고리로 작용한 것은 분명하다.

156) 일반적으로 워크페어는 복지대상자의 고용 가능성을 높여 경제적 자립을 유도하는 것으로 여러가지 미세한 노동(고용) 관련 보조나 지원을 포함한다(김태성·성경륭 1993). 한국에서 이러한 의미의 워크페어가 존재했다고 볼 수는 없고, 단지 거시적으로 빠른 경제성장을 통해 실업률을 최저화하는 노력이 지속적이고 성공적으로 전개되었으며, 극빈층의 복지지원에 있어서도 가급적 노동과 연계시키려 했다는 점에서 고유한 유형의 워크페어 정책이 있었다고 볼 수 있다.

157) 노벨상 수상자 스티글리츠(Joseph Stiglitz)는 그의 저서(*Globalization and Its Discontents*, 2002)에서 국제통화기금을 위시한 국제적 경제협력기구들이 실상은 서구 자본, 특히 미국 금융자본의 이익을 대변하여 세계 각국의 경제를 왜곡하거나 착취하고 있다고 강한 어조로 비판한다.

158) 전교조참교육실천위원회 편(1999) 참조.

제9장

159) 기어츠(Geertz 1963)가 "농업퇴행"(agricultural involution)을 지적한 동남아 상황

과, 바란(Baran 1957)이 종속이론의 기초로서 논의한 남미의 상황이 그러했다.

160) 필자는 중국의 초기 경제개혁 과정에서 폭발적으로 전개된 농촌산업화를 마찬가지 관점에서 분석한 바 있다(Chang 1993).

161) 메이야수(Meillassoux 1981) 등의 이른바 '생산양식접합론'이 이러한 문제를 체계 적으로 이론화하고 있다. 이들의 설명에 따르면, 차야노브(Chayanov 1986)류의 가족 농과 자본제 기업 사이의 관계는 상품의 부등가교환에 의한 착취뿐 아니라, (이농)노 동력 재생산비용 전가에 따른 착취가 함께 이루어진다는 것이다.

162) 농촌가족의 도시노동자들에 대한 사회보장 기능은 1980년대 중반경부터 각종 국가 적 사회보장책이 도입되기 시작함으로써 그 중요성이 약화되어왔다고도 볼 수 있다. 그러나 각종 사회보장책은 실시 여건을 빌미로 도시지역에 우선되어 도입되어왔으며, 농촌까지 확대된 제도들도 재원 부담은 농민과 도시인이 같은 기준으로 떠맡지만 실 제 써비스 혜택은 농민들에게 불리한 모순을 보이고 있다(조흥식 1992). 이처럼 도시 편향(urban bias)적인 복지제도들을 통해 농민들이 도시 경제인구를 재정적으로 보조 하는 아이러니가 벌어지고 있다.

163) 최근 국산 공산품의 가격과 질이 상당한 국제경쟁력을 갖게 된 상황에서 농산품과 공산품의 상대가격이 개방체제를 전제로 한 국제수준으로 조정되어야 한다는 의견이 (도시)경제인들 사이에 당연시되고 있다. 그리고 수입 농산물의 국내가격 교란을 그런 차원에서 합리화시키는 경향도 있다. 그러나 이는 산업발전의 역사적 조건으로서 농업 (농민)의 상대적 희생을 간과한 것이다. 비록 대외 시장개방의 추세 속에서 외국 농산 물에 비해 국내 농산물이 상대적으로 고가로 보이지만, 이러한 지적은 과거 산업성장 을 위해 국내경제를 철저하게 보호하던 시기에는 타당하지 않은 것이었다. 즉 원자재, 중간부품, 산업기계류 수입과 가공품 수출을 제외하면 폐쇄경제(closed economy)체제 가 유지되었는데, 이러한 상황에서 따지면 공산품의 국내 시장가격에 비해 농산물의 국가 수매가가 장기적인 정체상태에 있었다고 할 수 있다. 수많은 국내 공산품의 가격 은 국제시세보다 훨씬 높았는데, 이는 국내산업의 생산성이 낮은 이유 외에도 기업 및 국가 차원의 자본축적을 원활히하기 위한 정책 의도를 반영했다. 그리고 농산물가격의 하향 안정은 도시노동자들의 생계비를 줄이고 궁극적으로 기업의 이윤율과 국제경쟁 력을 높이는 데 중요한 조건이었다. 반면 농민들이 도시산업으로부터 구입하는 농업생 산재들과 소비재들의 가격이 농업의 이윤율이나 국제경쟁력 제고를 위한 차원에서 적 극적으로 통제된 적은 없다.

356

164) 이는 김영삼정부 시절 '신경제 장기구상 농어촌대책 작업반'의 내부 회의자료(『신경제 장기구상: 농림수산 장기발전구상 연구내용(안)』 1995. 11. 4)에 수록된 내용이다.

165) 가족농의 역사적 기여에 힘입은 성공적인 산업화와 무역대국화가 가족농체계의 존속을 구조적으로 위협하는 또다른 측면은, 바로 우루과이라운드에 의한 쌀시장 개방이 한국의 비농업부문에서의 수출 공세에 대한 국제적 대응의 의의를 갖고 있었다는 점이다. 이러한 사회·문화적 및 국제경제적인 과정을 통한 장기적 부작용 외에도, 도시경제가 즉각적으로 농업의 생산기반을 교란하는 문제들이 많다. 농지의 예를 들면, 농민들은 그들의 핵심적 생산요소인 농지를 도시산업의 공장부지, 도시인들의 주택지, 도시 엘리뜨들의 골프장 등으로 양보해왔다. 이러한 농지 양보의 과정은 많은 경우 자유롭고 평등한 경제적 교환이 아니라, 부동산 투기나 행정규제를 악용한 실질적 갈취 등 비정상적인 양상을 띠고 있어, 농민들의 박탈감이 가중되어왔다. 더욱이 도시인들에게 예속된 토지와 그 주변 지역은 반드시 공해와 자연환경 파괴를 겪게 되어, 자연에 결정적으로 의존하며 살아가야 하는 농민들의 삶이 생태학으로 위험을 받는 것이 다반사이다.

166) 농촌의 아동양육과 청소년 사회화에 관한 실증적 연구로 김홍주(1992), 변화순(1993) 등을 참조.

167) 이에 관한 실증적 연구들로 최양부(1986), 최양부·오내원(1992), 김일철 외(1993) 등을 참조.

168) 관련된 종합적 연구로 변화순(1993), 김주숙(1994) 등 참조.

169) 관련된 종합적 연구로 김응석 외(1993), 이가옥 외(1989), 조홍식(1993) 등 참조.

170) 호셀리츠(Hoselitz 1955)는 도시가 농촌에 대해 "발전유도적"(generative)이 될 수도, "기생적"(parasitic)이 될 수도 있다고 지적하고, 어떠한 가능성이 실현되는가는 그 사회 성원들의 개발노력의 방향에 달렸다고 지적했다. 한국에서도 도시의 경제와 사회가 농촌의 지속가능한 발전을 지원할 수 있는 여지는 언제나 있었다고 보아야 할 것이다.

171) "내적 전환"(internal conversion)은 기어츠(Geertz 1973)가 비서구 사회를 포함한 어떤 사회의 문화도 거시 사회·경제적 발전을 촉진하는 형태로 전환할 수 있는 내적 동력을 일정 조건하에서 가짐을 지적하기 위해 사용한 개념이다. 이는 서구중심적 근대화론을 베버주의적 시각을 확대해 비판하는 것이다.

172) 정명채(1992, 222면)는 이 현상을 "농촌빈곤의 도시이동"이라고 설명한다.

173) 한 국책연구기관의 1980년대 말 조사에서 도시 빈곤가구주의 73.8%가 이동한 사람들로 나타났는데(국토개발연구원 1989), 이러한 사실은 이전에도 여러 차례 드러난 것이다.

174) 여기에다가 투입 노동의 강도와 시간에 대한 소득액의 비를 계산하면, 도·농간 경제적 격차는 더욱 심각한 것으로 드러난다. 농가 노동의 강도와 시간은 더욱 증가했던 것이 현실이기 때문이다(변화순 1993; 김홍주 1992). 이 점을 지적해주신 김태헌 교수께 감사드린다.

175) 토다로(Todaro 1969) 모형에 따르면, 도시의 인구 "흡입요인"(pull factor)보다는 농촌의 인구 "압출요인"(push factor)에 의해 인구이동이 나타났다고 볼 수 있다.

176) 물론 산업화 초기에는 농지 부족에 허덕이던 농민들이 도시에서의 산업고용 기회를 찾아 나가는 것은 농업과 산업 모두를 위해 바람직한 것이었다. 그러나 이미 농업 노동력 부족 현상이 심각해지는 등 과도한 이농의 경제적 역기능성이 심각해진 상태에서, 여기에서 강조하는 정치사회학적 역기능성이 중첩되어 부작용이 증폭되는 문제가 있다. 이러한 의미에서 일부 경제학자들이 농촌 인구의 추가 방출이 효율적 농업생산을 위해 불가피하다고 주장하는 것은 현실감각의 결핍에 의한 위험한 단견으로 비판받을 수밖에 없다.

177) 독점시장 상황에서는 이탈은 기본적으로 불가능하고, 단지 항의의 선택이 가능하다. 그런데 독점시장에서는 조직이 성원들의 민주적 관리 아래에 있지 않으면 독점적 지위를 정치적으로 남용하여 성원들의 항의마저 억누를 가능성이 있다. 이러한 설명이 사회주의체제의 정치적 한계로서 제시될 수도 있다.

178) 이때 조직에 대한 충성심과 영향력은 상호 의존관계에 있다(Hirschman 1970, 77~78면). 즉 충성심을 갖는 성원은 조직이 자신이 생각하는 올바른 방향으로 움직이도록 영향력을 행사하고 싶어하고, 영향력을 갖는 성원은 조직이 자신의 의지대로 올바르게 움직일 수 있음을 믿고 애착심을 갖는다.

179) 이에 관한 이론적 논의로 Olson(1965) 참조.

180) 1990년대 중반 이후 전세계 가족농의 희생을 담보로 하는 자유무역 논의가 열리는 장소마다 한국의 사회운동가들이 저항전선을 주도해온 것이 사실이지만, 이것이 농민운동의 매우 제한된 계급적 저변을 부정하는 것은 아니다.

181) 이러한 역사의 유제로서 남아 있는 각종 농민 통제기제들이 군, 면, 마을 단위에서 어떻게 작용하는지에 대한 생생한 연구로, 한국농어촌사회연구소·한국가톨릭농민회

(1990) 참조.

182) 이는 앞서 지적한 대로 농민들이 세대간 사회이동(inter-generational social mobility)을 가족전략(family strategy)으로서 추구했음을 의미하는데, 세대간 사회이동의 가능성에 대한 기대가 크면 클수록 당면한 농촌의 사회·경제적 문제에 대한 직접적 저항을 유보했을 것으로 보인다.

183) 경제위기 이후 더욱 가속화된 세계화 추세에 대응해 많은 한국인들이 스스로의 이민이나 해외취업이 여의치 않으면 자녀라도 해외에 내보내 교육시켜서 미래를 개척하게 하려는 동기가 급속히 확산됨으로써 이른바 '기러기 아빠'들이 급증한 것도 일종의 간접이탈 현상으로 볼 수 있다.

184) 스콧(Scott)은 그의 저서(*Weapons of the Weak: Everyday Forms of Peasant Resistance*, 1985)를 통해 농민들의 이러한 소극적 형태의 항의에 대해 자세하게 묘사하고 있다.

185) 2008년부터 시작된 치매·중풍 노인에 대한 장기요양보험제도가 많은 농촌 노인들의 건강과 생활을 보호하게 된 것은 그나마 중요한 변화라고 볼 수 있다.

제10장

186) 최근 현대사회의 근대성 비판 차원에서 각종 위기상황의 정상성에 대한 논의가 활발히 제기되고 있다. 예를 들어 퍼로우(Perrow)는 그의 저서(*Normal Accidents: Living with High Risk Technologies*, 1999)에서 고위험 기술의 사용과 관리에 있어 현대적 개선 노력이 오히려 사고확률를 높이는 측면이 있다고 비판한다. 한국가족의 '정상위기'는 이러한 논의에서 필자가 유추한 개념이다.

187) 별도로 지적되었지만, 1990년대 초반까지도 국가의 유일한 명시적 가족정책 기구였던 보건사회부의 가정복지과에서 관혼상제의 통제가 가장 핵심적인 업무였다.

188) 서남재단이 의뢰한 이 책 초고의 한 논평자는 모든 개발국가가 압축적 근대성의 특징을 갖는 것이 아니냐고 했는데, 기본적으로 타당한 지적이다. 특히 개발국가들이 거의 예외없이 이른바 경제의 '추격발전'에 나섰다는 사실은 일종의 문명적 단축(그림 1-1 참고)이 실현되거나 시도됨을 의미한다. 이러한 측면에서, 필자의 압축적 근대성 논의가 개발국가의 집권을 거친 여러 사회들에 적용 혹은 응용될 수 있다고 보인다. 아울러 해당 사회들의 가족문화에 관한 분석도 압축적 근대성에 결부시켜 시도해볼 수 있을 것이다.

189) 허쉬만(Hirschman 1970)에 따르면 조직위기에 대한 성원들의 반응이 기본적으로

"이탈"(exit)이나 "항의"(voice)로 나타나는데, 일반적으로 항의의 강화(수용)는 이탈의 약화(예방)로, 항의의 약화(억제)는 이탈의 강화(야기)로 이어질 수 있다. 이러한 논거에 기초해, 한국의 가족 위기에 대한 항의의 미약성이 다양한 이탈(탈가족화) 행태로 나타나고 있다는 설명이 가능하며, 이탈의 심화는 궁극적으로 가족(인구) 재생산체계의 붕괴로 이어질 수 있다.

190) 물론 조이혼율은 인구의 연령별 및 혼인상태별 구성을 제대로 감안하지 않은 통계이기 때문에 엄밀한 이혼 추세를 측정하지 못한다. 그러나 같은 기간 동안에 조혼인율(인구 천명당 혼인 건수)이 1970년 9.2에서 2002년 6.3, 2005년 6.5로 점차 감소했음을 감안할 때, 이혼 증가속도가 매우 주목할 만한 것임을 알 수 있다.

191) 합계출산율은 어느 한 시점에서 그 사회의 평균적인 여성이 가임연령대의 출산 확률을 전부 거친다고 가정할 때 도출되는 가상적인 출산력 지수이다. 합계출산율이 1960년에 6.0이었던 사실을 감안할 때, 가히 세계가 경탄할 속도의 '출산전환'(fertility transition)이 이루어진 것이다.

192) '비혼'(非婚)은 "결혼 여부로 사람들을 구분하는 기·미혼의 이분법 대신 결혼제도와 무관한 다른 삶의 방식을 지향하는 경우"이며, 비혼여성에는 이러한 지향에 의거해 "기존의 미혼여성 외에 이혼녀, 미혼모, 동거녀 등 다양한 여성들이 포함"될 수 있다(우은정 2001).

193) 마찬가지의 태도가 남성에게도 확산되고 있지만, 남성 만혼이나 독신은 상대적으로 비자발적 경우가 많은 것으로 보인다. 남성 미(비)혼율은 2000년 기준으로 25~29세 71.0%, 30~34세 28.1%, 35~39세 10.6%로 나타나, 30대는 여성의 배를 넘었다(변화순 2002).

194) 서구사회들 가운데에서도 상대적으로 가족주의 성향이 강한 것으로 간주되는 이딸리아, 스페인 등 남유럽국들이 저출산, 만혼 등의 추세가 훨씬 두드러진다(장혜경 외 2004). 이러한 현상은 한국과 마찬가지로 가족기능의 과부하에 따른 탈가족화 추세로 해석될 수 있지만, 그 강도가 한국보다는 훨씬 약하다.

제11장

195) 이러한 이론체계 내에서 거시적 사회현상의 미시적 기초로서 개인을 연구한다는 것은 무의미하다. 왜냐하면 개인이 사회를 대함에 있어 사회의 구조적 영향을 벗어나 집단·조직·제도적 자원이나 전략을 동원할 가능성이 부정되기 때문이다. 이러한 중

간 매개요소들이 없이는 개인은 사회의 구조적 압력에만 기계적으로 반응하는 존재가 되기 때문에 개인을 통한 사회연구는 동의반복(tautology)적이다. 오직 철학적 각성이나 심리적 변덕만이 개별성의 기초 자산이 되는데 이는 사회학적으로 유의미한 변수가 아니다.

196) 이에 대한 반성으로서 제기되는 것이 이른바 거시-미시 연계(macro-micro linkage)를 확립하려는 이론·분석적 시도들이다(Huber ed. 1991 등 참조).

197) 개인-가족 관계에만 치중하는 작금의 가족연구가 사회학적 성격을 되찾기 위해서는 반대로 거시적 사회구조·과정에 대한 관심을 강화시켜야 하는 것이 사실이다. 설사 개인과 가족 사이의 관계가 중요한 연구대상이더라도 개인-사회 및 사회-가족의 관계를 통해 사회에 의해 매개되는 부분의 개인-가족 관계가 갈수록 중요해지고 있다는 것은 명백한 추세이다.

198) 유럽의 빅토리아 시대(Foucault 1990; Shorter 1975) 그리고 동아시아의 신유교주의 시대(최홍기 1991) 등에서 나타나는 '사회로부터 고립된, 여성 주도의 서정적이고 도덕적인 공간으로서의 가정'의 이념이 점차 하나의 생활양식으로서 확산되면서 이를 이론적으로 반영한 결과이다.

199) 이러한 추세는 이론적으로 교환이론, 상징적 상호작용론 등과 같은 미시사회이론의 확산과 방법론적으로 (개인단위) 서베이 결과를 계량적으로 분석하는 과정에서 나타나는 이른바 '방법론적 개인주의'의 확산에 의해 뒷받침되었다.

200) 국내에서도 이러한 조류의 가족사회학 연구가 한동안 활성화되었던 것이 사실이다. 예를 들면, 여성한국사회연구회 편 『한국가족론』(1990), 한국사회사연구회 편 『한국 근현대 가족의 재조명』(1993) 등.

201) 물론 가족의 중요성에 대한 강조가 가족에 대한 이론적 낭만(theoretical romanticism)으로 흐르는 것을 경계해야 되겠지만, 동시에 가족의 중요성에 대한 간과는 개인과 거시적 사회구조에 대한 이론적 낭만으로 흐를 수 있다는 사실을 아울러 지적하고자 한다. 그리고 사회질서의 가족중심성에 대한 논의는 실천적 관점에서 정치적 입장에 따라 가족적 요소의 보전과 타파 모두를 함의할 수 있다.

202) 한국 사회학의 이러한 가능성에 관해 신용하(1994) 참조.

참고문헌

강이수 (1999) 「근대 한국 100년과 여성의 삶」, 『경제와 사회』 44.

강이수·신경아 (2001) 『여성과 일: 한국 여성 노동의 이해』, 서울: 동녘.

고영복 (1967) 「한국 가족문화의 변용과정」, 『아세아 연구』 10(2).

공보처 (1996) 『한국인의 의식·가치관 조사: 요약·해설편』.

공세권 외 (1987) 『한국 가족구조의 변화: 가족생활주기 조사를 중심으로』, 서울: 한국인구보건연구원.

공세권·조애저·김승권 외 (1992) 『한국에서의 가족형성과 출산행태』, 서울: 한국보건사회연구원.

공세권·조애저·김진숙 외 (1990) 『한국가족의 기능과 역할변화』, 서울: 한국보건사회연구원.

곽노현·윤종훈·이병한 (2001) 『삼성 3세 이재용: 그의 출발선은 왜 우리와 다른가』, 서울: 오마이뉴스.

구인회 (2003) 『경제위기와 청소년 발달: 가족의 경제적 상실이 청소년 교육성취에 미치는 영향』, 서울: 집문당.

구자억 (1999) 『중국교육사』, 서울: 책사랑.

국토개발연구원 (1989) 『도시빈곤층 대책에 관한 연구』, 서울: 국토개발연구원.

권이종 (2003) 「제3차 청소년육성5개년정책의 방향」, 문화관광부·한국청소년개발원 『새 정부 청소년육성5개년계획 수립을 위한 공청회자료집』.

권태환·박영진 (1993) 『한국인의 가구 및 가족유형』, 서울: 통계청.

권태환·장경섭 (1995) 「한국 가족농 재생산체계의 위기: 가족주기별 분포와 생활실태를 중심으로」, 『한국인구학』 18(1).

금재호 (2002) 『여성 노동시장의 현상과 과제』, 한국노동연구원.

김경동 (1998) 『한국 교육의 사회학적 진단과 처방』, 서울: 민음사.

김경숙 (1986) 『그러나 이제는 어제의 우리가 아니다: 80년대 노동자 생활글 모음』, 서울: 돌베개.

김경애 (1999) 『한국여성의 노동과 섹슈얼리티: 여자 팔자 뒤웅박 팔자』, 서울: 풀빛.

김경일 (2003) 『한국의 근대와 근대성』, 서울: 백산서당.

김광웅 · 방은령 (2001) 『한국 청소년의 정치의식과 형성요인』, 서울: 집문당.

김규원 (1995) 「사회계층별 자녀사회화와 가치관 차이 연구」, 한림과학원 편 『전환기에 선 한국인의 가치관』, 서울: 소화.

김대환 (1981) 「1950년대 한국 경제의 연구: 공업을 중심으로」, 진덕규 외 『1950년대의 인식』, 서울: 한길사.

김동일 (1991) 「고령화사회에 대비한 노인복지정책」, 『한국가정복지정책과 노인문제』(한국가정복지정책연구소 제1회 학술쎄미나 자료집), 서울: 한국보건사회연구원.

김두섭 (2007) 「IMF 외환위기와 사회경제적 차별 출산력의 변화」, 『한국인구학』 30(1).

김두헌 (1985) 『한국가족제도연구』, 서울: 서울대학교출판부.

김만오 (2002) 「한국 청소년정책의 역사」, 『청소년정책연구』 2.

김수진 (2006) 「1930년 경성의 여학생과 '직업부인'을 통해 본 신여성의 가시성과 주변성」, 공제욱 · 정근식 편 『식민지의 일상, 지배와 균열』, 서울: 문화과학사.

김수춘 외 (1995) 『노인복지의 현황과 정책과제』, 서울: 한국보건사회연구원.

김승권 · 이상헌 · 양혜경 (1998) 『여성실업자 및 실업자 가정의 생활실태와 복지욕구』, 서울: 대통령직속 여성특별위원회 · 한국보건사회연구원.

김영모 (1990) 『한국가족정책연구』, 서울: 한국복지정책연구소 출판부.

김영옥 (2002) 「여성의 동태적 노동공급: 취업연속성과 첫 노동시장 퇴출형태를 중심으로」, 『한국인구학』 25(2).

김영일 (2000) 『위험한 실험: 교육개혁의 정치학』, 서울: 민음사.

김응석 외 (1993)『농촌가구의 구조적 특성과 가족부양체계』, 서울: 한국보건사회
    연구원.
김일철 · 김태헌 · 김흥주 (1993)『한국농민의 불안과 희망: 1992년 한국농민의식
    조사』, 서울: 서울대학교 출판부.
김자혜 · 김미숙 (1990)「화이트칼라 가족연구」, 여성한국사회연구회 편『한국가
    족론』, 서울: 까치.
김정주 (2003a)「청소년 정보역량 및 글로벌 리더십 개발」, 문화관광부 · 한국청소년
    개발원『새 정부 청소년육성5개년계획 수립을 위한 공청회 자료집』.
─── (2003b)「청소년의 다양한 교육기회 확대와 내실화」, 문화관광부 · 한국청
    소년개발원『새 정부 청소년육성5개년계획 수립을 위한 공청회 자료집』.
김주숙 (1985)「농촌여성과 일」, 이화여대 한국여성연구소 편『한국여성과 일』,
    서울: 이화여자대학교 출판부.
─── (1994)『한국농촌의 여성과 가족』, 서울: 한울아카데미.
김춘동 (1983)「이농이 소농의 재생산구조에 미친 영향: 전라북도 정읍군 이평면
    도계리의 사례」,『인류학논집』 6.
김태성 · 성경륭 (1993)『복지국가론』, 서울: 나남.
김태홍 · 김미경 (2002)『제4차 여성의 취업실태조사』, 한국여성개발원.
김혜란 · 장경섭 (1995)「가족복지서비스 기능 강화 (III)」, 한국보건사회연구원
    편『한국형 복지모형의 정립과 정책방향: 단기정책연구 (II)』, 서울: 한국보
    건사회연구원.
김흥주 (1992)「현단계 농업노동의 실태와 농민의 가족문제」,『농촌사회』 2.
남은영 (2007)「한국의 소비문화와 중산층의 생활양식: 문화적 자본 및 사회적
    자본의 함의를 중심으로」, 서울대학교 사회학과 박사학위논문.
노사정위원회 (1998)「노사정 공동선언문」.
노혜경 외 (2002)『유쾌한 정치반란, 노사모』, 서울: 개마고원.
문화관광부 · 한국청소년개발원 (2003)『새 정부 청소년육성5개년계획 수립을 위
    한 공청회 자료집』.
박경숙 (2001)「노년기 불평등의 미래」,『한국사회학』 35(6).
박동철 (1994)「한국 경제의 흐름」, 한국사회경제학회 편『한국경제론강의』, 서

울: 한울.

박숙자 (1999) 「노인의 소득활동」, 여성한국사회연구회 편 『노인과 한국사회』, 서울: 사회문화연구소.

박종헌 (1999) 「한국 사회 중산층 가족의 가장 실직에 대한 방어기제 연구」, 서울대학교 사회학과 석사학위논문.

박진규 (2003) 『청소년 문화』, 서울: 학지사.

박창남 (1999) 『청소년 노동시장에 관한 연구: 청소년기 '학교에서 직장으로의 이행'에 관한 기초연구』, 서울: 한국청소년개발원.

배준호 (1998) 「저소득층의 고용 불안에 따른 생활 변화」, '우리나라 가계의 생활 실태 변화 추이'에 관한 통계청 세미나 발표논문.

변화순 (1993) 「한국 농촌가족 구조와 기능의 변화」, 『농촌사회』 3.

────── (2002) 「혼인상태」, 김두섭 외 편 『한국의 인구 1』, 대전: 통계청.

서울대학교 사회발전연구소 (1996) 「전환기 한국사회 국민의식과 가치관에 관한 조사연구」, 미출간 보고서.

서울대학교 인구및발전문제연구소 (1993) 「한국사회, 오늘과 내일: 21세기 도래에 따른 국민의식 조사연구」, 미출간 보고서.

설동훈 (1992) 「한국의 이농과 도시노동시장의 변화, 1960~90.」 『농촌사회』 2.

성규탁 (1995a) 『새 시대의 효: 부모 자녀 관계의 재조명』, 서울: 연세대학교 출판부.

────── (1995b) 「한국인의 부모부양 이념에 관한 연구」. 한림과학원 편 『전환기에 선 한국인의 가치관』, 서울: 소화.

손인수 (1992) 『미군정과 교육정책』, 서울: 민영사.

송호근 (1995) 『한국의 기업복지 연구』, 서울: 한국노동연구원.

────── (2003) 『한국, 무슨 일이 일어나고 있다: 세대, 그 갈등과 조화의 미학』, 서울: 삼성경제연구소.

신경제 장기구상 농어촌대책 작업반 (1995) 『신경제 장기구상: 농림수산 장기발전구상 연구내용(안)』.

신광영・조돈문・조은 (2003) 『한국사회의 계급론적 이해』, 서울: 한울아카데미.

신용하 (1994) 「'독창적 한국 사회학'의 발전을 위한 제언」, 한국사회학회 편 『21

세기의 한국 사회학』, 서울: 문학과지성사.

심영희 (1999) 「'자식바라기' 어머니의 전통성과 성찰성: 대입 수험생 어머니의 삶과 정체성」, 심영희·정진성·윤정로 편『모성의 담론과 현실: 어머니의 성·삶·정체성』, 서울: 나남출판.

양심영 (2002)『고등학교 청소년의 휴대폰중독에 관한 연구』, 서울: 한국청소년개발원.

양심영·황진구 (2002)『소외계층 청소년의 정보격차』, 서울: 한국청소년개발원.

양옥남 (1999) 「노인복지정책」, 여성한국사회연구회 편『노인과 한국사회』, 서울: 사회문화연구소.

여성한국사회연구회 편 (1990)『한국가족론』, 서울: 까치.

옥선화 (1984) 「현대 한국인의 가족주의가치에 대한 연구」, 서울대학교 소비자아동학과 박사학위논문.

우은정 (2001) 「한국사회 비혼여성들의 욕망의 억압과 탈주에 관한 연구」, 한양대학교 사회학과 석사학위논문.

윤정혜 (1994) 「한국 가계의 경제적 복지 평가」, 한국가족학회 주최 '세계 가정의 해' 기념 학술발표대회 발표문.

윤철경 (2003)『청소년 생활문화와 소비에 관한 연구 III: 청소년 소비생활 문제와 대책』, 서울: 한국청소년개발원.

윤택림 (1996) 「생활문화 속의 일상성의 의미: 도시 중산층 전업주부의 일상생활과 모성 이데올로기」,『한국여성학』 12(2).

은기수·박수미 (2002) 「여성취업이행 경로의 생애과정 씨퀀스(sequence) 분석」,『한국인구학』 25(2).

이가옥 외 (1989)『노인단독가구 실태에 관한 연구』, 서울: 한국인구보건연구원.
───── (1994)『노인생활실태 분석 및 정책과제』, 서울: 한국보건사회연구원.

이가옥 편저 (1999)『노인복지의 현황과 과제: 더불어 만드는 삶과 희망』, 서울: 나남출판.

이대근 (1990)『한국의 공업화와 노동력 (1): 노동통계의 정리·해석편』, 서울: 한국경제연구원.

이동원 (1981) 「도시가족에 관한 연구」,『논총』 59, 서울: 이화여자대학교 한국문화연구원.

이동원・함인희 (1992) 「도시 중산층 가족: 가족과 계층의 연결고리를 중심으로」, 『가족학논집』 4.

——— (1996) 「한국 가족사회학 연구 50년의 성과와 반성」, 『가족과 문화』 10.

이미영 (1986) 「기혼여성 노동의 성격에 관한 연구: 인천 송림 6동 기혼여성의 노동주기를 중심으로」, 이화여대 사회학과 석사학위논문.

이민희・맹영임・정문성 (1999) 『청소년 대중문화 수용실태와 대책』, 서울: 한국 청소년개발원.

이성용 (1996) 「이해관계의 관점에서 분석한 효규범」, 미출간 연구발표문.

이순형 (1994) 『정치사회화: 사회인지와 현실참여』, 서울: 서울대학교 출판부.

이순형・유정순 (1999) 「한국 도시가계의 사교육비 지출」, 건국대학교 한국한연 구소 편 『교육과 삶의 질』, 서울: 건국대학교 출판부.

이옥지 (2001) 『한국 여성노동자 운동사 I』, 서울: 한울아카데미.

이재경 (2003) 『가족의 이름으로: 한국 근대가족과 페미니즘』, 서울: 또하나의 문화.

이지영 (2002) 「한국의 남성생계부양자 가족의 위기에 관한 연구」, 서울대학교 사회학과 석사학위논문.

이혜상 (2002) 『신세대 아동・청소년 연구』, 서울: 협신사.

이화여자대학교 농촌문제연구소 (1994) 『한국 농촌청소년 문제의 현황과 대책』, 서울: 한국청소년학회.

이효재・지은희 (1988) 「한국 노동자계급의 생활실태」, 『한국사회학』 22.

임종권 외 (1985) 『한국노인의 생활실태』, 서울: 한국인구보건연구원.

장경섭 (1991) 「가족문제」, 고영복 편 『현대사회문제』, 서울: 사회문화연구소.

——— (1993a) 「한국사회의 지배질서와 도덕질서: 퇴행적 자본주의하의 시민공 동체」, 『사회과학과 정책연구』 15(1).

——— (1993b) 「가족, 국가, 계급정치: 가족연구의 거시 사회변동론적 함의」, 한 국사회연구회 편 『한국 근현대 가족의 재조명』, 서울: 문학과지성사.

——— (1995) 「가족농체제의 위기와 농촌개혁의 전망: 90년대 농촌현실의 사회 학적 평가」, 『농촌사회』 5.

—— (1997) 「복합위험사회의 안전문제」, 『녹색평론』 33.

—— (1998) 「여성, 시장, 공공가족으로서의 국가: 재생산의 사회화와 성질서」, 『사회비평』 18.

—— (2001) 「압축적 근대성과 노인문제의 재인식: '신세대'로서의 노인」, 『가족과 문화』 13(1).

—— (2003) 「'사회투자가족'의 위기: 세계화, 가족문화, 학력투쟁」, 한국사회사학회 편 『지식 변동의 사회사』, 서울: 문학과지성사.

장지연·김지경 (2002) 「양육형태와 비용이 기혼여성의 취업단절에 미치는 영향」, 제3회 한국노동패널 학술대회 논문집.

장혜경·김영란 (1999) 『실업에 따른 가족생활과 여성의 역할변화에 관한 연구』, 서울: 한국여성개발원.

장혜경·이미정·김경미·김영란 (2004) 『저출산시대 여성과 국가대응전략』, 서울: 한국여성개발원.

전교조참교육실천위원회 편 (1999) 『학교 붕괴』, 파주: 푸른나무.

정경희 (1999) 「노인과 재산상속」, 여성한국사회연구회 편 『노인과 한국사회』, 서울: 사회문화연구소.

정경희 외 (1998) 『1998년도 전국 노인생활실태 및 복지욕구조사』, 서울: 한국보건사회연구원.

정명채 (1992) 「농촌빈곤의 사회경제적 특성」, 『농촌사회』 2.

정이환 (1986) 「저임금 구조에 대한 노동자들의 경제적 적응양식」, 서울대학교 사회학과 석사학위논문.

조은 (1990) 「도시빈민 가족의 생존전략과 여성」, 여성한국사회연구회 편 『한국가족론』, 서울: 까치.

—— (1991) 「계급이론과 사적영역」, 서울대학교 사회학연구회 편 『사회계층』, 서울: 다산출판사.

조은·조옥라 (1992) 『도시빈민의 삶과 공간: 사당동 재개발지역 현장연구』, 서울: 서울대학교 출판부.

조정아 (2000) 「대졸여성의 노동경험과 직업의식 신화」, 조순경 편 『노동과 페미니즘』, 서울: 이화여대대학교 출판부.

조주은 (2004)『현대 가족 이야기』, 서울: 이가서&퍼슨웹.

조한혜정 (2000)『학교를 찾는 아이, 아이를 찾는 사회』, 서울: 또하나의문화.

조형 (1991)「가족과 이데올로기: 자본주의와 가부장제 가족」,『가족학논집』3.

조혜정 (1988)『한국의 여성과 남성』, 서울: 문학과지성사.

조흥식 (1992)「한국 농촌사회의 복지문제: 사회보장제도를 중심으로」,『농촌사
　　회』2.

──── (1993)「농촌빈곤가족의 사회적 욕구와 복지대책에 관한 연구」,『농촌사
　　회』3.

조희연 (1998)『한국의 국가·민주주의·정치변동』, 서울: 당대.

참여연대 경제민주화위원회 (1998)『공익재단법인 백서: 재벌의 위장계열사 공익
　　재단법인을 고발한다』, 서울: 지정.

최성재 (1992)「국민의 노후생활에 대한 전망과 대책에 관한 연구: 국민연금보험
　　가입자를 대상으로」, 미출간 연구보고서.

최양부 (1986)「농가경제의 동태적 변화와 F-사이클 가설」,『농촌경제』9(4).

최양부·오내원 (1992)「농촌가족의 해체와 소멸」『가족학논집』4.

최윤진 편저 (1998)『청소년의 권리』, 서울: 양서원.

최장집 (2002a)『민주화 이후의 민주주의: 한국 민주주의의 보수적 기원과 위기』,
　　서울: 후마니타스.

──── (2002b)「한국 민주주의와 투표」,『오마이뉴스』2002. 12. 9.

최재석 (1982)『현대가족연구』, 서울: 일지사.

──── (1983)『한국가족제도사연구』, 서울: 일지사.

최홍기 (1991)「유교와 가족」,『가족학논집』3.

통계청 (1976~1996)『인구주택총조사 보고서』.

──── (1993~2006)『한국의 사회지표』.

──── (1998)『통계로 본 대한민국 50년의 사회경제상 변화』.

──── (2006)『2005인구주택총조사 전수집계 결과(인구부문)』.

──── (2007)『2006년 인구동태통계연보(총괄·출생·사망편)』.

한국가정법률상담소 호주제폐지운동본부「호주제 개념 및 연혁」(http://antihoju.
　　lawhome.or.kr/know/know_1.asp);「호주제의 문제점」(http://antihoju.lawhome.

or.kr/know/know_3.asp).

한국가족학연구회 편 (1992) 『도시 저소득층의 가족문제』, 서울: 하우.

한국갤럽조사연구소 (1983) 『한국인의 가정생활과 자녀교육』, 서울: 한국갤럽조사연구소.

한국농어촌사회연구소·한국카톨릭농민회 (1990) 『지역사회 지배구조와 농민』, 서울: 연구사.

한국방송공사·연세대학교 편 (1996) 『한국·중국·일본 국민의식조사 백서』.

한국보건사회연구원 (1991) 『인구정책 30년』. 서울: 한국보건사회연구원.

한국사회사연구회 편 (1993) 『한국 근현대 가족의 재조명』, 서울: 문학과지성사.

한국은행 (1998) 「1998년 상반기 기업 경영 분석」, 미출간 조사보고서.

한남제 (1989) 『현대가족의 이해』, 서울: 일지사.

한준상 (1996) 『청소년 문제』(증보판), 서울: 연세대학교 출판부.

함인희 (1999) 「가족주기의 변화와 주부역할의 딜레마: 여성잡지 광고의 내용분석을 중심으로」, 『가족과 문화』 11(2).

────── (2001) 「배우자 양식의 변화: 친밀성의 혁명?」, 『가족과 문화』 13(2).

황수경 (2004) 『단시간 근로와 여성인력 활용』, 서울: 한국노동연구원.

황진구 외 (2002) 『청소년 정보화 실태조사 연구』, 서울: 한국청소년개발원.

황창순·이혜연·김희진 (1999) 『저소득 실업가정의 청소년 문제와 대책』, 서울: 한국청소년개발원.

Amsden, Alice (1989) *Asia's Next Giant: South Korea and Late Industrialization*. New York: Oxford University Press.

Anderson, Benedict (1983) *Imagined Communities: Reflections on the Origin and Spread of Nationalism*. London: Verso.

Ariès, Philippe (1962) *Centuries of Childhood: A Social History of Family Life*. New York: Alfred Knopf.

Ashcroft, Bill, Gareth Griffiths and Helen Tiffin (2002) *The Empire Writes Back: Theory and Practice in Post-Colonial Literatures*. 2nd ed. New York: Routledge.

Baran, Paul (1957) *The Political Economy of Growth*. New York: Monthly Review

Press.

Barrett, Michele and Mary McIntosh (1980) "The 'Family Wage': Some Problems for Socialists and Feminists." *Capital and Class* 11(1).

—— (1991) *The Anti-Social Family*. 2nd ed. London: Verso.

Beechey, Veronica and Tessa Perkins (1987) *A Matter of Hours: Women, Part-time Work and the Labor Market*. Cambridge: Polity Press.

Bloch, Ernst (1991[1935]) *Heritage of Our Times*. Berkeley: University of California Press.

Booth, Alan (1991) *Contemporary Families: Looking Forward, Looking Back*. Minneapolis: The National Council on Family Relations.

Burr, Wesley and Geoffrey K. Leigh (1983) "Famology: A New Discipline." *Journal of Marriage and the Family* 45(3).

Burr, Wesley, Reuben Hill, Ivan Nye and Ira Reiss eds. (1979) *Contemporary Theories About The Family, Volume 2: Research-Based Theories*. New York: Free Press.

Caldwell, John C. (1982) *Theory of Fertility Decline*. New York: Academic Press.

Chang Kyung-Sup (1992) "China's Rural Reform: The State and Peasantry in Constructing a Macro-Rationality." *Economy and Society* 21(4).

—— (1993) "The Peasant Family in the Transition from Maoist to Lewisian Rural Industrialisation." *Journal of Development Studies* 29(2).

—— (1995) "Gender and Abortive Capitalist Social Transformation: Semi-Proletarianization of South Korean Women." *International Journal of Comparative Sociology* 36(1/2).

—— (1996) "Birth and Wealth in Peasant China: Surplus Population, Limited Supplies of Family Labor, and Economic Reform." Alice Goldstein and Wang Feng, eds. *China: The Many Facets of Demographic Change*. Boulder: Westview Press.

—— (1997a) "Modernity through the Family: Familial Foundations of Korean Society." *International Review of Sociology* 7(1).

—— (1997b) "The Neo-Confucian Right and Family Politics in South Korea: The Nuclear Family as an Ideological Construct." *Economy and Society* 26(1).

—— (1999) "Compressed Modernity and Its Discontents: South Korean Society in Transition." *Economy and Society* 28(1).

—— (2002) "South Korean Society in the IMF Era: Compressed Capitalist Development and Social Sustainability Crisis." Pietro P. Masina ed. *Rethinking Development in East Asia: From Illusory Miracle to Economic Crisis.* London: Curzon.

—— (2004) "The Anti-Communitarian Family? Everyday Conditions of Authoritarian Politics in South Korea." Chua Beng Huat ed. *Communitarian Politics in Asia.* London: Routledge.

—— (2006) "From Developmental Liberalism to Neo-Liberalism: Globalization, Dependent Reflexivity and Social Policy in South Korea." Goran Therborn and Habibul Haque Khondker eds. *Asia and Europe in Globalization: Continents, Regions and Nations.* Leiden: Brill.

—— (2007) "The End of Developmental Citizenship? Restructuring and Social Displacement in Post-Crisis South Korea." *Economic and Political Weekly.* vol. 42, no. 50.

Chayanov, Alexander V. (1986[1925]) *Theory of the Peasant Economy.* Madison: University of Wisconsin Press.

Cogwill, D. O. and L. D. Holmes (1972) *Aging and Modernization.* New York: Appleton-Century-Crofts.

Davis, Deborah (1989) "Chinese Social Welfare: Policies and Outcomes." *China Quarterly* 119.

Deyo, Frederic (1989) *Beneath the Miracle: Labor Subordination in the New Asian Industrialism.* Berkeley: University of California Press.

Dizard, Jan E. and Howard Gadlin (1990) *The Minimal Family.* Amherst: University of Massachusetts Press.

Donzelot, Jacques (1979) *The Policing of Families.* New York: Pantheon.

372

Elson, Diane (1999) "Labor Markets as Gendered Institutions: Equality, Efficiency and Empowerment Issues." *World Development* 27(3).

Engels, Frederick (1973) *The Origin of the Family, Private Property and the State.* New York: International Publishers.

Flax, Jane (1982) "The Family in Contemporary Feminist Thought: A Critical Review." Jean Elshtain, ed. *The Family in Political Thought.* Amherst: University of Massachusetts Press.

Foucault, Michel (1990) *The History of Sexuality: Volume I, An Introduction.* New York: Vintage.

Frenkel-Brunswik, Else (1964) "Parents and Childhood as Seen through the Interviews." T. W. Adorno et al., eds. *The Authoritarian Personality.* Part 1. New York: John Wiley & Sons.

Geertz, Clifford (1963) *Agricultural Involution: The Process of Ecological Change in Indonesia.* Berkeley: University of California Press.

——— (1973) *The Interpretation of Cultures.* New York: Basic Books.

Georgescu-Roegen, N. (1960) "Economic Theory and Agrarian Economics." *Oxford Economic Papers* 12(1).

Giddens, Anthony (1998) *The Third Way: The Renewal of Social Democracy.* Cambridge: Polity Press.

Gillis, J. R. (1981) *Youth and History.* New York: Academic Press.

Goode, William J. (1963) *World Revolution and Family Patterns.* New York: Free Press.

——— (1982) *The Family.* 2nd ed. Englewood Cliffs: Prentice-Hall.

Hareven, Tamara (1982) *Family Time and Industrial Time: The Relationship Between the Family and Work in a New England Industrial Community.* New York: Cambridge University Press.

Harvey, David (1980) *The Condition of Postmodernity.* Oxford: Blackwell.

Hirschman, Albert O. (1970) *Exit, Voice, and Loyalty.* Cambridge: Harvard University Press.

Horwitz, Morton J. (1977) *The Transformation of American Law, 1780~1860*. Cambridge: Harvard University Press.

Hoselitz, Burt (1955) "Generative and Parasitic Cities." *Economic Development and Cultural Change* 3(2).

Huber, Joan ed. (1991) *Macro-Micro Linkages in Sociology*. Newbury Park: Sage.

Jeffrey, Craig and Linda McDowell (2004) "Youth in Comparative Perspective: Global Change, Local Lives." *Youth and Society* 36(2).

Kessler-Harris, Alice (1982) *Out to Work: A History of Wage-Earning Women in the United States*. Oxford: Oxford University Press.

Khan, Herman (1979) *World Economic Development: 1979 and Beyond*. Boulder: Westview.

Koo, Hagen (2001) *Korean Workers: The Culture and Politics of Class Formation*. Ithaca: Cornell University Press.

Lasch, Christopher (1977) *Haven in a Heartless World: The Family Besieged*. New York: Basic Books.

⸺ (1979) *The Culture of Narcissism: American Life in an Age of Diminishing Expectations*. New York: Norton.

Laslett, Barbara and Johanna Brenner (1989) "Gender and Social Reproduction: Historical Perspective." *Annual Review of Sociology* 15.

Laslett, Peter (1965) *The World We Have Lost: England Before the Industrial Age*. New York: Charles Scribner's Sons.

⸺ (1989) *A Fresh Map of Life: The Emergence of the Third Age*. Cambridge: Harvard University Press.

Lewis, W. Arthur (1954) "Economic Development with Unlimited Supply of Labour." *Manchester School of Economics and Social Studies* 22(1).

Lipton, Michael (1977) *Why Poor People Stay Poor: Urban Bias in World Development*. Cambridge: Harvard University Press.

MacDonald, Robert ed. (1997) *Youth, the 'Underclass' and Social Exclusion*. London: Routledge.

Marshall, T. H. (1964) *Class, Citizenship, and Social Development*. Garden City: Doubleday.

Marx, Karl (1987[1850]) "Peasantry as a Class." Teodor Shanin ed. *Peasants and Peasant Societies*. 2nd ed. New York: Basil Blackwell.

Matthews, John (1995) *High-Technology Industrialisation in East Asia: The Case of the Semiconductor Industry in Taiwan and Korea*. Taipei: Chung-Hua Institution for Economic Research.

McCormick, Kevin (2001) "Post-war Japan as a Model for British Reform." G. Daniels and C. Tsuzuki, eds. *The History of Anglo-Japanese Relations, 1600~2000: Volume 5, The Social-Cultural Dimension*. Basingstoke: Macmillan.

Meillassoux, C. (1981) *Maidens, Meal and Money: Capitalism and the Domestic Community*. New York: Cambridge University Press.

Mishra, Vijay and Bob Hodge (1994) "What is Post(-)colonialism?" Patrick Williams and Laura Chrisman, eds. *Colonial Discourse and Post-Colonial Theory: A Reader*. New York: Columbia University Press.

Mitterauer, Michael (1992) *A History of Youth*. Oxford: Blackwell.

Morgan, D. H. J. (1985) *The Family, Politics, and Social Theory*. London: Routledge & Kegan Paul.

Myrdal, Gunnar (1957) *Economic Theory and Under-developed Regions*. London: Gerald Duckworth.

Norton, Theodor Mills (1982) "Contemporary Critical Theory and the Family." Jean Elshtain ed. *The Family in Political Thought*. Amherst: University of Massachusetts Press.

O'Rand, Angela M. (1996) "The Cumulative Stratification of the Life Course." Robert H. Binstock and Linda K. George eds. *Handbook of Aging and the Social Sciences, Fourth Edition*. New York: Academic Press.

Ogburn, W. F. and M. F. Nimkoff (1955) *Technology and Family Change*. Boston: Houghton Mifflin.

Okin, Susan (1982) "Philosopher Queens and Private Wives: Plato on Women and the Family." Jean Elshtain ed. *The Family in Political Thought*. Amherst:

University of Massachusetts Press.

Olson, Mancur (1965) *The Logic of Collective Action*. Cambridge: Harvard University Press.

Park, Mee-Hae (1991) "Patterns and Trends of Educational Mating in Korea." *Korea Journal of Population and Development* 20(2).

Parsons, Talcott and Robert Bales (1955) *Family, Socialization and Interaction Process*. New York: Free Press.

Perrow, Charles (1999) *Normal Accidents: Living with High Risk Technologies*. Princeton: Princeton University Press.

Preston, Samuel H. and Shigemi Kono (1988) "Trends in Well-being of Children and the Elderly in Japan." J. Palmer, T. Smeeding and B. Torrey, eds. *The Vulnerable*. Washington, D. C.: The Urban Institute Press.

Rueschemeyer, Dietrich, Evelyne Huber Stephens and John D. Stephens (1992) *Capitalist Development and Democracy*. Chicago: University of Chicago Press.

Said, Edward (1979) *Orientalism*. New York: Vintage Books.

Scott, Alison MacEwen ed. (1994) *Gender Segregation and Social Change: Men and Women in Changing Labor Markets*. Oxford: Oxford University Press.

Scott, James (1985) *Weapons of the Weak: Everyday Forms of Peasant Resistance*. New Haven: Yale University Press.

Seccombe, Wally (1993) *Weathering the Storm*. London: Verso.

Seth, Michael J. (2002) *Education Fever: Society, Politics, and the Pursuit of Schooling in South Korea*. Honolulu: University of Hawaii Press.

Shorter, Edward (1975) *The Making of the Modern Family*. New York: Basic Books.

Somerville, Jennifer (1992) "The New Right and Family Politics." *Economy and Society* 21(2).

Sommerville, C. John (1990) *The Rise and Fall of Childhood*. revised edition. New York: Vintage Books.

Sorensen, Clark W. (1988) *Over the Mountains Are Mountains: Korean Peasant Households and Their Adaptations to Rapid Industrialization*. Seattle: University

376

of Washington Press.

Starr, Paul (1982) *The Social Transformation of American Medicine: The Rise of a Sovereign Profession and the Making of a Vast Industry*. New York: Basic Books.

Stiglitz, Joseph (2002) *Globalization and Its Discontents*. New York: Norton.

Sussman, Marvin B. and Suzanne K. Steinmetz eds. (1987) *Handbook of Marriage and the Family*. New York: Plenum.

Tilly, Louise A. and Joan W. Scott (1987) *Women, Work, and the Family*. London: Routledge.

Todaro, Michael (1969) "A Model of Labor Migration and Urban Unemployment in Less Developed Countries." *American Economic Review* 59(1).

Vogel, Ezra F. (1991) *The Four Little Dragons: The Spread of Industrialisation in East Asia*. Cambridge: Harvard University Press.

Werlhof, Claudia von (1988) "The Proletarian is Dead: Long Live the Housewife!" Maria Mies, Veronika Bennholdt-Thomsen and Claudia von Werlhof eds. *Women: The Last Colony*. London: Zed Books.

Zaretsky, Eli (1973) *Capitalism, the Family, and Personal Life*. New York: Harper & Colophon.

─── (1983) "The Place of the Family in the Origins of the Welfare State." David Held et al. eds. *States and Societies*. New York: New York University Press.

Znaniecki, Florian (1934) *The Method of Sociology*. New York: Farrar & Rinehart.

『경향신문』 『교수신문』
『서울신문』 『연합뉴스』
『조선일보』 『중앙일보』
『한겨레』 『한겨레21』
『한국일보』
Japan Times

찾아보기

서남동양학술총서
가족·생애·정치경제
압축적 근대성의 미시적 기초

초판 1쇄 발행 / 2009년 3월 27일
초판 6쇄 발행 / 2021년 12월 27일

지은이 / 장경섭
펴낸이 / 강일우
편집 / 강영규 이명애
펴낸곳 / (주)창비
등록 / 1986년 8월 5일 제85호
주소 / 10881 경기도 파주시 회동길 184
전화 / 031-955-3333
팩시밀리 / 영업 031-955-3399 · 편집 031-955-3400
홈페이지 / www.changbi.com
전자우편 / human@changbi.com

ⓒ 장경섭 2008
ISBN 978-89-364-1311-8 93330